책 읽어주기와 문학토의

— 온작품 읽기 중심의 문학수업을 위하여

책 읽어주기와 문학토의
－온작품 읽기 중심의 문학수업을 위하여

2017년 6월 1일 초판 1쇄 인쇄
2017년 6월 10일 초판 1쇄 발행

지은이 남지현
펴낸이 윤철호·김천희
펴낸곳 (주)사회평론아카데미
편집 고하영·정세민
디자인 김진운   ·
본문조판 민들레
마케팅 이승필·강상희·남궁경민·김세정
등록번호 2013-000247(2013년 8월 23일)
전화 02-323-1182(영업) 02-2191-1133(편집)
팩스 02-326-1626
주소 03978 서울특별시 마포구 월드컵북로12길 17
ISBN 979-11-88108-15-2 93370

책 읽어주기와 문학토의

— 온작품 읽기 중심의 문학수업을 위하여

남지현 지음

사회평론

황금시대 이후의 아동문학과 문학교육

교실에 좋은 어린이책을 꽂아두는 것만으로도 아이들이 독서에 열중하던 시절이 있었다. 자물쇠로 굳게 잠겨 있던 학교도서관 문이 열리고 먼지 쌓인 책 대신 표지만 봐도 읽고 싶어지는 각양각색의 어린이책이 서가에 꽂히기 시작했다. 학교도서관 지원사업으로 도서관은 아이들이 오고 싶은 공간으로 꾸며졌을 뿐 아니라 드물지만 사서교사가 배치되기도 했다. 그 즈음 한 방송프로그램은 '책책책 책을 읽읍시다'라는 캐치프레이즈 아래 대중적인 예능 프로그램의 영역에서 독서운동을 일으켰다. '책 읽는 사회 만들기 국민운동'도 비슷한 시기에 시작되었다. 1990년대 말, 2000년대 초반의 풍경이다.

그로부터 20년 가까운 시간이 흐른 오늘날은 어떠한가. 학교도서관에는 사서교사들이 더 많이 배치되어 있고 여전히 좋은 책들이 서가에 꽂혀 있다. 한국 어린이문학의 작가층도 두터워지고 작품 세계도 다양해졌다. 해외 도서전에서 우리나라 작가들의 수상소식도 심심치 않게 들려온다. 대학원에 아동문학전공 과정이 개설되어 아동문학과 문학교육을 공부하는 교사들이 늘어나고 있으며 교과서에 실리는 작품의 양상도 한층 다양해졌다. 그렇다면 우리 아동문학과 문학교육은 지난 20년 동안 제법 성장하고 발전해 온 것일까? 황금시대는 여전히 진행 중인가?

한 가지 분명한 것은 독서를 둘러싼 물리적인 환경이나 우리 문학의 상상력이 진전을 거두었음에도 불구하고 이제는 더 이상 교실에 좋은 책을 꽂아두는 것만으로 아이들이 책을 즐겨 읽지는 않는다는 사실이다. 글을 읽고 쓸 수 있지만(literate) 책은 읽지 않는 독서기피(aliterate) 현상이 눈에 띄게 늘고 있다. 그런 만큼 문학의 즐거움에 몰입하는 독자들의 비중은 눈에 띄게 줄고 있다. 책은 더 이상 존재 자체로 매력적인 매체가 아닌 것이다.

이러한 문학현상의 이면에는 다양한 원인과 그에 따른 해법이 존재할 것이다. 공교육의 한 영역인 문학교육의 관점에서는 더 이상 아동들이 문학에서 멀어지지 않도록, 나아가 그들이 생애의 독자로 성장할 수 있도록 돕는 방법을 모색해야 한다. 그렇다면 어디서부터 시작해야 할까? 이 책에서는 책 읽어주기를 그 출발점으로 삼고 있다. 자기 스스로 책장을 넘기지 않는, 독서에 대한 저항감을 가진 아이들에게는 교사가 소리 내어 책을 읽어주어야 한다. 문학과 아이들 사이에 가로놓인 벽이 점점 높아진다면, 그리고 그 벽을 한 번에 허물 수 없다면 거기에 작은 창을 내는 것이 교사가 가장 먼저 해야 할 일이다. 좋은 작품들은 아이들이 창을 열고 문학 너머의 세상을 내다보도록 이끌어줄 것이다.

그러기 위해서는 무엇보다 교사 스스로 어린이책의 독자가 되어야 한다. 아이들이 가야 할 곳을 먼저 답사하듯 그들보다 먼저 좋은 책을 읽고 그들보다 먼저 토의하는, 반 발 앞선 교사가 되어야 한다. 가르쳐야 하기 때문에 어쩔 수 없이 책을 읽는 것이 아니라 어린이문학의 즐거움을 맛본 후 다시는 동화나 동시, 그림책을 모르던 예전으로 돌아갈 수 없는 교사가 되어야 한다. 그러한 교사가 있는 교실에서는 누구나 한번쯤 삶과 문학과 인간에 대한 진지한 탐험을 하게 될 것이다. 판타지 세계 속 환상적인 비행을 통해서든 현실보다 더욱 현실적인 재현을 통해서든, 아이들은 삶에 대한 진실과 자기 자신에 대한 진정성을 탐구하게 될 것이다. 문학은 언어를 통해 그러한 진실을 드러내고 문학교육은 아이들이 그러한 문학과 마주하게 한다. 그리고 이 책은 부족한대로 그러한 만남을 준비하고 시도했던 시간들에 대한 기록이다.

필자는 교실에서 문학토의를 활성화시키기 위한 방법을 모색하기 위해 시작했던 수업들을 바탕으로 박사학위 논문을 썼다. 수업을 진행하고 논문을 써나가면서 문학토의만큼이나 그 이전 단계인 책 읽어주기가 얼마나 중요한지를 절감했다. 그리하여 박사논문을 쓰고 난 뒤 1년 동안 책 읽어주기에 대한 연구를 이어나갔다. 그러다 보니 교사들이 먼저 책을 읽고 토의하는 과정 없이는 깊이 있는 책 읽어주기가 어렵다는 것을 새삼 깨달았다. 이처럼 연구의 관심사는 점점 더 근본적인 것을 향해 거슬러 올라갔다. 그럴수록 가까운 시일 내에 이 책의 마지막 문장을 쓰는 일이 불가능할 것 같았다. 따라서 이 책에서는 책 읽어주기와 문학토의로 시야를 한정하고 그 중에서도 필자가 경험한 사례들로 내용을 한정했다. 현재로서는 책 읽어주기와 문학토의를 연계한 2-4시간 단위의 문학수업이 가장 실제적인 방법으로 문학을 가르치는 모형이라 생각한다.

책 읽어주기와 문학토의, 이 두 가지를 연계하는 수업의 가장 기본적인 전제는 한 편의 문학작품을 온전히 수용하는 경험이다. 한때 국어 교과서에는 여러 가지 현실적인 이유와 나름의 교육적인 판단에 의해 한 편의 문학작품이 온전히 실리지 못하고 편집되거나 발췌되는 경우가 많았다. 그러나 문학작품은 그렇게 변형될 경우 그저 조금 다른 미감과 의미를 지니는 것이 아니라 원래의 작품과는 전혀 다른 대상이 되어 버린다. 이러한 문제의식이 꾸준히 제기된 결과 근래에는 한 편의 문학작품을 온전히 수용해야 한다는 인식이 확산되었다. 최근에는 긴 시간을 두고 장편 동화나 소설을 함께 읽는 시도들도 이어지고 있다. 2015 교육과정에서는 아예 1학기 1작품 읽기를 통해 온작품 읽기를 권장하고 있다. 이 책 역시 문학작품을 온전히 수용해야 한다는 기본 전제 하에서 아동의 반응을 활성화하고 그것이 소통의 장에서 활발히 교류될 수 있도록 돕는 문학수업의 사례들을 공유함으로써 독자들과 함께 대안을 모색하고자 한다.

부족하지만 잠정적인 대안을 제시하려는 이 책의 내용이 부디 어딘가에서 좋은 문학수업을 모색하는 동료 선생님들에게 참고가 된다면 그만한 보람이 없을 것이다. 그러한 수업을 통해 우리는 문학을 매개로 다른 사람들의 언어와 그 안에 담긴 고유한 세계에 사려 깊게 반응하는 존재들을 길러내야 한다는 점, 아이들이 자아와 타자, 세계를 섬세하게 감각하고 그 안에서 아름답고 진실한 말과 그 말에 담긴 마음들을 더 많이, 더 정확하게 발견하도록 도와야 한다는 점을 놓치지 않았으면 한다. 교사들이 언어와 문학이 가진 그러한 힘에 눈뜰 때 그와 함께 공부하는 아이들 역시 우리말을 창조적이면서도 정확하게 사용하면서 내면의 세계를 아름답게 가꿔 나갈 수 있을 것이다.

문학토의 수업을 어떻게 시작해야 할지 몰라 막막해 했던 필자가 바로 그 해결 방법을 찾아보겠다며 무작정 박사논문 계획서를 보내드렸을 때 제자의 넘치는 의욕을 염려하기보다 믿음을 보여주셨던 선생님이 떠오른다. 선생님은 제자들이 녹색의 마음으로 살기를 바라실텐데 아직은 덜어내기보다는 붙잡고 싶은 게 많아서 이렇게 첫 책을 묶어낸다. 덜 여문 열매 같았던 박사논문을 책으로 만들기까지는 사회평론 출판사 고하영 선생님의 도움이 컸다. 난삽한 문장을 꼼꼼하게 읽고 다듬어주신 정세민 씨에게도 감사드린다. 국어교육의 울타리 안에서 아동문학과 문학교육을 공부한 지도 이제 9년이 되어간다. 늦게 시작한 공부라 부족한 게 많다는 변명도 통하지 않을 만큼의 긴 시간이다. 그 시간 동안 더 좋은 글 쓰고 더 제대로 공부하라고 채근한 남편이 있어서 이 책에 실린 연구들을 이어갈 수 있었다. 엄마가 책 읽고 글 쓰는 동안 옆에서 훌쩍 자란 든든하고 예쁜 딸에게도, 여전히 곁을 지켜주시는 부모님들께도 감사드린다. 모두들 건강하시기 바라며.

2017년 5월
남지현

차례

Ⅳ. 문학토의의 실천

I

새로운 문학수업의 토대

들어가며

이 장에서는 책 읽어주기와 문학토의 중심의 구체적인 수업 방법과 이론을 탐구하기에 앞서 그러한 수업이 원활하게 이루어질 수 있게 하는 이념적 토대와 맥락에 대해 살펴보고자 한다. 독자들이 문학 텍스트를 읽고 그것이 자신에게 건네는 대화에 응답하는 것, 그러한 텍스트와의 대화를 다른 독자들과 소통하며 때로는 서로 부딪치고 때로는 서로 어울려 녹아드는 과정은 작품이 가진 잠재 가능성을 실현하는 창조적 행위이다. 이때 텍스트의 잠재 가능성은 독서의 순간마다 작품과 마주한 독자들마다 달라지기 때문에 언제나 새로운 해석에 의해 재구성될 수 있다. 문학 텍스트가 지닌 이러한 잠재 가능성을 이해하지 못한 채 문학수업을 진행할 경우 교사는 본의 아니게 텍스트의 의미를 단순화하거나 불변하는 것으로 오도할 수 있다. 따라서 새로운 문학수업이 지닌 교육적 의의를 구현하기 위해서는 문학 텍스트의 특성에 부합하는 관점과 탐구 방법을 이해하고 그러한 관점과 방법을 통해 형성되는 주체의 모습을 소묘할 수 있어야 할 것이다.

이 책에서 제시하는 문학수업은 지식의 수수 과정이 아니라 잠재 가능성의 탐사 과정이다. 그러한 탐사는 대화주의적 토대 위에서 책 읽어주기와 문학토의의 긴밀한 연계를 통해 더욱 원활하게 수행될 수 있다. 교육과정의 성취기준에 대한 학습 역시 그러한 탐사 과정에서 자연스럽게 이루어질 것이다.

1. '가능성의 탐구'로서의 문학수업

우리는 좋은 문학작품 속에서 삶과 세계에 관한 다양한 모습을 구체적으로 만나고, 그것에 대한 섬세한 언어적 표현을 배운다. 그리고 그러한 언어 속에서 수천 년에 걸쳐 축적된 문화를 배운다.[1] 따라서 국어교육과 문학교육은 학습자가 언어와 문학에 담긴 삶과 세계와 문화를 접하고 자기화함으로써 언어공동체의 일원이 되도록 돕는 기획이라 볼 수 있다. 이것은 국어교육이 표현과 이해의 방법을 익히는 것에 그치지 않으며, 문학교육이 문학이론을 가르치는 것과 동일시될 수 없음을 의미한다.

그러나 지금까지의 국어교육과 문학교육은 소통을 위한 언어의 기능과 방법을 가르치고 문학의 이론을 주입하거나 텍스트에 대한 단편적인 정보를 확인하는 단계에 치중해왔다는 비판에서 자유롭지 못했다. 불과 몇 년 전까지 말하기·듣기·읽기·쓰기라는 언어의 기능을 표방하며 발행되었던 초등학교의 국어 교과서는 국어교육이 언어의 기능과 그것을 사용하는 방법에 경도되어 왔음을 단적으로 보여준다. 언어를 바라보는 이러한 관점은 교과서의 체제뿐 아니라 내용에도 반영되었다. 언어를 사용하는 데 필요한 작은 요소와 기능을 반복하는 활동들이 주를 이루는 교과서의 내용은 그러한 언어 기능이 인간의 삶과 세계와 문화에 어떻게 연결되는지 사유하도록 안내하지 못한 채 또 다른 기능 요소들을 제시하곤 했다. 문학교육도 예외는 아니어서 장르의 규범 일부만을 반복적으로 강조하는 학습활동으로 인해 학습자는 문학작품을 전체로서 수용하기보다 종종 부분적인 요소를 탐색하는 데 그쳤

----

1 이남호(2014), 「국어교육의 성격과 내용에 관한 일 고찰」, 《한말연구》 35, 한말연구학회, pp. 143-149.

다.[2] 그러한 교육에서 학습자는 언어와 문학을 통해 인간의 삶과 세계와 문화 속으로 걸어 들어가 그 의미를 성찰하고 자신의 언어로 재구성하는 능동적인 주체가 아니라, 언어 사용 기능을 반복하고 텍스트의 표면적 의미를 확인하는 수동적인 객체로 남겨질 가능성이 크다.

이처럼 학습자를 대상화하는 교육에서는 지식과 진리가 학습자의 외부 세계에 존재한다. 학습자는 그러한 지식과 진리를 스스로 창조할 수 없으며 언제나 선험적인 지식과 진리를 뒤늦게 찾아 나서는 열등한 존재가 된다. 그러나 언어 사용에 있어서 그 규범을 정확하게 지키는 것만큼이나 주체에 따라 달라지는 창조적 사용도 중시되어야 한다. 언어가 창조적으로 사용될 수 없다면 장르의 규범 또한 영원불변할 것이다. 그러나 언어의 기능을 좌우하는 장르의 규범 역시 언어 사용의 주체에 의해 변화한다. 주체, 대상, 언어가 사용되는 맥락, 언어의 내용은 분리될 수 없는 총체로 다루어져야 한다. 문학을 수용한다는 것 역시 독자의 경험과 지식에 따라 다양한 의미를 형성하면서 텍스트의 빈틈을 메우는 창조적인 활동이다. 독자는 그러한 활동을 하면서 한 편의 텍스트가 담고 있는 문학 장르의 특성을 전체적으로 경험한다. 따라서 국어교육과 문학교육에서 학습자는 지식과 진리를 구성하는 주체가 되어야 하며, 언어와 문학은 학습자에게 전체로서 온전히 경험되어야 한다. 이를 실현하기 위해서는 기능 중심적인 관점을 뛰어넘는 새로운 접근법이 절실히 요구된다.

새로운 접근법은 무엇보다 그동안 배제되거나 간과되어온 학습자를 언어와 문학의 창조적 주체의 자리에 위치시켜야 할 것이다. 그간의 국어교육과 문학교육이 언어의 형식, 문학의 규범에 치중해왔다면 이제는 언어와 문

....

2 김상욱(2009), 「문학능력 증진을 위한 문학토론의 방법」, 《한국초등국어교육》 41, 한국초등국어교육학회, p. 19.

학의 내용에 담긴 인간의 삶과 세계, 문화에 주목해야 하며, 그러한 삶과 세계와 문화를 영위하는 주체의 자리를 마련해야 한다. "국어교육의 자리는 언어를 다루는 기술을 배우는 자리가 아니라 언어에 의해 주체가 형성, 재구성되는 과정을 성찰하는 자리이고 주체 형성에 미치는 언어의 쓰임새를 인식하는 자리"[3]이기 때문이다. 이러한 관점의 채택은 결코 언어의 형식과 문학의 규범을 소홀히 하는 것이 아니다. 오히려 국어교육의 전면에 나선 주체는 적극적이고 능동적으로 언어를 사용하고 문학을 수용·생산하는 과정에서 언어의 형식과 문학의 규범을 더욱 유기적이며 실제적인 방식으로 학습할 것이다.

이러한 문제의식을 기반으로 할 때, 문학교육 연구는 문학교육에서 추구하는 이상적 주체와 그러한 주체가 형성되는 토대를 함께 제시해야 한다. 언어와 문학을 바라보는 기존의 토대 위에서는 근본적인 변화가 불가능하기 때문이다. 무엇보다 새로운 토대는 문학과 문학을 학습하는 교육의 본질에 부합해야 한다. 랭거(Langer)에 따르면, 우리가 문학적인 경험에 참여할 때 우리의 마음속에서 일어나는 현상은 '가능성의 지평'에 도달하는 것으로 비유될 수 있다. 문학적 경험은 불확실하며 그래서 개방된 지평 위에서 새로운 가능성들을 탐구하면서 부분과 전체를 연결 짓고 재고하는 과정인 것이다. 그러한 탐구는 대안적인 해석과 비판적 읽기 등 해결되지 않은 문제들의 여지를 남겨두면서 이해의 폭을 확장시킨다.[4] 문학적 경험은 이처럼 '가능성의 탐구(exploring possibilities)'와 본질적으로 연관되어 있다. 문학은 우리에게 자아와 타자에 대해 탐구하고, 우리는 누구이며 또 무엇이 될 수 있으며 세계는 어떤 곳이어야 하는지를 정의하고 또 재정의할 수 있는 장면을 설정해준다.

....

3 이재기(2005), 「문식성 교육 담론과 주체 형성에 관한 연구」, 한국교원대학교 박사학위논문, p.15.
4 J. A. Langer(1995), *Envisioning Literature: Literary Understanding and Literature Instruction*, Teachers College Press, pp.27-30.

이러한 문학을 통해 학생들은 그들 자신과 인류를 위한 선택을 고려하고 가능성을 탐구하는 것을 배운다.[5]

이처럼 우리 자신과 타자, 그리고 세계를 이해하고 탐구하는 일과 관련된 문학교육에서는 문학의 지식 역시 인간과 세계에 대한 지평으로 자연스럽게 확장된다. 프롭스트(Probst)는 문학작품에 대한 대화 과정을 예로 들면서 문학의 다섯 가지 지식을 규명한 바 있는데, 그것은 문학이론이나 텍스트의 내용에 대한 이해에 그치지 않고 나에 대한 지식, 타자에 대한 지식, 텍스트에 대한 지식, 맥락에 대한 지식, 의미 형성 과정에 대한 지식으로 확장된다.[6]

따라서 '가능성의 탐구'라는 새로운 토대 위에서 확장된 문학의 지식을 추구하는 문학수업의 학습자들은 자신과 타자, 나아가 세계에 대한 인식을 형성하고 자연스럽게 문학을 향유하는 생애의 독자로 거듭나게 될 것이다. 이는 그동안 국어교육과 문학교육이 함몰되어 있던 인위적이고 쇄말적인 방식에서 자연스럽고 통합적인 접근 방식으로 전환하는 것을 의미한다. 그리고 그것은 학습자에게 언어와 문학이 가진 창조성과 아름다움, 세계를 인식하는 힘을 되돌려주는 것을 의미한다.

....

5 J. A. Langer(1995), 앞의 책, pp. 1-7.
6 R. E. Probst(1990), Five kinds of literary knowing, *Center for the Learning and Teaching of Literature*, Report Series 5.5, pp. 7-16.

2. 탐구의 맥락과 대상

'가능성의 탐구'가 이루어지는 맥락은 다양하다. 독자가 개인일 수도 있고 집단일 수도 있으며, 탐구 결과의 소통이 비공식적 층위에 머물 수도 있고 공식적인 층위에서 이루어질 수도 있다. 이 가운데 공교육의 교실을 전제로 하는 문학수업은 학습 공동체인 독자 집단이 공식적인 층위에서 '가능성의 탐구'를 수행하는 상황을 중심에 둔다. 문학수업에서 이루어지는 문학적 경험은 사회적인 맥락에서 공동으로 이루어지는 '가능성의 탐구'를 의미하는 것이다. 물론 공식적인 수업 담화에서 발화되지 않은 비공식적 층위의 반응 역시 염두에 두어야 할 것이다.

학교에서 이루어지는 문학교육은 반복적이고 누적적이다. 학생들은 매 학기마다 일정한 수업 시수 동안 문학 단원을 학습하면서 다양한 텍스트를 접하고, 그러한 경험은 매 학년마다 반복적으로 이루어진다. 초등학교의 경우 이러한 경험이 6년에 걸쳐 누적되면서 문학에 대한 일정한 지식과 개념을 형성한다. 그 과정에서 개별 작품의 주제와 미적 자질의 차이 및 공통점을 식별하면서 동시에 문학 장르 규범에 대한 지식을 점진적으로 형성해간다. 다시 말해 작품 하나하나의 개별적인 특성들을 접하는 일련의 과정에서 장르 규범의 전체상을 완성해가는 것이다. 이러한 학습의 과정은 하나의 요소를 완전히 습득한 후 다음 요소로 넘어가는 선형적인 형태가 아니라 전체 요소들이 희미하게 인식되기 시작하여 점차적으로 분명한 윤곽을 드러내는 형태에 가까울 것이다. 이는 다음에 제시된 브룸핏(Brumfit)의 교수요목 모형 가운데 모형 B에 해당된다.[7]

----

7 그림의 출처는 C. J. Brumfit(1984), Key issues in curriculum and syllabus design for ELT, *General English Syllabus Design, ELT Documents*, 118, p.11; 김상욱(2006a), 『국어교육의 재개

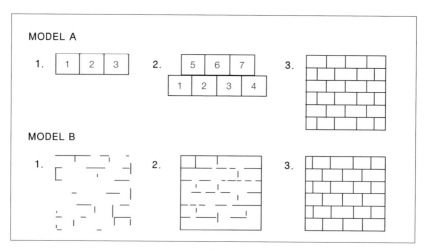

그림 1-1. 브룸핏의 교수요목 모형

　　학교에서의 문학교육이 제공하는 문학적 경험은 사회적인 맥락에서 이처럼 다양한 개별 작품들에 대한 누적적인 학습을 통해 '가능성의 탐구'를 이어나가는 것이다. 따라서 문학교육은 문학텍스트를 탐구하는 방식과 탐구의 대상이 되는 문학 장르의 규범 및 개별 텍스트의 윤리적·미적 가치 등을 함께 다룬다. 다시 말해 문학교육의 층위가 탐구 방식과 탐구 대상으로 이원화된다. 이때 탐구 행위의 방식은 일정한 양식으로 되풀이될 수 있지만 탐구 대상의 내용은 개별 텍스트가 지닌 고유한 특성에 따라 달라진다. 이를 지식의 형태로 구분하자면 탐구 방식은 방법적 지식(procedural knowledge)에 해당되고, 탐구 대상은 명제적 지식(propositional knowledge)에 해당된다.

　　문학을 탐구하는 방법으로는 다양한 읽기 전-중-후 활동과 문학토의

....

념화와 문학교육』, 역락, p.122에 제시됨.

등을 들 수 있다. 다만 읽기 전-중-후 활동의 종류가 다양하고 문학토의의 양상 또한 단일하지 않기 때문에 경우에 따라서 문학토의가 읽기 중 활동이나 읽기 후 활동에 포함될 수도 있다. 이처럼 이 두 활동의 경계 구분이 다소 모호하지만 일반적으로 문학토의에 비해 읽기 전-중-후 활동은 교사에 의해 미리 계획되고 안내되는 경향이 있다. 문학토의 역시 교사가 초점을 형성하고 개입할 여지가 있으나 상대적으로 개방적인 환경이기 때문에 참가자들의 논의에 따라 방향이 달라질 수 있다. 그리고 읽기 전-중-후 활동은 이론상 개인적 수준에서도 수행될 수 있지만 문학토의는 사회적 수준에서만 수행될 수 있다.

한편 탐구의 대상인 문학에 대한 명제적 지식은 학습자에게 지식 그 자체로 제시되는 것이 아니라 텍스트라는 복합적이고 유기적인 담론의 형태로 제시된다. 문학교육의 지식은 교육과정의 층위에서는 개별적인 성취기준의 형태로 제시되지만 학습자들이 접하는 작품의 층위에서는 개별 요소들이 긴밀하게 관련된 유기적인 형태로 존재한다. 명제적 지식에 해당하는 이러한 교육과정의 성취기준은 교육과정이 바뀔 때마다 변화하므로 상존하는 범주로 제시하기 어렵다. 다만 성취기준이 텍스트의 어떤 요소에 속하는지를 구별하는 범주는 일반화할 수 있을 것이다. 이 책에서는 텍스트라는 개념을 기준으로 문학지식을 분류하는 범주를 네 가지—내부텍스트, 주변텍스트, 상호텍스트, 컨텍스트(맥락)—로 설정하였다.

작품의 본문에 해당하는 내용을 내부텍스트(innertext)라는 중심항으로 설정하고 그것을 기준으로 범위를 넓혀나갈 경우 내부텍스트와 가장 가까운 것이 본문의 주변부에 존재하는 주변텍스트(paratext)이다. 주변텍스트는 주네트(Genette)가 제안한 용어로 책의 내부에 위치한 페리텍스트(peritext: 판형, 표지, 속표지, 조판·인쇄, 저자명, 제목, 헌사, 서문, 주석 등)와 책의 외부에 있는 에피텍스트(epitext: 저자 인터뷰, 일기, 고백 등)로 나뉜다. 주변텍스트는 책의 본문으로 들어서거나 돌아서는 경계 혹은 문턱의 역할을 한다.[8] 내부텍스트와 주변텍스트의 바깥에는 그러한 텍스트와 그것을 수용하는 독자가 속한 사회문화적인 맥락(context)이 존재한다. 텍스트에 대한 독자의 반응이나 평단의 평가, 그것을 둘러싸고 이루어지는 문학교육 등이 맥락을 구성하는 요소이다. 그리고 맥락의 범위와 엄격하게 구분할 수는 없지만 해당 작품과 별개로 존재하는 다른 작품이라는 점에서 상호텍스트(intertext)의 항목을 맥락과 구분하여 설정할 수 있다.

이상에서 언급한 문학적 경험의 탐구 대상과 탐구 방법을 토대로, 개별 텍스트에 대한 문학적 경험에 어떤 요인들이 작용하는지를 표 1-1과 같이 정리하였다. 앞서 언급한대로 문학토의와 읽기 중, 읽기 후 활동의 경우 그 경계가 명확하지 않기 때문에 점선으로 표시하였다.

문학수업은 이러한 구조의 틀에 개별 텍스트를 대입하여 탐구를 거듭하는 시간이다. 이때 수업의 대상이 되는 문학텍스트는 하나의 세계를 구축하고 있는 담론(discourse)이다. 담론이란 "세상에 관해 이야기하고 세상을 이해하는 구체적인 방식"[9]이며, 언어적 요소와 사회적 삶이 결합되고 연속적으로 서로 연결된, 언어행위의 복합적 덩어리를 가리킨다. 이러한 담론으로서의 문학에는 한 세계의 표상과 그 표상에 대한 가치 평가가 개입되어 있다.[10] 이렇게 볼 때 문학적 경험은 작품이라는 세계와 독자라는 세계의 마주침이라고 할 수 있다. 그 안에서 작품 속 경험·인식이 독자의 경험·인식과 대화하게 된다.

....

8　G. Genette(1997), *Paratexts: Thresholds of interpretation*, Cambridge University Press, pp. 1-15.
9　김종현(2012), 「국어과 교육과정을 위한 담화 개념의 위상」, 《국어교육학연구》 40, 국어교육학회, p. 171.
10　김상욱(2003), 『문학교육의 길 찾기』, 나라말, p. 26.

표 1-1. 개별 텍스트에 대한 문학적 경험의 탐구 방법 및 대상의 구조

← **문학적 경험의 탐구 방법** (방법적 지식) →

		이해, 해석, 평가, 연결 짓기 등			
		개인적 수준/사회적 수준			사회적 수준
		읽기 전	읽기 중	읽기 후	문학토의
주변텍스트 (Paratext)	페리텍스트 (Peritext)				
	에피텍스트 (Epitext)				
내부텍스트 (Innertext)					
맥락 (Context)					
상호텍스트 (Intertext)					

(좌측 세로축: ↑ 문학적 경험의 탐구 대상 (명제적 지식) ↓)

그런데 문학수업이라는 사회적 맥락에는 작품과 독자의 대화뿐 아니라 독자와 독자의 대화도 포함된다. 그리고 이러한 중층적인 대화는 반복적으로 이루어진다. 따라서 문학수업의 주체는 개별 텍스트가 열어 보이는 불확실하고 그래서 개방된 지평 위에서 또 다른 주체들과 함께 새로운 '가능성의 탐구'를 부단히 이어가는 존재이다. 앞서 랭거가 기술한 바와 같이 그러한 탐구는 대안적인 해석과 비판적 읽기를 비롯한 해결되지 않은 문제들을 위한 여지를 남겨두면서 이해의 폭을 확장해간다. 그러므로 문학수업의 주체들은 탐구되지 않은 가능성을 남겨두고 또 다시 새로운 지평 위에서 새로운 논의를 수행할 수 있어야 한다. 그리고 그 과정을 통해 잠정적으로 종결된 의미들을 형성해간다. 이러한 가능성의 지평과 탐구의 무한성은 3절에서 살펴볼 바흐친(Bakhtin)의 대화주의적 토대와도 일맥상통한다.

3. 문학수업의 대화주의적 토대와 대화적 주체

대화주의는 러시아의 문학연구가이자 철학자인 바흐친(1895~1975)
의 '대화' 개념에서 유래한다. 1980년대에 토도로프(Todorov)나 홀퀴스트
(Holquist) 등의 이론가들이 '20세기를 대표하는 사상가' 혹은 '위대한 문학
이론가'라는 찬사와 함께 바흐친을 소개한 이래로, 대화주의는 매우 다양한
관점의 연구자들에 의해 각광 받았다.[11] 오늘날 대화주의는 문학 연구뿐 아니
라 교육 연구에서 '대화적 교수', '대화적 수업', '대화적 교실' 등의 새로운
패러다임을 논할 때 그 철학적 기반을 이룬다.

바흐친의 저작은 소설이론을 비롯하여 프로이트주의에 대한 비판, 언어
학에 대한 관심으로 뻗어 있을 뿐 아니라 민속학에 대한 지식에 이르기까지
그 분야가 다양하다. 논의의 범위가 방대하기에 바흐친의 이론을 하나로 집
약하는 통일성과 체계성을 발견하는 것은 쉽지 않다. 그럼에도 불구하고 대
화는 바흐친의 문학이론뿐 아니라 다른 모든 이론들의 주춧돌과 같은 핵심
개념으로 평가받는다. 대화는 바흐친의 작업 가운데 가장 가치 있는, 미학 체
계의 본질적인 특성[12]이자 산문학(prosaics), 종결 불가능성과 함께 바흐친의
사고 스타일을 파악하는 매우 중요한 총괄 개념의 하나로 평가받는다.[13]

바흐친에게 대화는 특별한 종류의 상호작용이다. 그것은 상호작용 일반
과도 구별되고 큰 따옴표로 인용 가능한, 사람들이 주고받는 일상적인 말을
지칭하는 '대화'와도 구별된다. 바흐친은 '대화성'을 "서로 동등한 권리와

....

11 김욱동 편(1990), 『바흐친과 대화주의』, 나남, pp. 96-97.
12 위의 책, pp. 9-17.
13 G. S. Morson & C. Emerson(1990), *Mikhail Bakhtin: Creation of a prosaics*, 오문석·차승
기·이진형 옮김(2006), 『바흐친의 산문학』, 책세상, p. 41.

동등한 의미를 지닌 의식들 간의 상호작용을 담는 특수한 형식"[14]으로 정의하였다. 다시 말해 대화성에는 둘 이상의 의식이 연관되어 있다. 그는 「도스토예프스키에 관한 저서의 개작 계획」에서 "인간 형상의 전적으로 새로운 구조란 (중략) 타자의 의식, 현실의 완결된 테두리 속에 끼워 맞춰지지 않으며 그 무엇으로도 (심지어 죽음으로도) 완결되지 않는 타자의 의식"[15]이라고 주장했다. 대화성에는 주체와 타자의 의식이 맺고 있는 동등한 관계가 담겨 있는 것이다. 그는 같은 글에서 작가와 인물의 관계가 지향해야 하는 것을 '대화적 능동성'이라 규정하고 있는데 작가가 인물에 대해 가진 능동성은 그것을 마음대로 창조할 완전한 권리가 아니라 "묻고 선동하고 대답하고 동의하고 반박하는 등의 능동성"[16]이다. 이것은 확실히 작품 내적으로 완결된 질서를 추구하는 당대의 형식주의적 패러다임과 구별되는 것이다.

이처럼 둘 이상의 의식을 전제로 하는 '대화'의 개념을 이해하기 위해서는 바흐친에게 주체와 타자의 관계가 어떤 양상이었는지를 살펴보아야 한다. 이와 관련된 논의는 주로 그가 미학이론에서 작가와 주인공의 관계를 논하는 과정에서 드러난다. "우리는 늘 그리고 강렬하게 다른 인간들의 의식의 수평 속에 나타나는 우리의 삶의 반영을 감시하며 그 반영들을 의식한다."[17]는 진술은 인간이란 타자와의 연관 속에서만 성립된다는 것을 의미한다. 모슨(Morson)과 에머슨(Emerson)에 따르면 바흐친은 「심미적 행위에 있어서 저자와 주인공」이라는 에세이에서 예술과 삶 양쪽에서의 자아 형성 과정을 검토하면서 자아를 세 범주로 나누어 설명한다. 나를 위한 나(나의 자아가 나 자

---

14 M. Bakhtin(2006), 박종소·김희숙 편역, 『말의 미학』, 길, pp. 440-441.
15 위의 책, p. 440.
16 위의 책, p. 442.
17 김욱동 편(1990), 앞의 책, p. 247에서 재인용.

신의 의식에 어떻게 비치며 어떤 느낌을 주는지), 외재성 즉 타자를 위한 나(나 자신이 외부에 있는 사람들에게 어떻게 비치는지), 타자성 즉 나를 위한 타자(외부인들이 나 자신에게 어떻게 비치는지)가 그것이다. '나를 위한 나'는 거울에 비친 자신의 이미지에 비유할 수 있다. 우리는 물리적으로든 비유적으로든 자신의 모습 전체를 직접 볼 수 없다. 그렇기 때문에 자신의 모습을 거울에 비춰보는데, 그때 보는 것이 나 자신과 완전히 일치하는 것은 아니다. 그러나 그것이 자신의 모습이라고 믿고 살아간다. 이처럼 거울의 이미지는 '기묘한 허위성'을 가지고 있다. 따라서 자신의 모습을 인식하기 위해서는 '나를 위한 나'뿐만 아니라 외재성에 대한 인식이 필요하다. 타자 또한 그 자신의 외재성을 인식하기 위해서 그에게 있어서 타자인 나의 '타자성'이 필요할 것이다.[18]

그런데 이 세 가지 개념의 관계에서 중요한 것은 그것들이 결코 융합되지 않으면서 상호작용해야 한다는 것이다. 타자성과 외재성에는 서로 대체할 수 없는 고유한 영역이 존재하기 때문이다. 모슨과 에머슨은 그것을 물리적인 '시야'와 '주변'으로 비유했다. '시야'란 주체가 세계를 바라보는 범위이며 '주변'은 주체가 볼 수 없는, 그 자신의 뒤통수를 포함한 주변 영역이다. 이때 타자와 주체는 '주변'을 공유할 수는 있지만 시야가 일치할 수는 없다. 주체는 자기 자신의 시야에 나타날 수 없지만 타자의 시야에는 그러한 주체의 모습이 포함될 수 있다.[19] 바흐친은 이처럼 주체가 볼 수 없는 주체의 모습을 타자가 볼 수 있는 것을 주체에 관련된 타자의 '잉여'라고 칭했다. 그러한 잉여는 필연적인 것이지만 각각의 잉여는 서로에 대해 항상 상대적이며 우발

....

18 G. S. Morson & C. Emerson(1990), 앞의 책, pp. 322-324.
19 "우리가 다른 사람들과 마주할 때 그들에 대해서 우리 각자가 '시선의 잉여'를 즐긴다는 사실을 상기해보자. 한 사람은 다른 사람의 뒤통수까지 볼 수 있으며, 타자의 고통의 배경을 이루고 있는 '우울한 하늘'까지도 통찰할 수 있다"(위의 책, p. 420).

적이다.[20] 주체와 타자의 관계에 대한 바흐친의 이 같은 인식은 문화 연구에 대한 설명에서도 다시 한 번 확인할 수 있다.

> 다른 문화를 잘 이해하기 위해서는 그 문화 속으로 옮겨가야 하며, 자신의 문화를 망각하고, 그 이질적인 문화의 눈으로 세계를 바라보아야 한다는, 대단히 끈질기지만 일방적이고, 따라서 미덥지 못한 사고가 있다. 반복하건대, 그와 같은 사고는 일면적인 것이다. (중략) 그러한 이해는 단순한 복제 과정에 지나지 않을 것이요, 어떤 새로움이나 풍요로움을 가져다주지는 못할 것이다. **창조적 이해**는 자신을 부정하거나, (중략) 스스로의 문화를 부정하는 게 아니다. 창조적 이해는 아무 것도 망각하지 않는다. (중략) 실제로 인간은 자기 자신의 외관을 직접 볼 수 없을 뿐더러 전체적으로 의미화할 수도 없으며, 어떤 거울이나 사진도 여기서 그를 도와줄 수 없다. 오직 타자들만이 그 사람의 외관을 바라보고 이해할 수 있을 따름인데, 이는 그들이 지닌 공간적 외재성과 그들이 타자라는 점 덕분이다.[21]
>
> (강조, 고딕체는 원문)

이처럼 그는 문화 연구에서도 대화적 관점을 견지하고 있다. 이러한 외재성과 타자성은 대상과 자신에 대한 더욱 온전하고 깊이 있는 이해를 돕는다는 점에서 긍정적이다. 바흐친은 그것을 '창조적'인 것으로 평가한다. 따라서 대화적인 관계에서 새로운 의미가 창조된다고 볼 수 있다.

....

20 G. S. Morson & C. Emerson(1990), 앞의 책, pp. 328-329.
21 M. Bakhtin(2006), 앞의 책, pp. 475-476.

하나의 의미는 낯선 다른 의미와 마주치고 접촉하고 나서야 비로소 자신의 깊이를 드러내게 된다. 그리고 이 사이에서 의미와 문화의 폐쇄성과 일면성을 극복하는 **대화**와도 같은 것이 발생하는 것이다.[22]

(강조, 고딕체는 원문)

바흐친의 관점에서 의미들은 하나의 잠재력으로 존재하며 오직 대화를 통해서만 실현된다. 이처럼 대화의 과정을 통해 잠재력이 실현되고 발전된다는 것은 대화가 지닌 교육적 의의를 찾아볼 수 있는 부분이다. 대화주의에 기반한 교육을 통해 학습자(주체)가 다른 존재들(교사와 다른 학습자)과의 관계 속에서 잠재성을 실현하는 것이야말로 인간의 성장과 발달을 목표로 하는 교육의 본질과도 연결되기 때문이다. 이때 중요한 것은 대화의 과정에서 어느 누구도 자신의 관점을 포기하거나 다른 사람의 관점을 자신의 관점으로 치환해서는 안 된다는 점이다. 대화적인 관계는 서로의 차이를 기반으로 한다는 점에서, 차이를 무화하려는 태도는 대화의 반대편에 놓인 '독백화'를 초래한다.

독백화는 사건의 대화성을 추상적인 층위로 일반화시키는 절대주의에 의해서도 발생하지만, 반대로 구체적이고 개별적인 것들을 모두 똑같이 자의적인 것으로 보는 상대주의에 의해서도 발생한다. 대화에서 (비유적인 의미의) 목소리와 억양을 제거하고 추상적 의식으로 밀어 넣는 변증법, 윤리학을 규칙의 견지에서 이해하는 이론주의뿐 아니라 모든 것이 다르다는 상대주의도 역설적으로 모든 것의 차이를 무화시킨다는 점에서 독백적이다.

바흐친은 이러한 현상을 지칭하기 위해 전사(傳寫, transcription) 또는 종결화라는 용어를 사용하였다.[23] 전사는 말소리를 문자로 옮겨 적는 것이다.

....

22　M. Bakhtin(2006), 앞의 책, p. 476.
23　G. S. Morson & C. Emerson(1990), 앞의 책, pp. 120-123.

살아 있는 말을 전사했을 때 말의 맥락이나 말하는 주체의 목소리, 억양 등이 사라지고 종이 위의 문자만 남는다는 점에서 이 용어는 대화적인 것을 사물화시키는 것을 뜻한다. 종결화는 결정이나 결말이 내려지게 하는 것으로, 대상에 대해 결론을 내린 후 그것의 잠재성을 더 이상 인정하지 않는 태도를 연상시킨다. 바흐친은 세계를 본질적으로 열려 있는 것으로 인식했으며 그것을 '종결 불가능성'으로 표현한 바 있다.[24] 따라서 독백화는 대상을 종결시킨다는 점에서 바흐친이 인식하는 세계의 본성과 대립되는 것이다. 또한 이를 통해 앞서 언급한 의미의 '잠재성'이 '종결 불가능성'의 지평과 나란히 놓인 것임을 알 수 있다.

'종결 불가능성'과 '잠재성'의 개념에서 알 수 있듯 바흐친은 세계를 단일한 체계나 질서로 포섭할 수 없다고 보았다. 체계로의 융합은 일상생활과 삶에서 넘쳐나는 개별성과 특수성, 그것들이 지니는 수많은 차이를 무시하기 때문이다. 이처럼 개별적이고 특수한 것으로 넘쳐나는 일상을 중시하는 바흐친의 관점을 모슨과 에머슨은 '산문학(prosaics)'이라는 용어로 명명했다.

산문학의 첫 번째 의미는 '시학'에 대립된다는 것이다. 바흐친과 그의 동료들은 당시 러시아 형식주의자들이 수행한 시학 중심의 연구가 소설을 비롯한 산문 장르의 고유한 특징을 포괄하지 못하고, 비문학적 언어에 내재한 다양성을 간과하며, 그것들을 무차별적인 하나의 덩어리로 간주하게 한다고 보았다. 그들에 따르면 이 같은 형식주의적 틀은 일상적 영역에 대한 모욕을 초래한다.

....

24 바흐친은 종결 불가능성을 일상적 실존에 내재하는 것이며 실존의 본질로 기술했다. 그리고 자아를 종결 불가능한 것으로 이해하기 위해서는 그 안에 창조성이 내재하는 것으로 기술해야 한다. 이 때 창조성은 예외적이거나 신비한 것, 인간의 힘을 넘어서는 것을 지칭하는 낭만적 개념이 아니라 일상적인 삶과 분리될 수 없는 산문적인 것이다(G. S. Morson & C. Emerson(1990), 앞의 책, pp. 89-98).

산문학의 두 번째 의미는 바로 일상적이고 평범하며 '산문적인' 것이 중요하다고 가정하는 사유 형식이다. 바흐친에게 일상은 지속적인 행위의 영역이며 모든 사회적 변화와 개인적 창조성의 원천이다. 다만 산문적 창조성은 작은 것에서 시작해 느리게 진행되어 거의 눈에 띄지 않기 때문에 우리가 그것을 혁신의 시작이라 인식하기 어렵다. 그러나 바흐친이 보기에 혁신이란 그러한 작고 느린 변화들이 축적되어 이루어진 것이다.[25]

이와 같은 산문적 사고로 미루어 볼 때 그가 왜 그토록 체계와 융합, 일반화와 추상화 같은 행위를 경계했는지 짐작할 수 있다. 산문 장르의 특징이나 일상적인 평범한 것들은 일정한 체계로 수렴되지 않는 개별적인 특성을 가지고 있기 때문이다. 그러나 혁신이 일상생활 속에서 '끊임없이' 발생하는 변화의 산물이며 세계의 의미가 종결 불가능하다고 인식하는 바흐친의 사유가 상대주의를 의미하는 것은 아니다. 앞서도 언급하였듯 그는 상대주의 또한 수많은 개별적인 것들의 차이를 '모두 다 다른 것'이라는 손쉬운 결론으로 독백화시킨다고 보았다.

> 바흐친이 볼 때 종결화의 전적인 부재는 완전한 종결화만큼이나 자유와 창조성을 파괴한다. 절대적으로 구애되지 않는 상태도 보편적 규범의 기계적 적용 못지않게 진정한 책임을 배제시킨다. 바흐친에 따르면 윤리적 개인은, 비록 잠정적이긴 하지만 실제적으로 구애되어야만 한다.[26]

'절대적으로 구애되지 않는 상태'는 상대주의를 의미하고 '완전한 종결화'나 '보편적 규범의 기계적 적용'은 절대주의를 의미한다고 볼 때 바흐친

----

25 G. S. Morson & C. Emerson(1990), 앞의 책, pp. 48-61.
26 위의 책, p. 95.

은 이 두 가지 모두가 진정한 책임을 배제시킨다고 보았다. 그의 대화 개념은 이처럼 상대주의와 절대주의 모두와 거리를 두고 있다. 그러나 세계와 의미의 종결 불가능성이나 다성성과 같은 개념들은 일원론적 절대주의와는 명백히 구별되지만 그에 비해 상대주의와의 차이점은 확연히 드러나지 않는다. 따라서 대화주의와 상대주의의 차이에 대한 추가적인 논의가 필요해보인다.

앞의 인용문에서 바흐친은 절대주의와 상대주의 모두를 '진정한 책임'이 결여된 것으로 파악하고 있음에 주목할 필요가 있다. 절대주의가 추상적이고 일반화된 질서로서 객관적으로 존재하는 세계를 의미한다면 상대주의는 일상적이고 개별적인 유일무이한 세계를 의미한다. 바흐친은 이러한 세계를 '문화의 세계'와 '생의 세계'로 구분하고 이 두 세계의 긴장 속에서 통일을 이루는 것을 책임의 문제로 보았다.[27] 따라서 절대적으로 구애되지 않는다는 것은 '생의 세계'나 '산문성'과 같은 구체적인 삶의 맥락을 참조하지 않는다는 것을 의미한다. 대화주의와 상대주의는 차이를 인정하고 전제한다는 점에서는 같다. 그러나 상대주의는 모든 차이를 인정함으로써 역설적으로 차이를 무화시키는 반면, 대화주의는 구체적인 삶의 맥락을 반영하여 잠정적으로 의미를 종결짓는다는 차이가 있다. 그리고 그러한 행위는 '진정한 책임'을 지는 '윤리적 개인'에 의해 수행된다.

윤리적 개인이 수행하는 잠정적인 의미의 종결화는 진리의 문제와 관련되어 있다. 바흐친은 진리의 단일성 여부보다는 그러한 진리를 구성하는 의식의 대화성을 중시한 것으로 보인다. 그는 신의 존재와 같은 절대 정신이 존재하더라도 그것을 반영하는 의식은 하나가 아니라 복수라는 점을 강조한다. 단

----

27 M. Bakhtin(2003), *Art and responsibility*, 최건영 옮김(2011), 『예술과 책임』, 뿔, p. 21.

일한 진리의 개념이 하나의 단일한 의식을 요구하지만은 않는다는 것이다.[28] "단일화된 진리는 다채로운 의식을 요구할 수 있다."[29] 그렇기에 대화주의를 이해할 때 중요한 것은 진리의 절대성 혹은 상대성이 아니라 다음 인용문에서 제시된 바와 같이 진리 탐구가 이루어지는 대화적인 맥락이라고 할 수 있다.

> 진리를 탐구하는 대화적 수단은 *기성의 진리*를 소유하고 있다고 가정하는 *공식적인* 독백주의와 대치된다. 또한 그것은 자신들이 어떤 것을 알고 있다고 생각하는, 다시 말해서 특정한 진리를 소유하고 있다고 생각하는 사람들의 순진한 자신감과도 대치된다. 진리는 개별 인간의 머릿속에서 탄생하지도, 발견되지도 않는다. 그것은 진리를 집단적으로 추구하는 *사람들 사이에서*, 그들의 대화적 상호작용의 과정 내에서 잉태된다.[30]
>
> (기울임체는 원문)

바흐친에 의하면 진리뿐 아니라 이를 추구하는 사람들의 의식을 구성하는 사상 또한 대화적 관계 속에서 생성된다. 왜냐하면 인간의 사상은 고립된 개인의 의식 속에 머물 경우 퇴화하지만, 타인의 사상과 본질적으로 대화적인 관계를 맺고 그들의 살아 있는 생각과 접촉할 때 진정한 사상이 되기 때문이다.[31] 진리, 의식, 사상 모두가 대화적인 관계에서 발생하는 사건인 것이다.

....

28 이강은(2011), 『미하일 바흐친과 폴리포니야』, 역락, p. 116.
29 M. Bakhtin(1984b), *Problems of Dostoevsky's poetics*, 김근식 옮김(2011), 『도스또예프스끼 시학의 제문제』, 중앙대학교출판부, p. 105.
30 M. Bakhtin(1984a), C. Emerson(ed. and trans.), *Problems of Dostoevsky's poetics*, University of Minnesota Press, p. 110.
31 M. Bakhtin(1984b), 위의 책, p. 113.

이처럼 삶의 구체성과 인간 의식의 다양성을 바탕으로 형성되는 진리는 하나의 독백적 교의와 구별된다. 모슨과 에머슨은 이 모호한 표현을 위해 다음과 같은 비유를 든다.

> 우리는 그것이 불가코프(M. Bulgakov)의 소설《거장과 마르가리타(*The Master and Margarita*)》에 나오는 본티오 빌라도가 본 환영을 닮았을 것이라고 상상할 수 있다. 빌라도는 달빛을 따라 개와 함께 산책하는 꿈을 꾸는데, 그 꿈에서 그는 "떠돌이 철학자"인 그리스도와 이야기를 나눈다. "그는 방가(Banga)를 따라 걷고 있었고 그 떠돌이 철학자는 그의 옆에 있었다. 그들은 무겁고 복잡한 문제를 가지고 토론하고 있었는데, 그 토론에서는 그중 누구도 우위를 점할 수 없었다. 그들은 전적으로 의견이 맞지 않았다. 그런데 바로 그 점이 그들의 토론을 훨씬 더 흥미롭고 끝없게 만들었다"(《거장과 마르가리타》, 제26장, 310쪽).[32]

한 가지 짚고 넘어가야 할 것은 위의 인용에서 "전적으로 의견이 맞지 않았다"는 것은 대화주의의 관점에서 볼 때 단순히 의견이 대립되는 것을 뜻하지 않는다는 점이다. 이를 위해서는 언어학의 관점에서 바흐친의 대화가 어떤 의미를 지니는지 구별해야 한다. 바흐친은 "언어는 오직 그것을 사용하는 사람들 간의 대화적 상호작용 속에서만 살아 있다. (중략) 언어의 전체적인 삶(생명)은, (일상생활과 업무, 학문, 예술 등의 분야에서 이루어지는) 그것의 사용 속에서, 대화적 관계와 함께 침투한다"고 보았다. 같은 글에서 그는 언어 자체만을 연구하는 언어학은 언어의 실제적인 대화적 관계로부터 동떨어져 있다

---

32 G. S. Morson & C. Emerson(1990), 앞의 책, pp. 128-129.

고 보았다.[33] 이처럼 순수언어학적 관점과 달리 언어가 사용되는 맥락과 그 사용 주체를 언어와 불가분의 것으로 바라보는 바흐친의 언어학을 메타언어학이라고 부른다.

메타언어학적 관점에서 본다면 "인생은 즐겁다"라는 문장을 동일하게 반복하더라도 반복된 문장은 완벽하게 동일한 의미를 재생하는 것이 아니다. 두 문장은 의미의 결이 서로 다른, '동의라는 대화적 관계'를 형성한다. 이러한 대화적 관계에서는 같은 문장 형태의 언어나 그 문장들이 갖는 논리적 관계(동일성)가 그대로 실현되는 것이 아니라 화자들이 맺는 관계에 따라 얼마든지 달라질 수 있다. 따라서 바흐친의 언어학과 대화의 지평 위에서는 대화를 이견과 동일시해서도, 동의를 '단일한 의미로의 합의' 정도로 이해해서도 안 된다. "동의는 이견만큼이나 대화적이다. 동의는 무수한 다양성, 무한한 명암과 농담, 그리고 엄청나게 복잡한 상호작용을 지니고 있"[34]는 것이다. 그리고 이처럼 동의를 완벽한 일치와 동일시하지 않는 감각은 앞서 언급한 세계의 종결 불가능성과 다시 연결된다. 바흐친의 관점에서 동의를 이룬다는 것은 대상의 의미를 하나의 목소리로 종결시키는 것이 아니라, 대화적 관계가 형성하는 의미의 자장 속에서 복수의 목소리들이 훼손되지 않고 들릴 수 있음을 나타내는 것으로 보인다. 대화주의에서 동의란 하나의 점으로 수렴되는 동일성보다는 여러 개의 점들이 의미의 자장 속에 다채롭게 분포된 것으로 보아야 한다.

이상에서 살펴본 바와 같이 바흐친에게 대화란 넓게는 세계에 대한 인식과 연결되어 있으며 주체와 타자 사이의 관계뿐 아니라 언어에 대한 새로운 관점을 포괄하는 핵심 개념이자 철학이다. 무엇보다 그는 인간의 존재 조건 자체를 대화적인 것으로 파악했다.

....

33 M. Bakhtin(1984a), 앞의 책, p. 183.
34 G. S. Morson & C. Emerson(1990), 앞의 책, p. 245.

의식은 대화적인 본성을 지니며, 인간의 삶 자체도 대화적인 본성을 지닌다. 인간의 삶에 유일하게 적절한 **언어적 표현** 형식은 **완결되지 않는 대화**이다. 삶은 본성상 대화적이다. 산다는 것은 대화에 참여한다는 것을 의미한다.[35]

(강조, 고딕체는 원문)

그리고 주체와 타자의 대화적 관계나 진리가 잉태되는 과정에 대한 설명에서도 엿볼 수 있듯 대화주의는 기본적으로 인간을 사회적 존재로 상정한다. 기실 바흐친에게는 사회적 존재가 아닌 진공 상태의 개인이란 인정되지 않는다. 이것은 앞서 언급한 그의 산문적 사고와도 연결된다. 구체적인 자신의 삶의 조건과 매 순간의 사건성을 무시한 채, 윤리적 규범의 이론가 혹은 추상적인 논리와 규칙의 대변인처럼 의례적으로 살아가려는 사람을 바흐친이 '참칭자(pretender)'라는 용어로 비판했던 것도 사소하고 비체계적인 것을 중시하는 산문적 사고에서 비롯된 것이다. 그가 보기에 자아와 사회는 불가분의 관계이며 인간은 실존적으로 타자들과의 관계 속에서 살아갈 수밖에 없다. 이처럼 인간의 삶에서 타자와의 관계를 본질적인 것으로 여기는 대화주의는 넓은 의미에서 '관계적'인 이론이라 할 수 있다.[36] 주체와 타자의 관계 속에서 창조적 이해가 가능하며, 대화적 관계 속에서 잠재 가능성의 실현이 가능한 것이다. 대화주의가 갖는 교육적인 함의는 이와 같은 창조적 이해와 잠재 가능성의 실현에 있다. 그러나 여전히 교육 현장에서는 교사에 의한 독백화, 교과서의 권위에 의한 독백화, 평가에 의한 독백화가 지배적 경향으로

....

35 M. Bakhtin(2006), 앞의 책, p. 454.

36 P. Linell(2009), *Rethinking language, mind and world dialogically: Interactional and contextual theories of human sense-making*, IAP, p. 24.

나타난다. 대화주의의 관점에서 문학교육은 위와 같은 독백화를 지양하고 대화적 관계 속에서 잠재 가능성을 실현하는 대화적 주체를 형성해야 한다.

이를 위해서는 학습자뿐 아니라 교사 역시 대화적 주체로 변화해야 한다. 다시 말해 교사와 학생이 대화적 관계를 맺는 수업이 문학교실의 대안적 맥락으로 제시되어야 하는 것이다. 대화적 수업의 관점은 교사에게 스스로를 지식의 전달자가 아니라 지식의 공동 구성 주체로 위치 설정(positioning)하도록 요구한다.[37] 특히 대화적 수업의 대표적인 형태인 토의 수업은 교사로 하여금 학생이 한 발언의 요점을 찾기 위해 그들의 말을 집중하여 듣거나 함께 논쟁하는 것의 중요성을 깨닫게 해준다. 토의를 통해 교사들은 많은 관점들—특정한 시공간을 살아가는 자신의 개인적 관점, 작가와 인물의 관점, 자신과 다른 삶을 살아온 아이들의 견해—로부터 어떻게 토의의 실마리를 숙고하는지 배우게 된다.[38]

문학 경험의 핵심적인 특징인 '가능성의 탐구'는 대화주의에서 상정하는 세계의 종결 불가능성과 의미의 잠재 가능성을 기반으로 할 때 가장 잘 구현될 수 있다. 특히 대화주의는 텍스트와 독자와의 대화뿐 아니라 사회적 학습 상황을 전제로 하는 공교육의 문학교실에서 이루어지는 주체와 주체 간의 대화를 포괄함으로써, 인간의 실존적 조건과 문학의 본질에 부합하는 주체를 형성하는 철학적인 기반이 된다. 이 책에서는 대화주의에서 도출되는 대화적 주체들이 책 읽어주기에서 문학토의로 이어지는 문학수업을 통해 텍스트가 지닌 무한한 가능성을 탐구하는 것에 초점을 두고자 한다.

....

37 김상욱(2003), 앞의 책, pp. 25-26.
38 M. Adler & E. Rougle(2005), *Building literacy through classroom discussion: Research-based strategies for developing critical readers and thoughtful writers in middle school*, Scholastic Inc, pp. 24-25.

4. 책 읽어주기와 문학토의의 연계

문학교육의 핵심은 의미 구성의 주체인 학습자들과 텍스트의 상호작용이다. 특히 문학수업이 이루어지는 문학교실은 그러한 상호작용이 생생하게 이루어지는 시공간이다. 따라서 문학수업의 방법을 본격적으로 논의하기 위해서는 구체적인 텍스트에 대한 학습자의 능동적인 의미 구성에 초점을 맞춰야 한다. 이렇게 볼 때 1990년대부터 시작된, 학습독자들의 개인적 반응에 대한 연구들은 문학교육의 핵심에 접근하는 관점의 출발점이라 볼 수 있다.[39] 이후 문학반응에 대한 연구는 개인적 반응의 다양한 분류로 이어졌다. 이들 연구는 반응을 이해, 분석, 해석, 평가와 같은 인지적 활동으로 세분화함으로써 학습독자들이 문학텍스트에 대해 갖는 반응의 실체를 드러내고 그러한 반응들을 문학능력의 층위로 통합할 수 있었다.

그러나 문학수업을 관찰하고 난 뒤에 이루어지는 귀납적인 분류 작업만으로 학습자와 텍스트의 활발한 교류가 담보되지는 않는다. 반응에 대한 관찰과 분류 작업들이 진정한 의미를 갖기 위해서는, 실제 수업에서 그러한 반응들이 소통의 맥락을 거쳐 깊이 있는 의미 형성으로 이어지게 만드는 연결 고리를 찾아야 한다. 반응의 관찰에서 소통의 촉진으로 연구의 초점이 이동해야 하는 것이다.[40] 이러한 이유에서 책 읽어주기나 문학토의가 새삼 관심을 끌고 있다. 이 두 활동은 텍스트와 독자 모두를 수업의 중심에 두고 그들의 상

----

39   문학교육 연구에서 학습독자의 반응에 대한 관심은 경규진(1993)의 박사학위논문인 「반응 중심 문학교육의 방법 연구」에서부터 촉발되었다고 볼 수 있다.

40   문학교육 연구에서 소통의 맥락이 강조되고 있음을 상징적으로 보여주는 용어로 "해석소통"을 들 수 있다. 이는 기존의 문학토의, 문학토론이라는 용어 대신 해석과 소통이라는 행위의 중요성을 강조하는 것이다(이인화(2013), 「소설 교육에서 해석소통의 구조와 실천에 대한 연구」, 서울대학교 박사학위 논문).

호작용을 도울 수 있다는 점에서 의미가 크다.

　이때 책 읽어주기와 문학토의의 개념에 대해서는 논자에 따라 관점이 다를 수 있으므로 필자가 상정하는 개념을 간단히 정리하고자 한다. 아동에게 책을 읽어준다고 하면 단순히 문어 텍스트를 구어화하거나 실감나는 동화 구연의 방식으로 낭독하는 행위를 떠올리기 쉽다. 그러나 이 책에서 논의하는 책 읽어주기는 반응의 형성과 활성화를 통한 심층적 의미 형성에 초점을 두고 있기 때문에 문어 텍스트의 구어화뿐 아니라 그 과정에서 간단한 질문을 하거나 대화를 통해 텍스트에 대한 아동의 초기 반응을 확인하는 것 등을 포함한다. 이것은 텍스트를 읽고 나서 그와 관련된 몇 가지 문항에 답하게 하는 기존 교과서의 텍스트 수용 방식과 구별된다. 물론 근래 들어 교과서의 형식에도 변화가 생겨 텍스트를 읽는 도중에 질문이 제시되는 경우들도 없지 않지만, 별도의 질문 없이 텍스트를 읽고 그 뒤에 내용 확인 위주의 문항들을 해결하도록 제시된 경우가 많다. 그 결과 텍스트에 대한 대화를 읽기 후에 한꺼번에 개시하게 될 뿐 아니라, 그러한 대화의 내용이 개별 텍스트의 고유한 특성과 심층적인 의미를 충분히 짚어내지 못할 수도 있다. 그러나 이 책에서 상정하는 책 읽어주기란 텍스트에 잠재된 의미 형성의 중요한 분기점에서 교사가 의식적으로 잠시 낭독을 멈추고, 개별 텍스트의 특성을 고려한 질문들을 중심으로 대화를 나누는 데 초점이 있다. 다만 그러한 교사의 의식적인 개입은 텍스트에 대한 반응의 형성과 그것의 표현을 촉진하기 위한 것으로, 학습자들의 의미 형성 내용을 통제하는 것과는 구별된다. 이 책에서는 '책 읽어주기'라는 기존의 용어를 사용하되 이처럼 심층적 의미 형성에 초점을 두고 교사가 학습자와 텍스트 간의 상호작용에 적극적으로 관여하는 것을 강조하고자 한다.

　문학토의 역시 새로운 용어는 아니다. 위에서 언급한 책 읽어주기와의 차이점을 구분하자면 문학토의란 책 읽어주기가 끝난 후 화제(topic)를 선정하고 그것을 중심으로 대화를 이어가는 것을 의미한다. 이러한 행위에 대해서는 문학토의 외에 문학토론이라는 용어도 자주 쓰이고 있다. 일반적으로 토의는 화제를 두고 다양한 의견을 개진하는 것인데 반해 토론은 명확한 찬반의 대립적 의견과 논거를 피력하는 가운데 결론을 끌어내는 것으로 간주된다.[41] 이 책에서 기술하는 문학토의 사례에서도 논쟁적인 측면이 부각되는 경우가 종종 있을 것이다. 그러나 문학토의에서는 그러한 논쟁의 지향점이 일반적인 토론에서처럼 찬반 대립과 의사 결정에 있는 것이 아니라 대화적 관점에 바탕을 둔, 풍부하고 깊이 있는 해석을 통해 공동의 의미를 형성하는 데 있다. 따라서 이 책에서는 '문학토의'라는 용어를 '문학토론'을 포괄하는 더 큰 개념으로 규정하여 사용하고자 한다.

이 책에서는 이상과 같은 개념 구분을 전제로 하여 책 읽어주기는 주로 읽기 전 및 읽기 중 과정과 관련이 있는 것으로, 문학토의는 읽기 후에 이루어지는 것으로 구분하고자 한다. 그러나 실제로 책을 읽어주는 과정에서도 대화의 초점이 형성되고 소략한 형태의 토의가 이루어질 가능성을 배제할 수 없기 때문에 문학토의와 책 읽어주기를 구분하는 경계는 다소 유연하고 느슨한 것으로 이해해야 할 것이다.

책 읽어주기는 텍스트 수용에, 문학토의는 책에 대한 대화에 주요 초점을 둔다는 일반적인 인식으로 인해 선행 연구들은 이 두 활동을 긴밀하게 연결하기보다는 별도의 영역으로 탐구해왔다. 책 읽어주기에 대한 연구들은 대부분 문학토의와 관계없이 수행되었으며 주로 유·초등교육 분야에서 제시되었다. 문학토의 역시 학습자가 개인적인 독서를 마치고 난 후 독립적으로 실행될 수 있기 때문에 토의 수업에 책을 읽는 과정이 반드시 포함될 필요는 없

41　김주환(2012),「고등학교 문학수업에서 토의 학습의 효과」,《청람어문교육》46, 청람어문교육학회, p.9.

다고 여겨졌다. 이러한 이유로 문학토의 관련 연구에서도 토의 참가자들이 어떤 방식으로 텍스트를 수용했는지에 대한 논의는 생략되는 경우가 많았다. 특히 두 활동은 주요 대상의 연령에 있어서도 그 차이가 뚜렷하다. 책 읽어주기 연구는 주로 유아나 초등학교 저학년을 대상으로 한 데 비해, 문학토의 연구는 초등학교 고학년 이상을 대상으로 하여 주로 논의되었다. 특히 낮은 연령의 아동을 주 대상으로 하는 책 읽어주기의 경우 그림책을 활용한 사례가 많았다. 이것은 아동이 처음으로 접하는 주된 장르가 그림책이기 때문으로 보인다. 이러한 연구 경향들은 책 읽어주기 활동이 문학 수용의 경험이 상대적으로 많지 않은 입문기 독자들을 위한 것이며, 문학토의는 상대적으로 높은 단계의 독자들을 위한 본격적인 의미 형성 과정이라는 인식을 엿볼 수 있게 한다.

그러나 문학토의는 개인적으로 형성된 문학반응들이 소통의 장에서 확장되고 심화되도록 도울 때 그 의미를 찾을 수 있다. 따라서 문학토의가 제대로 이루어지기 위해서는 텍스트를 수용하는 과정에서부터 아동의 반응을 활성화하고 문학토의의 초점을 형성하는 작업이 이루어질 필요가 있다. 이러한 관점에서 볼 때 책 읽어주기는 유아나 초등 저학년만을 대상으로 하는 일시적인 교육 활동이 아니라 문학토의와 한층 긴밀하게 결합되어야 하는 활동이다. 한 편의 서사에 담긴 다양한 자질들을 깊이 있게 탐구하기 위해서는, 선택적인 읽기 전-중-후 활동을 수반하는 책 읽어주기 과정에 더해 책을 읽는 동안 가졌던 여러 가지 반응들을 소통하는 토의의 과정이 이어져야 하는 것이다. 개인적인 반응이 사회적 맥락에서 다양한 반응들과 부딪치고 공명하면서 정교화될 때 텍스트의 표면에 드러난 의미뿐 아니라 가려져 보이지 않았던 심층의 의미에 가 닿을 수 있기 때문이다. 그러한 심도 있는 논의 과정에서 아동은 비로소 자신의 삶과 작품의 세계, 다른 사람들의 삶과 세계에 대한 이해에 도달할 수 있다.

따라서 이 책에서는 지금까지 논의해온 '가능성의 탐구'로서의 문학교육을 실현하는 구체적인 방법으로 책 읽어주기와 문학토의를 연계한 2-4시간 단위의 수업을 하나의 대안적 모형으로 제시하고자 한다. 이를 '책 읽어주기와 문학토의 연계형 수업모형'이라고 부를 수 있을 것이다. 이러한 모형은 교과서 대신 좋은 문학작품이 실린 아동도서를 골라 교사가 본문을 읽어주며 중간중간 질문을 던지고 대화를 나누는 것으로 시작된다. 그러한 책 읽어주기가 끝나면 학습독자들이 품었던 의문이나 작품에 대한 반응들을 중심으로 토의를 이어간다. 이를 위해서는 최소한 연속 2차시 정도의 시간이 소요되며, 필요한 경우 토의를 연장하여 새로운 화제에 대한 추가 논의를 진행할 수 있다. 이러한 대안적인 수업모형을 실행하기 위해서는 교육과정과 교과서를 재구성하는 교사의 자발적인 노력이 요구된다. 때마침 2015 국어과 교육과정에서는 1학기 1권의 독서와 이에 따른 독서 토론을 제시하고 있으므로 주어진 교육과정의 범위 안에서 이러한 새로운 모형의 문학수업을 시작해 볼 수 있을 것이다.

| 더 읽어볼 이론: 독백적 수업과 대화적 수업 |

언어학자 싱클레어(Sinclair)와 쿨사드(Coulthard)는 중등 교실의 교사-학생 담화를 분석한 결과 I(교사 질문)-R(학생 반응)-F(교사 피드백)를 교실 교류의 지배적인 형식으로 규정한 바 있다. 이처럼 교사가 묻고 학생이 답하며 다시 그 대답에 대한 교사의 평가로 이어지는 수업 담화의 형식은 오늘날 세계의 여러 교실에서 흔히 찾아볼 수 있다. 이런 형태의 상호작용에서 교사는 지식을 평가하는 질문을 할 뿐, 의미 형성 및 확장을 촉진하기 어렵다. 문제는 이러한 의사소통 구조가 너무 보편적이라서 그 반복적 특성을 포착한 "암송 스크립트(recitation script)"[42]나 "디폴트 옵션(default option)—누군가 의도적인 변화를 시도하지 않는 한 시스템이 '자연스럽게' 그렇게 하도록 설정된 대로 하는 것"[43]이라는 말이 만들어졌을 정도이다.

알렉산더(Alexander)는 영국, 프랑스, 인도, 러시아, 미국의 교실 상호작용을 관찰하고 이 5개국의 교실 담화를 비교·분석한 결과, 관찰된 대화의 다섯 범주를 다음과 같이 규명하였다.[44]

- 기계적 기억(rote): 끊임없는 반복을 통해 사실, 생각, 일과를 훈련하는 것.
- 암송(recitation): 이전에 접했던 것의 회상을 평가 또는 자극하기 위해 설계된 질문들 혹은 학생들이 질문 속에 포함된 단서들로 답을 찾을

....

42 S. Wolfe & R. J. Alexander(2008), Argumentation and dialogic teaching: Alternative pedagogies for a changing world, *Beyond Current Horizons*, p.6.
43 M. Adler & E. Rougle(2005), 앞의 책, p.21.
44 S. Wolfe & R. J. Alexander(2008), 위의 글, p.3.

수 있게 하는 단서 주기를 통해 지식과 이해를 축적하는 것.

- 수업/설명(instruction/exposition): 학생들에게 할 일을 말하기 그리고/혹은 정보를 나누어주기, 그리고/혹은 사실이나 원리 혹은 과정을 설명하기.
- 토의(discussion): 정보를 공유하고 문제를 해결하려는 관점에서 생각을 교환하기.
- 대화(dialogue): 선택을 줄이고, 위험과 실수를 최소화하고, 개념과 원리의 '이양'을 빠르게 촉진시키는, 구조적이고 누적적인 질문과 토의를 통해 공통의 이해를 획득하기.

이 가운데 암송은 IRE라고 부르는, 교사 도입(질문)-학생 반응-교사 평가로 이루어진 교육적 계약에 따라 빡빡하게 구성되어 있다. 암송을 통해 교사들은 학생들의 발언과 생각에 반응하기보다 그들의 대답을 평가하고 청자의 참여가 갖는 특성을 통제하거나 축소시킴으로써 대화를 효과적으로 좌절시킨다.[45] 이 같은 수업 방식은 심층적 이해의 발달에 필수적인, 생각을 탐구할 여유를 좀처럼 제공하지 않는다.[46]

이러한 수업에서 교사는 지식의 소유자이며 학생은 교사가 소유하고 있는 지식을 전수받는 존재로 규정된다. 그러므로 교사가 학생에게 제시하는 질문은 애초에 답이 정해져 있으며, 학생들이 그것을 찾아낼 수 있는지 점검하고 평가하는데 초점이 있다. 바흐친은 그러한 담화에 부정적인 뉘앙스를

....

45 M. Nystrand, A. Gamoran, R. Kachur & C. Prendergast(1997), *Opening dialogue*, Teachers College Press, p. 19.

46 A. N. Applebee, J. A. Langer, M. Nystrand & A. Gamoran(2003), Discussion-based approaches to developing understanding: Classroom instruction and student performance in middle and high school English, *American Educational Research Journal*, 40(3), p. 699.

덧붙여 "교육적인 대화"[47]라 불렀다.

철학적 독백주의의 환경에서는 의식의 진정한 상호작용은 불가능하며 따라서 진정한 대화도 불가능하다. 핵심적으로, 이상주의는 의식들 간의 인지적 상호작용의 단일한 양식(mode)만을 알고 있다. 그것은 진실을 알고 소유한 누군가가 그것을 알지 못하고 오해하고 있는 누군가를 가르친다는 것이다. 이는 교사와 학생의 상호작용이며 따라서 그저 교육적인 대화(pedagogical dialogue)일 따름이다.[48]

교육적인 대화에서 지식은 완전히 객관적이고 학생과는 별개이며 수업에 우선한다.[49] 이러한 수업과 담화는 바흐친의 관점에서 볼 때 독백적이다. 그것은 지식을 고정적인 것으로 종결화하고 지식을 보유한 자와 그렇지 못한 자와의 불평등한 관계를 고착하기 때문이다.

독백주의는, 그 극단에서, 자기와 동등한 권리와 책임을 지닌 자기 외부의 또 다른 의식인 또 다른 나(I)의 존재를 부정한다. (극단적인 혹은 순수한 형태의) 독백적인 접근에서 다른 사람은 전적으로 그리고 순전히 의식의 대상으로 남을 뿐 또 다른 의식으로는 남지 않는다. (중략) 독백은 타자의 대답을 종결화하고 그것을 들으려고 하지 않으며 그것을 어떤 결정적인 힘으로 기대하지도, 인정하지도 않는다. 독백은 타자 없이

....

47 '교육적인 대화(pedagogical dialogue)'에서 교육적이라는 표현이 일견 긍정적인 의미를 함축하는 것으로 보이지만 바흐친의 대화 개념이라는 맥락에 비추어볼 때 이는 다소 제한적이고 협소한 의미의 상호작용이라는 것을 짐작할 수 있을 것이다.
48 M. Bakhtin(1984a), 앞의 책, p.81.
49 M. Nystrand, A. Gamoran, R. Kachur & C. Prendergast(1997), 앞의 책, p.37.

도 유지되고 그러므로 모든 현실을 어느 정도 사물화한다. 독백은 최후의 말인 것처럼 행세한다.[50]

이처럼 배타적이고 불평등한 관계는 "설명하는 주체(교사)와 인내심을 가지고 그 설명을 듣는 객체(학생)"[51]로 구성된 설명적(narrative) 성격을 지닌다. 프레이리(Freire)는 설명적 관계에서 교사는 현실을 고정적이고 정태적이며 예측 가능한 것처럼 말하며 학생들에게 그 내용을 주입하는 것을 임무로 여긴다고 언급했다. 교사는 학생들이 자신의 설명을 기계적으로 암기하도록 한다. 교사는 학생들을 능동적인 주체로 보는 것이 아니라 지식을 담는 그릇이나 용기로 보고 예탁금을 맡기듯 지식을 주입하고자 한다. 이러한 '은행 저금식' 교육에서의 지식은 "지식을 가지고 있다고 자처하는 사람들이 아는 것이 없다고 여기는 사람들에게 일방적으로 전달하는 것"[52]이다. 프레이리가 이러한 지식관을 경계한 것은 바로 그것이 억압의 기제로 쓰일 수 있기 때문이다.

이처럼 사람들이 절대적으로 무지하다고 가정하는 것은 억압 이데올로기의 한 특징이며, 탐구 과정으로서의 교육과 지식을 부정한다. (중략) 교사는 학생들이 절대적으로 무지하다고 간주함으로써 자신의 존재를 정당화한다. 또 학생들은 헤겔식 변증법에 나오는 노예처럼 소외되어, 자신의 무지를 교사의 존재에 대한 정당화로 받아들인다.[53]

....

50   M. Bakhtin(1984a), 앞의 책, pp. 292-293.
51   P. Freire(1970), *Pedagogy of the oppressed*, 남경태 옮김(2003), 『페다고지』, 그린비, p. 89.
52   위의 책, p. 91.
53   위의 책, 같은 면.

교육에 대한 이러한 관점은 랑시에르(Rancière)가 '구식'이라 부른 것과
도 유사하다. 거기에서 스승의 본질적 역할은 설명하는 것, 지식의 간단한 요
소들을 끌어내는 것이다. 무언가를 모르는 학생들을 위해서 스승은 자기가 가
진 지식을 전달하여 그들의 수준을 끌어올려야 한다. 학생들이 글로 적힌 텍
스트의 의미를 이해하기 위해서는 설명하는 스승, 즉 설명자가 필요하다. 그러
나 설명자 없이는 이해가 불가능하다는 논리는 설명자의 세계관이 만들어 낸
허구이다. 설명한다는 행위는 상대가 혼자 힘으로는 그것을 이해할 수 없다
고 가정한다는 점에서 교육학이 만든 신화이며, 지와 무지, 성숙과 미성숙, 유
능과 무능 등으로 분할되어 있는 세계의 우화이다. 설명자의 논리에서 학생은
결코 스승을 따라 잡을 수 없고 스승은 앎을 미완결의 상태로, 학생의 무지를
해소하지 않은 채로 남겨둔다.[54] 그러므로 학생은 언제나 열등한 존재이며 영
원히 지식 형성의 주체로 나설 수 없다.

독백적인 태도의 문제점은 수업에서도 마찬가지로 드러난다. '독백적 수
업'이라는 용어는 교사 중심의 전통적인 수업에 대한 부정적인 관점을 함축
하고 있다. 니스트랜드(Nystrand)에 따르면 독백적 수업은 정보 '전송'을 추
구하며 다양성을 억압한다. 그 대표적인 형태인 암송(recitation)에서 교사는
학생이 자신의 지식을 증명하자마자 너무 자주 다음 질문으로 넘어가기 때문
에 아이디어의 발달을 지속적으로 가로막는다.[55] 또한 독백적으로 조직된 수
업에서 주된 목소리는 교과서와 교사의 목소리이다.[56] 독백적 수업에서는 전

....

54 J. Rancière(1987), *Le maître ignorant: Cinq leçons sur l'émancipation intellectuelle*, 양창
렬 옮김(2008),『무지한 스승』, 궁리, pp. 16-19, 49.
55 M. Nystrand, A. Gamoran, R. Kachur & C. Prendergast(1997), 앞의 책, pp. 19-39.
56 교사의 독백적인 태도가 학생의 지식이 아니라 생각과 느낌을 자신의 기대에 따라 제한하려고
할 때에도 문제가 발생할 수 있다. 교사가 질문의 답을 미리 상정하거나 예상치 못한 학생의 반응에
대해 유연하지 못한 경우 그들의 고유한 반응을 부정할 수 있기 때문이다. 아래에 제시된 예비교사들

달하고자 하는 지식을 가지고 있는 교사와 교과서의 내용을 재현하는 것이 중요하기 때문이다. 이재기는 독백적 수업과 유사한 의미의 '재현 교실'이라는 용어를 설명하면서 그러한 측면을 지적하고 있다.

> '재현(再現) 교실'이라 함은 수업의 목적이 대체로 객관적 지식·기능·방법, 그리고 주관적 반응을 재생산하는 데 있는 교실을 일컫는다. (중략) 이러한 수업에서 텍스트와 학생, 학생과 학생, 학생과 교사의 적극적이고 비판적인 대화는 좀처럼 발견되지 않으며, 주체보다는 객관적 상관물의 재생산, 재현에 수업의 초점이 있다.[57]

국어교육에서 지식을 고정된 것으로 바라보고 교사나 교과서를 지식 전달의 매개자로 인식하는 태도는 언어가 지닌 창조적인 의미 형성 기능을 간과하고 언어를 단지 "의미의 중립적인 도관(conduit)"[58]으로 여길 우려가 있다.[59] 반면 아동이 이러한 독백적인 수업과 대비되는 토의, 대화, 논증을 통해 교육적인 활동에 적극 참여할 때 그들이 더 효율적으로 배우고 그들의 지

의 국어 수업 시연 사례가 이에 해당한다. 친구와 함께 했던 자신의 경험을 바탕으로 그 친구에 대한 시를 쓰는 수업의 마무리 단계에서 수업을 진행한 학생이 "시를 쓰는 것이 어땠나요? 어렵지 않죠?"라고 묻자(교사 질문) 수업을 듣던 한 학생이 "어려워요."(학생 반응)라고 답했다. 그러자 수업을 진행했던 학생은 "아니에요, 어렵지 않아요."(교사 피드백)라고 반응했다. 이후 수업 협의에서 어렵다고 반응한 학생에게 수업을 진행한 학생의 피드백에 대한 생각을 묻자 무시당하는 느낌이 들었다고 밝혔다. 같은 예비교사로서 수업 시연에서 교사와 학생의 역할을 담당한 관계에서도 자신의 생각이 무시당하는 느낌을 받았다면 실제 교실에서 아동이 느끼는 부정적인 정서는 더할 것으로 보인다.

57 이재기(2005), 앞의 글, p. 187.
58 S. Wolfe & R. J. Alexander(2008), 앞의 글, p. 2.
59 물론 독백적 수업이 백해무익한 것은 아니다. 독백적 수업은 정보를 빠르게 습득하기 위해 듣고자 할 때 혹은 개념이나 과정을 명시적으로 가르쳐야 할 때에는 도움이 된다. 그러나 이러한 수업 형태를 주로 사용할 경우 학생들이 적극적으로 학습에 참여하는 능력은 심각하게 감소한다(M. Adler & E. Rougle(2005), 앞의 책, p. 28).

적 성취가 더 높아진다는 연구가 늘고 있다. 알렉산더의 '대화적 교수', 니스트랜드의 '대화적 수업', 그리고 머서(Mercer)의 '탐구적 대화(exploratory talk)' 등의 개념은 교실의 상호작용 양상이 대화적 패러다임으로 변화해야 한다는 주장을 반영한다. 1990년대 후반부터 서서히 제기된 이러한 요구들은 지금까지도 꾸준히 이어지고 있으며 그 과정에서 대화적 수업과 독백적 수업의 개념적 특징은 표 1-2와 같이 정리된 바 있다.

표 1-2에 의하면 독백적 수업의 형태 중 가장 지배적인 것은 암송이다. 앞서 언급했듯 IRF 혹은 IRE 형태의 암송 스크립트에서 대부분의 교사 질문은 학생의 지식 여부를 평가하기 위해 제기하는 것이지 교사가 답을 모르기 때문에 질문하는 것이 아니다. 그러나 대화적 수업에서 교사는 학생을 평가하기 위해서가 아니라, 지식을 형성해가는 과정에서 답을 구하기 위한 '실제적 질문(authentic question)'[61]을 한다. 실제적 질문을 구분하는 기준은 일차적으로 질문에 대한 답이 미리 정해져 있는지 여부가 된다.[62] 수업에서 질문이 많은 비중을 차지하며 중요한 역할을 할 수 있다는 것은 주지의 사실이다. 같은 질문이라도 교사가 미리 정해진 답을 상정하는지 아닌지에 따라 수업의 패러다임이 달라질 수 있다. 교사가 개인적인 해석을 격려하는 실제적 질문

....

60 M. Nystrand, A. Gamoran, R. Kachur & C. Prendergast(1997), 앞의 책, p. 19.

61 authentic은 '진짜의'라는 의미와 '실제적인'이라는 의미로 번역할 수 있다. 니스트랜드는 이 용어를 미리 답을 정해놓고 단지 학생을 평가하기 위해서 하는 질문이 아니라 학생의 생각과 의견을 궁금해 하는 진짜 질문, 참질문을 의미하는 것으로 사용하였다. 한편 국어과 교육과정에서 'authentic'이라는 용어는 언어 사용의 '실제(authenticity)'를 의미하는데 이는 가상적인 언어 활동이 아니라 일상생활에서 언어를 사용할 목적을 가지고 이루어지는 의사소통을 뜻한다. 따라서 이 연구에서는 'authentic question'이 의미하는 진정성, 실제성이 국어과 교육과정에서의 실제성과 연관된다고 보고 'authentic question'을 '실제적 질문'으로 표기하고자 한다. 참고로 양정실도 이 용어를 '실제적 질문'으로 번역하여 사용하였다(양정실(2006), 「해석 텍스트 쓰기의 서사교육 방법 연구」, 서울대학교 박사학위논문, p. 146).

62 M. Nystrand, A. Gamoran, R. Kachur & C. Prendergast(1997), 앞의 책, p. 61.

표 1-2. 독백적/대화적 구성 수업의 핵심 특징[60]

	독백적으로 구성된 수업	대화적으로 구성된 수업
패러다임	암송	토의
의사소통 모델	지식의 전송	이해의 변형
인식론	객관주의: 지식은 주어진 것	대화주의: 지식은 대화의 상호작용에서 발생
가치 있는 지식의 원천	교사, 교과서의 권위: 학생 배제	학생의 해석과 개인적 경험을 포함
구성	일관성 없음	일관성 있음

을 할 때 학생들의 아이디어는 검토, 정교화, 개정될 수 있을 것이다. 그리고 좋은 수업에서는 실제적 질문에 이어지는 교사의 평가 역시 '높은 수준의 평가'[63]인 경우가 많다. 실제적 질문과 높은 수준의 평가는 모두 교사가 학생의 아이디어에 대해 대화적인 지평을 개방함으로써 사고의 도구 역할을 한다.[64]

물론 수업에서 질문이 모든 것을 차지하는 것은 아니다. 그리고 실제적 질문이라고 해서 반드시 학습으로 이어지는 것도 아니다. 그러나 질문-대답의 시퀀스는 교사-학생 간 상호작용의 중요한 특징을 드러낸다. 특히 학생들

....

63 전형적으로 학생 반응에 대한 교사의 평가는 "맞아," "틀려," "좋아," "오케이" 같은 피상적인 것이거나 단지 고개를 끄덕이거나 아무 것도 안 하는 경우도 있다. 그러나 교사들이 좀 더 실질적인 반응을 하는 경우도 있는데 가령 학생의 대답에 "좋은 지적이야"라고 평가하고 나서 후속 질문을 하는 것이다. 이러한 대답들은 화제를 바꾸거나 토의 과정에 영향을 미칠 수 있는데, 그 경우 '높은 수준의 평가'라고 분류할 수 있다. 교사의 평가가 높은 수준일 때 학생들은 실질적인 발언권을 갖기 때문에 이것은 중요하다. 높은 수준의 평가는 다음 두 가지 준거를 사용해서 조작할 수 있다. (a) 아동의 반응이나 대답에 대한 교사의 인정(예: "좋아", "흥미롭네" 등) (b) 교사가 그 반응을 통합하여 정교화(혹은 논평하는 것. 예: "그것은 중요한데 왜냐하면⋯⋯")하거나 후속 질문(예: "그것에 대해서 좀 더 말해줄 수 있니?" 혹은 "그렇게 말하는 이유는 무엇이니?")을 하는 형태로 나타난다. 높은 수준의 평가는 "좋아", "좋은 생각이야" 같은 언급이나 단순히 학생들의 대답을 반복하는 것 이상이어야 한다. 교사는 학생들의 대답을 인정하여 그것이 이어지는 토의 과정에 영향을 미치도록 해야 한다(M. Nystrand, L. L. Wu, A. Gamoran, S. Zeiser & D. A. Long(2003), Questions in time: Investigating the structure and dynamics of unfolding classroom discourse, *Discourse processes*, 35(2), p.146).

64 M. Nystrand, A. Gamoran, R. Kachur & C. Prendergast(1997), 앞의 책, pp.30-35.

의 이전 대답을 다음 질문으로 연결시키는 '들어올림(uptake)'은 실제성과 더불어 질문이 드러내는 인지적 활동의 수준을 결정한다.[65]

대화적 수업의 또 다른 특징으로는 결속성(coherence) 있는 구성을 들수 있다. 독백적인 수업에서는 교사가 학생을 평가할 목적으로 질문을 제시하기 때문에 그것을 확인한 후에는 곧바로 다른 화제로 전환되는 경우가 많으며 그 결과 수업 담화의 결속성을 확보하기 어렵다. 그러나 대화적 수업에서는 하나의 화제에 대한 심층적인 대화가 이어지면서 담화의 내용면에서 결속성이 높아질 수 있다. 이처럼 하나의 화제에 대해 질문-대답의 시퀀스가 확장되는 것을 '확장된 대화적 에피소드(extended dialogic episode)'라고 일컫는다. 나초위츠(Nachowitz)에 따르면 이러한 확장된 대화적 에피소드는 다양한 아이디어를 인정하고 수용하는 대화적 풍토에 의해 장려된다.[66] 여기서 주목할 점은 다양한 아이디어를 장려하고 인정하는 풍토에서 오히려 초점화된 '확장된 대화적 에피소드'가 나타난다는 점이다. 바흐친이 상대주의를 경계한 것처럼 대화적 수업도 다양한 아이디어를 인정하는 것에 그치지 않고 초점화를 통해 심층적 논의를 추구한다고 볼 수 있다.

바흐친이 대화를 통해 주체와 타자의 창조적 이해가 가능하다고 언급하였듯 학생, 즉 주체는 사회적 관계 속에서 새로운 의미를 창조할 수 있는 잠재력을 지니고 있다. 그러한 주체를 둘러싼 세계는 종결 불가능성을 가진 변화무쌍한 것이다. 이와 같은 맥락에서 지식은 고정적인 것 혹은 누군가의 배타적 소유물이 아니라 새롭게 형성되고 또 다시 갱신될 수 있는 유동적인 것이

---

65   M. Nystrand, A. Gamoran, R. Kachur & C. Prendergast(1997), 앞의 책, p. 69.

66   M. Nachowitz(2012), *Reading for Deep Understanding: Knowledge Building and Conceptual Artifacts in Secondary English*, (Doctoral dissertation, State University of New York at Albany), p. 108.

다. 바흐친은 특히 산문적 사고에 주목함으로써 일상적인 것의 중요성을 강조하였다. 그가 보기에 혁신과 창조는 산문적인 일상성에서 비롯되기 때문이다. 이와 유사하게 프레이리도 "추상적인 인간이나 인간 없는 세계가 아니라, 세계와의 관계 속에 있는 인간을 상정"[67]하는 것을 '참된 성찰'로 보았다. 그는 현실에 관심을 가지는 '참된 사고'란 상호 간의 의사소통에서만 생기며 이러한 의사소통은 세계와의 관계 속에 있는 인간 존재의 문제를 제기하는 문제제기식 교육에 의해서 가능하다고 보았다. 교육에서의 핵심을 지식과 정보의 전달이 아니라 인식 행위로 본 것이다.[68]

이상의 논의들은 지식에 대한 관점과 학습 주체 간의 관계 및 소통방식에 대한 재개념화를 요구한다. 지식을 고정된 것으로 보고 학생들이 그러한 지식에 대해 제한된 권한과 능력을 가진 것으로 파악하는 독백적인 교육이 아닌, 대화적 수업이라는 새로운 패러다임을 요구하고 있는 것이다.

그러나 대화적인 수업의 실행은 말처럼 쉽지 않다. 토의 위주의 수업이라고 해서 모두 대화적인 것도 아니다. 토론(debate)이나 소크라테스 문답법 등 특정 유형의 대화는 지적 자극을 주는 이슈들을 검토할 기회를 제공한다는 점에서 학습에 유용하지만, 그러한 수업에서 오히려 학생들의 역할이 좀 더 제한될 수 있기 때문이다. 또한 그들은 점수를 얻거나 상대방을 이기기 위해 토의에 참여할 수도 있다. 진정한 의미에서의 대화적 토의란 현재 다루고 있는 이슈에 대한 전체적인 이해를 발달시키는 데 초점을 두어야 한다.[69] 따라서 대화적인 토의가 제대로 실현되기 위해서는 수업의 대화성을 평가하는 상세한 준거를 참조하여 그 양상을 점검해볼 필요가 있다. 다음에 제시된 준거는 교실

....

67 P. Freire(1970), 앞의 책, p. 103.
68 위의 책, pp. 97-101.
69 M. Adler & E. Rougle(2005), 앞의 책, p. 26.

상호작용의 독백성과 대화성의 정도를 여섯 가지 등급으로 나누어 예시하고 있다. 이러한 준거에 따라 수업을 점검할 때 교사가 대화적인 수업을 추구해 왔음에도 불구하고 특정 지표에 대해 독백적인 경향이 우세하게 나타날 수도 있다. 주의할 점은 그러한 독백적 경향이 구체적인 교실의 특수한 맥락이나 교사가 현실적으로 아동을 지도하기 위해 필요한 교육적인 장치에 의한 것이라면 기계적으로 부정될 필요는 없다는 것이다. 따라서 다음의 준거에 따른 점검 결과는 교실 맥락을 고려하여 유연하게 해석될 필요가 있음을 덧붙인다.

표 1-3. 교실 상호작용 분석 도구: DIT(Dialogic Inquiry Tool)[70]

지표	등급		
	1,2 독백적	3,4	5,6 대화적
1. 권위	교사는 토의의 내용과 과정에 독점적인 통제를 한다. 교사는 학생들을 지명하고 질문하며 화제의 변경을 시작하고 대답을 평가한다.	몇 명의 제한된 학생들이 가끔 토의에 자유롭게 관여할 수 있다. 대부분의 시간에 교사는 순서를 조절하고 화제를 선택하고 특정하게 고정된 내용에 초점을 맞추기 위해서 토의의 새 국면을 개척한다.	학생들은 과정과 내용에 대한 주된 책임을 공유한다. 그들은 발언 순서를 관리하고 질문하며 서로의 의견에 반응한다. 또한 화제 변경을 제안하고 절차상의 변화를 발의한다.
2. 질문	교사의 질문은 이야기의 특정 사실들을 상기시키는 것을 목표로 한다. 이는 텍스트나 다른 출처에서 나온 하나의 답을 가진 단순한 "평가" 문제이다.	교사는 복합적이고 개방된 질문을 비롯해 혼합된 질문을 한다. 개방된 질문은 종종 학생들을 텍스트에 대한 좁은 폭의 이해로 이끌도록 설계되어 있다.	토의는 진정으로 개방되고 인지적으로 도전적인 질문들에 중점을 둔다. 질문은 학생들을 비판적 평가와 분석에 참여하게 만들면서, 고차원의 사고를 목표로 한다.
3. 피드백	교사는 짧고 형식적이거나 모호한 피드백을 한다. 피드백은 학생들이 그들의 대답을 더 발전시키도록 이끌지 못한다.	교사 피드백의 질적 양상은 복합적이다. 교사는 학생과 함께 작업하고 경청하지만 또 한편으로는 그들의 탐구를 진전시키도록 도와줄 중요한 기회를 놓친다.	교사는 탐구를 한층 더 고취시키기 위해 지속적으로 학생들의 대답을 다루어준다. 교사는 결론이 아니라 추론의 과정을 칭찬하거나 질문한다.
4. 메타 수준의 반영: 학생 의견을 연결하기	교사는 학생들의 대답들을 서로서로 연결시키지 않는다.	교사는 때로 학생들의 생각을 연결할 기회를 놓친다.	교사는 학생들의 생각들을 연결시킬 기회를 놓치지 않으며 학생들이 자신의 생각을 다른 사람이 말과 연결시키도록 촉진한다. 학생의 생각과 질문을 특정 화자에게 귀착시킨다.
5. 설명	학생들은 그들이 생각한 것과 그 이유를 설명하지 않는다. 그들의 대답은 한 단어나 구로 이루어지며 간단하고 사실적이다.	학생들은 이따금 의견을 공유하고 그에 대한 정당화를 수행한다. 그러나 긴 대답은 아마도 이야기 속 사건의 단순한 '다시 말하기'에 속한다.	학생들은 논쟁점에 대한 개인적 위치를 갖고 그것을 근거와 예시를 통해 뒷받침한다. 그들은 자신의 생각을 정교화하고 길게 말하며 다른 사람에게 설명한다.
6. 협동	학생 대답은 짧고 낱낱으로 떨어져 있고 서로 연결되지 않는다. 학생들은 주로 이미 알고 있는 확정된 사실에 대해 "보고한다."	학생들은 이따금씩 서로의 생각을 토대로 한다. 협동은 종종 서로의 생각에 대한 비판적인 분석보다는 비슷한 경험을 공유하는 것과 관련이 있다.	학생들은 비판적이고 협동적인 "생각의 공동 구성"에 참여한다. 그들이 서로의 생각에 반응할 때 그들의 대답은 "함께 묶인다."

....

70   A. Reznitskaya(2012), Dialogic teaching: Rethinking language use during literature discussions, *The reading teacher*, 65(7), p. 450.

I . 새로운 문학수업의 토대   **51**

II

새로운 문학수업을 위한 준비

들어가며

　이 장에서는 책 읽어주기와 문학토의를 실천하기 위한 준비 사항들을 살펴보고자 한다. 이 책에서 제시하는 이상적인 수업은 책 읽어주기와 문학토의가 자연스럽게 연결되는 모형이지만 그러한 수업을 준비하는 단계에서는 각각의 활동이 지닌 특성과 전개 과정을 구분하고 그 내용을 구체적으로 파악할 필요가 있다. 책 읽어주기와 문학토의 모두 텍스트와 독자 간 상호작용을 촉진하는 활동이지만 초점이나 방식에 있어서는 차이가 있다. 이 책에서 정의하는 책 읽어주기는 텍스트의 수용 과정을 읽기 전 - 중 - 후로 나누었을 때 읽기 전과 읽기 중 단계에서 아동이 텍스트의 특성과 의미를 인식하고 반응하도록 촉진하고 돕는 것에 초점이 있다. 따라서 교사의 텍스트 분석 내용과 교육적 초점이 일정 부분 반영되어 실행되는 활동이라 볼 수 있다. 이에 비해 문학토의는 책 읽어주기가 끝난 후 아동이 토의 화제를 제안하고 그에 대해 아동과 아동 간 상호작용을 중심으로 텍스트의 잠재 가능성을 탐구하는 데 초점이 있다. 따라서 문학토의에서 교사는 아동이 텍스트를 활발하게 탐색하도록 도울 수 있는 매우 다양한 역할을 수행해야 한다. 이 장에서는 읽기 전 - 중 - 후 활동 및 문학토의와 관련된 이론들을 살펴봄으로써 교사가 텍스트와 아동 간 상호작용을 돕기 위해 준비해야 할 사항들을 제시하고자 한다.

1. 아동문학의 독자 되기

책 읽어주기와 문학토의를 통해 문학작품에 대한 심층적인 의미 형성을 이끌어가기 위해서는 무엇보다 교사 스스로 아동문학을 즐겨 읽고 텍스트의 의미에 대해 궁리하는 독자가 되어야 한다. 학교 현장에서 동화나 그림책 등 아동문학을 즐겨 읽는 선생님들을 관찰해보면 대부분 육아를 통해 아동문학을 처음으로 접하고 그 매력에 빠져든 경우가 많다. 그렇게 아동문학의 독자가 된 선생님들은 교내 독서퀴즈대회의 문제를 출제할 때에도 의욕적으로 자원하거나 학교 도서관에서 정기적으로 동화나 그림책과 같은 아동문학 작품을 대출해 가고 학급의 아이들에게 책을 읽어주기도 한다. 그러나 아쉽게도 아직까지 이러한 사례는 주류적 경향이 아니라 예외적인 경우에 해당하는 것으로 보인다. 대부분의 선생님들은 교과서에 제시된 작품과 해당 작품에 대한 질문들을 중심으로 문학수업을 진행하며 아이들에게 교과서 외의 작품을 읽어주지 못하고 있다. 특히 여러 교과를 가르쳐야 하는 초등교사의 경우에는 국어 교과 중에서도 문학 단원만을 위해 특별한 준비를 하기 어려운 것이 현실이다. 따라서 아동문학을 교육에 활용하는 정도는 개인차가 매우 클 수밖에 없다.

이러한 현상을 단순히 교사의 의지 부족이라고 치부할 수는 없다. 교사를 길러내는 교사 교육과정 단계에서부터 아동문학이 얼마나 가까이에 있는지, 그래서 교육대학의 학생들이 문학의 즐거움과 아름다움에 얼마나 자연스럽게 노출될 수 있는지를 가늠해보아야 알 수 있는 문제이기 때문이다. 교육대학의 교육과정은 대체로 교양, 교직, 전공, 심화 과정으로 나뉘며 학사 과정을 이수하는 데 필요한 학점은 대략 140학점 정도이다. 이 가운데 어린이책과 아동문학 교육 관련 강좌는 몇 학점이나 될까? 학교마다 차이가 있겠지만 대체로 2학점 정도의 선택 과목에서 아동문학을 접하는 일부 학생들이 있을 것이고, 국어교육을 심화과정으로 선택한 경우 문학교육 강좌를 통해 아동문학을 다시 접하는 일부 학생들이 있을 뿐이다. 이러한 현실을 감안할 때 새로운 문학교육은 초등학교에서 아동을 가르칠 모든 예비교사들에게 좋은 아동문학작품에 대한 최소한의 정보와 독서 경험을 제공하는 것에서 비로소 시작된다고 할 수 있다. 교사가 되고 또 부모가 되고 난 이후 아동문학의 세계에 빠져드는 것은 다행스러운 일이긴 하지만, 그것은 엄연히 차선책이기 때문이다. 최선의 방식은 교사가 되기 이전부터 가랑비에 옷 젖듯 점진적으로 아동문학을 접하고 즐거움을 느껴 예비교사들 스스로 아동문학의 생애의 독자가 되도록 돕는 것이다.

그렇다면 예비교사들은 무엇을 어떻게 읽어야 할까? 예비교사들의 독서를 굳이 발달단계로 나누어 세분화할 필요는 없을 것이다. 다만 아직 아동문학의 세계가 낯설고 생경한 독자들이라면 아동독자들이 문학을 접하는 일반적인 순서와 비슷하게 시작해볼 수 있을 것이다. 이 또한 일반화할 수 있는 것은 아니지만 대체로 아동독자들은 서사 장르의 경우 옛이야기와 그림책을 먼저 접한 후 중편 동화를 거쳐 장편 동화를 읽는 단계로 나아간다. 시중에는 저-중-고학년 도서를 구분하여 출판하는 관행이 이미 형성되어 있으므로 그러한 분류를 참조하여 책을 선택할 수도 있다.

예비교사들이 다양한 아동문학 작품들을 두루 읽고 문학의 즐거움에 눈뜨기 위해서는 제반 환경의 구축도 필수적이다. 교육대학의 도서관에도 초등학교 도서관에 구비된 양질의 도서들이 비치되어야 한다. 가급적이면 아동문학 코너를 따로 만들어 동화, 동시, 옛이야기, 그림책 등의 아동문학을 장르별로 비치하고 간단한 교재연구를 할 수 있는 물리적 환경을 갖춘다면 좋을 것이다. 요즘에는 수업에 활용할 수 있도록 큰 판형으로 제작된 빅북 형태의 그림책이 다수 출간되고 있으므로 예비교사들이 각 교과교육론의 수업 실습 시간에 활용할 수 있도록 이를 구비할 필요가 있다. 또한 도서관에서 실시하는 영화상영이나 강연에서도 아동을 위한 연극이나 영화, 아동문학 관련 교양 강좌, 어린이책 작가와의 만남 등 아동문학 관련 내용들이 반영된다면 예비 교사들이 자신의 주변에서 쉽게 아동문학과 문화를 경험할 수 있을 것이다. 이 외에도 어린이책 출판사들이 학교 도서관에 그림책 원화 전시를 지원하고 있어 도서관 입구나 별도의 전시 공간을 활용하여 그림책 원화를 전시할 수 있다. 이러한 물리적인 토대 위에서 여러 아동문학 작가들의 대표저작들을 손쉽게 접할 수 있다면 더 많은 예비교사들이 아동문학을 읽는 즐거움에 눈 뜨게 될 것이다.

그러나 그것만으로 좋은 문학수업이 담보되지는 않는다. 가능하다면 예 비교사들이 아동문학을 읽는 초기 단계에서부터 옛이야기, 그림책, 동화, 동 요와 동시 등 아동문학 각 장르별 특징을 이해하고 그에 따른 비평적 관점을 기르는 것이 필요하다. 이를 위해서는 교육대학의 정규 교육과정에 아동문 학 관련 강좌들이 다양하게 개설되는 것이 가장 이상적이다. 그렇지 않을 경 우에는 서평이나 비평이 실린 잡지나 비평서를 구독하거나 아동문학 독서 동 아리를 조직하여 정기적인 토의 토론을 실시하는 등 개인의 적극적인 노력이 요구되는데, 이는 현실적으로 파급력이 크지 않을 것으로 보인다.

교사가 된 이후에는 아동문학 전공이 개설된 대학원에서 한층 심화된 수 업을 수강하거나 문학교육 관련 연수에 참가할 수 있다. 이 외에도 교과연구 회, 교사 동아리 등에 가입하거나 스스로 모임을 조직하여 지속적으로 아동 문학에 대한 이해를 심화해나갈 수 있다. 교사들은 각 학교 도서관에 비치된 양질의 도서를 쉽게 이용할 수 있기 때문에 학급문고를 통해 아동들에게 독 서환경을 조성해줄 수 있다는 면에서 그들이 좋은 작품에 대한 정보와 안목 을 기르는 것은 매우 중요하다.

그러나 현실적으로 바쁜 학교 일과 중에 문학교육에 대한 노력을 유지하 는 것은 교사들의 열정과 의지 없이는 어려운 일이다. 그러한 열정과 의지는 무엇보다 아동문학에 대한 애착에서 비롯될 것이다. 따라서 교사나 예비교사들이 문학의 즐거움을 몸소 경험하여 아동문학을 몰랐던 시절로는 다시 돌아갈 수 없는 상태에 놓이게 되는, 잉여적 사건로서의 독서 경험이 매우 중요해 보인다. 예비교사를 길러내는 정규 교육과정 안에서 충분한 시간을 두고 이러한 경험이 이루어질 수 있다면 매우 이상적일 것이다.

2. 책 읽어주기의 준비

책 읽어주기와 토의를 중심으로 한 문학수업을 실행하고 그 과정에서 텍스트에 대한 심도 있는 논의가 이루어지기 위해서는 수업 실행 이전 단계에서 면밀한 준비가 필요하다. 본 절에서는 책 읽어주기를 위한 준비 사항에 대해 살펴보고자 한다. 호프만(Hoffman)과 그의 동료들은 책 읽어주기 실태에 대한 설문조사를 바탕으로 질 높은 책 읽어주기를 담보하기 위한 특성들을 다음과 같이 제시하였다.[1]

① 매일의 교육과정에서 책 읽어주기를 위한 시간과 장소를 확보하기
　(최소한 20분 이상)
② 질 높은 문학작품을 선택하기
③ 다른 문학작품과 연관된 문학작품을 공유하기
④ 활기차고 사고를 유발하는 방식으로 문학 토의하기
⑤ 아동의 참여 기회를 최대화하는 규모로 모둠 구성하기
⑥ 확장된 반응 기회를 제공하기(문학작품에 대해 쓰기, 드라마, 미술 등
　여러 가지 방식으로 반응할 기회 제공하기)
⑦ 선택된 작품들을 다시 읽기

(*번호는 필자가 부여한 것임.)

이상의 내용들은 일선 교실에서 기계적으로 적용되기보다는 학교와 학급의 상황에 맞게 반영되어야 한다. ①번 항목은 책 읽어주기가 가급적 규칙

1　J. V. Hoffman, N. L. Roser & J. Battle(1993), Reading Aloud in Classrooms: From the Modal toward a "Model", *The Reading Teacher*, 46(6), pp. 501-502.

적인 일과 속에 포함되어 아동이 책 읽어주기를 학교 교육의 일부로 인식하게 하는 것에 초점이 있다. 따라서 교육과정을 구성하는 단계에서 책 읽어주기를 실시할 수 있는 관련 교과와 단원, 재량활동 시간 등을 고려하여 정기적으로 배치하거나 아침활동 시간 등을 활용하여 규칙적으로 시행되도록 계획하는 것이 좋다. ②번과 ⑤번 항목 역시 책 읽어주기를 실시하기 이전에 선정되고 조직되어야 할 것이다. ③번, ④번, ⑥번, ⑦번은 책 읽어주기를 실시하는 단계 혹은 책 읽어주기의 후속 단계와 관련이 있다. 그러나 연관된 문학작품에는 어떤 것들이 있는지(③번), 문학토의 단계에서 어떠한 화제를 수립하는 것이 적절한지(④번), 해당 작품이나 대상 아동에게 적절한 반응 기회는 어떤 것인지(⑥번) 등의 사항 역시 준비 단계에서 교사가 충분히 구상해야 한다. 물론 실제 수업에서는 교사가 준비하고 구상한 것 외에 아동이 제시하는 작품이나 화제를 중심으로 논의가 진행될 수 있다. 그러나 그러한 개방적인 상황에서도 수업의 초점을 유지하고 추가적인 정보를 제공하기 위해서는 교사가 문학텍스트에 대한 지식과 정보를 바탕으로 텍스트를 선정하고 해당 텍스트의 주제와 구성을 명확히 파악해야 한다.

한편 그레이브스(Graves)와 그레이브스(Graves)가 제안한 SRE 모형은 책 읽어주기 전-중-후 단계에서 선택할 수 있는 여러 가지 활동의 목록을 제시한다는 점에서 특히 유용하다. 그들은 "교사가 특정 학생이나 학생 집단에게 특정 문학작품을 성공적으로 읽고 이해하고 배우고 즐길 권한을 부여하기 위해서 사용할 수 있는 읽기 전-중-후 활동의 기회와 경험"을 '읽기 경험에 대한 비계 설정(SRE, Scaffolding Reading Experience)' 모형으로 제시하였다.[2] 이 모형은 스키마 이론, 읽기의 상호작용 모델, 자동화 개념, 구성주의 이론,

----

2 비계에 대한 내용은 II장의 '더 읽어볼 이론' 참조.

독자 반응 이론을 배경으로 하며[3] 다음과 같이 계획과 이행의 두 단계로 나누어진다.

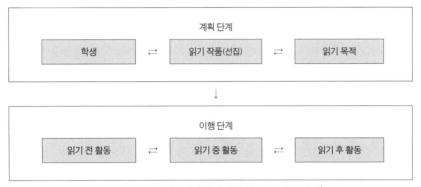

그림 2-1. 읽기 경험에 대한 비계 설정(SRE)의 두 단계[4]

계획 단계에서는 읽기를 수행하는 특정 그룹의 학생들, 그들이 읽을 텍스트, 그들이 읽기를 수행하는 목적들을 고려한다. 이행 단계에서는 그러한 특정한 독자들과 대상 텍스트, 읽기 목적에 따른 읽기 전-중-후 활동의 선택지들을 제공한다. 계획 단계에서 교사는 전체 경험을 계획하고 창조하며, 이행 단계에서는 그 계획에 따라 교사와 학생들이 참여할 활동들이 구성된다. 이 두 단계의 과정은 계획 단계에서 교사가 직면한 특수한 상황에 맞춰 설계할 수 있기 때문에 서로 다른 상황에서는 서로 다른 SRE를 만들 수 있다. 이같은 유연성 덕분에 SRE 접근법은 학년과 읽기 텍스트의 장르에 상관없이 사용될 수 있다. 가령 6학년 아동이 동물의 생태에 대한 깊이 있는 지식을 습득하는 것을 읽기의 목표로 하는 경우와 1학년 아동이 문학텍스트에 대한 흥미

....

3 M. Graves & B. Graves(2003), *Scaffolding reading experiences: Designs for student success*, Christopher-Gordon Publishers, Inc., p. 40.
4 위의 책, p. 10.

를 기르고 독서의 즐거움을 경험하는 것을 읽기의 목표로 하는 경우 각기 다른 텍스트와 활동으로 구성된 SRE가 도출될 것이다.

아울러 SRE의 각 단계별 구성 요소들이 서로 연결되어 있다는 것을 인식하는 것도 중요하다. 가령 계획하기의 세 가지 구성 요소들은 일단 교사가 함께 작업할 학생들을 선정하면 그에 따라 사용 가능한 텍스트와 기대 가능한 목표가 몇 가지로 추려진다는 점에서 연결되어 있다. 마찬가지로 읽기 목적이 정해지면 사용 가능한 텍스트 몇 가지와 그 목표를 달성할 수 있는 일부 학생들만이 남게 된다. 이와 유사한 종속성이 이행 단계의 세 가지 구성 요소에도 동일하게 적용된다. 따라서 도전적인 읽기 후 과업을 하고자 할 경우 학생들이 이러한 과업을 달성하도록 준비시킬 수 있는 읽기 전 활동과 읽기 중 활동을 포함해야 할 것이다.[5]

이 책에서 문학수업을 위한 책 읽어주기는 SRE 모형 가운데 실행 단계의 읽기 전-중-후 활동들과 직접적으로 관련되어 있다. 단, 이 책에서는 읽기 후 활동으로 이미 문학토의를 전제하고 있으며 토의는 일반적으로 읽기 후 활동으로 분류되기 때문에 책 읽어주기와 관련해서는 주로 읽기 전과 읽기 중 활동에 초점을 둘 것이다. SRE에서 활용 가능한 읽기 전-중-후 활동의 목록은 표 2-1과 같이 분류할 수 있다.

읽기 전 활동은 작품을 읽도록 학생들을 준비시키는 단계로, 그들이 대상 텍스트에 관심을 갖게 하고 작품을 이해하고 즐기는 것을 도와주는 사항들을 미리 알게 한다. 아울러 작품을 접할 때 어렵다고 느낄지 모르는 사항들을 미리 가르치는 단계이다. 이처럼 적절한 준비가 있어야 학생들이 읽기 경험을 즐겁고 가치 있으며 성공적인 것이라 느낄 수 있다는 점에서 읽기 전 활

----

5   M. Graves & B. Graves(2003), 앞의 책, pp. 9-11.

표 2-1. SRE에서 활용 가능한 읽기 전-중-후 활동[6]

읽기 전 활동	읽기 중 활동	읽기 후 활동
• **학생들의 삶과 읽기를 연결시키기** • 동기유발하기 • **배경지식의 활성화 및 형성** • 구체적인 텍스트의 지식 제공하기 • 어휘를 미리 가르치기 • 개념을 미리 가르치기 • 미리 질문하고 예측하고 방향을 설정하기 • 전략을 제안하기[7]	• 묵독 • **학생들에게 읽어주기** • **안내된 읽기** • 학생들이 낭독하기 • 텍스트를 변형하기	• **질문하기** • **토의하기** • 쓰기 • 드라마 • 예술적, 비언어적 활동 • 감상과 확장된 활동 • **연관성 형성하기** • 다시 가르치기

(강조는 필자)

동은 특히 중요하다.

이 가운데 굵게 강조된 '학생들의 삶과 읽기를 연결시키기'와 '배경지식의 활성화 및 형성'은 무엇보다 중요한 활동이다. 지식은 스키마라고 불리는 조직된 구조 속에 존재한다. 아동이 지니고 있는 스키마는 세계에 대한 지식과 그것의 관습, 다양한 종류의 텍스트가 조직되는 방식, 다양한 대상의 내용에 대한 스키마로 나눌 수 있다. 텍스트의 내용을 이해하기 위해서는 아동이 가지고 있는 이러한 스키마와 텍스트를 연관 지어주거나 텍스트를 이해하는데 필요한 도식을 생성하도록 도와주어야 한다. 이러한 배경지식이 없을 경우 아동에게 텍스트란 해석하기 어려운 대상일 뿐 아니라 아예 무의미한 대상이 되기 때문이다.[8]

....

6 M. Graves & B. Graves(2003), 앞의 책, p. 12.; K. F. Clark & M. F. Graves(2008), Open and directed text mediation in literature instruction: Effects on comprehension and attitudes, *Australian Journal of Language and Literacy*, 31(1), pp. 9-29.

7 저자들은 전략을 가르치는 것은 SRE에 할당하는 것보다 더 많은 시간을 필요로 하기 때문에 원래 SRE에는 이것이 포함되지 않았으나 학생들이 이미 알고 있는 전략을 사용하도록 제안하는 것은 적절하다고 설명하고 있다.(M. Graves & B. Graves(2003), 위의 책, p. 14).

8 위의 책, pp. 36-37.

읽기 중 활동으로는 다양한 읽기의 형태가 제시되고 있는데, 주로 학생들이 스스로 읽는 형태와 교사가 읽어주는 형태로 구분된다. 그런데 읽기 중 활동으로 제시된 것들 가운데 묵독이나 학생들의 낭독은 엄밀하게 비계라고 보기는 어렵다.[9] 그러나 교사가 학생에게 책을 읽어주는 경우는 비계로 작용할 수 있다. 가령 아동에게는 교사가 책을 읽어주는 것을 듣는 것 자체가 매우 즐거운 경험이며 좋은 낭독의 모델로 기능할 것이다. 특히 책의 첫 번째 장이나 도입부의 몇 쪽을 읽어주는 것은 학생들이 텍스트에 익숙해지도록 도와주고 나머지 부분을 스스로 읽도록 유도할 수 있다. 또한 학생들에게 책을 읽어주는 것은 텍스트의 복잡한 구조나 어려운 어휘 때문에 책 읽기를 어려워했던 학생들의 부담을 덜어줄 수도 있다. 어떤 학생들은 읽기보다 듣기를 더 쉽게 받아들이기 때문이다. 따라서 교사가 책을 읽어주는 것은 읽기에 능숙하지 않은 학생들에게 특히 유용하다.[10] 뿐만 아니라 교사는 학생들에게 책을 읽어주면서 텍스트에 대한 학생들의 미세한 반응들도 함께 살필 수 있으며 이러한 관찰은 이후 문학토의 실행 단계에도 유용한 참고 사항이 될 수 있다. 이처럼 교사가 책을 읽어주는 것은 한층 더 세부적인 비계 설정의 효과를 갖는다.

교사는 이야기의 메시지를 분명히 이해하도록 돕는 중재자의 역할을 할 수 있다. 특히 안내된 읽기를 통해 교사는 텍스트의 특정한 양상에 학생들의 주의를 고정시킬 수 있다. 안내된 읽기는 책 읽어주기보다 더 의도적이고 뚜렷한 목표와 지향을 갖기 때문에 학생들에게 좀 더 명시적인 학습 효과를 가

---

9   저자들의 의도처럼 학생들이 묵독을 할 수 있도록 그들을 준비시키는 것이 목표라면 묵독 그 자체가 아니라 묵독을 위해 비계로 설정될 수 있는 내용이 활동으로 제시되어야 한다. 낭독의 경우 저자들은 낭독의 효과에 대해서 책의 일부 문단에서 명확한 것과 그렇지 않은 것을 정하려고 할 때 도움이 된다고 보고 있으나, 그러기 위해서는 낭독을 하면서 의미를 규명하는 과정을 시범해야 하는 것이지 학생들이 낭독하는 것 자체가 비계가 되기는 어려워 보인다.

10   M. Graves & B. Graves(2003), 앞의 책, pp. 110-111.

져올 수 있다. 이러한 이유로 안내된 읽기 활동은 설명적인 텍스트를 다룰 때 자주 사용되지만 서사 텍스트에 대해 학생들이 반응하고 이해하도록 안내하는 것도 가능하다.[11] 가령 이야기 지도(the story map)는 교사가 아동에게 이야기의 순서와 이야기 속 중요한 사건들을 따라가도록 돕는 일련의 질문을 하는 것으로, 학생들이 등장인물의 행위와 이야기의 주제에 대한 추론 등 이야기를 이해하는 데 필수적인 사항에 초점을 맞추도록 도울 수 있다.[12] 이와 같이 서사의 흐름과 중요한 사건들에 초점을 맞추는 활동은 이야기를 이해시킬 뿐 아니라 이야기 구조와 문학의 구성 요소인 플롯에 대한 감각을 형성시킬 수 있다.[13] 나아가 이러한 감각은 문학토의 과정에서 더욱 구체적인 문학 지식의 습득으로 이어질 수 있다.

읽기 후 활동 가운데 연관 짓기나 질문하기는 경우에 따라 읽기 중 활동에 포함될 수도 있다. 특히 연관 짓기는 배경지식을 활성화하고 상호텍스트성에 대한 감각을 발달시킬 수 있다. 이 외에도 읽기 후에는 텍스트에 대한 아동의 반응을 활성화하도록 돕는 다양한 방법들을 활용해야 한다. 가령 다음과 같이 이야기에 반응하는 방법을 가르쳐 주고 텍스트를 읽을 때마다 공통적으로 활용하게 할 수 있다. 아동이 이러한 반응 양식에 익숙해지기 시작하면, 여기에 제시된 네 가지 항목뿐 아니라 다양한 반응 양식을 스스로 찾게 되

....

11   M. Graves & B. Graves(2003), 앞의 책, p. 15.

12   L. A. Liang(2004), *Using Scaffolding to Foster Middle School Students' Comprehension of Response to Short Stories*, (Doctoral dissertation, University of Minnesota), p. 23. 리앙(Liang)은 이야기 지도를 읽기 중 활동으로 제시하고 있다. 구체적 텍스트에 대한 이야기 지도의 예는 Ⅳ장의 각주 35번을 참조.

13   "구조는 이야기의 모든 요소들에 통일성과 일관성을 부여한다. 그것은 다양한 층위에서 행위를 야기하고 극적인 긴장을 해결하는 이야기의 사건을 포함한다. 구조를 생각할 때 플롯과 긴장(tension)을 인식하는 것이 도움이 된다"(N. L. Roser & M. G. Martinez(1995), *Book Talk and Beyond: Children and Teachers Respond to Literature*, International Reading Association, p. 12).

거나 반응의 깊이가 심화되는 등의 진전을 기대할 수 있을 것이다.

이야기에 대해 생각하는 네 가지 방법[14]

1. 다른 책이나 영화, 내 인생에서 일어난 일들과 연결시키기

이 이야기를 읽고 나서 여러분이 전에 읽었던 책이나 전에 봤던 영화에서 일어났던 일이나 거기에 나오는 인물들이 생각날 수도 있고 여러분이 살아오면서 겪었던 일이나 만났던 사람이 생각날 수도 있습니다. 그런 것들이 떠오른다면 이 이야기와 연결시켜서 생각해보세요.

2. 특별히 더 좋은/싫은 부분(인물, 장면, 사건)

우리가 책을 읽을 때 정말로 좋은 부분과 정말로 싫은 부분이 나올 수 있습니다. 그런 부분들은 내 마음 속에 여러 가지 이유 때문에 더 오래 기억에 남기도 합니다. 왜 그 부분이 좋은지/싫은지 이유를 생각해보세요.

3. 이야기가 쓰인 방식에 대해서 비판적으로 평가하기

우리가 책을 읽을 때 "내가 작가라면 이 부분을 다르게 썼을 텐데……"라고 생각할 때도 있고, "와, 나는 작가가 이렇게 쓴 부분이 정말 맘에 들어!" 라고 생각할 때도 있습니다. 이야기에서 작가가 잘한 점과 좀 더 잘했으면 하는 점을 생각해보세요.

4. 이야기의 주제(중심 생각, 메시지)는 무엇인지 생각해보기

우리가 책을 읽는 동안 이야기의 전체적인 메시지나 작가 입장에서 독자에게 무엇을 생각해보기를 바라는지 알아내려고 시도할 수도 있습니다. 어떤 때는 이야기를 다 읽고 나면 그것이 무엇인지 쉽게 찾기도 하지만 어

....

14   L. A. Liang (2004), 앞의 글, p. 165를 참고하여 작성하였다.

떤 때는 좀 더 깊이 생각해야 할 때도 있습니다. 여러분은 이 이야기의 주제가 무엇이라고 생각하는지와 그 이유를 함께 생각한 후에 다른 사람들은 나와 생각이 어떻게 같거나 다른지도 비교해보세요. 생각이 똑같은 경우도 있지만 비슷하면서도 아주 조금씩 다르거나 아주 많이 다른 경우도 있습니다. 그런 차이에 대해서 열린 마음을 가지고 생각해보세요.

토의는 읽기 후 활동의 보편적인 유형이다. 읽기 후에는 소집단에서 대집단에 이르기까지 다양한 규모의 토의가 많이 이루어진다. 토의는 학생들이 개인적인 해석을 표현하고 텍스트에 대한 다른 사람들의 반응을 들을 수 있는 자리를 마련한다. 그리고 그 과정에서 텍스트에 대한 오독 여부도 확인할 수 있다. 따라서 토의는 읽기 경험 과정에서 무엇이 잘 되었고 무엇이 잘못 되었는지, 그리고 이후에는 무엇이 다르게 행해질 수 있을지를 평가하는 수단이 된다.[15] 무엇보다 토의는 그 양상에 따라 읽기 후 활동에 속해 있는 질문하기, 다시 가르치기, 연관성 형성하기 등의 다양한 활동을 포함할 수 있다.

이상에서 살펴본 다양한 활동 가운데 교사는 해당 수업에 적절한 것들을 선택하여 문학수업을 진행할 수 있다. 이때 책 읽어주기 과정에서 나타나는 교사의 역할에 대해 미리 알아두고 참고하는 것이 좋다. 읽기 전-중-후 활동에서 교사가 수행하는 역할이 언제나 최상의 의미 형성을 촉진하지는 않기 때문이다. 아동의 질문과 발언을 무시하는 등 교사의 부정적인 실천은 아동을 침묵하게 만들 수 있다. 만일 아동이 침묵하고 있다면 토의는 사회적으로 구성된 대화가 오가며 의미가 만들어지는 성장의 공간이 아니라 독백의 장소

....

15 M. Graves & B. Graves(2003), 앞의 책, p. 17.

표 2-2. 그림책 읽어주기 과정에서 나타나는 교사의 역할 분류[18]

교사의 역할	기능
독자 (readers)	출판 정보, 책날개에 적힌 책 정보 및 본문의 글 텍스트를 읽어줌. 단어를 언급하거나 시각적인 면을 언급함. 여행안내원 같은 역할.
관리자 / 격려자 (managers/ encouragers)	유아의 이름을 부르거나 답해보게 하거나 기다리라고 하거나 혼란을 조절하거나 어떤 것에 주의를 돌리게 하는 등 논의 과정을 관리함. 칭찬을 하거나 유아의 반응을 유지하게 하는 말을 함.
명료자/탐사자 (clarifiers/probers)	한 아이의 말과 다른 아이의 말을 관련지으며 그것들이 어떻게 서로 부연, 확장, 반박하는지 알려줌. 유아에게 설명하게 하거나 더 알고 있는 것을 말하게 하고 이미 알고 있을 법한 내용을 질문함. 나중에 나올 내용과 관련짓기 위해 글이나 그림에 주의를 모으거나 관련 있는 내용을 연결 지어 보여줌.
의문자/추측자 (fellow wonderers/ speculators)	기발한 해석을 찾듯 유아와 함께 의문을 갖거나 궁금해 함. 연기자처럼 유아와 함께 상상의 나래를 펼침.
확장자 / 정련자 (extenders/refiners)	새로운 개념이나 새로운 해석을 도입하여 "가르칠 수 있는 순간"을 잘 활용함. 유아가 사고를 지속하게 하거나 확장시키고 토론을 마무리 짓기 위해 반응 내용을 요약함.

가 된다. 따라서 아동이 텍스트를 수용하는 동안 침묵하거나 무시받는 일이 없도록 교사들은 대화적인 참여를 촉진하는 다양한 전략을 인식하고 실천해야 한다.[16]

　　교사의 적절한 역할 수행에 대해서는 자이프(Sipe)의 논의를 참고할 수 있다. 그는 책을 읽어주는 동안 교사가 했던 대화를 토대로 교사의 역할을 분류하고 이것이 서로 다른 비계 설정 기능을 한다고 보았다.[17] 자이프에 따르면 유아에게 그림책을 읽어주는 과정에서 나타난 교사의 역할은 표 2-2와 같다.

....

16　J. R. Loysen(2010), *Reading aloud: Constructing literacy in an early childhood classroom,* (Doctoral dissertation, University of Rochester), pp. 37-38.

17　그는 교사의 역할 자체를 비계와 동일시하였는데 이러한 관점 자체에는 동의할 수 없으나 교사의 역할이 앞서 살펴본 비계의 특성에 부합하여 수행된다면, 다시 말해서 아동의 상황에 대한 진단을 바탕으로 일시적으로 이루어지고 이러한 교사의 모델링을 통해서 교사의 역할을 아동이 나누어 맡게 된다면 그것은 비계라고 할 수 있을 것이다.

유념할 사항은 위의 표에 제시된 교사의 역할이 문학토의 과정에서 행해지는 교사의 역할과 완전히 구분되지는 않는다는 점이다. 책 읽어주기 활동이나 안내된 읽기의 경우 그 과정에 토의를 포함할 수 있기 때문이다. 이러한 혼동을 피하기 위해 이 연구에서는 문학토의를 책 읽어주기가 끝난 이후에 독립적으로 이루어지는 것으로 한정하고 있다. 그러나 현실적으로는 그러한 구분이 언제나 유효한 것은 아니다. 가령 저학년 아이들의 경우에는 본격적인 문학토의보다는 책을 읽어주는 과정에서 산발적으로 제시되는 아동의 반응을 공유하고, 그러한 소통의 과정에서 교사가 관리자와 격려자의 역할을 하며 논의를 진행시키는 것이 아동의 발달 단계에 적합한 토의의 형태라고 볼 수 있기 때문이다.

자이프가 관찰한 결과 중에서 교사의 역할과 관련하여 특히 중요한 사항은 교사들이 때로 상반되는 역할을 수행했다는 점이다. 가령 관리자의 역할에는 텍스트와 관계없는 이야기를 하거나 논의에 집중하지 않는 아동에 대한 다소 훈육적인 태도가 포함될 수 있다. 반면 격려자나 의문자의 역할에는 그와 상반된 태도가 포함될 수 있다. 흥미로운 것은 한 가지 텍스트를 읽는 동안 이러한 상반된 역할들이 함께 관찰되는 경우가 종종 있다는 것이다. 이는 교사가 마주하고 있는 학습자의 수준이나 성향이 각기 다르며 수업의 각 국면에서 교사에게 요구되는 역할 또한 달라지기 때문으로 보인다. 따라서 교사는 책을 읽어주는 상황과 아동의 상태 등을 고려하여 자신의 위치를 원활하게 이동하는 능력을 길러야 한다.

....

18 　L. R. Sipe(2007), *Storytime: Young Children's Literary Understanding in the Classroom*, 서정숙 옮김(2011), 『유아교사의 그림책 읽어주기: 유아의 문학적 이해 및 문학교육』, 창지사, pp. 254-267의 내용을 표로 정리하였다.

3. 문학토의의 준비

문학토의는 텍스트를 수용하고 개인적 반응을 형성한 이후에 이루어지는 경우가 대부분이다. 따라서 본 절에서는 텍스트 수용 이후에 실행할 문학토의 수업에 필요한 준비에 대해 비계를 중심으로 논의하고자 한다. 이는 텍스트에 대한 일차적이고 다양한 반응을 개방적으로 소통하는 것에서부터 그러한 반응에 대한 심층적 비계를 설정하여 한층 제한적이고 깊이 있는 이해에 도달하는 것까지를 모두 포함한다. 그리고 그러한 소통과 의미의 정교화 과정이 교사에 의해 주도되는 것이 아니라 아동의 능동적인 참여에 의해 원활하게 이루어지도록 돕는 여러 사항들이 논의될 것이다.

문학토의의 경험이 많지 않거나 처음으로 문학토의 수업을 시작하는 학급에서는 한두 차례의 수업만으로 아동이 주도적 역할을 담당하는 문학토의 수업을 정착시키기는 어렵다. 문학토의라는 낯선 참여 구조에서 이루어지는 상호작용에 대해 제한적인 지식을 가지고 있는 아동들로서는 적절한 토의 화제를 수립하거나 심도 있는 해석을 하기보다는 초점화가 이루어지지 않은 비생산적 대화를 할 가능성이 높기 때문이다. 따라서 교사는 문학토의를 잘 실행하기 위해 아동의 상호작용 기술을 발달시킬 수 있는 다양한 중재 방법을 모색해야 한다. 또한 그들이 텍스트의 의미를 형성하는 데 핵심적인 화제를 설정하고 그에 대한 심도 있는 논의를 하도록 돕는 방안을 강구해야 한다.[19]

이를 위해서는 바람직한 문학토의의 구성 요소들을 규명하고, 그러한 요소들이 구현되고 정착될 수 있는 과정들을 단계화하여, 각 단계에 필요한 비계를 설정해야 한다. 그러한 작업은 학습자가 학습해야 하는 여러 가지 목표

....

19 B. Maloch(2004), On the road to literature discussion groups: Teacher scaffolding during preparatory experiences, *Literacy Research and Instruction*, 44(2), p. 102.

들을 위계화하여 배열하는 '목표의 구조화'[20]와 유사하다. 따라서 이 책에서는 문학토의의 정착과 활성화를 위해 각 단계에 필요한 비계를 설정하는 과정을 '비계 설정의 구조화'로 칭하고 그 방안을 모색하고자 한다. 구조화의 방법에는 수직적 구조화와 수평적 구조화, 그리고 그 두 가지의 복합적인 방식이 있다. 문학토의 수업의 정착을 위한 각 단계는 과제의 난이도가 명확하게 구분되는 수직적 구조화라기보다는 시간의 흐름에 따라 순서가 정해지는 수평적 구조화에 가깝다.

이러한 구조화를 위해서는 우선 바람직한 문학토의의 특성을 몇 가지 요소들로 개념화해야 한다. 이 책에서 상정하는 바람직한 문학토의 수업은 우선 다양한 의견의 자유로운 소통을 전제로 한다. 대화적 수업의 패러다임에서 아동의 개인적인 반응들이 교사나 독단적인 참가자의 권위에 의해 위축되거나 제한되지 않고 교환되어야 하는 것이다. 이때 "다양한 의견의 자유로운 소통"이라는 표현으로 인해 대화적 패러다임이 모든 의견을 무조건적으로 긍정하는 무비판적인 태도를 뜻하는 것이라고 오인해서는 안 된다. 대화적인 수업에서도 정교한 의미 형성을 위해서는 서로의 의견을 비판적으로 검토해야 한다. 따라서 의견 표명뿐 아니라 그에 대한 비판적인 검토 역시 자유롭게 허용되어야 한다. 다만 문학토의를 경험하는 초기 단계에서는 아동이 자기 의견을 드러내는 것에 대한 두려움을 없애고 자신의 어떤 반응도 공론장에서

....

20 한 학습 과제 또는 학습 단원의 수업에서 학습자가 학습해야 할 여러 가지 학습목표를 수업해야 할 순서대로 위계화(位階化)한 것이다. 넓은 의미의 목표 구조화는 한 교과 내의 목표를 수업할 순서로 위계화하는 것을 의미하며, 그 방법에는 세 가지가 있다. 첫째는, 가네(R. M. Gagné)의 학습 과제 분석법에서와 같이 단원의 최종적 목표를 달성하기 위해 선행해서 학습해야 할 것을 연역적(演繹的)으로 분석함으로써 수직적인 위계화에 의해 목표를 구조화하는 방법이다. 둘째는, 수직적인 위계성이 없는 학습 과제에 대해 횡적인 수업순서를 정해서 목표를 구조화하는 수평적 구조화의 방법이다. 셋째는, 수직적 구조화와 수평적 구조화가 복합되어 있는 방식이다(서울대학교 교육연구소(1995), 『교육학용어사전』, 하우동설).

검토될 수 있다는 확신을 갖는 것이 우선되어야 한다. 그러므로 비계 설정의 구조화 과정에서는 먼저 자유로운 의견 개진을 허용하는 분위기를 형성한 후 서서히 비판적인 검토를 권장하는 것이 적절하다.

이처럼 문학반응을 자유롭게 소통할 수 있는 분위기를 형성하기 위해서는 교사 위주의 독백적인 수업에서 벗어나 학생과 교사가 동등한 관계를 맺고 의미 형성 과정에 참여하는 것이 중요하다. 그러한 대화적인 수업 풍토에서 참가자들은 다양한 의견이 공존 가능하다는 것을 인정하며 확정된 의미가 아닌 잠정적이고 변화 가능한 의견들을 존중한다. 로이센(Loysen)은 책 읽어주기 과정에서 아동의 지식이 존중받고 성인과 다른 아동들이 그 가치를 인정할 때, 교사와 아동은 권위를 공유할 수 있다고 밝힌 바 있다. 이와 같이 아동이 권위를 공유할 수 있을 때 그들은 지식의 단순한 소비자가 아닌, 진정한 생산자와 공유자가 된다. 그렇게 되면 아동과 성인 모두가 궁금한 것을 더 잘 말할 수 있고 그렇게 표현된 '궁금함'은 토의에서 개방적인 질문이 제기되도록 영향을 미친다.[21] 이러한 선순환은 비단 책 읽어주기 뿐 아니라 문학토의에도 적용 가능하다. 따라서 문학토의를 위한 비계 설정의 구조화 단계에서는 우선 아동이 자신의 의견을 자유롭게 개진할 수 있는 '확산적이며 개방적인 비계'를 설정해야 할 것이다.

그다음 단계에서는 이러한 확산적 비계를 통해 제출된 다양한 반응들을 정교화하여 텍스트에 대한 심층적 이해를 모색해야 한다. 이와 같은 정교화 과정 없이 확산적이고 개방적인 비계를 통한 대화만으로는 진전된 의미를 형성하기가 어렵기 때문이다. 심층적 이해를 위해서는 우선 자유롭게 제시된 다양한 반응 가운데 어떤 것을 정교화할 것인지를 결정하는 '초점화'가 필요

----

21 J. R. Loysen(2010), 앞의 글, p. 45.

하다. 하나의 반응에 초점을 맞추고 그것에 대해 여러 번의 '순서 교대(말차례)'[22]가 이루어질 때 한 가지 화제에 대한 확장된 논의가 시작된다. 그 과정에서 문학토의 참가자들은 서로의 의견에 대해 동의, 반론, 확장 등의 관계에 놓인 각자의 의견들을 발화하게 될 것이다. 이처럼 확장된 논의가 이루어져야 대상 텍스트에 대한 심층적 이해에 도달할 가능성이 생긴다. 따라서 이 단계에서는 아동의 다양한 반응들 가운데 토의 화제를 수립하여 그에 대한 정교화된 논의를 하도록 돕는 심층적 비계를 설정해야 한다.

아동에게 확산적 비계가 설정되는 단계가 이제 막 문학토의 경험이 시작되는 시기라면, 심층적 비계가 설정되는 단계는 문학토의가 정착되는 시기이다. 그러한 두 단계를 거치면서 아동이 다양한 문학반응을 표현하고 반응의 소통과정을 통해 정교화된 논의를 이어간 이후에는 아동이 문학토의를 주도하는 단계로 나아가야 한다. 이는 학습의 책임이 교사에서 아동으로 이동하는 '책임 이양'을 의미한다. 문학토의에서의 책임 이양은 발언 순서를 조정하거나 토의 화제를 정하는 것, 논란이 되는 부분에 대해 텍스트의 내용을 참조하여 점검하는 것, 필요할 경우 반론을 제기하는 것 등 교사가 담당하던 역할을 아동이 나누어 맡는 것을 의미한다. 책임 이양이라는 비계의 특성을 굳이 고려하지 않더라도 한 사람의 교사가 바람직한 문학토의에서 요구되는 다양한 역할을 모두 수행하는 것은 쉽지 않은 일이다. 따라서 교사의 다양한 역할들이 아동에게 자연스럽게 이양될 필요가 있다. 이를 위해서는 아동이 문학토의를 관리하고 촉진하도록 돕는 비계를 설정해야 한다.

이때 관리와 촉진의 역할은 문학토의 경험이 축적되는 과정에서 자연스

....

22 대화 과정에서 어떤 사람이 대화에 참여하여 실제 말할 기회가 주어졌을 때, 말을 할 수 있는 권리와 그때 이루어진 언어적 표현 결과물을 순서교대(말차례)라고 한다(이창덕 외(2000), 『삶과 화법』, 박이정, p. 261). 이 책에서는 이후 문학토의 참가자들의 발언 순서를 '말차례'라고 부르고자 한다.

럽게 관찰되고 모방될 수 있으므로 앞의 두 단계에 걸쳐 문학토의를 진행하는 동안 교사는 자신의 역할 수행이 아동에게는 모델링으로 작용함을 자각할 필요가 있다. 이처럼 문학토의의 진행을 위한 비계 설정은 문학토의 수업 실행의 초기 단계에서부터 교사의 문학토의 진행을 통해 꾸준히 모델링되기 때문에, 아동이 본격적으로 문학토의를 주도하는 단계에서는 그동안 이루어진 비계 설정의 내용을 공식적으로 재확인하고 실제 문학토의 과정에서 보완하는 것에 초점을 맞춰야 한다.[23]

이상 제시한 문학토의의 실행 단계와 관련된 비계의 유형으로 아동이 자신의 반응을 자유롭게 표현할 수 있는 '도움문장(sentence starter)'[24]을 들 수 있다. 나초위츠는 문학 지식 형성을 위한 도움문장을 표 2-3과 같이 분류하였는데 그 가운데 문학토의의 초기 단계에서 자유로운 의견 개진을 위해 사용할 수 있는 확산적 비계로는 ⓐ"나는 ~에 대해서 말하고 싶어."와 ⓑ"나는 ~이 궁금해."를 들 수 있다. 그리고 반응이 정교화되고 화제가 설정되는 단계에서 설정할 수 있는 심층적 비계로는 ⓒ"나는 ~의 의견에 도전하고 싶어.", ⓓ"나는 ~의 의견을 뒷받침하고 싶어.", ⓔ"나는 ~의 의견을 확장하고 싶어." 등의 도움문장을 들 수 있다.

이러한 도움문장은 언어적 비계에 속한다. 비계가 설정되는 학습이 사회적인 상호작용에서 이루어지고 그러한 상호작용의 많은 부분이 언어를 매개

....

23 문학토의에서 교사가 수행하는 역할은 무척 다양하기 때문에 그러한 역할의 모델링이 한두 차례의 문학토의 수업으로 충분히 이루어지기는 어렵다. 그보다는 문학토의 수업이 장기적으로 진행되는 동안 교사가 시범을 보이고 아동이 그 참여 과정에서 이를 자연스럽게 학습하는 것이 적절해 보인다.

24 원래의 명칭인 sentence starter는 '문장 개시어'라고 번역하는 것이 타당하지만 영어와 한국어의 어순 차이로 인해 우리말에서는 '문장 개시어'라는 표현이 정확히 들어맞지 않는다. 따라서 아동의 반응을 분류하여 표현하도록 도움을 준다는 기능적인 특성을 나타내는 '도움문장'으로 번역하고자 한다.

표 2-3. 문학지식 형성을 위한 도움문장[25]

화제의 종류	도움문장의 예
ⓐ 나는 ~ 에 대해서 말하고 싶어	• 나는 ~ 에 대해서 말하고 싶어. • 나는 ~ 을 깨달았어. • 내가 책을 읽는 동안 나는 ~ 을 깨달았어. • 책을 읽은/토의한 후에 나는 ~ 을 깨달았어.
ⓑ 나는 ~ 이 궁금해	• 내가 아직도 혼동되는 것은 ~ 야. • 나는 ~ 가 이해가 안 돼. • 나는 왜 ~ 것인지 궁금해. • 만일 ~ 라면 어떨까. • ~ 한 이유는 무엇일까.
ⓒ 나는 ~ 의 의견에 도전하고 싶어	• 나는 ~ 에 대해서 좀 다른 생각이야. • 내가 이해한 것인지 잘 모르겠어. 네가 말하는 게 무엇인지 책에 있는 것을 보여줄 수 있니? • 나는 ~ 때문에 너의 의견에 동의할 수 없어.. • 모든 사람들은 ~ 라고 생각하는 것 같은데 나는 ~ 라고 생각해. • 책에 있는 어떤 것 때문에 너는 그렇게 생각하니?
ⓓ 나는 ~ 의 의견을 뒷받침하고 싶어	• 이것은 ~ 이기 때문에 나는 그것이 이해가 돼. • 나는 ~ 이기 때문에 너의 의견에 동의해. • 내가 ~ 를 깨달은 반면, 나는 ~ 때문에 ~ 라고 생각해.
ⓔ 나는 ~ 의 의견을 확장하고 싶어	• 이것을 보니까 ~ 가 생각나. • 처음에 나는 ~ 라고 생각했어. 지금은 나는 ~ 라고 생각해. • 내가 이것을 믿게 만드는 책의 내용은 ~ 야.
ⓕ 전체상(The Big Picture)	• 아마도 이 책은 ~ 에 대한 내용인 것 같아. • 나는 이것이 ~ 의미라고 생각해. 왜냐하면…… • 마지막에 나는 ~ 라고 믿어. • 이 지점에서 내 결론은 ~ 야.

로 이루어진다는 점에서 언어적 비계는 비계의 보편적인 형식이라 볼 수 있다. 그 가운데 위에 제시된 도움문장들은 메타적인 기능을 수행한다. 메타언어행위란 언어나 언어현상을 설명할 때 사용되는 언어행위를 의미한다.[26] 위

----

25 M. Nachowitz(2012), 앞의 글, p. 234.
26 언어 사용의 유형에는 일차언어행위와 메타언어행위가 있다. 일차언어행위는 언어를 가지고 진술, 명령, 요청, 부탁 등 인간 삶에 직접 필요한 언어행위를 하는 경우로 목적언어행위라고도 한다. 이와 달리 언어에 대한 언어행위를 메타언어행위라고 한다. "오늘 제가 여러분에게 아주 중요한 정보를 알려드리겠습니다."와 같은 발화가 그 예이다. 메타언어행위와 관련된 개념인 메타커뮤니케이션은

에 제시된 도움문장들은 대부분 자신의 견해를 밝히는 발화의 가장 앞부분에 위치하여 후행 발화의 내용을 안내하는 기능을 한다. 따라서 이러한 언어적 비계를 적절하고 정확하게 사용하기 위해서는 도움문장을 기억하고 재인하는 능력뿐 아니라 자신의 발언 내용이 전체 대화의 맥락에서 어떤 위치에 해당하는지를 파악하는 인지 능력이 요구된다.

비고츠키(Vygotsky)가 인간이 기호를 통해 자기 자신을 조절한다고 본 것과 같이 언어적 비계로 제시된 도움문장들은 아동이 그것을 사용하는 과정에서 점차 사고에 대한 메타인지로 작동하여 아동이 자신의 사고를 자각하고 조절하도록 이끌 수 있다. 수업에서 아동에게 제공되는 교사의 발문은 외부에서 주어진 자극에 그치는 경우가 있는 반면, 언어적 비계는 아동에게 내면화 혹은 전유되어 자신의 내면을 조정하는 정신의 도구로 정착된다는 점에서 차이가 있다.

ⓐ"나는 ~에 대해서 말하고 싶어."와 ⓑ"나는 ~이 궁금해."는 내용의 제한 없이 텍스트에 대한 아동의 반응을 자유롭게 표현할 수 있게 도와준다. 이러한 도움문장 뒤에 제시되는 내용들은 다양하고 광범위하게 확산될 가능성이 높다는 점에서 '확산적 비계'로 명명하고자 한다. 확산적 비계는 생각의 다양성과 관련이 있다. 텍스트의 의미는 고정된 것이 아니라 여러 갈래의 잠재 가능성을 지니고 있기 때문에 문학토의 과정에서 다양한 생각들이 표출될 수 있다. 그러한 의미의 잠재 가능성이 인정되는 대화주의적 토대에서는

"발화 장면을 조정하고, 통제하기 위해서 이루어지는 여러 종류의 커뮤니케이션"을 의미한다. 가령 전달회로 점검행위, 화자의 발화 내용이나 태도, 동기 등을 언급해 소통 상의 문제를 예방하는 행위, 화자의 말을 멈추게 하거나 상대방의 말 순서에 끼어드는 것을 알리는 신호행위, 전달 효과를 높이기 위한 조정행위, 메시지가 제대로 수신되고 이해되었는지 점검하는 점검행위 등을 포함한다. 이러한 행위에는 새로운 내용 전달 기능은 없지만 의사소통 과정에 영향을 미친다는 점에서 중요하다(이창덕 외(2000), 앞의 책, pp. 256-257).

아동이 자신의 의견이 거부될지도 모른다는 두려움 없이 편안하게 발언할 수 있다. 이런 점에서 확산적 비계들은 문학토의에 대한 아동의 심리적 부담을 덜어주어 토의가 활성화되도록 돕는 역할을 할 것으로 예상된다. 한편 이러한 비계들은 후속되는 발화의 내용에 거의 제약을 두지 않기 때문에 텍스트와 거리가 먼 주변적인 논의나 다소 지엽적인 논의들을 양산할 우려도 있다.

특히 ⓑ"나는 ~이 궁금해."는 교실 상호작용에서 독백적 수업의 대표적인 유형인 I-R-E의 교실 담화(I장의 '더 읽어볼 이론' 참조)를 바꿀 수 있다는 점에서도 의미가 있다. 교실 담화에서는 아동의 질문으로 대화가 시작되는 것이 생각보다 쉽지 않다는 이유로 교사가 먼저 질문하곤 하는데, 이 행위에 내포된 권력관계에 대해 생각해볼 필요가 있다. 아동들은 질문을 하는 사람이 권력이나 권위를 가진다는 것을 이미 알고 있기 때문에 질문 자체가 부담이 될 수 있다고 한다. 권력과 권위로 인해 발생하는 부담감 외에도, 질문을 하는 사람이 얼마간 대화를 이끌어야 한다는 부담감이 질문하는 것을 더욱 어렵게 만들 수도 있다. 5-6세의 어린 아동들조차 짧은 학교생활 동안 교실의 이러한 작동 방식을 수용한다고 한다. 그렇기 때문에 교사가 권위를 공유하는 환경을 수립하려고 노력한다 해도 아동은 스스로 질문하기보다는 성인이 질문해주기를 바랄 수 있다.[27] 그러나 ⓑ"나는 ~이 궁금해."라는 도움문장을 통해 아동이 다양한 질문을 제출하도록 한다면 교실 담화의 전형적인 패턴에서 벗어날 수 있을 것이다. 로이센이 소개한 오일러(Oyler)의 연구에 따르면, 1년 동안 1학년 아동이 책 읽어주기 시간에 해왔던 개시 발화의 일곱 가지 유형 중 질문하기는 그것이 텍스트에 대한 심화된 이해를 추구하는 경우 교사와의 대화에서뿐 아니라 아동 상호 간에도 이루어진다고 한다. 또한 이 과정

....

27 J. R. Loysen(2010), 앞의 글, pp. 45-46.

에서 아동은 텍스트에 대해 한층 더 해석적인 진술을 시작하는데 그것이 텍스트와 직접적으로 관련되어 있지 않거나 심지어 목표에서 벗어난 행위라 해도 숙련된 교사에 의해 다시 토의와 관련을 맺게 된다고 한다.[28] 이처럼 질문은 아동이 자연스럽게 토의를 시작할 수 있게 한다. 그들은 자신들이 궁금해하는 것과 자신들을 혼란스럽게 하는 것을 말함으로써 학습하고 대화를 열어간다. 그들의 질문은 그들 자신 속 그리고 다른 사람들 속에 있는 사고를 촉발한다.[29]

ⓒ"나는 ~의 의견에 도전하고 싶어.", ⓓ"나는 ~의 의견을 뒷받침하고 싶어.", ⓔ"나는 ~의 의견을 확장하고 싶어." 등의 도움문장들은 앞선 단계처럼 아동의 다양한 반응에 대해서 허용적인 태도를 강조하기보다는, 텍스트의 내용에 근거한 반응을 유도하거나 자신의 의견에 대한 근거를 함께 밝히도록 요구한다는 점에서 반응을 정교화하고 텍스트를 심층적으로 이해하는 것에 초점이 있다. 따라서 이러한 비계를 '심층적 비계'로 부르고자 한다.

'심층적 비계'는 선행 발화 없이는 사용될 수 없다. 즉 누군가의 발화에 대한 반응으로써 그 발화와 일정한 관계를 맺으며 존재한다. 그 관계의 양상은 각기 다르다. ⓒ"나는 ~의 의견에 도전하고 싶어."는 반론의 관계를, ⓓ"나는 ~의 의견을 뒷받침하고 싶어."와 ⓔ"나는 ~의 의견을 확장하고 싶어."는 동의를 전제로 각각 지지와 확장의 관계를 형성한다. 이러한 관계들은 일회성으로 끝나는 것이 아니라 서로 중첩되면서 확장된 논의로 이어질 수 있다. 그 과정에서 텍스트에 대한 심층적인 이해와 정교한 의미 형성이 이루어진다.

마지막으로 논의할 '아동 주도의 문학토의를 위한 언어적 비계'는 바람

---

28 J. R. Loysen(2010), 앞의 글, pp. 46-47.
29 M. Adler & E. Rougle(2005), 앞의 책, p. 24.

직한 문학토의에서 관찰되는 교사의 역할과 관련이 있다. 교사의 역할은 아동 주도의 문학토의를 위한 책임 이양이 성공적으로 이루어지기 위해서도 중요하지만, 그 과정에서 아동이 잘 조직된 문학토의 수업을 경험하게 하기 위해서도 중요하다. 바람직한 교사의 역할이란 확산적 비계 설정의 단계에서는 개방적이고 허용적인 태도로 아동의 발언을 권장하고 격려하는 것에 초점을 맞추는 것이며, 심층적 비계 설정의 단계에서는 아동이 텍스트에 초점을 맞추고 자신의 발언에 대해 명확한 근거를 제시하도록 지시하고, 경우에 따라 아동의 의견에 도전하거나 확장, 보충, 지지하는 것에 초점을 맞추는 것이다. 그 구체적인 양상은 대화적 토의에서 '학생과 교사의 다양한 위치 설정(positioning)'을 검증한 위(Wee)의 연구에 잘 나타나 있다. 그는 교실의 소집단 문학토의를 관찰한 결과 자신이 선택한 8개의 토의에서 교사와 초점 학생들의 위치를 분류할 14개의 코드를 귀납적으로 작성하였으며, 그 내용은 다음과 같다.

표 2-4. 위치 설정을 위한 코드[30]

위치 코드	행위
발언자 (Contributor)	다른 사람의 발언을 토대로 하는지(build on) 여부와 관계없이 의견을 제시하는 것. 의견에는 근거에 대한 추론이 포함되지 않는다.
정보제공자 (Informer)	관련 있는 정보를 공유하는 것.
지지자 (Supporter)	그들 자신 혹은 다른 사람의 반응에 대해 근거를 대는 것. 발언에는 추론적 단어의 사용이 포함될 수 있다.
도전자 (Challenger)	이전 화자에게 동의하지 않거나 이전 화자에게 더 자세한 설명을 요구함으로써 다른 사람의 아이디어에 도전하는 것.

....

30 J. Wee(2010), *Literature Discussion As Positioning: Examining positions in dialogic discussions in a third-grade classroom*, (Doctoral dissertation, The Ohio State University), p. 122 의 표를 참고하여 위치 코드와 행위에 대한 항목만을 가지고 재작성한 것임.

협상자 (Negotiator)	대립되는 의견을 조정하기 위해서 대안적인 의견을 제시하는 것.
초대자 (Inviter)	서로 말하도록 격려하는 것.
평가자 (Evaluator)	다른 화자의 반응을 평가하는 것.
관리자 (Manager)	토의를 지속시키는 것(기본 규칙을 상기시키고, 다른 학생들을 조용히 시키고, 모든 사람이 화자의 말을 들었는지 확인하고 이전의 말을 명료화하는 것).
방해자 (Interrupter)	농담을 하거나 관련 없는 정보를 나누는 것.
도움요청자 (Helpseeker)	대답이나 더 자세한 설명을 구하기 위해 질문하는 것.
개시자 (Initiator)	토의를 준비하도록 학생들을 돕는 것.
촉진자 (Prompter)	학생들에게 개방된 질문을 하여 대화를 촉진하는 것.
활성자 (Facilitator)	아동의 대답을 활용하는 질문을 통해 학생들이 화제를 탐구하거나 아이디어를 발전시키도록 돕는 것.
텍스트 사용자 (Text user)	학생들이 텍스트를 참조하도록 안내하는 것.

위의 연구에서 관찰 대상이 된 교사는 학생들이 토의에 참여하도록 돕기 위해서 그들이 '발언자'와 '정보제공자'의 역할을 수행하도록 노력했다. 그러나 학생들의 활발한 상호작용을 방해하고 싶지 않았기 때문에 아동에게 '도전자'와 '협상자'의 역할을 명확하게 요구하지는 않았다.[31] 이처럼 교사가 토의 진행에 요구되는 역할 중 일부에만 초점을 유지할 경우 아동이 다른 위치를 경험하고 모방할 기회를 제공할 수 없다. 그러므로 교사는 토의를 풍부하게 만들기 위해 상황에 따라 서로 상반되는 위치에 스스로를 배치하는 것에 익숙해져야 한다.

....

31 J. Wee(2010), 앞의 글, p. 175.

앞서 대화적 수업 풍토에서 자유로운 의견 개진이 가능한 허용적 분위기를 조성한다는 것은 다양한 의견 표명뿐 아니라 제시된 의견에 대한 비판적 검토까지도 모두 허용한다는 것임을 밝힌 바 있다. 이와 같은 관점에서 볼 때 교사는 문학토의의 초기 단계에서는 주로 개시자, 촉진자, 활성자의 위치를 모델링하고, 이후 텍스트 사용자, 지지자, 협상자, 도전자 등의 위치를 모델링하는 것이 적절할 것이다. 이 외에도 관리자의 위치는 아동 주도 토의로 이행해가는 과정에서 점차 줄여나가야 하며 정보제공자의 위치는 필요한 경우 언제든 다시 설정될 수 있어야 한다.

한편 언어적 비계 외에도 아동의 참여를 촉진하기 위해 가시적인 매개체를 사용할 수도 있다. 매개체는 언어적 비계인 기호와 달리 가시적인 도구이다. 문학토의에서 매개체를 활용하는 예로는 인물이나 작가와의 인터뷰처럼 구조화된 활동 속에서 모형 마이크 같은 소품을 사용하는 것을 들 수 있다.[32] 마이크는 주로 토의의 사회자가 사용하는 것으로 기존의 교사 주도 토의에서는 교사의 특권적인 위치를 상징하는 소품으로 아동에게 인식될 수 있다. 그러한 상황에서 아동에게 사회자의 역할을 이양했다는 것을 마이크를 통해 시각화함으로써 사회자와 토의 참여자 간의 좀 더 수평적인 관계를 가시화하여 토의의 참여 폭을 넓힐 수 있다.

....

32 문학토의를 활성화하기 위해 책 읽어주기와 본격적인 문학토의 사이에 가상적이고 구조화된 활동을 포함시킬 수도 있다. 이 책의 IV장에서 제시하는 수업 사례 중에도 등장인물과 인터뷰하기와 같은 가상적 활동이 토의를 촉진시킨 경우가 있다.

| 더 읽어볼 이론: 비계의 개념과 특징 |

비계라는 개념은 어린이들과 공동으로 문제를 해결하는 과정에서 성인들이 할 수 있는 역할을 설명하기 위해 우드(Wood)와 그의 동료들이 사용한 은유에서 비롯되었다. 그들은 비계를 "아동이나 초심자가 도움을 받지 않은 상태에서는 노력하더라도 해낼 수 없었던 과업을 완수하거나 목표에 도달하거나 문제를 해결하도록 만드는 과정"[33]이라 정의하였다. 한편 린다 앤더슨(Linda Anderson)은 "그것의 도움 없이는 불가능한 과업의 성취를 가능케 하는, 일시적이고 조정 가능한 뒷받침"[34]으로 비계를 정의하였다. 이처럼 비계는 다른 사람에 의해 안내된 것이라는 특성으로 요약된다.

비계가 다른 사람의 존재를 상정한다는 것은 그것이 사회적 상황에서의 학습을 전제로 한다는 의미이다. 사회적 학습 이론에서 학습과 발달이란 "모든 참여자들이 텍스트나 참여자들에게서 마주하는 의미를 이해하려 노력하는 특정한 사회·문화·역사적 맥락에서, 학습자가 공동체의 '더 식견 있는 구성원(more knowledgeable other)'과 상호작용을 할 때 발생한다."[35] 버크(Berk)와 윈슬러(Winsler)는 "인지란 언제나 행위 속에 위치해 있어서 아동의 학습은 그것이 발생하는 과업으로부터 분리될 수 없으며, 사람들은 그들이 어떤 문제에 능동적으로 참여하는 동안 다른 사람과 함께 작업할 때 가장 잘 학습한다."[36]라고

....

33 D. Wood, J. S. Bruner & G. Ross(1976), The role of tutoring in problem solving, *Journal of child psychology and psychiatry*, 17(2), p.90.

34 M. Graves & B. Graves(2003), 앞의 책, p.3.

35 A. Kong & P. D. Pearson(2003), The road to participation: The construction of a literacy practice in a learning community of linguistically diverse learners, *Research in the Teaching of English*, 38(1), pp.86-87.

36 J. R. Loysen(2010), 앞의 글, p.23.

하였다. 이처럼 "인간의 학습은 아동으로 하여금 주변 사람들의 지적인 생활 속으로 성장해 들어가게 하는 특수한 사회적 본성과 과정을 전제로 한다."[37] 아울러 비계 설정이란 "교사와 학습자가 공동의 문제 해결 활동에 몰입하는 동안 두 사람 간에 이루어진 따뜻하고 즐거운 협동"[38]이라는 견해에서도 드러나듯, 비계는 그것이 설정되는 사회적 학습의 맥락에서 이루어지는 협력적인 상호작용을 토대로 한다.

비계의 특성을 파악하기 위해서는 그 토대가 되는 비고츠키의 근접발달영역(Zone of Proximal Development)을 이해해야 한다. 비고츠키는 발달이란 이미 아동에게 내재되어 있던 능력이 때가 되어 실현되는 것이라는 당시의 주류적 관점을 받아들이지 않고, 학습과 발달이 밀접하게 관련되어 있다고 보았다. 특히 그는 아동발달에 있어서 학령기 학습의 독특한 특성에 주목하였다. 그는 학령기 이전의 아동들도 성인들로부터 말을 배우고 그들을 모방하며 질문과 대답을 하면서 이미 많은 것들을 배운다고 보았다. "학습과 발달은 아동이 처음 태어나는 날부터 서로 관계를 맺고 있다."[39]는 것이다. 코프카(Kofka)의 지적에 따르면 이러한 취학 전 학습은 학교 학습에 비해 비체계적이다. 그러나 비고츠키가 보기에 학교 학습과 취학 전 학습의 핵심적인 차이는 체계성 여부가 아니었다. 그가 생각하는 핵심적인 차이는 근접발달영역과 관련되어 있다.

....

37 L. S. Vygotsky(1978), *Mind in society: The development of higher mental process* (M. Cole, V. John-Steiner, S. Scribner & E. Souberman, Eds.), 정회욱 옮김(2009), 『마인드 인 소사이어티』, 학이시습, p. 137.
38 L. E. Berk & A. Winsler(1995), *Scaffolding Children's Learning: Vygotsky and Early Childhood Education*, 홍용희 옮김(1995), 『어린이들의 학습에 비계 설정(Scaffolding): 비고스키와 유아교육』, 창지사, p. 50.
39 L. S. Vygotsky(1978), 앞의 책, p. 131.

비고츠키는 발달 과정과 학습 능력 사이의 진정한 관계를 발전시키려면 한 가지 발달 수준만을 근거로 해서는 안 된다고 보았다. 그가 보기에 아동의 발달 수준에는 두 가지 층위가 존재했다. 하나는 이미 완수된 발달 주기의 결과로 정해진 아동의 정신 기능 발달 수준이다. 이것은 보통 지능 검사 등을 통해 진단된 '실제적 발달 수준'이다. 당시에 아동의 발달 수준을 논한다는 것은 바로 이러한 실제적 발달 수준을 지칭하는 것이었다. 그러나 비고츠키는 아동의 독립적인 문제 해결 능력, 즉 실제적 발달 수준만을 정신 발달의 척도로 보던 상식에 의문을 제기하면서 '잠재적 발달 수준'이라는 개념을 제시하였다. 이는 아동이 혼자서는 해결할 수 없지만 성인 혹은 더 능력 있는 또래들과의 협동을 통해 문제를 해결할 수 있을 때, 그 아동이 지닌 잠재 가능성을 언급하는 것이다. 비고츠키는 아동의 정신 발달 상태를 결정하기 위해서는 실제적 발달 수준과 잠재적 발달 수준을 모두 밝혀야 한다고 주장했다. 실제적 발달 수준이 같은 아동이라도 잠재적 발달 수준은 각기 다를 수 있으므로 한 가지 발달 수준만으로는 아동의 정신 발달 상태를 제대로 진단할 수 없으며 교육적 가능성 또한 찾기 어렵기 때문이다.

근접발달영역의 개념은 위에서 제시한 두 가지 발달 수준에 근거하여 성립된다. 그것은 독립적인 문제 해결에 의해 결정되는 '실제적 발달 수준'과 성인의 안내 혹은 더 유능한 또래들과의 협동을 통한 문제 해결로 결정되는 '잠재적 발달 수준' 간의 거리를 의미한다.[40] 이러한 근접발달영역은 이미 이루어진 성숙 외에도 미래에 이루어질 성숙 가능성을 볼 수 있게 해준다. 따라서 발달의 동적인 상태와 내적 과정을 파악할 수 있게 한다. 비고츠키가 학교 차원의 학습을 상세히 설명하기 위해 이 개념을 도입한 것으로 보아, 그는 학

....

40 L. S. Vygotsky(1978), 앞의 책, p. 134.

교를 교사와 더 유능한 또래들에 의해 아동에게 도움을 제공할 수 있는 공간이자 발달에 있어서 학습이 획기적인 역할을 할 수 있는 공간으로 인식했음을 짐작할 수 있다.

근접발달영역은 비계 설정에 있어서도 중요하다. 우드와 그의 동료들의 연구에 의하면 초보자가 더 높은 수준의 과업을 수행할 수 있으려면 이러한 근접발달영역 내에서 비계를 설정해야 하기 때문이다.[41] 근접발달영역을 고려하여 비계를 설정하는 사례로는 성인이나 숙련자가 초보자에게 도움을 줄 때 과제를 다양한 수준이나 하위 목표로 조정하는 것을 들 수 있다. 로고프(Rogoff)는 도움을 제공하는 성인이나 숙련자가 초보자의 근접발달영역을 파악하면서 과제를 다루기 쉬운 단위로 작게 나누거나, 지시를 반복하고 여러 가지 시범을 보이는 것을 관찰하였다. 이때 로고프는 도움이 변형되는 것의 중요성을 강조했으며, 그러한 변형의 내용과 방법은 자료의 내용이나 교수 방법보다 학습자 요인에 달려 있는 것으로 파악했다.[42]

근접발달영역과 비계의 관계를 파악하기 위해서 사프(Tharp)와 갈리모어(Gallimore)가 제시한 근접발달영역과 수행의 4단계를 참고할 수 있다. 그림 2-2는 근접발달영역에서 도움을 받은 후 그것이 내면화와 탈자동화를 거쳐 실제적 발달 수준의 차원으로 옮겨가고, 새로운 과업이 또 다시 근접발달영역 내에서 제공된 도움을 통해 내면화와 탈자동화를 거치는 순환적 과정을 보여준다. 사프와 갈리모어는 이것을 네 단계로 구분하였는데 첫 번째 단계에서는 좀 더 유능한 타인에 의해 도움을 받은 수행이 이루어지고, 두 번째 단계에서는 자신에 의해 도움을 받은 수행이, 세 번째 단계에서는 내면화, 자동

....

41 E. Bodrova & D. J. Leong(2007), *Tools of the mind*, 박은혜·신은수 옮김(2010), 『정신의 도구』, 이화여자대학교출판부, p. 99.
42 위의 책, pp. 103-104.

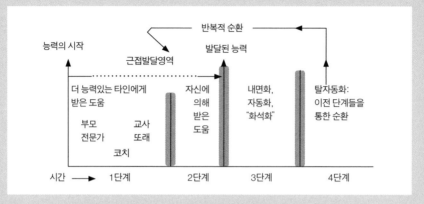

그림 2-2. 수행 능력의 기원: 근접발달영역을 통한 진전과 그 너머[43]

화, 화석화가, 네 번째 단계에서는 수행의 탈자동화가 이루어진다. 앞서 언급했듯 이러한 4단계는 선형적인 것이 아니라 순환적인 과정이다.

그림 2-2에서 나타나듯 근접발달영역은 연속선상에 있는 공간적인 개념으로 제시된다. 로이센에 따르면 비고츠키가 근접발달영역을 정의할때 의도적으로 '영역'이라는 단어를 사용한 이유는 발달이란 하나의 주어진 척도상의 단일 지점에 의해 결정되는 것이 아니라고 믿었기 때문이다. 그 대신 비고츠키는 발달이란 현재적 흐름 혹은 연속선상에 있는 것이라 믿었다. 그는 나아가 독립적인 수행과 도움 받은 수행이라는 두 층위의 수행이 이 영역 내에 존재한다고 생각했다. 그리고 아동은 도움 받은 수행과 독립적인 수행 사이를 순환하면서 특정 기술, 행위 혹은 지식의 실체를 획득할 때까지 근접발달영역 내에서 계속 이동한다. 비고츠키에 따르면 이러한 기술의 획득은 문화

....

43　R. G. Tharp & R. Gallimore (1988), *Rousing minds to life: Teaching, learning, and schooling in social context*, Cambridge University Press, p. 35.

적 맥락 안에서 발생하는 사회적 상호작용의 결과이다.[44]

1단계, 2단계의 근접발달영역에서 제공받은 도움이 3단계에서 내면화된다는 것은 잠재적 발달 수준에 속해 있던 능력이 실제적 발달 수준으로 끌어올려졌음을 의미한다. 아울러 발달을 위해 제공되었던 가시적인 도움이 내면화되어 더 이상 보이지 않게 되었음을 의미한다. 이러한 내면화는 아동의 학습과 발달에 있어서 매우 중요한 변화를 의미한다.

비고츠키는 학습의 사회문화적 맥락을 강조한 것 외에도, 동물과 인간의 학습이 지닌 본질적 차이에 대해 도구와 기호를 사용하는 매개 활동(mediated activity)의 중요성을 강조하였다. 그는 인간이 도구를 통해서 자연을 변화시킬 수 있듯 기호를 통해서 자신을 통제할 수 있다고 보았다. 다시 말해서 도구와 기호는 매개 활동의 수단이라는 점에서 공통적이지만 그것을 사용하는 목적에는 근본적인 차이가 있다는 것이다. 도구는 인간의 영향을 활동 대상에 안내하는 외적 지향의 성격을 갖지만 기호는 자신을 통제하는 내적 지향의 특성이 있다. 그는 이 내적 활동과 외적 활동은 실제로 관련되어 있으며 인간만이 지닌 '고등 심리', '고등 행동'은 도구와 기호의 결합을 지칭하는 것이라 주장했다. 이때 내면화는 도구에 해당하는 외적 작용을 내적으로 재구성하는 것이다.

이러한 내면화의 개념은 후대의 연구자들에 의해서 강조되고 변형되었다. 이들은 내면화라는 용어가 성인에서 아동으로 향하는 단순한 지식 전달이나 아동이 외부 세계에서 내부 세계로 사회적 정보를 직접 모방하는 것이라는 인상을 줄 수 있다고 지적한다. 발시너(Valsiner)와 스톤(Stone)과 같은 연구자들은 내면화라는 용어를 계속 사용하되 성인-유아 간 상호작용이나

....
44   J. R. Loysen(2010), 앞의 글, pp. 20-21.

내면화 과정에서 아동이 수행하는 특별한 공헌을 강조한다. 한편 로고프와 몇몇 학자들은 아동이 특정 목표에 맞는 사회적 협동을 하는 동안 접하게 되는 문화적 도구를 능동적으로 선택한다는 개념을 나타내기 위해 내면화가 아닌 다른 용어를 제안하였다.[45] 로고프는 발달을 "문화적 활동 속에 있는 사람들이 참여하는 것과 관련된 역동적, 능동적, 상호적 과정"[46]으로 본다. 더 나아가 아동의 적극적인 참여를 강조하기 위해서 그는 '참여적 전유'라는 용어를 사용한다. 참여적 전유란 "개인이 참여를 통해서 활동에 대한 이해와 책임을 변형하는 과정"이다. 로고프는 내면화가 사람과 사회적 맥락이 분리되거나 단순히 개념, 기억, 지식, 기술 등을 획득하는 것과 같은 정적인 의미와 관련되는 것과 달리, 참여적 전유는 인지를 사고, 재현 기억, 계획과 같은 저장된 소유물의 집합으로 정의하지 않는다고 보았다. 로고프는 전유의 세 가지 용례를 언급하면서 그 가운데 자신이 제안한 '참여적 전유'의 개념에 대해 설명하였다.

> (전유의) 세 번째 용례는 참여적 전유에 대한 내 개념이다. 이 개념에서는 경계 자체가 의문시된다. 왜냐하면 활동에 참여하는 사람은 활동의 일부이지 그것으로부터 분리되어 있는 것이 아니기 때문이다. 사회적 세계가 개인의 외부에 있다는 개념은 이러한 접근으로 인해 오도된 것이다. (중략) 전유는 참여의 과정에서 발생한다. (중략) 전유는 변형을 위한 필수 조건이 아니라 변형의 과정이다. 이렇게 해서 나는 "전유"라는

----

45 L. E. Berk & A. Winsler(1995), 앞의 책, pp. 41-42. 역자는 로고프가 내면화 대신 적합화(appropriation)라는 용어를 사용했다고 번역하였다. 그러나 학습과 발달을 참여의 과정으로 보고 학습자의 능동적인 역할을 강조하는 로고프의 논의에서 appropriation은 적합화라기보다 전유에 더 가까워 보인다.

46 J. R. Loysen(2010), 앞의 글, p. 153.

용어를 어떤 외적 사건이나 기술에 대한 내면화를 언급하기 위해서가 아니라 활동에 대한 개인 고유의 참여로부터 귀결되는 변화를 언급하기 위해서 사용한다.[47]

이처럼 참여를 학습의 수단이자 목적으로 보는 관점에 의해 비고츠키의 내면화 개념은 학습자의 적극적이고 주체적인 측면을 강조하는 방향으로 변화해왔다. 학습과 발달에서 중요한 것은 참여와 그 참여 속에서 이루어지는 변화들이다. 그리고 비계를 설정한다는 것은 비계의 도움을 통해 학습자의 수행 수준이 향상되고, 그러한 도움이 내면화 혹은 변형되도록 돕는 것을 의미한다. 그 과정에서 학생들은 실천에 대한 이해를 발달시키고, 그러한 실천 속에서 자신들의 역할과 책임을 협상하며, 더 많이 아는 타인들에 의해 매개된 참여를 통해서 그들이 사용하는 도구들을 역사적이고 문화적으로 발달시킨다.[48] 이러한 능력이야말로 인간 심리에 고유한 것이다.

내면화의 과정을 잘 설명해주는 사례들은 주로 유아의 학습과 발달에 관한 관찰에서 찾아볼 수 있다. 보드로바(Bodrova)와 레옹(Leong)은 특히 비계로서의 매개체(mediator)와 그것의 내면화에 대해 설명한 바 있다. 앞서 언급했듯 비고츠키는 인간이 도구와 기호에 의해 매개된 활동을 한다고 하였다. 이 가운데 보드로바와 레옹이 설명한 매개체는 지도에서 특정 장소에 화살표를 붙여두면 나중에 그 지역을 빨리 찾을 수 있는 것처럼 구체적 반응을 자극함으로써 형성된다. 화살표는 지도를 보는 자극과 지도에서 특정 장소를 찾

....

47 B. Rogoff, *Observing sociocultural activity on three planes: Participatory appropriation, guided participation and apprenticeship*. In J. V. Wertsch & P. Del Rio(1995), *Sociocultural studies of mind*, Cambridge University Press, pp. 154-155.

48 A. Kong & P. D. Pearson(2003), 앞의 글, p. 88.

는 반응 사이를 매개하는 매개체인 것이다. 성인들은 눈에 보이는 매개체와 보이지 않는 매개체를 모두 사용하지만 유아들은 외적 매개체만을 사용한다. 보드로바와 레옹은 이러한 매개체를 '정신의 도구'라 부르는데, 이 도구도 다른 문화적 도구처럼 처음에는 사회적 수준에서 존재하고 그 후에는 개인적 수준에서 존재한다. 비고츠키에 따르면 이러한 매개체 사용은 네 단계에 걸쳐 학습되는데 마지막 단계에서 외적 매개체는 내면화되어 더 이상 필요하지 않게 된다.[49]

도구가 사회적 수준에서 먼저 존재하고 이후에 개인적 수준에서 존재하는 것처럼 비고츠키의 학습 이론에서 중요한 또 한 가지 명제는 학습이 사회적 수준에서 먼저 시작된다는 것이다. 비고츠키에게 개인의 발달적 변화의 기제는 사회와 문화에 뿌리를 두고 있다. 그는 아동의 문화적 발달에서 모든 기능은 사회적 수준에서 먼저 나타나고 그 후 개인적 수준에서 나타난다고 보았다. 다시 말해 사람들 '사이에서'(대인심리학) 먼저 나타난 다음 아동의 내부에서(내부심리학) 나타난다는 것이다.[50] 이러한 순서를 그림으로 나타내면 그림 2-3과 같다.

이 모형은 학습이 어떻게 사회적 수준에서 개인적 수준으로 이동하며 또다시 사회적인 것으로 돌아오는지에 대해 생각하도록 돕는다. 그림 2-3 중 상단의 사분면에서 학습은 사회적/공적 활동 무대에서 시작되는데 그곳은 학습자들이 공동체의 문화적 실천에 노출되는 곳이다. 그들이 보고 듣는 것은 그들이 자신의 이해를 공적 공간에서 입증하기 전에 개인적으로 사용되고 변형된다. 적용, 변형, 공표, 관습화의 순환 주기 속에서 학습자들은 공동체 내의 더 많이 아는 구성원과 상호작용한다. 그리고 그 공동체의 실천에 초심

---

49 E. Bodrova & D. J. Leong(2007), 앞의 책, pp. 107-111.
50 L. S. Vygotsky(1978), 앞의 책, p. 90.

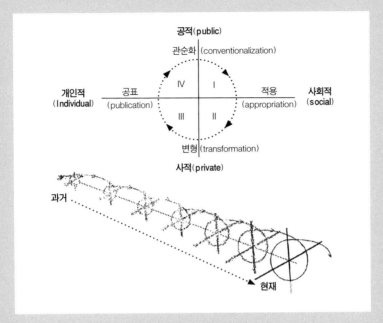

그림 2-3. 비고츠키의 공간[51]

자로서 참여하는 동안 공동체의 문화적 실천에 대한 지식을 구성한다.[52] 하단
의 나선형은 발달이란 위와 같은 순환이 계속해서 반복되는 역사적인 과정임
을 시사한다. 스톤 역시 학습은 개인적(Intramental) 수준에서 발생하기 이전
에 사회적(Intermental) 수준에서 일어난다는 비고츠키의 사회적 학습이론의
관점에서 비계를 기술했다. 스톤은 특히, 학생은 교사-학생 상호작용의 수동

....

51 A. Kong & P. D. Pearson(2003), 앞의 글, p. 87.
52 위의 글, pp. 86-87. 이인화는 위의 그림에 대한 설명에서 "위의 사분면에서 세로축은 인지적 활
동의 가시적 관찰 가능 여부를 기준으로 가시적인 공적인 것과 비가시적인 사적인 것이 양 극단에 위
치한다. 가로축은 사회적 상황 속에서 가르치고 배워야 하는 사회적인 것과 개별 주체들이 내면화해
야 하는 개인적인 것이 양쪽 끝에 자리 잡는다"(이인화(2013), 「소설 교육에서 해석소통의 구조와 실천
에 대한 연구」, 서울대학교 박사학위논문, p. 133)고 한 바 있다.

적인 참여자가 아니며 비계 설정은 그 안에서 두 참여자들 모두가 능동적으로 참여하는 유연한 대인관계의 과정이라고 보았다.[53]

비계 개념을 이해하는 기반인 비고츠키의 근접발달영역 및 사회적 학습의 작동 기제 등을 살펴본 결과, 비계는 근접발달영역 내에서 제공될 때 효과적이라는 점, 그 과정에는 내면화 혹은 전유에 의한 변형 등이 수반된다는 점, 아울러 그러한 도움은 사회적 학습 상황의 협동적인 분위기 속에서 제공되어야 한다는 점을 알 수 있다.

그러나 이러한 내용들은 비계의 특징이나 효과일 수는 있지만 그 자체로 비계의 개념 정의가 되지는 못한다. 비계라는 은유적인 표현에서도 미루어 짐작할 수 있듯, 비계는 고정적인 것이 아니라 가변적이다. 따라서 비계의 정의와 관련해서는 구체적인 합의가 존재하지 않는다. 앞에서 기술한 바와 같이 비계란 '공동체 내에서 더 많이 아는 성인이나 또래에 의해 제공된 도움'이라는 느슨한 개념 정도가 존재한다. 이러한 이유로 비계의 개념이 남용된다는 지적도 제기되었다. 가령 비계 개념이 교육과 심리학 연구에서 너무 폭넓게 적용되었으며 비계를 도움의 단순한 동의어 혹은 교사 주도의 직접적인 수업 전략으로 인식해서는 안 된다는 지적이 있다.[54] 또한 비계 설정 논의가 과제를 하위 목표들로 나누는 교수적인 구성 요소를 지나치게 강조하여 어린이를 성인의 노력에 대한 수동적인 수혜자로 축소하는 경향이 있다는 비판도

....

53   J. Van de Pol, M. Volman & J. Beishuizen(2010), Scaffolding in teacher-student interaction: A decade of research, *Educational Psychology Review*, 22(3), p. 272.
54   위의 글, 같은 면 참조. 비계는 원래 건축 공사시 높은 곳에서 일할 수 있게 설치하는 임시 가설물을 지칭하는 말이다. 비계는 짓고 있는 건물에 따라 재료, 용법, 용도가 다양하며 형태 또한 달라질 수밖에 없다. 이러한 비계의 특성처럼 교육학에서의 비계라는 은유 또한 고정된 형태를 갖는 것이 아니라 상황에 따라 다양한 형태를 가진다. 이 외에도 공사가 끝나면 비계가 철거되고 건물만 남겨지듯 학습에서의 비계도 학습자가 과업을 완수하여 학습이 이루어지면 더 이상 유지할 필요가 없다.

제기되었다. 이 외에도 지금까지의 비계 연구가 주로 서구 문화권의 학습자들을 대상으로 이루어졌기 때문에 효과적인 비계 설정을 위한 문화적 차이를 고려해야 한다는 반성도 이루어졌다.[55]

발문이나 수업자료 등 교사가 학습자에게 제공하는 모든 도움이 언제나 비계로 작용하는 것은 아니다. 앞서 언급했듯 비계는 아동에게 제시된 후 내면화와 변형의 과정을 거치면서 아동의 현재적 발달수준을 끌어올리는 것이다. 교사의 발문이나 교사가 제공한 수업자료가 언제나 아동에게 내면화되어 정신의 도구로 기능하는 것은 아니며 일시적으로 활용되는 경우도 많은데, 이는 비계와 구별되어야 한다. 또한 아동이 참여의 과정에서 비계를 내면화하고 변형한다는 점에서 그들이 교사의 노력을 수동적으로 받기만 하는 존재라고 볼 수도 없다.

이러한 오해를 피하고 비계를 명확하게 이해하기 위해서는 비계의 특성에 대한 논의들을 참고해야 할 것이다. 비계는 학습자가 현재 진행 중인 과업의 수행 과정에 따라 정교하게 맞춰진 역동적 중재이므로 과업의 유형 등 상황적 특성에 따라 달라지며 그 방법도 매우 다양하다. 이러한 특징으로 인해 비계의 명시적인 정의를 내리기는 어렵지만 그간의 논의를 통해 비계의 핵심적인 특성에 대한 합의는 어느 정도 이루어졌다.

반 드 폴(Van de Pol)과 그의 동료들은 비계의 특성으로 부대성(contingency), 점진적인 감소 혹은 퇴조(fading), 책임 이양(transfer of responsbility)을 들고 있다. 부대성이란 학생에게 제공하는 도움이 학생의 현재 수행 수준보다 경미하게 높거나 같은 수준이어야 한다는 것이다. 따라서 그에 맞는 도움을 제공하기 위해서는 학생의 현재 수준의 능력을 진단할 필요가 있다. 비

....
55   L. E. Berk & A. Winsler(1995), 앞의 책, p. 54.

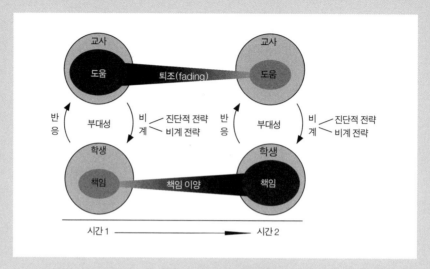

그림 2-4. 비계의 개념적 모형

계의 점진적인 감소 혹은 퇴조는 아동에게 제공되는 도움의 수준과 양이 시간의 흐름에 따라 감소하는 것을 의미한다. 이는 세 번째 특징인 책임 이양과 긴밀하게 연결되어 있다. 책임 이양은 부대성과 퇴조를 통해 과업 수행의 책임이 점진적으로 학습자에게 이동하는 것을 의미한다. 반 드 폴 등은 이때의 '책임'을 넓은 의미로 해석하여 학생들의 인지적, 메타인지적인 활동뿐 아니라 정서를 포함하는 개념으로 사용한다. 그들은 비계의 특징을 그림 2-4와 같은 모형으로 나타냈다.[56]

수평축은 시간 1에서 시간 2로의 경과를 나타낸다. 시간이 흘러감에 따라 위의 원은 교사의 도움이 점차 줄어드는 퇴조를 나타내고 아래의 원은 학생의 책임이 점차 증가하는 책임 이양을 나타낸다. 그리고 교사와 학생 간에는 부대성에 기반한 비계 설정과 반응이 오고 간다. 이때 필요한 것은 아동의

....
56   J. Van de Pol, M. Volman & J. Beishuizen(2010), 앞의 글, pp. 274-275.

현재 상태에 대한 진단 전략과 그 진단에 따른 비계 설정 전략이다.

그레이브스와 그레이브스는 효과적인 비계의 핵심적인 속성 세 가지를 들고 있다. 첫째는 학습자 혹은 학습자 집단이 비계 없이는 달성할 수 없었던 과업을 달성하도록 도와주는 일시적이고 지지적인 구조를 가진 비계 그 자체이다. 둘째, 비계는 반드시 학습자를 비고츠키가 근접발달영역이라고 부른 곳에 위치시켜야 한다는 것이다. 그러므로 학습자들이 독립적으로 완수할 수 있는 학습 과업과 도움 없이는 완수할 수 없는 학습 과업 사이에 존재하는, 학습을 위한 가장 생산적인 영역을 찾는 것이 중요하다. 셋째, 교사는 시간이 흐름에 따라 반드시 점진적으로 비계를 치워야 하고 과업 완수의 책임을 학생에게 이양해야 한다. 이를 '양도 원칙(hand-over principle)'이라고도 부른다.[57]

한편 버크와 윈슬러는 효과적인 비계 설정의 구성 요소와 목표를 공동의 문제 해결, 상호주관성, 따뜻함과 반응, 자기조절을 증진시키는 것, 학습자를 근접발달영역에 머물게 하는 것으로 꼽고 있다.[58] 그 자세한 내용을 살펴보면 위에서 열거한 비계의 세 가지 특성과 크게 다르지 않다. 버크와 윈슬러의 논의에서 독특한 점은 이들이 공동의 문제 해결과 상호주관성, 따뜻함과 반응을 통해 협동적인 관계를 강조한다는 것이다. 이는 피아제(Piaget)가 개인의 인지적 성장을 위한 자극으로서 특히 또래들 간의 '갈등'을 강조했던 것과 대조된다. 피아제와 달리 비고츠키는 아동이 과제에 도전할 때 자신보다 더 많은 지식을 가지고 있는 사람들과의 '협력적 대화'를 통해 사고하고 행동하는 것을 배운다고 보았다.[59]

....

57　M. Graves & B. Graves(2003), 앞의 책, p. 3.
58　L. E. Berk & A. Winsler(1995), 앞의 책, pp. 47-50.
59　위의 책, pp. 35-36.

이상에서 살펴본 바와 같이 비계라는 용어 자체는 비고츠키의 이론에서 제출된 것은 아니지만 많은 연구자들이 그의 학습과 발달 이론의 관점에서 비계를 연구했다는 점에서, 앞서 기술한 비고츠키의 관점을 이해하는 것은 교실에서의 비계 설정을 위해 유용한 출발점이 될 것이다.

III

책 읽어주기의 실천

들어가며

　이 장에서는 책 읽어주기와 관련된 두 개의 구체적인 수업 사례를 제시하고자 한다. 첫 번째 수업에서는 책 읽어주기와 문학토의가 연계될 때 텍스트에 대한 아동의 의미 형성 역시 심화되는 사례이다. 여기에서는 주로 텍스트가 제기하는 윤리적 가치를 탐구하는 데 수업의 초점이 맞춰져 있다. 두 번째 수업에서는 동일한 텍스트를 서로 다른 집단의 아동에게 읽어주는 과정에서 두 집단의 아동들이 텍스트의 특정한 요소에 대해 유사한 반응을 보이는 사례가 제시된다. 두 수업 사례 모두 기존의 교과서가 아니라 현대 한국 아동문학의 단편 동화 텍스트를 가지고 책 읽어주기와 간단한 문학토의를 연계했다는 공통점이 있다. 이러한 수업을 위해 필자는 해당 텍스트가 지닌 자질을 분석하고 그에 따른 질문을 구성하였는데 그러한 분석과 질문 작성의 과정을 가급적 상세히 기술하였다. 이들 사례에서 보여주는 수업의 형태는 이 책에서 궁극적으로 제안하고자 하는 새로운 문학수업의 모형이기도 하다. 현재 한국의 아동문학 현장에서 창작되고 있는 작품들 중 아동의 삶과 현실을 반영하는 적절한 텍스트를 수업 제재로 삼고, 그것을 분석하여 텍스트의 특성에 부합하는 질문을 만들고, 최소 2차시로 이루어진 연속적인 수업을 통해 책 읽어주기와 문학토의를 결합한 결과, 필자는 아동이 능동적으로 수업에 참여하고 텍스트가 제기한 질문에 대해 궁리하며 허구적 현실을 진지하게 들여다보는 모습을 관찰할 수 있었다. 이 장에서는 그러한 아동의 모습뿐 아니라 수업을 준비하는 과정에 대해 최대한 상세히 기술함으로써 텍스트의 선정과 분석, 그리고 질문 작성의 관점 등에 대해서도 간략히 제시하였다.

1. 책 읽어주기를 통한 아동의 윤리적 가치 탐구

필자는 6학년 아동을 대상으로 한 학기 동안 아침활동 및 재량활동 시간, 국어 교과 시간 등을 활용해 책 읽어주기와 문학토의를 연계한 새로운 방식의 문학수업을 실천했다. 이 사례는 그 가운데 가장 첫 번째 수업의 결과를 아동의 윤리적 가치 탐구의 관점에서 기술한 것이다. 이러한 방식의 수업을 실천하기 위해서는 학기가 시작되기 이전부터 시수를 확보하고 수업의 대상이 되는 텍스트의 목록을 선정하며 아동의 특성이나 요구에 맞게 그것을 배치하고 조정하는 등의 준비가 필요하다. 본 절에서는 그러한 준비 과정에서부터 실제 수업 과정과 결과, 그에 대한 분석 내용까지 제시하고자 한다.

1) 수업의 계획과 준비

⑴ 수업의 주기적인 배치

정기적인 수업 시간의 확보를 위해 필자가 담당한 6학년 교육과정 중 국어 교과의 문학 단원 차시와 창의적 재량활동 시간을 문학토의 시간으로 계획하였다. 그 결과 한 학기 평균 3주에 1회 간격으로 2차시 연속 수업의 책 읽어주기와 문학토의를 실시할 수 있었다. 처음에는 단편 동화와 역사 그림책 등을 대상으로 한 책 읽어주기와 문학토의를 계획하였다. 그러나 독서에 대한 아동의 흥미나 경험의 정도가 전반적으로 낮은 것으로 평가됨에 따라 실제 수업에서는 옛이야기 그림책이나 아동이 관심을 갖는 소재의 텍스트를 활용하는 방향으로 계획을 수정하였다.

⑵ 학생들의 특성

아동의 구체적인 특성은 실제 수업 계획에 많은 영향을 주었다. 아동의 독서 실태는 책을 읽어주는 과정에서뿐만 아니라 학급문고를 주 1회 1권씩 읽고 독서록을 작성하는 주말 과제의 확인 과정에서도 파악되었다. 검토 결과 아동의 문학능력이나 독서 실태에는 개인차가 매우 컸다. 장편 동화 혹은 청소년 소설을 즐겨 읽고 독서록을 주 1회 이상 자발적으로 작성하는 2명의 여학생을 상위 그룹으로 보았을 때, 책을 거의 읽지 않으며 글 텍스트가 길지 않은 그림책을 겨우 읽는 남학생 3명이 하위그룹을 차지했다. 교실에는 동시, 동화, 그림책, 옛이야기, 청소년 소설 등이 비치되었는데 독립적인 자유 독서 시간에 많은 남학생들은 장편 동화보다는 단편 동화나 그림책을 선택하는 모습이 종종 관찰되었다. 이 외에도 책의 내용을 요약하지 못하여 책의 일부를 그대로 베껴서 독서록을 작성하거나 1주간 그림책 1권을 겨우 읽고 독서록을 작성하는 경우가 전체 아동의 20% 정도를 차지했다. 주어진 주말 과제를 어려움 없이 완수하는 아동이 절반 이상이었으나, 필자가 의무적인 과제로 책 읽기를 부과하지 않았을 경우에는 자발적으로 책을 읽는 아동이 대략 20% 정도에 그쳤다.

(3) 텍스트 선정

아동의 특성은 자연스럽게 텍스트 선정에도 영향을 미쳤다. 필자는 위와 같은 아동의 성향을 책과 점점 멀어지고 '활자를 싫어하는 사람(aliterate)'[1]

---

1   G. D. Sloan(2003), *The child as critic: Developing literacy through literature*, Teachers College Press, p. 4. 아울러 비어스(Beers)에 따르면 "aliterate"은 Dormant(읽기를 좋아하는데 그럴 시간을 종종 내지 않는 경우), uncommitted(읽기를 좋아하지 않지만 언젠가 읽을지도 모른다고 말하는 경우), unmotivated(읽기를 좋아하지 않고 그들의 마음을 바꿀 거라 한 번도 생각하지 않는 경우)로 나뉘며 이들 세 유형 모두 교사가 책을 읽어줄 때 읽기에 대한 동기가 유발된다고 한다(D. Fisher, J. Flood, D. Lapp & N. Frey(2004), Interactive read-alouds: Is there a common set of implementation practices?, *The Reading Teacher*, 58(1), p. 9 참조).

이 되어가는 문학현상으로 진단하였다. 따라서 아동에게 제시할 질 높은 텍스트의 요건으로 무엇보다 책 읽기의 즐거움을 느끼게 해줄 수 있는 요소들을 고려하고자 하였다. 책 읽어주기 활동 자체가 독서 동기를 유발한다는 연구 결과들이 보고되어 왔으나[2] 책 읽어주기를 실행하는 초기 단계에서는 아동의 흥미와 관심을 유지할 수 있는 텍스트 선정이 가장 중요하다고 본 것이다. 그러나 책 읽기의 즐거움이나 텍스트에 대한 평가는 평가 주체의 취향과 주관적인 판단 기준에 의해 결정되므로 객관성을 담보하기는 어렵다. 이러한 한계를 보완하기 위해 필자는 아동문학 비평 담론이나[3] 아동문학을 함께 읽는 교사 동아리 등에서 얻은 정보를 참고하여 그동안 흥미롭게 읽은 아동문학 작품 목록을 작성하였다.

그 가운데 본 연구에서는 2000년대 중후반부터 아동문학 평단의 주목을 받아온 유은실의 단편 동화집《멀쩡한 이유정》에 수록된〈할아버지 숙제〉를 선택하였다. 단편 동화는 텍스트의 분량 면에서 주어진 2차시의 수업 시간 동안 책 읽어주기와 토의를 진행하기에 적합하다. 유은실의 작품을 선정한 동기는 그가 아이러니와 유머를 적절히 사용하는 작가이며〈할아버지 숙제〉는 이러한 작가의 특징을 잘 드러내는 대표작 중 하나이기 때문이다.[4] 아동이 흥

---

2 중학교 교사들을 대상으로 책 읽어주기 실천에 대한 설문조사를 실시한 결과 응답자의 72.2%가 책 읽어주기를 실천하고 있으며 이들 가운데 가장 많은 비율인 18%가 문학, 읽기에 대한 애호를 촉진하기 위해서 책을 읽어주고 있다고 응답하였다(M. Ariail & L. K. Albright(2005), A survey of teachers' read-aloud practices in middle schools, *Literacy Research and Instruction*, 45(2), pp.70-76). 또한 교사의 책 읽어주기는 학생들이 책을 더 읽고 싶게 만든다는 점에서 독립적인 읽기에도 영향을 미친다(D. Fisher, J. Flood, D. Lapp & N. Frey(2004), 앞의 글, 같은 면 참조).

3 아동문학 비평 및 서평에 대한 정보는 계간《창비어린이》와《어린이책 이야기》, 월간《어린이와 문학》, 서평전문 웹진《열린어린이》, 국립어린이청소년도서관 웹진《도서관 이야기》등 다양한 매체를 통해 접할 수 있다.

4 김민령(2010),「새로운 이야기 방식과 독자의 자리: 유은실 동화 꼼꼼히 읽기」,《창비어린이》30, 창비, p.185.

미를 잃지 않고 수업에 참여하기 위해서는 유머라는 요소가 중요하다고 판단했다. 아울러 이 작품에는 동일한 언어가 다른 의미로 사용됨으로써 아이러니가 발생하는 서술들이 여러 차례 나타나는데[5] 이러한 요소는 의미 형성을 위한 면밀한 논의를 요구한다.

〈할아버지 숙제〉는 할아버지에 대해 조사해 오라는 학교 숙제를 계기로 할아버지들의 부끄러운 면모를 알게 된 주인공 경수가 엄마의 도움을 받아 무난하게 숙제를 함으로써 문제를 해결하는 이야기이다. 학교 숙제는 아동의 일상에서 익숙한 것이다. 그러나 가족들의 회고에 따르면 숙제의 조사 대상인 경수의 할아버지들은 주정뱅이와 노름꾼이었다. 따라서 익숙한 소재인 숙제와 소개하기 곤란한 대상인 할아버지가 결합한 '할아버지 숙제'는 문제적 상황을 야기한다.

이러한 문제적 상황은 '회상'과 '숙제'라는 이질적인 담론의 결합을 통해서 전개된다. 할아버지들에 대한 정보는 할머니와 엄마의 회상을 통해 일차적으로 진술된다. 지난 일을 돌아보는 회상의 담론에는 진술 주체가 대상에게 부여한 관점 혹은 질서가 나타난다. 따라서 이러한 담론에는 할머니와 엄마가 자신의 남편과 아버지에 대해 갖고 있던 평가나 정서가 내포되어 있다. 그러나 이러한 회상 담론은 숙제라는 새로운 장르의 담론으로 옮겨지는 과정에서 그 내용이 수정된다. 가족 단위에서 이루어진 회상의 진술과 달리 숙제는 교사나 학급 구성원들에게 공개될 가능성이 높기 때문에 할머니와 엄마의 도움으로 작성된 숙제에는 할아버지들의 부끄러운 모습이 생략되고, 그 결과 진실은 아니지만 거짓도 아닌 내용들이 기록된다. 이 작품은 어린 아이의 삶에서 부딪치는 진지한 문제들을 이처럼 익숙한 소재들을 통해 유머와

....

5 〈할아버지 숙제〉의 아이러니에 대한 자세한 분석은 소미옥(2015), 「유은실 동화의 양가성 연구」, 춘천교육대학교 석사학위논문, pp. 50-53.

아이러니로 풀어낸다.[6]

다만 할아버지의 부끄러운 모습을 재현하는 과정에서 '술', '담배', '노름', '처먹다' 등의 단어가 제시되어 교육적인 영향에 대해 고려해야 했다. 이 작품은 '평범하다 못해 부끄럽기까지 한 할아버지들의 삶을 주인공 경수를 비롯한 가족들이 어떻게 받아들이는가, 그리고 그것을 어떻게 숙제로 작성할 것인가'라는 문제에 대한 인물의 고민이 서사의 중심을 이루기 때문에 인물의 부정적 면모를 핍진하게 드러내는 것 역시 중요하다. 따라서 비교육적인 소재나 비속어의 선택이 교육 현장에서 무조건 배제되거나 순화되기 이전에[7] 그것이 서사가 제기하는 윤리적인 질문을 위해 인물이 갖추어야 할 자질로서 필수적인 요소인지 그리고 그것이 적절히 서술되고 있는지 검토되어야 한다. 특히 그러한 윤리적인 질문들이 수업에서 반드시 논의되어야 하는 것이라면 더욱 중요하다.

이 작품에서 비속어는 경수의 할머니가 경수 할아버지를 회상하는 장면에서 등장하는데 그 장면에 이어 경수의 아버지가 항의하는 모습이 함께 제시된다. 비속어뿐 아니라 그에 대한 비판적인 관점도 함께 보여주는 것이다.

> "정말이지. 그게 언제더라? 응, 그러니까 네 아비 고등학교 다닐 때야. 교통경찰이 데리고 왔는데, 아이고…… 술 ⊙ 처먹고 난리를 쳐 가지고

....

6 김민령(2009), 「사소하고도 중요한 이야기들」, 《창비어린이》24, p. 238.

7 초등 국어 교과서 문학 단원에 수록된 서사 작품들을 원작과 비교한 연구에 따르면 교과서에서 교육적 목적의 개선을 위해 비속어 삭제가 이루어지고 있다. 가령 『아기 돼지 삼 형제』에서 "그 망할 지푸라기 집이", "꺼져 버려, 이 늑대야."의 "망할"과 "꺼져 버려"가 교과서에서는 삭제되었다. 이 연구에서는 이러한 비속어 삭제에 대해 국어 교과서의 교육적 가치에 비추어 존중할 만하다고 보면서도 해당 비속어가 원작의 의미 생성에 있어 중요한 기능을 하고 있다는 점 또한 지적하고 있다(박치범 (2016), 「초등학교 국어 교과서의 서사 작품 수용 방식에 관한 비판적 고찰」, 《한국초등국어교육》60, 한국초등국어교육학회, pp. 72-73).

꿰매기도 힘들었어."

"어머니! 왜 그러세요?"

아빠가 갑자기 소리를 질렀다.

"내가 어쨌다고 그래?"

할머니도 소리를 질렀다. 그 바람에 할머니 입 속에 든 게 내 얼굴로 튀었다.

ⓒ"말을 해도 왜 처먹었다 그러세요!"

(중략)

ⓒ"어머니, 경수한테 좀 숨기면 안 돼요? 주정뱅이 손자라는 걸 꼭 가르쳐 줘야 해요?"

엄마가 말리는데도 아빠는 계속했다.

(밑줄은 필자)[8]

처음 할머니가 사용한 ㉠ '처먹고'라는 비속어는 돌아가신 할아버지에 대한 할머니의 부정적 평가를 드러낸다. 그러한 비속어 사용에 대한 아빠의 문제 제기(ⓒ)는 할머니의 서술에 대한 부정적 평가를 드러낸다. ⓒ에 제시된 아빠의 대사는 경수의 아빠가 할머니의 비속어 사용을 비판하는 근본적인 이유가 자신의 아버지에 대한 부끄러움과 그것을 자식인 경수에게는 알리고 싶지 않은 마음 때문임을 짐작케 한다. 이처럼 텍스트의 초점은 자랑스럽지 못한 인물을 자극적으로 제시하는 데에 있는 것이 아니라 그러한 인물에 대한 다른 인물들의 태도에 있다.[9]

필자는 이러한 서사 내적 장치를 감안하여 이 작품을 수업 대상 텍스트로 선정하였으며 수업 과정에서 이와 같은 표현들에 대해 아동이 어떻게 반

8　유은실(2008), 〈할아버지 숙제〉, 《밀정한 이유정》, 푸른숲주니어, pp. 16-18.

9　'담배', '노름'에 대한 서술 역시 다른 등장인물의 평가적 태도와 결합하여 이루어진다.

응하는지를 함께 살피기로 계획하였다.[10] 문학수업에서는 텍스트에 대한 해석뿐 아니라 평가도 이루어질 수 있으며 서술 층위에서 나타나는 위와 같은 다성성으로 아동의 비판적인 독서가 가능할 수 있기 때문이다.[11]

(4) 해당 텍스트에 대한 분석과 수업의 초점

수업 대상 텍스트를 선정한 후에는 읽기 전-중-후 활동 과정에서 어떤 질문을 하고 토의의 초점을 어디에 둘지 결정하기 위해 텍스트를 분석했다. 이는 수업 실행에 있어서 가장 실질적인 내용이자 책 읽어주기를 실천하고자 하는 많은 교사들이 가장 막연하게 느끼는 지점이다. 따라서 문학작품을 대상으로 실시한 수업 사례나 아동의 반응, 교사의 발문 등이 자세히 제시된 실천 사례집과 연구 논문들을 검토하였다. 그 결과 본 연구에서는 김상욱이 예시한 〈할아버지 숙제〉 관련 질문들을 참고하여 다음과 같은 질문 목록을 준비하였다.[12] 아울러 읽기 후 활동에서는 질문 대신 문학토의를 포함시켰다.

> • 읽기 전 질문
> ① 제목이 '할아버지 숙제'네요. 할아버지하면 떠오르는 게 있나요? 할아버지 숙제는 무엇일까요?

---

10 독서일지의 분석 결과 아동은 이러한 비속어 사용이나 담배, 도박 등의 소재가 등장하는 것에 대해 부정적인 반응을 나타내는 경우가 많았다. 한편 할머니의 비속어 사용이 실감난다는 반응도 소수 있었다.

11 우신영(2010), 「가치탐구활동으로서의 소설교육」, 《새국어교육》 86, 한국국어교육학회, p. 235.

12 김상욱(2016), 「문학 제재의 적합성과 문학교육의 방향」, 《우리말교육현장연구》 18, 우리말현장학회, pp. 26-27에 제시된 질문을 토대로 필자가 다소 수정하였다.

• 읽기 중 질문

12쪽 10-11행 "가슴이 두근거리기 시작했다."

② 왜 가슴이 두근거렸을까요?

14쪽 4행 "그러니까 가슴이 또 두근거렸다."

③ 이번에는 또 왜 가슴이 두근거렸을까요? 아까 가슴이 두근거린 것과 비교해 봅시다.

20쪽 6-7행 "그냥 잠이 들어서 숙제를 못 해 가는 게 나을 것 같았다."

④ 경수는 숙제를 해 갔을까요? 못 해 갔을까요?

20쪽 11-12행 "그러다 갑자기 중요한 게 떠올랐다."

⑤ 갑자기 떠오른 중요한 것은 무엇일까요?

25쪽 4-5행 "이렇게 숙제를 하면 어떨까?" "어떻게?"

⑥ 엄마는 어떻게 숙제를 하려고 하는 걸까요?

30쪽 15행 "나는 이제 할아버지 숙제 하는 법을 알았다."

⑦ 숙제하는 방법은 무엇을 어떻게 하는 것일까요? 나는 그 방법이 마음에 드나요?

34쪽 6행 "나는 명규가 걱정됐다. 그 대신 내 걱정이 작아졌다."

⑧ 내 걱정이 작아진 이유는 뭘까요?

• 읽기 후 활동 (독서일지를 작성한 후 진행)
각 모둠별로 토의 주제를 정해서 발표하고 다수결로 우선순위를 정하여 토의를 해봅시다.

각각의 질문들은 그 목적에 따라 분류된다. ①번 항목은 텍스트와 관련된 배경지식과 경험을 활성화하고 텍스트에 대한 기대지평을 형성하기 위한 것이다. ②번, ③번, ⑧번 항목은 아동이 텍스트의 내용을 잘 이해하고 있는지 점검하며 그러한 이해를 토대로 인물의 심리에 대한 근거를 추론케 하는 것이다. 특히 ②번과 ③번 항목은 똑같은 두근거림이지만 할아버지에 대한 불안과 기대라는 상반된 두 예상을 대비시킨다는 점에서 텍스트의 미학적 특성과 의미를 관련짓는 질문이다. ④번, ⑤번, ⑥번 항목과 같이 이어질 내용을 예측하는 질문들은 일차적으로는 서사에 대한 아동의 흥미를 유지하는 데에 목적이 있다. 이야기가 어떻게 전개될 것인가에 대한 불확실성, 즉 '서스펜스(suspense)'를 통해 서사적 긴장을 유지함으로써[13] 아동이 서사의 주요한 분기점을 인식하고 전체 흐름을 포착하도록 돕는 것이다. 나아가 이러한 질문에 대한 대답을 통해 아동이 지금까지 텍스트를 어떠한 관점에서 해석해왔는지 점검해볼 수 있다. 이러한 목적의 예측하기를 감안하여 책 읽어주기가 끝나기 전까지 인쇄된 형태의 텍스트는 아동에게 보여주지 않았다. 마지막으로 ⑦번 항목은 두 가지 질문이 연결되어 있는데, 첫째는 텍스트의 내용을 잘 이해하고 있는지 점검하는 것이며 이는 ⑥번 질문의 내용과 동일하다. 따라서 아동은 두 차례 이어지는 ⑥번과 ⑦번의 질문을 통해서 "할아버지 숙제"란 할아버지의 부끄러운 모습을 다른 사람들에게 말해도 될 만큼의 무난한 내용으로 바꾸는 것임을 거듭 인식하게 된다. 그 후 연결되는 두 번째 질문은 그러한 숙제 방식에 대한 아동의 윤리적 판단을 요구하는 것이다. 이는 작품 속 인물의 행위를 나의 생각과 연결 짓는 기회를 통해 인물이 처한 복잡하고 불가피한 상황에 대해 숙고하고 텍스트의 중심 생각에 초점을 맞추기 위한 것이다.

벡(Beck)과 맥퀸(McKeown)에 따르면 책 읽어주기 전략 중에서 '이야기

---

13   H. P. Abbott(2008), *The Cambridge Introduction to Narrative Inquiry*, 우찬제 외 옮김 (2010), 『서사학 강의』, 문학과지성사, p. 453.

의 중심 생각(major story ideas)'에 초점을 유지하는 것은 매우 중요하다.[14] '이 야기의 중심 생각'이란 우리가 흔히 주제(theme)라고 일컫는 것과 유사하다. 주제는 텍스트나 텍스트의 일부가 문제로 삼고 있는 더욱 보편적이고 추상적 인 관념, 사상 등과 관련이 있다.[15] 이때 주제는 이야기 자체에 숨겨진 것이라 기보다는 독자에 의해 해석된 결과로 제출되는 것이므로 다양한 양상으로 나 타날 수 있다.[16] 필자는 이 작품의 주제는 독자들에게 "경수 어머니가 가르쳐준 대로 할아버지 숙제를 하는 방식이 옳은가?", "독자들은 그것에 대해 어떻게 생각하는가?(나라면 어떻게 숙제를 할 것인가?)"와 같은 질문에 답을 함으로써 구 성되는 것이라 보았다. 비록 이야기의 층위에서는 경수가 할아버지의 단점을 뺀 무난한 내용으로 숙제를 해결한 후 안심하는 모습을 보여주지만, 서술자가 아이러니를 통해 다소 희화화된 상황에서 인물들을 제시하기 때문에 독자들이 서사를 수용하는 맥락에서 결말에 대해 어떤 평가를 할 것인지는 별개의 문제 이기 때문이다. 따라서 이 작품의 중심 생각은 "할아버지 숙제는 이렇게 해야 한다"라는 주장이 아니라 "할아버지 숙제를 어떻게 해야 하는가?"라는 질문으 로 보는 것이 적합하다. 이러한 관점에서 '이야기의 중심 생각'과 관련된 ⑦번 질문에 대해서는 아동의 반응이 최대한 소통의 맥락에서 발화되도록 계획 단 계에서부터 유념하였다.

....

14 I. L. Beck & M. G. McKeown(2001), Text talk: Capturing the benefits of read-aloud ex-periences for young children, *The reading teacher*, 55(1), p. 11.

15 G. Prince(1987), *A Dictionary of Narratology*, 이기우·김용재 옮김(1992), 『서사론 사전』, 민지사, p. 266.

16 한용환(1999), 『소설학 사전』, 문예출판사, p. 411. 실제로 이 수업의 결과로 아동이 구성한 주제는 할아버지의 슬픈 인생을 알려준다, 할아버지에 대해 생각해야 한다, 할아버지에 대해 알아봐요, 할아버지를 자랑스럽게 여기자, (할아버지 숙제를) 사실대로 할 것인가 감출 것인가, 거짓말을 하지 말자, 할아버지에게 관심을 주자, 부끄러운 사실을 바꿔라, 안 좋은 사실은 감추는 것이 좋은가, 할아버지 숙제를 어떻게 하느냐 등으로 다양했다.

(5) 관련 성취기준의 수립

앞서 언급한 호프만과 그의 동료들은 책 읽어주기의 성공적인 실천을 위해 가장 중요하고 결정적인 과제는 조심스럽게 선택되고, 단원 구조에 맞게 조직된 아동문학에 교사들이 쉽게 접근할 수 있게 하는 것이라 보았다.[17] 이처럼 텍스트를 선정하는 것뿐 아니라 관련된 성취기준에 맞게 세부적인 질문과 활동을 구성하는 것이야말로 문학수업의 준비 단계에서 핵심을 차지한다. 필자가 수업의 초점으로 판단한 서사의 윤리적 측면과 그것을 독자 자신의 삶에 연결 짓는 활동은 2015 국어과 교육과정 5-6학년군 문학영역의 성취기준 가운데 '[6국05-06] 작품에서 얻은 깨달음을 바탕으로 하여 바람직한 삶의 가치를 내면화하는 태도를 지닌다.'[18]와 관련이 있다.

(6) 기타 사항에 대한 점검

책 읽어주기 이후에 이루어질 문학토의는 대집단 토의를 기본으로 하되 필요한 경우 모둠 토의를 실시하기로 계획하였다. 대집단 토의는 실제로 많은 교사들이 책 읽어주기에 대한 학생들의 반응을 격려하기 위해 선택한 활동이었다. 책 읽어주기에 이어지는 학급 전체 토의는 교사의 지도 아래 개방된 사고의 교환을 통해 다양한 이점을 얻을 수 있다는 점에서, 문학에 대한 학생의 반응을 격려하는 데에 매우 효과적인 수단이 될 수 있다.[19] 물론 소집단 토의가 아동에게 더 많은 발언 기회를 제공하여 더 많은 참여를 끌어낼 수 있다. 그러나 교사가 모든 소집단 토의를 동시에 참관할 수 없으며 소집단 토의의 내용이 학급 전체에 항상 공유되기도 어렵다. 반면 대집단 토의는 참여의 폭이

----

17 J. V. Hoffman, N. L. Roser & J. Battle(1993), 앞의 글, p. 502.
18 교육부(2015), 《2015 국어과 교육과정》(교육부 고시 제2015-74호), p. 38.
19 M. Ariail & L. K. Albright(2005), 앞의 글, p. 82.

확장되는 만큼 제출되는 사고와 반응의 폭과 깊이도 확장될 수 있다. 또한 교사를 중심으로 이루어지는 대집단 토의 과정이 그 자체로 소집단 토의를 위한 준비 과정으로도 기능할 수 있다.[20] 따라서 이 연구에서는 학급 전체를 대상으로 책 읽어주기와 문학토의를 진행하되 토의 주제를 정하거나 세부적인 반응의 교환이 필요한 경우에는 4인 1조로 구성된 모둠 활동을 하기로 계획하였다.

이 외에도 필자는 책 읽어주기와 문학토의의 연계를 통한 문학수업이 텍스트 이해에 미치는 영향을 살펴보기 위해 간단한 평가지를 작성하였다. 이러한 준비가 끝난 후 앞서 작성한 질문들을 〈할아버지 숙제〉의 본문에 메모해 두고 실제로 책 읽어주기를 시연하면서 예상 소요 시간 등을 점검하였다.[21]

2) 수업의 실행

(1) 수업의 개관

본 수업은 2차시 연속 수업으로 총 80분에 걸쳐 진행되었다. 앞서 제시

----

20 M. A. O'Donnell(2001), *"It's all in the preparation": An interpretive look at how one teacher prepares her students for participation in literature discussion groups*, (Doctoral dissertation, University of Pennsylvania), pp. 35-39.

21 Ariail과 Albright는 상호작용적인 책 읽어주기의 핵심적인 구성 요소를 도출하기 위해 책 읽어주기의 전문가로 평가된 교사 집단의 수업을 관찰하였다. 그 결과 전문가 교사들은 ①아동에게 적합한 텍스트 선정하기, ②텍스트를 미리 읽고 검토하기, ③책 읽어주기의 명백한 목표 수립하기, ④유창한 구어 읽기의 모범을 보여주기, ⑤생기 있고 표현력 있게 낭독하기, ⑥읽어주는 동안 텍스트의 특정 주제에 초점을 맞추는 사려 깊은 질문과 토의하기, ⑦책 읽어주기를 독립적인 읽기 및 쓰기와 연결하여 실시하기 등의 7가지 특징을 공유했다. 흥미로운 부분은 이러한 결과를 일반적인 교사 집단이 수행한 책 읽어주기의 특성과 비교한 점이다. 그들은 ①, ⑤, ⑥번 항목에서 매우 일치하였으나 일반 교사들의 경우 특히 '②텍스트를 미리 읽고 검토하기'가 미비하여 결과적으로 '④유창한 구어 읽기의 모범을 보여주기'에도 이르지 못하며 ⑦번처럼 다른 문해력 활동에 연결시키지 않았음을 보고하였다. 실제로 수업에서 교사가 대상 텍스트의 내용과 특징을 숙지하는 것은 무척 중요하므로 이를 위해 반복적인 미리 읽기와 준비가 요구된다(M. Ariail & K. Albright(2005) 앞의 글, pp. 10-15).

한 바와 같이 필자는 담임을 맡고 있는 학급 구성원 총 26명(남 15명, 여 11명)을 대상으로 문학토의 동아리를 조직하였다. 그리고 한 학기 동안 국어 교과 시간과 동아리 활동 시간을 재구성하여 정기적인 책 읽어주기와 문학토의를 실시할 수 있도록 계획하였다. 그러한 전체 계획 가운데 본 수업은 첫 번째로 이루어진 수업이다. 본 수업 당시 대상 아동 대부분은 이러한 형식의 수업에 참여한 경험이 없었다.

해당 수업은 본 연구를 목적으로 실행되었기 때문에 책 읽어주기와 문학토의 이외에도 아동의 반응을 수집하기 위한 독서일지 작성과 사후 평가가 수반되었다. 평가지는 텍스트에 대한 전반적인 이해도를 가늠하고 수업 시간에 소통되지 않은 반응들을 추적하기 위해 작성되었다. 수업에 참여한 모든 아동들이 70% 이상의 성취를 하였으므로 별도의 통계 처리를 하지 않았고 서술형 문항에서 보고된 아동의 반응들을 분석 과정에서 참조하였다.

수업은 읽기 전-중-후 활동의 세 단계로 구분된다. 이 가운데 '읽기 전' 단계에서는 제목을 매개로 작품에 대한 아동의 기대지평을 공유하였다. 본격적인 책 읽어주기에 해당하는 '읽기 중' 단계에서는 필자가 본문을 읽어주다가 미리 준비된 질문을 던질 지점에서 잠시 읽기를 멈추고 아동과 대화를 나누었다. '읽기 중' 단계에서는 이처럼 잠시 읽기를 멈추고 대화를 나누면서 텍스트에 대한 각자의 이해를 공유하거나 특정한 부분에 대한 반응에 초점을 형성한다. 단, 그러한 이해와 초점화된 반응은 텍스트의 내용을 수용하는 단계에서 발생하는 잠정적인 것이므로 특정 해석이나 반응에 다른 아동들이 영향을 받지 않도록 유의하였다. 산발적인 아동의 의견들이 발화를 통해 공유되도록 하고 그 가운데 의미가 명확하지 않거나 해석의 근거가 부족한 경우에는 추가적인 질문을 하되 필자가 선호하는 해석이나 반응이 두드러지지 않도록 중립적이고 개방적인 태도를 취하였다. 이러한 과정을 거쳐 앞서 제시한 질문들과 아동이 선정한 토의 화제들이 표 3-1과 같이 제시되었다.

표 3-1. 수업의 각 단계별 질문과 토의 화제

수업의 단계	질문 및 토의 화제
읽기 전	① 제목이 '할아버지 숙제'네요. 할아버지하면 떠오르는 게 있나요? 할아버지 숙제는 무엇일까요?
읽기 중	② 왜 가슴이 두근거렸을까요?
	③ 이번에는 또 왜 가슴이 두근거렸을까요? 아까 가슴이 두근거린 것과 비교해 봅시다.
	④ 경수는 숙제를 해 갔을까요? 못 해 갔을까요?
	⑤ 갑자기 떠오른 중요한 것은 무엇일까요?
	⑥ 엄마는 어떻게 숙제를 하려고 하는 걸까요?
	⑦ 숙제하는 방법은 무엇을 어떻게 하는 것일까요? 나는 그 방법이 마음에 드나요?
	⑧ 내 걱정이 작아진 이유는 뭘까요?
읽기 후(대화)	⑨ 할아버지 숙제는 옳은가?
읽기 후(토의)	⑩ 작가가 이 책을 지은 이유는? ⑪ 할아버지의 장점만 골라 쓴 것이 옳은가? (⑨과 유사함)

한 가지 특기할만한 점은 표 3-1에 '읽기 후(대화)'라고 표시된 부분이 예정에 없이 포함되었다는 점이다. 이러한 대화는 문학토의를 시작하기 전 토의 화제 수립에 대해 설명하는 과정에서 우연히 이루어졌다. 40분 단위로 이루어지는 초등학교 수업의 특성상 책 읽어주기 후 10분간의 쉬는 시간이 주어졌다. 그때 한 아동(세훈)이 필자가 독서일지에 기록하도록 지시한 몇 가지 항목 가운데 '이야기의 주제'가 무엇인지 질문하였다. 쉬는 시간이 끝나고 문학토의 화제 수립을 위한 안내 과정에서 '이야기의 주제'에 대해 언급하던 중 세훈이가 생각한 이 작품의 주제를 예로 들게 되었다.

교사　이 이야기의 주제가 뭔지 잘 모르겠다고 세훈이가 그랬었거든? 세훈인 주제를 뭐라고 정했어요? 선생님이 (주제에 대해) 얘기를 해 줬더니 이렇게 정했어. (세훈의 독서일지를 보며) "할아버지 숙제를 고쳐서 쓰는 것은 옳지 않다고 생각한다" 어때? 비슷한 생

표 3-2. 아동이 모둠별로 제안한 토의 화제 및 투표 결과

모둠별 토의 화제	1차 득표수	2차 득표수
① 이 책에서 인상적인 부분은?	1	
② 이 책에서 좋은 표현과 좋지 않은 표현은?	2	
③ 할아버지가 노름꾼이라고 발표할 경우 우리 반 친구들의 반응은?	3	
④ 지은이가 이 책을 지은 이유는?	8*(1위)	19*(1위)
⑤ 이 책에서 고쳐야 할 점은?	4	
⑥ 할아버지의 장점만 골라 쓴 점이 옳은가?	8*(1위)	7*(2위)

각인 사람? 세훈이랑 비슷하게 생각하는 사람?[22]

이러한 질문을 계기로 본격적인 문학토의에 앞서 "할아버지 숙제는 옳은가?"라는 화제에 대한 대화를 나누게 되었으며 그 내용은 '읽기 후(대화)'로 구분하여 표기하였다. 토의 화제는 '읽기 후(대화)'가 끝난 뒤 모둠별로 토의하고 싶은 화제를 한 가지씩 선정한 후 전체 투표를 통해 이 화제들의 우선순위를 정하는 방식으로 결정하였다(표 3-2 참조). 다만 시간 관계상 각 모둠에서 제시한 여섯 개의 화제를 모두 다루지는 못 하고 두 가지 화제에 대해서만 토의하였다.

모둠별 토의 화제 가운데 ②번과 ⑤번 항목은 앞서 언급한 비속어 등에 대해 아동 또한 문제적으로 인식하였음을 반영하는 것으로 보인다. ③번 항목과 ⑥번 항목은 필자가 수업의 초점으로 상정했던 윤리적 질문과 관련이 있다. ⑥번 항목은 필자가 책 읽어주기를 진행하는 동안 할아버지 숙제를 하

<hr />

22 전사된 내용만으로는 알 수 없는 상황 맥락 가운데 이해를 돕기 위해 필요하다고 판단되는 부분을 괄호 속에 넣어 덧붙였음을 밝힌다. 이후에도 필요한 경우 위와 같은 방법으로 문맥을 보충하고자 한다.

는 방식에 대해 초점을 형성한 이후 읽기 후(대화) 단계에서도 이미 질문한 바 있는 내용이다. 따라서 이러한 질문이 토의 화제로 제출된 것은 비교적 자연스러워 보인다. 흥미로운 것은 ③번 항목이다. 이것은 아동들이 텍스트의 상황을 우리 반이라는 현실 맥락으로 옮겨와 실제로 부끄러운 할아버지의 모습을 숨김없이 발표할 경우 주위의 반응이 어떠할지 궁금해 하고 있음을 나타내기 때문이다. 이는 어떠한 행위의 가능성과 그 결과를 추적하는 '윤리적 민감성'의 발로라고도 볼 수 있다.[23] 마지막으로 ④번 항목은 작가의 창작 맥락에 대한 관심을 드러내고 있다.

(2) 수업 분석의 관점

이 연구는 문학텍스트와 학습주체인 아동 간의 활발한 상호작용이 문학교육의 핵심이라는 관점에서 책 읽어주기와 문학토의를 연계하는 수업을 실행하고 그 효과를 검토하기 위한 것이다. 따라서 수업 분석의 초점은 책 읽어주기와 문학토의의 연계가 어떤 효과와 의의를 지니는지 규명하는 것에 있다. 구체적으로는 책 읽어주기 과정에서의 질문과 논의가 문학토의에 유의미한 영향을 미쳤는지의 여부와 그 양상, 책 읽어주기와 문학토의의 연계가 지닌 장점 등을 살펴야 할 것이다.

이 수업에서 필자가 미리 준비하고 방향을 설정한 요소들은 주로 책 읽어주기 과정에 집중되어 있다. 책 읽어주기 과정에서 아동의 반응을 활성화하고 텍스트에 대한 이해와 초점을 분명히 하는 것이 이후 이어질 문학토의에도 많은 영향을 미칠 것이라 판단하였기 때문이다. 이를 위해 필자는 전술한 바와 같이 다양한 질문들을 통해 아동의 텍스트 수용 과정을 중재하였다.

---

23 정진석(2014), 『소설의 윤리와 소설 교육』, 사회평론아카데미, p. 102.

그 결과 읽기 중 질문과 읽기 후(대화) 과정에서 초점화된 '할아버지 숙제의 방법과 그에 대한 독자의 평가'는 아동이 선정한 문학토의의 주요 화제에 포함되어 논의가 심화되었다. 문학작품의 미학적, 인식적, 윤리적 측면 가운데 윤리적 가치에 대한 탐구가 책 읽어주기와 문학토의를 통해 일관되게 이루어진 것이다. 2차시에 걸친 탐구의 과정에서 아동이 인물의 행위에 대한 자신의 평가를 확장 및 수정하거나 더욱 공고히 하는 현상이 포착되었다. 이러한 변화는 책 읽어주기와 문학토의의 연계 속에서 텍스트에 대한 심층적인 탐구가 이루어졌기 때문에 가능한 것이라 볼 수 있다. 따라서 이 수업에 대한 성찰 단계에서는 텍스트의 윤리적 가치 탐구에 있어서 유의미한 변화를 보이는 초점 아동들을 중심으로 책 읽어주기와 문학토의의 연계를 통한 문학수업의 효과와 의의를 살펴보고자 한다.

3) 수업의 성찰

책 읽어주기를 위해 준비한 질문들로 수업을 진행하는 동안 모든 아동들의 반응을 파악할 수는 없었다. 학급 전체를 대상으로 수업을 진행하는 경우 주로 수업에 적극적으로 참여하는 아동들의 반응만이 구어 발화를 통해 수업의 표층에서 소통되기 때문이다. 이것은 대집단 수업의 한계이기도 하지만 한편으로는 그러한 아동의 반응이 초점화되어 그 양상을 살피기 용이하다는 유용성도 있다. 이 수업에서도 문학수업에 흥미를 가지고 자신의 의견을 적극적으로 발표하거나 쉬는 시간에 질문을 하는 몇몇 아동들이 있었으며 수업을 진행하는 과정에서 그러한 아동의 변화 양상에 자연스럽게 초점이 형성되었다.

특히 현빈은 책 읽어주기와 문학토의의 과정을 거치면서 주인공이 할아버지 숙제를 하는 방식에 대해 양가적인 가치 모두를 수용하는 독특한 양상

표 3-3. 수업의 초점과 관련된 각 단계별 질문 및 화제에 대한 아동의 반응(현빈)

수업 단계	질문 및 화제	아동의 반응
읽기 중	④ 경수는 할아버지 숙제를 해 갔을까요?	해 갔다. 솔직하게 말했을 것이다.
	⑥ 엄마는 숙제를 어떻게 하려는 걸까요?	증조 할아버지(의 이야기를 쓴다.)
	⑦ 할아버지 숙제는 어떻게 하는 것인가?/나는 그 방법이 마음에 드나?	(할아버지의) 장점, (할아버지가) 좋아하는 것, 특징만 쓴다./응답하지 않음.
읽기 후(대화)	⑨ 할아버지 숙제는 옳은가?	옳지 않다. 솔직해야 한다. → 옳다. 창피하기 때문이다.
읽기 후(토의)	⑪ 할아버지의 장점만 쓰는 게 옳은가?	좋다. (솔직하게 쓰면) 놀림을 받기 때문이다.

*( ) 부분은 이해를 돕기 위해 필자가 추론하여 완성한 것임.

을 보였다. 수업이 끝난 후 아동의 독서일지 등을 종합한 결과 현빈처럼 생각의 변화가 이루어진 아동들이 추가로 발견되었다. 그들은 모두 필자가 초점화한 '할아버지 숙제의 방법과 그에 대한 독자의 평가'와 관련해 유의미한 변화를 나타냈다. 따라서 전체 수업의 흐름 가운데 그러한 초점과 관련된 질문들에 대한 해당 아동의 반응을 토대로 몇 가지 양상을 기술하고자 한다.

(1) 현빈의 경우: 규범적 가치에서 윤리적 가치 탐구로의 이행

현빈은 첫 번째 추론 질문인 "④ 경수는 할아버지 숙제를 해 갔을까요?"에 대해 솔직하게 말했을 것이라고 반응하였다. 그리고 읽기 후(대화)에서도 처음에는 유사한 반응을 제시하였다.

교사　이 이야기의 주제가 뭔지 잘 모르겠다고 세훈이가 그랬었거든? 세훈인 주제를 뭐라고 정했어요? 선생님이 (주제에 대해) 얘기를 해 줬더니 이렇게 정했어. (세훈의 독서일지를 보며) "할아버지 숙제를 고쳐서 쓰는 것은 옳지 않다고 생각한다." 어때? 비슷한 생각인 사람? 세훈이랑 비슷하게 생각하는 사람?

현빈　솔직하게 말해야죠.

교사 솔직하게 말해야 된다. 옳지 않다. 그러면 현빈이라면 솔직하게 썼을 것이다?

현빈 네.

교사 그래, 그다음에. 발표하려고 손들었던 거 아니야? 그다음에 또? 음……. 할아버지 숙제를 지금 얘가 어떤 식으로 했죠?

아이들 어, 좋은 점, 장점만 골라서.

교사 장점만 골라서 썼어. 그다음에 노래를 잘 불렀다라고 썼는데 그게 완전히 장점이었나?

아이들 아니오.

교사 그건 아니었죠. 근데 어떻게 그냥 썼죠? 그럼 얘가 거짓말을 한 거예요?

아이들 아니오./네.

교사 <u>(거짓말을 했다고 대답한 아동들에게) 거짓말을 했어요? 왜요?</u>

현빈 <u>그, 할아버지 골목길에서 노래를 불렀다 하는데 그거를 빼라 했잖아요.</u>

교사 아 있는 그대로 다 쓴 게 아니니까 거짓말이다. 또 세훈이.

세훈 어…….

아이들 (침묵)

교사 그다음에 또, 얘들아, 이런 거야. 어떤 이야기에는, 너희들 살다 보면 어떤 문제가 생기지 않니?

아이들 네.

교사 문제가 생기죠? 우리는 인간이니까 살다 보면 문제가 생겨요. 근데 문제를 해결하는 여러 가지 방식들이 있잖아. 근데 지금 여기에서 어떤 문제가 생긴 거지?

채은 *할아버지 숙제를 해야 되는데 너무 할아버지가 너무 안 좋아,*

나쁜 행동을 많이 해가지고.

교사	그렇지. 숙제를 하기에는 좀 곤란한 점이 많은 할아버지들이라서 문제가 생긴 거예요. 그래서 갈등이……. 어떻게 했을까? 우리가 아까 짐작했었잖아. 숙제를 못 할 것이다. 아니면 거짓말을 할 것이다, 아니면?
현빈	솔직하게, 정직하게.
교사	어, 그냥 정직하게, 부끄럽지만 할 것이다 뭐 이런 얘기를 했죠.
미애	장점만 골라서.
교사	장점만 골라서 쓴다. 어, 여러 가지가 있었죠. 그럼 여러 가지 문제를 해결하는 방법들 중에 얘가 선택한 방법은 정확하게 말하면 어떤 거였지?
아이들	장점만. 특징만.
교사	장점만 골라서 쓴다, 특징만 쓴다, 아니면 아까 현빈이가 얘기한 것처럼 있는 그대로를 다 쓰지는 않고 뭔가?(현빈에게 대답을 유도하며)
현빈	쫌 요약, 아니, 그쪽에서 좀 좋은 부분만…….
교사	좋은 부분만 이렇게…… 어떻게 쓴다고 하죠?
정호	골라서.
교사	골라서 쓴다. 다듬어서 썼죠, 그쵸? 그럼 얘가 문제를 해결한 방식에 대해서, 이건 누구의 아이디어였죠? 맨 처음에?
아이들	어머니./엄마.
교사	어머니의 아이디어였죠? 얘도 동의를 했고. 그럼 **이 방법에 대해서 여러분들은 어떻게 생각해요?**
도희	좋다고 생각해요.
현빈	옳지 않습니다. 왜냐하면 솔직하게 안 말했기 때문입니다.

교사   <u>그럼 현빈이라면 이런 상황에서 우리 반 친구들한테 할아버지</u>
       <u>에 대해서 있는 그대로 써서 발표를 할 것이다?</u>

현빈   네

(밑줄, 강조, 기울임체는 필자)

이 인용문에서 굵게 강조된 밑줄 부분에서와 같이 현빈은 정직이라는 규범적 가치를 강조하면서 '솔직하지 않은 것은 옳지 않다'라는 관점에서 인물의 행동을 거듭 평가하였다. 현빈의 반응 사이에 채은의 의견(강조, 기울임체 부분)처럼 할아버지 숙제를 정직하게 할 수 없는 이유가 제시되고 있다. 이러한 발언들에도 불구하고 현빈은 '솔직해야 한다'거나 '거짓말은 나쁘다'라는 관점을 고수한다. 이러한 현빈의 윤리적 가치 평가에는 "사회가 나를 공동체의 구성원으로 호명하면서 강제하는 습속"에 가까운 도덕규범이 작동하고 있다.[24]

그러나 표 3-3에서 보듯 읽기 후(토의) 과정에서 현빈은 솔직하게 쓸 경우 놀림을 받을 수 있기 때문에 할아버지의 장점만 쓰는 것이 옳다는, 지금까지 보여준 입장과는 상반된 견해를 최종적으로 제출하고 있다. 이러한 변화로의 이행은 이 인용문에서 곧바로 이어지는 다음 대화에서 포착된다. 이 대화 장면에서 현빈은 솔직하게 쓰는 것과 장점만 골라 쓰는 것이 모두 옳다는 양가적 입장을 표명한다.

교사   그다음에?

정호   살짝 야비하다.

---

24   우신영(2010), 앞의 글, p. 233.

교사　야비하다? 살짝 야비하다, 응, 정호는 살짝 야비하다. 어떤 점에서?

정호　진실을 덮고, 진실을 덮고 아, 덮지는 않았는데 좋은 장점만 골라 서 똑똑히 얘기하니까 그 살짝 야비하다는 생각이 들었어요.

교사　응, 뭔가 정당하다는 느낌은 안 드나 봐요. 야비하다는 느낌. 또 다른 의견은 없어요? 다 현빈이나 정호의 의견에 동의해요?

현빈　저요.

교사　현빈이 생각이 또 쫌 달라졌어?

현빈　<u>아, 저 의견이 두 가지가 있는데요, 옳다고 생각해요.</u>

교사　옳다고 생각해? 어떤 점에서?

현빈　<u>**챙피하잖아요.**</u>

교사　챙피하니까. 그럼 챙피한 걸 얘는 지금 어떻게 한 거지?

현빈　어 그 좋은 점만 쏙쏙 골라 썼어요.

교사　쉽게 말하면, 창피한 걸 좀 감춘 거죠? 감춘 거 자체는?

현빈　*거짓말이에요, 나빴어요.*

교사　거짓말이지만 (현빈이가) 또 옳다라고 했잖아. 그런 이유는? 그럼 그건 어떤 점 때문이지?

현빈　<u>어, 만약에 솔직하게 말했을 때 애들이 놀리거나 그러면요, 기분이 나쁘잖아요.</u>

(밑줄, 강조, 기울임체는 필자)

　　현빈은 '솔직하지 못한 것은 옳지 않다'라는 초기 반응을 수정하여 '창피하기 때문에 (솔직하지 않아도) 옳다'라는 반응을 제시하였다. 그리고 자칫 모순되는 것처럼 보이는 이 두 명제에 대해 한 가지를 철회하고 다른 것을 대안으로 제시한 것이 아니라 '자신의 의견이 두 가지'라고 밝히고 있다. "거짓말이에요. 나빴어요."(기울임체, 강조)라는 진술을 보면 현빈은 여전히 '거짓말은 나쁜 것'이라는 도덕규범을 승인하고 있다. 그럼에도 불구하고 창피하기 때문에 정직이라는 도덕규범을 포기하는 것도 옳다고 보는 것이다. 이러한 판단은 사회가 개인에게 부과하는 도덕규범보다 "내가 나에게 스스로 부과하는 자유와 책임에 대한 명령"이자 "가치 있는 삶을 목적으로 하는 기술 또는 실천"이라는 윤리적 가치를 우위에 둔 것으로 보인다.[25] 둘 다 옳다고 생각한다는 진술은 현 단계에서 현빈이 규범적 가치와 윤리적 가치 사이의 갈등을 겪고 있음을 보여준다.

이러한 과정을 거친 후 현빈은 문학토의 단계에서 다음과 같이 장점만 골라 쓰는 것이 더 좋다는 입장을 보인다.

> 교사 아이들의 상상력을 더 일깨울려구? 자 그러면 지금 보니까 요 정
> 도 의견 나왔구요. 그러면 시간이 좀 모자라긴 하는데 할아버지
> 의 장점만 쓰는 게 옳은가 이야기 해보려구 하는데…….
> 현빈 <u>어, 장점만 골라 쓰면 어, 더 좋은 것 같애요.</u>
> 교사 왜요?
> 현빈 <u>장점만 안 골라 쓰면 나쁜 것도 쓰게 되잖아요. 그런데 그러면
> 친구들한테 놀림 받을 수도 있잖아요.</u>
>
> (밑줄, 강조는 필자)

여기서 주목할 부분은 '옳다'가 아니라 '좋다'는 진술이다. 이러한 진술은 현빈이 '거짓말은 옳지 않고 정직함이 옳은 것'이라는 인식을 토대로 하는 초기의 판단에 머무르지 않고 비록 옳지는 않지만 창피함을 느끼지 않아

----

25 우신영(2010), 앞의 글, 같은 면.

서 '좋은' 가치를 선택하는 단계로 이행했음을 의미하기 때문이다. 행복한 삶, 좋은 삶을 지향하는 것은 윤리적 가치의 특성이다. 좋은 삶과 윤리적 가치, 그리고 이에 따른 행동은 언제나 연속성을 유지하는 고정불변한 것이 아니라 잠정적이고 개방적인 것이다.[26] 이러한 개방성은 주체가 윤리적 가치를 추구하는 것 역시 부단한 과정임을 의미한다. 따라서 현빈이 보여준 변화의 의의는 그가 선택한 가치와 덕목 간의 우열이나 위계에 있는 것이 아니라 책 읽어주기와 문학토의의 연계라는 탐구 과정에 적극적으로 참여한 주체의 충실성에 있는 것이다.

〈할아버지 숙제〉의 문제적 상황에서 엄마와 경수, 그리고 할머니가 한 선택과 그에 따른 서사의 진행은 현실의 독자에게 특정한 상황에서 자신의 가치를 재고하도록 추동하는 '잉여적 부가물로서의 사건'이 된다. 이때 잉여적이라는 의미는 그 사건을 '이미 주어진 것'으로는 규정할 수 없음을 의미한다. 현빈은 책 읽어주기와 문학토의의 연계를 통한 문학수업의 과정에서 그러한 사건에 대해 기존의 존재 방식에서 벗어나 새로운 주체로 거듭나는 충실성을 보여준다.[27]

(2) 정철의 경우: 고유한 개인적 가치의 변별

정철은 책 읽어주기의 과정에서는 엄마가 선택한 할아버지 숙제의 방법에 동의한 반면 읽기 후(토의) 과정에서는 그에 대한 비판적 견해를 표명한다. 표 3-4의 ④와 ⑥에 대한 반응으로 미루어볼 때 정철은 경수가 할아버지에 대해 있는 그대로 쓰는 것은 창피한 일이므로 결국 숙제를 하지 못할 것으로

....

26 정진석(2014), 앞의 책, pp. 54-59.
27 A. Badiou(1993), *L'éthique: Essai sur la conscience du mal*, 이종영 옮김(2001), 『윤리학』, 동문선, pp. 54-55.

표 3-4. 수업의 초점과 관련된 각 단계별 질문 및 화제에 대한 아동의 반응(정철)

수업 단계	질문 및 화제	아동의 반응
읽기 중	④ 경수는 할아버지 숙제를 해 갔을까요?	못 한다. 챙피해서.
	⑥ 엄마는 숙제를 어떻게 하려는 걸까요?	못 했다고 말한다.
	⑦ 할아버지 숙제는 어떻게 하는 것인가?/ 나는 그 방법이 마음에 드나?	(할아버지 숙제의 방법은) 응답하지 않음./마음에 든다.
읽기 후(대화)	⑨ 할아버지 숙제는 옳은가?	내가 할아버지를 흉보는 느낌이 든다.
읽기 후(토의)	⑪ 할아버지의 장점만 쓰는 게 옳은가?	안 좋다. (그렇게 쓰는 것은) 자기 할아버지가 아니니까.

*( ) 부분은 이해를 돕기 위해 필자가 추론하여 완성한 것임.

예측하고 있다. 그러므로 정철이 ⑦에서 엄마의 방식에 동의하는 근거는 앞서 현빈이 읽기 후(대화) 단계에서 언급한 창피함, 놀림 받을 것을 두려워하는 마음과도 유사해 보인다. 그러나 읽기 후(토의) 단계에서는 다음과 같이 할아버지 숙제의 방식에 반대하고 있다.

정철 그 저는 단점, 장점만 말하는 게 안 좋다고 생각해요.

교사 왜요?

정철 <u>그 할아버지의 좋은 점을 말했을 때 나쁜 점을 안 말하면 그건 자기 할아버지가 아니니까.</u>

교사 음, 자기 할아버지가 아니니까, 온전히 말하지 않으면. *갑자기 발표의 열기가 뜨거워지네.*

(밑줄, 강조, 기울임체는 필자)

필자에게는 문학토의가 거의 끝나갈 무렵에 제시된 정철의 이러한 반응이 무척 인상적이었다. 구어 담화를 글로 전사했을 때 재현하기 어려운 화자의 어조나 태도 면에서 호소력이 느껴졌기 때문이다. 문학토의의 두 번째 화제였던 ⑪의 "할아버지의 장점만 쓰는 게 옳은가?"에 대해서 여러 아동이 산발적으로 자신의 의견을 발표하던 상황에서 "할아버지의 좋은 점을 말했을 때 나쁜 점을 안 말하면 그건 자기 할아버지가 아니"라는 정철의 의견은 묵직한 울림을 안겨 주었다.[28] 그 상황은 위 인용문에서 필자의 마지막 발화(밑줄, 기울임체)가 의미하는 것처럼 아동의 참여가 고조되던 순간이었으며 정철의 발언으로 더욱 진지한 분위기가 형성되었다.

이러한 인상으로 인해 필자는 정철이 처음부터 엄마가 제안한 숙제 방식에 대해 비판적이었으리라 예상했다. 그러나 사후 분석을 해보니 정철 역시 현빈처럼 윤리적 가치 탐구 과정에서 상반된 입장으로 이행했음을 발견하였다. 아울러 현빈이 읽기 후(대화) 단계에서 양가적 가치를 모두 승인한 것과 유사하게 정철도 동일한 단계에서 미묘한 변화를 나타낸 것으로 해석된다.

현빈   어, 만약에 솔직하게 말했을 때 애들이 놀리거나 그러면요, 기분이 나쁘잖아요.

교사   그렇죠, 애들이 놀리거나 아니면.

수빈   부끄러워요.

교사   부끄럽죠. 내가 부끄러움을 느끼기 때문에 솔직할 수 없어. 그다음에 또? 그거 말고 또 나쁜 경우는 없을까?

세진   남자도 자존심이 있는데.

교사   남자도 자존심이 있는데 자존심이 상해. 그다음에 또? **어떤 나쁜 점이 있을까? 얘가 솔직하게 말을 한다면?** 상상해 봐 애들아.

....

28 다른 아동들도 '장점만 골라 쓰면 더 좋다'(현빈), '옳은 것도 아니고 나쁜 것도 아니다'(세훈), '좋은 점을 말할 수 있어서 좋다'(재욱), '단점이라도 떳떳하게 말하는 게 좋겠다'(시연), '장점만 골라 쓰면 죄책감이 들어서 안 좋다'(정호), '거짓말은 나쁘다'(준호) 등의 근거를 들어 자신의 의견을 피력하였으나 수업을 진행하는 상황에서 필자에게는 정철이 언급한 근거가 가장 인상적으로 느껴졌다.

정철 <u>약간 할아버지 욕하는 느낌이 나요.</u>

교사 내가 할아버지를 흉보는 느낌이 든다?

정철 네.

교사 그래서 내가 찝찝한 느낌이 든다? 이런 의견도 있어요. (후략)

(밑줄, 강조는 필자)

　　교사의 발화(밑줄, 강조)를 통해 알 수 있듯 이 대화는 할아버지에 대해 솔직하게 쓸 경우 우려되는 점에 대한 에피소드이다. 따라서 정철(밑줄, 강조) 역시 솔직하게 숙제를 하는 것을 반대하는 입장에서 그 나쁜 점에 대해서 말하고 있다. 그러나 '아이들이 놀리면 기분이 나쁘다', '부끄러워서 솔직할 수 없다' 등 타인의 반응을 염두에 둔 여타의 반응들과 달리 정철의 반응은 할아버지를 욕하는 주체 내면의 불편함에 근거를 두고 있다. 정철의 이러한 반응 이후에 제출된 다른 아동들의 반응은 '친구에게 놀림을 받는다', '애들한테 좀 안 좋게 보일 것이다', '체면을 구긴다', '창피하다' 등과 같이 사회적 관계에서 우려되는 부끄러움에 초점을 맞추고 있다. 반면 정철은 사회적 관계보다 더 좁고 가까운 가족의 범위 안에서 할아버지와 내가 맺고 있는 관계에 초점을 맞추고 있다.

　　정철이 읽기 후(토의) 단계에서 할아버지 숙제에 대해 비판적인 입장으로 선회한 근거는 타인의 시선이나 그로 인해 발생하는 부끄러움에 있다기보다는 할아버지와의 관계, 할아버지를 부정할 때 내면에서 느껴지는 불편함에 초점을 맞춘 정철의 가치 평가 기준에 있는 것으로 보인다. 이러한 독특한 기준은 책 읽어주기 단계의 일회적인 질문으로는 확인할 수 없으며, 이어지는 읽기 후(대화)와 읽기 후(토의) 단계라는 소통의 맥락에서 다른 아동들의 반응과의 교류하며 구체적으로 변별되는 것이다.

　　이러한 정철의 관점은 정철이 이 작품의 주제를 구성하는 데에도 반영된 것으로 보인다. 책 읽어주기와 문학토의가 끝나고 실시한 간단한 평가에서 정철은 이 작품의 주제를 "할아버지의 인생, 할아버지의 슬픈 인생을 알려준다"라고 기록하였다. 이처럼 정철이 다른 아동과 달리 슬픈 정서에 초점을 맞추어 주제를 구성한 것은 솔직하게 숙제를 하면 할아버지를 욕하는 것 같아 불편하고, 엄마가 제안한 방식대로 숙제를 하면 자기 할아버지를 부정하는 것 같아 불편한 기존의 정서적 반응과도 관련이 있어 보인다. 이는 윤리적 가치에 대한 평가가 등장인물에 대한 정서와 무관하지 않음을 보여주는 것이기도 하다.[29]

(3) 세훈의 경우: 상황윤리에 대한 인식의 명료화

세훈은 책 읽어주기 과정에서 주인공 경수가 부끄러운 할아버지 대신 증조할아버지에 대한 내용을 기록하여 숙제를 할 것으로 예측하였다. ⑦의 두 번째 질문에 대해서는 응답하지 않았으나 앞서 인용된 교사의 발화를 통해 읽기 후(대화) 단계 이전에 "할아버지 숙제를 고쳐서 쓰는 것은 옳지 않다고 생각한다."라고 기록한 것이 확인되었다. 이와 관련된 대화의 세부 내용은 다음과 같다.

교사 할아버지들 흉 볼려고 썼을까? 그건 아닌 거 같지? 어떤 걸 좀 생
      각해보라고…….
호빈 술을 먹으면 안 된다!
세훈 그런 상황에서 대처할 수 있는 방법을…….
교사 어떤 상황에서? 이 아이가 처한 상황? 대처할 수 있는 방법이?
세훈 자신의 행동이 손자에게 피해가 간다…….

---

29 정진석(2014), 앞의 책, pp. 129-130.

표 3-5. 수업의 초점과 관련된 각 단계별 질문 및 화제에 대한 아동의 반응(세훈)

수업 단계	질문 및 화제	아동의 반응
읽기 중	④ 경수는 할아버지 숙제를 해 갔을까요?	했을 것 같다.
	⑥ 엄마는 숙제를 어떻게 하려는 걸까요?	증조 할아버지를 적는다.
	⑦ 할아버지 숙제는 어떻게 하는 것인가?/ 나는 그 방법이 마음에 드나?	몇 개의 낱말을 빼서 (숙제를) 했다./ 응답하지 않음.
읽기 후(대화)	⑨ 할아버지 숙제는 옳은가?	*읽기 후(대화) 전 쉬는 시간에 적은 주제에는 "옳지 않다"라고 기록함.
읽기 후(토의)	⑪ 할아버지의 장점만 쓰는 게 옳은가?	옳은 것도 아니고 나쁜 것도 아니다. (어쩔 수 없다.)

*( ) 부분은 이해를 돕기 위해 필자가 추론하여 완성한 것임.

교사   자신의 행동이 손자에게 피해가 된다? 피해가 되는데 손자는 어떻게 했지? 이 아이는 어떻게 했지? 이런 문제를?

호빈   (힘들다는 듯) 어휴…….

교사   얘가 어떤 문제가 생긴 거잖아, 할아버지 때문에 그치? 그럼 그 문제가 어떻게 해결됐지?

세훈   힘들게 해결해요.

교사   힘들게 해결했죠. 힘들게 해결했는데 그 방법이 어떤 방법이었어?

세훈   어, 쫌 고쳐서.

교사   <u>고쳐서 쓰는 거였어? 그러면 그 방법에 대해서 넌 어떻게 생각해? 세훈이는 맘에 들어?</u>

세훈   <u>아니오.</u>

교사   안 들어? 왜 맘에 안 드는지, 그게 주제일 수도 있어.

(밑줄, 강조는 필자)

이처럼 할아버지에 대한 내용을 고쳐서 숙제를 하는 것은 옳지 않다는 판단에도 불구하고 읽기 후(토의) 단계에서 세훈은 다음과 같이 할아버지의 장점만 쓰는 것은 옳은 것도 아니고 나쁜 것도 아니라고 답한다.

> 교사 아이들의 상상력을 더 일깨울려구? 자 그러면 지금 보니까 요 정
>   도 의견 나왔구요. 그러면 시간이 좀 모자라긴 하는데 할아버지
>   의 장점만 쓰는 게 옳은가 이야기해 보려구 하는데…….
> 현빈 어, 장점만 골라 쓰면 어, 더 좋은 것 같애요.
> 교사 왜요?
> 현빈 장점만 안 골라 쓰면 나쁜 것도 쓰게 되잖아요. 그런데 그러면 친
>   구들한테 놀림 받을 수도 있잖아요.
> 세훈 저는 옳은 것도 아니고 나쁜 것도 아닌 것 같습니다. 왜냐하면
>   그, 그 진실을 말하면 그, 학교에서 발표하면 애들이 그, 쫌 안 좋
>   게 보기 때문에 어쩔 수 없이 그렇게 쓴 거 같습니다.
> 교사 어쩔 수 없는, 타협점이었다? 그다음?

(밑줄, 강조는 필자)

세훈은 할아버지의 장점만 쓰는 것은 옳은 것도 나쁜 것도 아닌, "어쩔
수 없"는 것이라고 보았다. 상황이 지닌 복잡함으로 인한 불가피성을 인식한
것이다. 윤리학이 이론적 윤리를 제시하는 데 비해 동화를 비롯한 문학의 서
사 장르들은 구체적인 사건에서 나타나는 상황윤리를 다루고 있다.[30] 그리고
세훈은 책 읽어주기가 끝났을 때에는 이러한 상황윤리에 대해 '옳지 않다'라
는 입장이었으나, 읽기 후(대화)를 거쳐 읽기 후(토의) 단계에 이르러서는 그
것의 불가피성을 '어쩔 수 없음'이라는 언어로 승인하고 있다. 이는 소통의

----

30 우신영(2010), 앞의 글, p. 231.

맥락에서 다른 아동들의 윤리적 가치와 교섭하면서 상황윤리에 대한 인식이 한층 명확해진 것으로 보인다.

상황윤리의 불가피성에 대한 인식은 인물의 행위에 대해 명확한 가치 평가를 내릴 수 있었던 이전의 입장에 균열을 일으킨다. "옳은 것도 아니고 나쁜 것도 아닌 것"이라는 흔들림은 어느 한쪽에 쉽게 동의할 수 없는 주체의 판단 유예를 의미한다. 문학교육에서 이러한 판단 유예는 단순한 혼란이 아니라 텍스트에 대한 더 깊은 이해를 반영할 가능성을 의미한다.[31] 문학교육에서는 하나의 가치를 선택하고 일관된 평가를 유지하는 것보다 특정한 상황에 놓인 인물에 대한 공감적 이해를 넓히고 그에 따라 망설임을 부단히 이어가는 것이 중요하다. 그러한 경험을 통해 아동이 인간과 삶에 대한 이해를 확장할 수 있기 때문이다.

4) 맺음말

지금까지 책 읽어주기와 문학토의의 효용은 많은 연구들을 통해 보고되었으나 이 두 가지 접근법을 긴밀하게 연결 짓고 학습자를 적극적으로 개입시키기 위한 구체적인 방법은 충분히 연구되지 않았다. 이에 이 사례에서는 책 읽어주기와 문학토의를 연속적인 과정으로 연계하여 문학수업을 위한 하나의 모델로 정착시키기 위해 수업을 준비, 실행한 후 그 과정에서 나타나는 유의미한 양상을 기술하였다.

··················
31 이후 제시될 IV장의 마지막 단계에서 이루어진 아동 주도 문학토의에서 아동들은 등장인물의 행위에 양가적인 태도를 보이거나 토의 과정에서 다른 아동의 의견을 수렴하면서 자신의 기존 입장을 철회하는 등 인물의 행동에 대해 쉽사리 한 가지 판단을 내리지 못 한다. 이는 특히 텍스트의 빈 틈(gap) 혹은 애매한 부분들로 인해 문학적 판단의 과정이 본질적으로 완전히 종결될 수 없는, 부단한 탐구로 이어질 수밖에 없다는 것을 보여주는 지점이다.

수업 실행을 위한 준비의 많은 부분은 책 읽어주기 단계에 집중되었다. 책 읽어주기 과정에서 아동의 반응을 활성화하고 수업의 초점을 형성해야, 그 후 이어지는 문학토의에서 심도 있는 논의가 이루어질 수 있다고 보았기 때문이다. 이를 위해 책 읽어주기를 위한 기존 연구를 토대로 학습자의 특성과 교육과정의 성취기준 등을 고려하여 텍스트를 선정하였으며 기존의 실천 사례 등을 참고하여 읽기 전과 읽기 중 단계에 적절한 질문들을 구성하였다. 이때 유머나 아이러니 등과 같이 텍스트에 이미 내재된 특징을 끌어내는 질문뿐 아니라 예측하기 등을 통해 교사가 보다 적극적으로 텍스트에 대한 긴장을 조성하고 아동의 기대를 유지하고자 하였다. 독자 개인의 독립적인 읽기와 달리 교사에 의해 잘 조직된 책 읽어주기는 텍스트가 독자에게 요구하는 것을 자체적으로 구성해내는 문학능력을 부각시킬 뿐 아니라 텍스트에서 뚜렷하게 드러나지 않는 다양한 문학능력을 끌어낼 수 있기 때문이다.

특히 이 수업에서는 필자가 수업의 초점이라고 생각한 윤리적 질문에 대한 심층적인 탐구와 의미 형성에 중점을 두었다. 그 결과 윤리적 질문에 대한 논의가 책 읽어주기와 문학토의 과정에서 일관성 있게 이루어졌으며 아동의 다양한 가치 탐구 양상이 나타났다. 필자는 이러한 가치 탐구의 양상을 세 명의 초점 아동의 사례를 통해 제시하였는데 이러한 세 범주는 서로 명확히 구분되고 분리되는 것이라기보다 하나의 현상에 대한 다양한 단면으로 이해되어야 할 것이다.

첫 번째 아동은 규범적 가치에서 윤리적 가치 탐구로 이행하는 양상을 보여주었다. 이는 아동이 책 읽어주기와 문학토의로 이어지는 일련의 과정에서 가치 탐구를 수행하는 충실성을 통해 윤리적 주체로 형성됨을 의미한다. 두 번째 아동은 다른 아동과의 소통을 통해 자신이 지닌 고유한 개인적 가치를 명확히 인식함으로써 새로운 가치를 전유하는 양상을 보여주었다. 이는 책 읽어주기가 끝난 후 이어지는 문학토의의 과정을 통해 정교화된 것이다.

세 번째 아동은 상황윤리에 대한 인식이 명료화되는 양상을 나타냈다. 문학교육과 윤리교육을 변별하는 기준 가운데 하나는, 문학은 구체적인 상황에서 해당 장르의 규범으로 직조된 텍스트를 통해 윤리적 가능성을 탐구한다는 것이다. 그러한 윤리적 가능성은 본질적으로 상황윤리적이다. 이렇게 볼 때 아동이 상황윤리에 대해 더욱 명료한 인식을 갖는 것은 문학텍스트가 지닌 기본 자질을 인식하는 출발점이 될 것이다.

2. 책 읽어주기 과정에서 나타나는 아동의 서사능력

이 사례는 필자가 동일한 텍스트를 가지고 서로 다른 학교의 6학년 아동들과 수업을 실시한 결과 아동의 반응에 어느 정도 유사한 경향이 있음을 발견하고 그 양상을 분석한 것이다. 실제 독자들이 서사를 수용할 때 보여주는 유사성은 당대의 독자들이 공유하는 서사능력의 실체라고 볼 수 있다. 그동안 문학교육의 목표가 되는 문학능력이 추상적이고 개념적인 수준에서 다루어지는 경향이 있었던 것을 감안하면, 이와 같은 실제 독자의 구체적인 서사능력은 문학교육의 내용과 방향을 제시하는 이정표 역할을 할 수 있을 것으로 보인다.

1) 문제의식

에이브람스(Abrams)가 제시한 예술 작품의 전체 상황에 대한 모형은 작품을 중심으로 세계, 예술가, 독자를 위성처럼 배치하고 있다. 그의 논의는 기본적으로 작품을 중심에 두는 관점이었으나 나머지 요소들이 연구의 중심이 될 가능성을 열어두는 것이기도 했다. 실제로 문학이론이 전개된 과정을 살펴보면 텍스트 의미 해석의 주도권은 작가와 작품에서 독자로 이동해왔다. 로젠블랫(Rosenblatt)으로 대표되는 독자반응이론이 대두된 이래 문학교육에서 독자와 텍스트 간 상호작용을 중시하는 관점은 지금까지 유지·발전되고 있다. 문학 연구의 장에서도 독자에 대한 탐구는 활발하게 이루어졌으며 그 결과 다양한 독자의 개념이 제시되었다.[32] 한편 서두의 위성 모형을 통해

....

32　깁슨(Gibson)의 모의 독자, 부스(Booth)와 이저(Iser)의 내포 독자, 에코(Eco)의 모델 독자, 리파테르(Riffaterre)의 슈퍼 독자, 브루크(Brooke)와 로즈(Rose)의 기입되거나 기호화된 독자, 프린스

일찍이 작품의 권위를 중시한 바 있는 에이브람스는 이처럼 독자를 텍스트의 의미 형성 주체로 보는 논의가 텍스트의 주체(저자, 독자)를 '탈인간화'시킨다고 비판한 바 있다.[33]

그러나 문학교육에서의 독자 연구는 에이브람스가 지적한 '탈인간화'된 주체가 아닌 실제 독자들을 소실점으로 하는 새로운 구도의 그림들을 그려야 하며 또 그려가고 있는 것으로 보인다. 문학교육 연구의 현 단계에서 실제 독자란 잠시 중심을 차지한 후 또 다른 중심에게 자리를 내주는 존재가 아니라 아직 온전히 드러나지 않은 중심의 일부이기 때문이다. 따라서 다양한 층위에서의 구체적이고 실증적인 독자 연구가 이어져야 한다.

실제 독자에 대한 연구는 아직 구체적으로 규명되지 않은 문학교육의 개념에 하위 구성 요소를 추가하거나 구체적인 주석으로 기능할 수 있다. 가령 문학교육의 목표로 설정된 문학능력은 "문학적 사고력, 문학적인 언어 사용 능력, 문학이라는 담론 체계와 관련된 문화능력, 그리고 문학에 대한 긍정적인 가치와 태도 등을 모두 포괄"[34]하는 개념이지만 그러한 포괄성으로 인해 구체적인 실체를 가늠하기 어려운 개념이기도 하다. 물론 문학능력을 문학교육의 목표로 설정하는 것은 교육의 결과로서 도달할 이상적인 상을 구상한다는 데 우선적인 의의가 있기 때문에[35] 문학능력이 직접적으로 차시 단위의 수업 목표가 될 필요는 없다. 문학능력의 구체적인 하위 요소들은 문학의 체계

....

(Prince)의 피서술자, 컬러(Culler)의 이상적 독자, 홀랜드(Halland)의 문학인, 야우스(Jauss)의 실제적 독자, 피쉬(Fish)의 정보화된 독자 혹은 해석 공동체 등이 있다(E. Freund(1987), *The return of the reader*, 신명아 옮김(2005), 『독자로 돌아가기』, 인간사랑, pp. 26-27).

33 위의 책, p. 36.

34 서울대학교 국어교육연구소 편(1999), 『국어교육학사전』, 대교, p. 296.

35 김상욱(1994), 「문학교육의 목표 규정을 위한 시론」, 《국어교육연구》 1, 서울대학교 국어교육연구소, p. 59.

에서 교육적 판단에 의해 선택되는 것이기 때문이다. 그러나 그러한 교육적 판단의 타당성 있는 근거를 어디에서 취할 것인지는 매우 현실적인 문제이다. 이때 실제 독자의 구체적인 문학능력 양상은 문학능력의 구성요소를 선택하거나 배제할 때 유용한 참조가 될 수 있을 것이다.

실제 독자들의 문학능력은 사회문화적으로 제한된 맥락에서 유효한 것이라는 한계가 있지만 그것의 실증성이 지닌 위력 또한 무시할 수 없다. 따라서 사회문화적으로 제한적인 유효성을 갖는 실제 독자들의 문학능력이 보편적인 실증성을 확보하기 위해서는 다양한 계층과 지역의 독자들이 나타내는 문학능력에 대한 보고가 양적으로 축적되고 질적으로 연결되어야 한다. 그러한 연구 결과가 누적될 때 다양한 독자들의 문학능력은 일정한 경향성으로 일반화될 수 있을 것이다. 미래의 문학교육은 그러한 역사에서 '장기 지속'[36]하는 능력들을 도출하여 문학능력을 새롭게 정의할 수 있을 것이며 현재의 문학교육은 당대의 학습독자들에게 무엇을 가르칠 것인가라는 현실적인 문제에 답할 수 있을 것이다.

본 절에 제시된 연구에서는 실제 독자의 문학능력이 지닌 이러한 의의를 기반으로 그들의 서사 수용 양상을 기술하고자 한다. 연구의 발단은 최근의 아동문학 텍스트에 대한 교사들의 평가가 실제 아동독자들의 평가와 어떻게 같고 다른지를 확인하기 위한 시도에서 비롯되었다. 그러한 취지에서 실제

....

36 브로델(Braudel)은 역사의 흐름을 이해하기 위해서 역사의 지층을 표층의 역사와 심층의 역사로 구분하였다. 우리의 삶을 구성하는 여러 가지 요소들은 우리가 사는 삶의 시간대를 말해주기도 하는데 가령 스마트폰은 불과 몇 년 사이에 등장했고 자동차는 대략 두 세대 전부터 지속되었으며 밥은 시작을 가늠하기 어려운 시간대의 차원에 속한다. 이렇게 지속된 시간의 길이에 따라 각각의 요소들은 역사의 표층 혹은 심층을 차지한다. '장기 지속'은 어떤 삶의 요소나 생활양식, 사회관계 등이 시간의 세파에 굴하지 않고 오랜 세월을 지속되는 것을 의미하며 이것은 인간의 삶을 이해하기 위한 바탕이다(F. Braudel(1985), *La dynamique du capitalisme*, 김홍식 옮김(2012),『물질문명과 자본주의 읽기』, 갈라파고스, pp. 139-147).

6학년 아동 두 학급을 대상으로 해당 텍스트에 대한 책 읽어주기 중심의 수업을 실시한 결과, 두 집단의 독자들이 판타지 장르와 서사의 열린 결말에 대해 유사한 반응을 보이는 현상을 발견하였다. 이에 필자는 이질적인 두 학급의 독자들이 동시대의 학습독자로서 공유하는 서사 수용의 일정한 경향성이 있다고 판단했다. 그 결과 애초 수업의 목적으로 설정했던, 아동문학 텍스트에 대한 교사의 평가와 아동의 평가 간 비교보다는 동일한 텍스트에 대한 이질적인 아동독자 집단 간 반응의 유사성과 차이점에 초점을 맞추고 수업 결과를 기술하게 된 것임을 밝힌다.

2) 연구 개요

(1) 연구 실행 배경

이 연구는 동화를 대상 텍스트로 한 책 읽어주기 수업의 실행 연구이다. 실행 연구는 계획에 따른 실행과 성찰, 재계획으로 이루어진다.[37] 실행 연구는 연구 실행 이전의 계획과 다른 결과가 도출될 수 있으며 그러한 결과를 성찰하고 후속 과제를 세움으로써 연구를 지속해나가는 것이 특징이다. 이 연구 역시 연구 실행 이전의 계획과 결과의 초점이 다소 변화하였으나 그 과정에서 포착된 유의미한 양상들을 분석할 것임을 앞서 밝힌 바 있다. 따라서 본 항에서 기술하는 내용 전체가 이후 제시될 분석 내용과 직접 관련을 맺지는 않을 것이다.[38] 그러나 연구가 실행되기 이전의 문제의식 역시 교사와 아동이

----

37 조용환(2015), 「현장연구와 실행연구」, 《교육인류학연구》 48, 한국교육인류학회, p. 14.
38 텍스트 분석과 질문 작성 내용을 기술하는 과정에서도 3, 4항에서 언급할 판타지 장르와 서사의 결말 관련 항목뿐 아니라, 전반적인 텍스트 분석에 대한 내용을 모두 포괄하여 기술할 것이다. 이는 그러한 분석과 질문 작성 과정이 책 읽어주기 수업에 있어서 매우 중요한 지점이지만 문학텍스트가 가진 개별적인 특성으로 인해 일정한 규칙으로 일반화하기 어렵다는 점에서 개별적이고 구체적인 사

상호작용하는 문학교육 현상의 중요한 요소라는 점에서 연구 실행 배경부터 기술하고자 한다.

　필자는 초등학교 동료 교사들과의 소모임에서 아동문학과 문학교육에 대한 논의를 지속해왔다. 경기·인천 지역에 근무하는 8명의 초등교사로 구성된 이 소모임에서는 월 평균 1회 정도의 모임을 가져왔다. 주로 자신이 읽은 좋은 아동문학 작품을 소개하고 간단한 토의를 하거나 학교에서 아이들에게 책을 읽어주고 수업한 경험을 공유하였다. 이 자리에서 필자는 최근 흥미롭게 읽은 송미경의 동화집《돌 씹어 먹는 아이》에 수록된 두 편의 단편 동화 〈혀를 사 왔지〉, 〈나를 데리러 온 고양이 부부〉를 소개하였다.

　송미경은 동화의 환상문학적 특징을 잘 구현하는 작가로 평가받는다. 그의 작품에는 현실과 다른 구성 원리를 가진 이상한 세계, 기상천외한 인물과 사물들이 종종 등장하며 이를 통해 아이들이 보편적으로 가질 법한 욕망을 예리하게 포착해낸다.[39] 위의 두 작품 역시 고학년 독자들을 주요 대상으로 한 판타지 동화이다. 〈혀를 사 왔지〉에서는 주인공이 이상한 물건을 사고파는 시장에서 혀를 사온다는 설정이, 〈나를 데리러 온 고양이 부부〉에서는 고양이 부부가 주인공 '지은'의 친부모임을 주장하며 나타난다는 설정이 판타지 장르를 구성하는 초현실성의 골자이다. 이러한 초현실적 설정들은 그동안 표현하지 못했던 억압된 생각과 정서를 표출하는 통로로 작용한다. 이 가운데 본 연구에서 실시한 수업의 대상 텍스트인 〈나를 데리러 온 고양이 부부〉는 주인공 지은의 친부모임을 주장하는 고양이 부부의 느긋한 성격이 조급하고 불안한 '사람 부모'[40]의 성격과 대비되다가, 지은이 고양이 부부를 따라 집을 떠

....
레를 제공하는 것이 유용하다고 보았기 때문이다.

39　김민령(2013), 「이상한 나라에서 온 이상한 작가」, 《창비어린이》 43, 창비, p.124.

40　엄밀하게 따질 경우 이 작품에서 지은의 진짜 부모가 누군지를 결정하기는 어렵다. 수업에 참여

나며 끝을 맺는 이야기이다. 필자가 이 작품에서 우선적으로 주목했던 것은 지은이 엄마에게 아무런 인사도 하지 않은 채 떠나는 서사의 후반부 장면이었다.

엄마가 이모에게 잔소리를 퍼붓는 사이 나는 방으로 와서 짐을 쌌다. 옷이나 먹을 것을 쌀 필요는 없을 것 같았다. 나는 단지 엄마 몰래 그려 놓았던 만화 스케치북과 망원경 같은 것을 가방에 넣고 야구 모자를 썼다.
어느새 고양이 부부가 현관 앞에 서 있었다. 나는 고양이 부부를 따라 밖으로 나왔다.
엄마에게 별다른 인사를 하지는 않았다. 매일 아침마다 인사를 하며 학교에 갔고 저녁이면 인사를 하며 집으로 돌아왔으니까 더 이상의 인사는 필요 없었다.
"데리러 와줘서 고마워요."
아파트 단지를 빠져나올 즈음 나는 정중하게 고양이 부모에게 인사했다.[41]

고양이 부부가 나타났던 서사 초반부에서는 놀라고 당황하던 지은이 서사가 끝나갈 무렵 이렇게 조용하지만 단호하게 집을 나서게 된 데에는 일정한 계기들이 있었다. 고양이 부부가 지은의 집에 찾아온 이후 느긋한 고양이 부부와 잔소리를 퍼붓는 엄마 그리고 집안일에 무관심한 아빠를 대비시키는

한 아동들도 책 읽어주기가 끝나고 수업이 끝날 시점까지 지은의 부모는 누구인지에 대해 강한 궁금증을 보인 바 있다. 이러한 맥락들을 참조하여 본고에서는 지은의 엄마, 아빠를 고양이 부모와 구별되는 '사람 부모'라고 지칭할 것이다.
41 송미경(2014), 〈나를 데리러 온 고양이 부부〉, 《돌 씹어 먹는 아이》, 문학동네, p. 73.

모티프들이 반복되었는데 그 과정에서 지은의 마음이 사람 부모에서 고양이 부부로 점차 이동한 것이다. 그러한 변화는 지은이 고양이 부부를 부르는 호칭이 "흰 고양이, 검은 고양이" 혹은 "고양이 부부"에서 "엄마 고양이, 아빠 고양이" 혹은 "고양이 부모"로 변하는 것에서도 확인할 수 있다. 그럼에도 주인공 지은이 보여주는 이러한 태도는 성인이면서 부모이기도 한 필자와 동료 교사들에게 차갑고 냉정하게 느껴졌다. 또한 이러한 결말을 아이들에게 들려줘도 되는 것인지 염려스러웠다.

동화는 대개 해피엔딩이며 해피엔딩이어야 한다는 소망은 상식처럼 받아들여진다.[42] 따라서 이 동화에서 부모와 그 부모가 제공하는 안전한 울타리인 가정을 떠나 비록 부모의 잔소리는 없을지라도 위험한 세상으로 아무런 준비 없이 들어서는 인물을 보여주는 결말은 불안감을 야기할 수 있다. 이러한 불안감은 비단 결말에만 국한된 것이 아니다. 동화라는 문학 장르에서 비관적인 세계를 보여주는 것은 논쟁적이기 때문에 숙고를 요한다. 아동문학 비평 담론에서 동화의 소설화 경향에 대한 논의가 활발히 일어났던 것도 이러한 이유 때문일 것이다.

필자가 속한 소모임에서도 작품의 이러한 결말을 듣고 A교사가 우려를 나타냈다. 자신이 가르치는 아동들은 생활 지도가 가장 어렵다고 여겨지는 6학년이지만 이러한 결말에 동의할 만큼 부모님이나 어른들에 대해 불만스러워 보이지는 않기 때문에, 사람 부모에 대한 주인공의 냉정한 태도를 보여줌으로써 불필요한 반항심을 심어주지는 않을까하는 우려였다. 필자는 그러한 내용을 아이들과 직접 수업에서 이야기를 해보면 좋겠다고 제안했다.

한편 이 작품을 읽었던 B교사는 작품의 마지막 부분에서 주인공 아이가

42　조은숙(2009), 「동화는 해피엔딩?」, 《창비어린이》 26, 창비, pp. 30-31.

고양이처럼 몸을 가볍게 하기 위해 자신의 짐이 담긴 가방과 모자를 나뭇가지에 걸어놓고 떠나는 장면이 인상적이었다고 덧붙였다. 필자는 주인공 아이가 자신의 가방을 미련 없이 처리하는 모티프가 〈혀를 사 왔지〉에서도 제시되었던 것을 언급하였다. 〈나를 데리러 온 고양이 부부〉에서는 고양이 부모를 따라 집을 나선 인물이 고양이로서의 삶에는 불필요하다는 판단으로 가방과 모자를 두고 떠난다. 이는 집을 나온 자신의 행위에 대해 망설이거나 후회하지 않음을 뒷받침하는 것으로 해석될 수 있다. 〈혀를 사 왔지〉에서는 주인공 아이가 시장에서 산 혀를 통해 주변 사람들에게 그동안의 불만을 일갈한 후 다시 시장에 나가서 혀를 내다 팔 때 자신의 가방도 함께 내놓는다. 이러한 행위에서 초점은 혀를 다시 내다 파는 것이기 때문에 가방의 의미는 다소 모호하다. 그러나 자신의 억압된 불만을 표출하게끔 도와준 혀를 미련 없이 다시 내놓는 부분은 지금까지의 표출만으로 충분하다는 인상을 준다는 점에서 독자에게도 일종의 해방감을 주는 대목이다. 필자는 두 작품의 이러한 공통점에서 최근 아동문학의 주인공들이 자신이 속한 사회와 주변 인물들 특히 어른들에 대해서 비판적일뿐 아니라 냉정하고 단호한 태도를 보이고 있다는 인상을 받았음을 밝혔다.

이러한 필자의 의견에 C교사는 또 다른 작품 〈제후의 선택〉[43]의 경우 집을 나간 아이 곁에 고양이 부부와 같은 인물이 존재하지 않음에도 불구하고 아이는 다시 집으로 돌아갈 생각도 하지 않는다는 점을 덧붙였다. C교사에 따르면 〈제후의 선택〉은 쥐 둔갑 설화에서 착안한 이야기로, 2001년에 출간된 김우경의 《수일이와 수일이》와도 유사한 구성이다. 그러나 《수일이와 수일이》에서는 주인공 아이가 자기 대신 집에서 살아가려고 하는 가짜 수일이

---

43 김태호(2016),《제후의 선택》, 문학동네에 수록된 동명의 단편 동화.

를 내쫓고 다시 집으로 돌아가기 위해 분투하는 반면, 15년 뒤에 출간된 〈제후의 선택〉에서는 주인공 아이가 집으로 돌아가려고도 하지 않으며 주변에 함께할 인물 또한 부재하다. A교사가 〈나를 데리러 온 고양이 부부〉를 현실의 아이들과 비교했던 것과 달리 C교사는 아동문학의 사적 변화를 참조하여 상호텍스트적인 관점에서 평가하였다.

이러한 논의가 오간 후 필자는 실제 독자들이 이 작품에 어떠한 반응을 보이는지 살펴보기로 했다. A교사의 우려처럼 독자들이 작품에 제시된 다소 비관적인 결말과 현실 인식에 의해 부정적 영향을 받을 가능성도 있다. 그러나 한편으로는 인물의 처지에 공감하고 작품의 결말을 통해 대리만족을 느낄 가능성도 존재한다. 독자들이 어떤 반응을 보일 것인지 알 수 있는 방법은 현실의 독자들과 작품을 통해 직접 만나는 것이다. 그러한 반응 외에도 필자가 앞서 언급한 바와 같이 주인공이 집을 떠나기로 마음먹게 되는 일련의 계기들을 아동 독자들이 인식하는지를 비롯해 그들이 지닌 문학능력을 살펴보고 싶었다. 이에 필자는 모임에 속한 여러 교사들 가운데 6학년 담임을 맡고 있는 A교사와 D교사의 학급에서 수업을 실시하기로 협의하였다.

(2) 수업 준비

수업 준비는 텍스트 분석에서 시작되었다. 이 텍스트는 판타지적 설정이 두드러진다. 그리고 고양이가 사람의 친부모라고 주장하는 중심 사건에 대한 합리적이고 상세한 정보가 제시되지 않는다. 그 대신 고양이 부부와 지은의 엄마 사이에 이루어지는 논쟁과 그들의 대조적인 성격을 보여주는 데에 서사의 많은 부분이 할애된다. 결말에서 지은은 고양이 부부를 따라가지만 고양이가 친부모가 맞는지 역시 알려주지 않는다. 이러한 정보 부족과 생략은 판타지적 설정에 대해 독자가 나름의 이해를 구축하여 인지적 평형상태에 이르기보다는 불균형한 상태에서 추가적인 단서를 찾도록 유도할 수 있다. 특히

표 3-6. 〈나를 데리러 온 고양이 부부〉를 위한 읽기 전-중-후 활동 및 질문

단계	활동 및 질문 내용	목적	비고
읽기 전	① [제목을 "나를 데리러 온 ( )"로 제시하며] 괄호 안에 들어갈 말은?	기대지평 형성	
	② 왜 데리러 왔을까?	기대지평 형성	
	③ 작가 소개	독서 동기 유발/정보 제공	
읽기 중	④ [자신이 지은의 아빠라는 고양이의 말을 듣고] 지은은 어떤 느낌이 들었을까?	인물 정서 추측	59쪽 7행
	⑤ [집을 나오라는 고양이의 말을 듣고] 지은은 뭐라고 대답할까?	인물 행동 예측	60쪽 19행
	⑥ [지은이 그동안 고양이 부부를 만나 오고 있었다는 말을 듣고] 엄마는 어떤 기분일까?	인물 정서 추론	63쪽 15행
	⑦ [자신이 사람 부모와 닮지 않았다고 지은이 생각한 것과 관련하여] 여러분도 이런 적이 있나?	자기 삶과 연결하기	64쪽 4행
	⑧ [지은이 고양이 부부와 자신이 닮았다고 생각할 때] 지은은 정말 고양이 부부의 아이일까? 그렇게 생각하는 이유는?	추론 및 근거 찾기	66쪽 16행
	⑨ ["이런 집에서 자랐을 너"라는 말과 관련해] 이런 집은 어떤 집일까?	내용 이해 및 해석	67쪽 10행
	⑩ [지은이 불안해 한다는 고양이의 말과 관련해] 지은이 불안하다고 생각하는가?	해석	71쪽 15행
	⑪ [이모가 왔을 때] 앞으로 어떤 일이 벌어질까?	사건 예측	71쪽 16행
	⑫ [지은이 짐을 싸는 장면에서] 지은은 언제/왜 떠나기로 마음을 먹었을까?	내용 이해 및 추론	73쪽 4행
읽기 후	⑬ 뒷이야기 상상하여 쓰기	사건 예측 및 평가	

이 텍스트는 서사가 끝난 후에도 사건의 전사(前事)가 밝혀지지 않기 때문에 필자는 그에 대한 아동독자들의 반응이 궁금했다. 그리고 앞서 언급한 바와 같이 주인공 아동의 단호하고 냉정한 태도가 가장 인상적이면서도 마음에 걸렸다. 이러한 필자의 초기 반응을 토대로 텍스트를 다시 분석하면서 책 읽어주기에 필요한 질문이나 활동을 표 3-6과 같이 구상하였다.

표 3-6은 필자가 수업 전에 구상한 활동 및 질문의 목록이 아동의 어떠한 활동을 유도하고 확인하려는 목적에서 작성되었는지 보여준다. 읽기 전에

는 주로 제목을 통해 이야기의 내용과 등장인물을 예측하고 앞으로 전개될 이야기에 대한 흥미를 유발하고자 했다. 그리고 수업이 끝난 후에도 아동이 이 텍스트와 관련된 독서를 이어가도록 돕기 위해 작가의 다른 작품들을 소개하였다. 책 읽어주기의 경험으로 미루어볼 때 아동은 실제 작가의 존재에 관심을 갖는 경향이 있기 때문이다.[44]

읽기 중 단계에서는 다양한 층위의 질문을 통해 아동의 서사능력을 살펴보면서 텍스트에 대한 이해를 돕고 그 상태를 점검하고자 했다. ④번과 ⑤번 항목은 아직 많은 정보가 주어지지 않은 상태에서 제시된 상황 속 인물의 생각과 느낌을 추측하거나 앞으로의 서사 전개 방향을 예측하도록 하는 질문이다. 따라서 이 두 항목은 텍스트에 기반한 논리적 추론 능력을 살피기보다는 상황에 대한 아동 독자의 주관적인 느낌이나 기대를 점검하는 것에 목적이 있다.

⑥번 항목은 아직 엄마가 지은에게 잔소리를 퍼붓기 전에, 고양이와 지은이 이미 아는 사이였음을 알게 된 엄마가 어떤 감정을 느낄지에 대해 묻는 것이다. 이후의 내용에서 엄마는 지은에게 신경질적인 잔소리를 하는 모습으로 재현되기 때문에 독자는 엄마에 대해 부정적 판단을 할 가능성이 높다. 그러나 엄마 입장에서도 서운한 마음을 가질 법한 계기가 있었음을 질문을 통해 환기하고자 했다. 엄마의 이런 정서를 감안하고도 독자가 엄마에 대해 비판적인 입장을 갖게 된다면 그러한 판단은 좀 더 타당성을 갖게 되리라 생각

----

44 필자의 경험에 따르면 저자의 서명과 간단한 글귀가 적힌 책을 학급문고에 비치했을 때 아동이 그러한 도서를 신기해하며 관심을 갖는 경향이 있었다. 그리고 아동이 이전에 접해본 경험이 있는 작가의 또 다른 작품을 수용할 경우 작가의 이름을 알려주면 친숙하게 느끼는 경우가 많았다. 또한 아동은 동화를 읽고 그 내용이 작가가 경험한 것인지 여부에 대해서도 궁금해 했다. 따라서 작가 정보를 비롯한 주변텍스트(paratext)적인 요소들은 문학능력 향상에 직접적인 영향을 주지는 않더라도 독서 동기를 유발할 수 있을 것이다.

했기 때문이다.

⑦번 항목은 서사의 내용과 유사한 경험이 있는지를 묻는 것이다. 필자는 이 동화가 현실의 부모가 마음에 들지 않기 때문에 자신의 친부모는 따로 있을 것이라 믿는 '가족 로맨스' 모티프의 변형이라고 보았다. 비록 지은이 적극적으로 친부모를 상상하고 찾아나서는 설정은 아니지만 사람 부모와 고양이 부모의 대조적인 모습을 보며 고양이가 자신의 친부모라는 생각을 서서히 굳혀가기 때문이다. 현실의 아동 역시 부모님에 대한 불만이나 부모님과의 갈등을 바탕으로 이러한 모티프를 인식할 수 있다는 점에서 ⑦번 항목의 질문을 배치하였다.[45]

⑧번 항목은 서사가 어느 정도 진행된 이후 지은이 고양이 부부의 아이일지 여부에 대한 판단과 그 근거를 묻는 질문이다. 이 시점에서 아동 독자는 지은의 엄마가 잔소리를 하는 모습을 지켜보았고 그와 대조적으로 느긋한 고양이 부부의 모습도 함께 접했다. 엄마가 지은에게 느꼈을 서운함도 ⑥번 질문을 통해 환기된 바 있다. 따라서 이 시점에서 이루어지는 평가는 텍스트의 내용에 기반한 추론적 성격을 가지고 있다. 아동이 제시하는 근거가 텍스트의 내용과 얼마나 일치하는지를 통해 그들의 내용 이해 정도를 점검할 수 있을 것이다.

⑨번 항목은 그동안 제시된 정보를 근거로 아동이 지은의 가정에 대해 어떻게 해석하고 있는지 살피기 위한 것이다. 엄마는 히스테릭한 잔소리를 퍼붓고 아빠는 가족들의 말에 무심하다 못해 심지어 전화기를 꺼버리지만 이

....

45 그러나 실제 수업 결과 이러한 경험 사례는 보고되지 않았다. 필자가 수업한 학급의 아동들 다수는 자신의 부모가 지은의 부모만큼 잔소리가 심하진 않기 때문에 비교적 안전한 위치에서 지은의 부모에게 비판적인 입장을 취하고 지은의 가출에 공감하는 것으로 보였다. 이 외에도 수업이라는 공식적인 담화 상황에서 학급의 또래들이나 아직 래포(rapport)가 형성되지 않은 필자에게 부모님에 대한 불만이나 비판적인 생각을 전부 표현하지는 않았을 수도 있다.

에 대한 아동의 판단에는 개인차가 있을 것이라 보았다. 이러한 부모의 모습을 좋아하지는 않더라도 부모의 입장을 나름대로 이해하고 감안할 여지도 있기 때문이다. 따라서 ⑨번 항목을 통해 이러한 상황에 대한 해석의 개인차를 살피고자 했다. 그러한 해석의 개인차에 따라서 이후 제시될 지은의 가출에 대한 평가도 달라질 수 있다.

⑩번 항목은 온전히 아동의 해석 양상을 점검하기 위한 것이다. 엄마의 잔소리와 아빠의 무관심한 모습이 제시된 이후 고양이 부부와 지은은 다음과 같은 대화를 나눈다.[46]

> "우린 음식을 모아두지 않아. 그저 좀 덜 먹는 날이 있긴 하지만, 대수롭지 않지. 우리와 함께라면 넌 불안해지 않아도 돼."
> "제가 불안해한다고요?"
> 한 번도 생각해본 적 없는 것이었다. 나는 평범한 집에서 잘 자라고 있었다. 지겹거나 심심하거나 힘들 때가 있긴 하지만 불안해한다고?
> "너의 불안함이 내 몸으로 느껴지는구나. 가련한 것. 그간 널 사람 손에 자라게 해서 미안하다."[46]
>
> (밑줄은 필자)

위의 대화 내용에서 알 수 있듯 지은은 자신이 불안하다는 자각을 해본 적이 없다. 오히려 자신이 평범한 집에서 잘 자라고 있다고 생각해왔다. 그러나 고양이 부부는 이 장면 이전에도 지은에게 "이런 집에서 자랐을 너를 생각하니 눈물이 앞을 가려 한숨조차 나오지 않는구나."(⑨번 항목 참조)라고 걱정

----

46 송미경(2014), 〈나를 데리러 온 고양이 부부〉, 《돌 씹어 먹는 아이》, 문학동네, p.71.

한 바 있는데 이 장면에 이르러서는 지은의 심리 상태가 불안하다고 진단을 내린다. 필자는 이러한 진단이 해석의 허용 범위를 넓히는 것이라 판단했다. 이 장면 이전에 제시된 지은 엄마의 모습을 통해 독자는 일반적으로 지은이 현실의 부모에 대해 불만을 갖고 있다고 짐작할 수 있다. 그러나 고양이의 이런 진단은 단순한 불만이 아니라 병리적인 불안을 암시하는 것이다. 서사에서 재현된 지은의 모습과 불안이라는 고양이의 진단 사이에는 빈틈이 존재하기 때문에 그것을 메우는 독자의 해석 작업이 요구된다고 보았다.[47]

⑪번 항목은 새로운 인물인 이모가 등장한 시점에서 사건의 전개를 예측하는 질문으로 지금까지 이어진 문제 상황을 어떻게 매듭짓고 싶은지에 대한 독자의 기대를 확인하기 위한 것이다. 이 시점까지 지은의 마음은 엄마에게서 멀어지면서 고양이 부부 쪽으로 조금씩 기우는 듯 보였다. 이 때 이모라는 새 인물이 등장한 것은 지금까지의 서사 진행방향을 강화할 수도 바꿀 수도 있는 새로운 변수이다. 따라서 아동 독자가 어떠한 방향으로의 전개를 선택하는지에 따라 그들이 소망하는 서사의 결말을 짐작할 수 있다.

⑫번 항목은 지은이 최종적으로 집을 떠나기로 결정한 근거를 아동이 어떻게 종합하는지 살펴보기 위한 것이다. 이 질문을 통해 지은이 집을 떠나기

....

47 이저(Iser)는 텍스트와 독자의 상호작용을 이원적인 것으로 보고 이와 유사한 사회적 상호작용의 조건인 우연성(contingency)에 주목하였다. 상호작용의 구성요소로서의 우연성은 상호작용 상대방의 행위 계획들이 예측불가하다는 점에서 비롯된다. 이와 유사하게 대인관계에서 주체는 타자가 자기 자신을 경험하는 바에 대해서 '순수한' 인식을 할 수 없다. 이와 같은 경험의 불가시성은 '순수한' 인식 대신 '해석'을 요구한다. 대인관계에서의 접촉은 이러한 틈을 지속적으로 채우는 것에 의존한다. 그러나 텍스트와 독자의 관계는 사회적 상호작용처럼 대면상황을 전제하지 않기 때문에 비대칭적이다. 따라서 사회적 상호작용의 참가자들이 공유하는 특정한 목표 등의 공통분모가 결여되어 있다. 그러나 이저는 그러한 공통적인 관련틀의 결핍이 텍스트와 독자 간 상호작용의 동인이 된다고 보았다(W. Iser(1979), *The act of reading*, 이유선 옮김(1993), 『독서 행위』, 신원문화사, pp. 263-269). 따라서 문학작품에 존재하는 적정한 빈틈은 독자들의 적극적인 해석 행위를 끌어낼 수 있다.

로 결심할만한 단서들을 얼마나 종합적으로 제시하는지, 또 어떤 지점에서 그러한 결심이 결정적으로 이루어졌다고 보는지를 아동에게 확인하고자 했다.

⑬번 항목은 서사가 끝날 때까지 지은의 친부모가 누구인지 혹은 지은이 집을 나간 후 어떻게 되는지 등에 대한 정보를 제공하지 않는 작품의 특성상 독자가 뒷부분을 채울 수 있는 여지가 많다고 보고 도입한 활동이다.

텍스트 분석과 질문 및 활동 구성이 끝난 후에는 작품의 본문에 이상의 질문 및 활동을 기록하고 책 읽어주기의 시연을 연습하였다. 질문이나 활동을 기록하지 않을 경우 실제 수업 상황에서 놓치는 경우가 발생할 수 있기 때문에 기록은 매우 중요하다. 그리고 책 읽어주기의 시연을 연습하면서 어떤 지점에서 아동의 반응을 살필 것인지, 그를 위해 얼마나 휴지를 가질 것인지 등을 충분히 점검해야 실제 수업에서 자연스러운 책 읽어주기를 할 수 있다.

(3) 수업 실시

수업 준비가 끝난 후 필자는 먼저 D교사의 학급에서 2차시 분량의 수업을 실시하였다. D교사의 학교는 인천시 계양구에 위치해 있으며 D학급[48]은 남학생 16명, 여학생 11명으로 구성되었다. 수업이 이루어진 시기는 12월 말로, 겨울방학이 얼마 남지 않아 교육과정상의 진도를 다 마친 상태였다. 1차시는 텍스트를 처음부터 읽어주면서 읽기 전, 읽기 중 활동 및 질문을 하는데 할애되었다. 읽기 중 단계의 질문들에 대해 대화하는 시간이 길어지면서 1차시 내에 전체 텍스트를 다 읽지 못하였다.[49] 쉬는 시간이 끝난 후 텍스트의 마

....

48 편의상 A교사의 학급은 A학급으로, D교사의 학급은 D학급으로 칭하고자 한다.

49 당시 수업을 참관했던 D교사는 수업 후 간단한 협의 과정에서 필자에게 질문의 수가 많아 아동의 몰입이 방해될 수 있음을 지적하였다. D교사는 책 읽어주기의 비중을 줄이고 본격적인 토의를 통

지막 부분까지 읽고 질문을 하였다. 그렇게 텍스트를 다 읽고 난 후에는 읽기 후 활동을 진행하였으며 남은 시간에는 문학토의 화제를 선정하여 간단한 토의를 했다. 그다음 주 A교사의 학급에서도 유사한 방식으로 수업을 진행하였다. A교사의 학교는 인천시 서구에 위치해 있으며 A학급은 남학생 12명, 여학생 12명으로 구성되었다. 두 학교 모두 아파트 단지를 중심으로 한 도심 내의 학교로 가정환경이나 학력 수준은 중상 정도로 추정된다.

D학급에서 한 차례 수업을 진행했기 때문에 A학급에서 수업을 진행할 때에는 자연스럽게 D학급의 반응과 비교하게 되었다. 그러던 중에 흥미로운 점이 발견되었다. 작품의 동일한 장면에서 두 학급 간에 유사한 반응이 도출되는 경우가 생긴 것이다. 가령 읽기 전 질문 가운데 "나를 데리러 온 ( )"의 괄호 안에 들어갈 대상을 묻는 경우 공통적으로 '엄마', '아빠', '도깨비'라는 반응이 나왔다. 〈도깨비〉는 현재 한 방송사에서 방영중인 드라마 제목이기도 하다. 실제로 아동에게 물어보니 해당 드라마 속 인물을 지칭하는 반응이었다. 그뿐 아니라 두 학급 모두에서 한 여학생이 고양이가 말을 하는 설정에 대해 어떤 등장인물도 이상하게 여기지 않는 이유를 질문했다. 이 외에도 이야기의 마지막 문장을 읽어주었을 때 그것이 정말 끝인지 반문하거나 그러한 결말에 대해 불만을 표현하는 등의 유사성이 나타났다. 이에 필자는 수업을 분석하고 성찰하는 단계에서 아동이 판타지 장르에 대한 인식과 결말에 대한 반응 면에서 유의미한 유사성을 나타내는 것으로 유형화하였다. 그 자세한 양상은 3), 4)항에서 기술하고자 한다.

....

해 여러 아동들이 서로 상호작용하면서 작품에 대한 탐구가 이루어져야 한다고 보았다. D교사의 취지에는 공감했지만 필자는 이번 수업을 통해 책 읽어주기 과정에서 이루어지는 질문 및 활동을 매개로 텍스트 이해를 돕고 아동의 구체적인 문학능력을 확인하려는 목적이 있었음을 설명하였다. 그리고 이 수업에서 문학토의의 화제를 선정한 의도 역시 실제 토의를 진행하기 위한 것이라기보다 아동이 텍스트의 중요 쟁점으로 여기는 것을 파악하려는 것이었다.

3) 판타지 장르에 대한 반응

(1) 초현실적 설정에 대한 의문

판타지 서사에서는 현실을 지배하는 자연적인 법칙을 초월하는 설정이 나타난다. 장르로서의 판타지에 대한 대표적 논자인 토도로프는 판타지 장르의 제 1조건으로 '독자의 망설임'을 제시한 바 있다.[50] 본 연구를 위한 수업에서도 독자의 망설임이 판타지 장르에 대한 주요 반응으로 나타났다.

지민   근데요,

교사   어.

지민   왜,

교사   응.

지민   ⊙어, 여기 지은이를 키워온 아줌마는요. 왜 고양이가 말하는 것
         에 대해서 의문을 갖지 않아요?

교사   어떤 것에 대해서?

지민   그러니까 고양이가 말을 왜 하는지에 대해서.

교사   아, 고양이가 와서 막 말을 하잖아. 그 자체에 대해서 왜 의문을

----

50   T. Todorov(1970), *Introducción a la literatura fantástica*, 최애영 옮김(2013), 『환상 문학 서설』, 일월서각, p. 65. 이때 토도로프가 말한 망설임이란 "자연적이고 초자연적인 것 사이에서의 균형 잡힌 주저함 안에서 오로지 존재한다"는 것이다. 그는 환상적인 것을 언캐니(uncanny)한 것이나 마법적인 것과 구별하고, 환상을 현실의 자연적인 법칙을 어기는 현상에 직면한 개인의 망설임의 산물이라 보았다. 그러나 이는 제한적인 정의로 그 유용성 또한 제한적이다. 그러한 관점에 따르면 그 나름의 자연 법칙으로 새로운 환상 세계를 구성한 작품이 환상문학에서 배제되기 때문이다(M. L. Ryan, D. Herman & M. Jahn(eds.)(2005), *Routledge encyclopedia of narrative theory*, Routledge, p.160). 이 연구에서는 토도로프의 판타지 개념이 갖는 이러한 한계를 감안하되 그가 언급한 "망설임"이라는 용어가 현실의 독자가 초현실적 설정에 대해 나타내는 반응을 나타내기에 적합하다고 보고 이 용어를 채택하였음을 밝힌다.

갖지 않는 걸까? 왜 그런 거 같애, 얘들아?

(발췌록 D-1)[51]

지윤 ⓛ근데 왜 고양이가 말하는 거에 대한 거가 아무 말도 없어요? 고양이가 말하는데.

교사 아, 고양이가 말하는 거에 대해서 왜 아무 말도 없냐고 얘기했어. 무슨 질문인지 알겠어, 얘들아? 지금 지윤이가 얘기한 거는, 지은이는 사람이 맞고 고양이 부부도 진짜 고양이가 맞아, 그러면 고양이가 막 말을 하는데 왜 그런 이상한 설정에 대해서는.

지윤 아무도 얘기를 안 해요?

교사 아무도 얘기, 이 이야기 안에서?

지윤 네.

(발췌록 A-1)

발췌록 D-1은 책 읽어주기 과정의 읽기 중 단계에서 이루어진 대화이다. 표 3-6의 질문 가운데 ⑧번 항목과 관련한 대화를 나누던 중 한 학생이 ㉠과 같은 질문을 하며 초현실적 상황에 대한 자각을 공식적으로 표현하였다. 이와 거의 유사한 질문인 발췌록 A-1의 ⓛ은 작품의 본문 읽기가 막 끝나고 나서 제기되었다. 문제 제기의 시점은 다르지만 질문의 언어적 형태와 그 초점이 매우 유사하다. 이 두 독자들은 고양이가 말을 하는 초현실적인 상황에서

---

51 발췌록 D-1은 D학급에서의 수업 중 첫 번째 발췌록임을 의미한다. 수업 대화를 인용할 때는 이와 같이 수업이 이루어진 학급의 알파벳-발췌록 번호로 기록하고자 한다. 아울러 발췌록의 내용은 구어 담화로 되어 있어 문어로 그대로 옮겼을 때 의미전달이 어려울 수 있으므로 필요한 경우 필자가 1차 전사 내용을 다듬어 수록할 것이다.

대해 등장인물이 아무도 놀라거나 이상하게 여기지 않는다는 것에 의문을 갖는다. 대부분의 판타지 작품에서는 독자뿐 아니라 등장인물도 초현실적 설정을 전적으로 신뢰하기 보다는 그것에 대해 망설임을 드러낸다. 그러나 예외적인 작품들도 있기 때문에 등장인물의 망설임이 판타지 장르의 필수적인 요건은 아니다.[52]

이 작품의 등장인물들도 고양이가 말을 한다는 사실보다는 고양이가 지은이의 친부모라는 주장에 대해서 의심과 놀라움을 나타낸다. 특히 지은의 사람 엄마는 고양이 부부의 주장을 강하게 부정하지만, 말을 하는 고양이에게는 어떤 의문도 보이지 않은 채 천연덕스럽게 대화한다. 사람 아빠의 경우는 고양이가 나타났다는 말을 듣고 "엉뚱한 소리"라고 일축한 것으로 보아 이러한 설정을 믿지 않은 것으로 보인다. 그러나 전체 서사에서 아빠는 전화기 너머의 존재로 잠시 서술되었으며 아빠가 "엉뚱한 소리"라 일축한 초점 역시 고양이가 말하는 상황 자체인지 아니면 고양이가 지은의 친부모라는 이야기인지 등이 명확하지 않다. 따라서 아동에게 그러한 아빠의 행위는 고려할 대상으로 부각되지 않은 것으로 보인다. 이처럼 이 이야기에서 등장인물들은 전반적으로 고양이가 말을 하는 초현실적 설정을 문제 삼지 않는다. 그뿐 아니라 고양이 부부가 지은을 키우지 못하게 된 배경 설명 또한 생략되어 있다. 독자가 초현실적 설정에 대해 나름의 이해를 구축할 근거 정보가 부족하고 그러한 믿음을 동일시할 인물이 미약하게 제시되기 때문에, 판타지에 대한 독자의 망설임은 의구심으로 증폭되어 나타난 것으로 풀이된다.

----

52   T. Todorov(1970), 앞의 책, pp. 65-69.

(2) 초현실적 설정에 대한 의문을 해소하는 전략들

초현실적 설정에 대한 위와 같은 의문이 불러일으킨 인지적 불균형을 해소하는 전략에는 학급별로 차이가 있다. D학급의 아동들은 동화 장르가 환상문학적인 특징을 나타낸다는[53] 서사도식을 동원하거나 이야기에서 생략된 빈틈을 채워 넣어 논리적인 연결을 시도한다. 한편 A학급에서는 서사의 시공간 개념과 연결 지어 초현실적인 상황을 이해하고자 한다.

교사   아, 고양이가 와서 막 말을 하잖아. 그 자체에 대해서 왜 의문을 갖지 않는 걸까? 왜 그런 거 같애, 얘들아?

채연   ㉠동화라서.

승민   ㉠동화니깐.

정섭   많이 봐서.

교사   동화라서? (정섭이를 향해) 많이 봐서?

정섭   네.

교사   어디서 많이 봐서?

정섭   어디선가, 그, 지은이를 키워주겠다고 할 때.

교사   ㉡아, 지은이를 키워주겠다고 약속할 때 이미 만났을 것이다?

....

53 우리가 관습적으로 사용하는 "동화 같은 이야기"라는 표현에는 동화란 환상적인 이야기라는 통념이 담겨 있다. 안데르센 동화나 백설공주, 신데렐라 이야기 등은 이러한 통념에 잘 들어맞는다. 그러나 아동문학 장르에서 동화는 반드시 환상적인 설정을 전제하지는 않는다. 현실주의 계열의 동화가 다수 창작되면서 동화를 환상주의 계열과 현실주의 계열의 작품으로 구분하고 그것을 장르명으로 정리하려는 시도도 꾸준히 이어져왔다. 이러한 시도는 두 가지 입장으로 나뉜다. 아동서사에 대한 총칭으로 동화를 사용하되 환상동화와 현실주의 동화를 구분하자는 주장과 환상성을 지닌 아동서사를 동화로, 현실주의 계열의 아동서사를 소년소설로 구분하자는 주장이 그것이다. 이러한 논쟁에 대해서는 김상욱 외 저(2013), 한국아동청소년문학학회 엮음, 『한국 아동청소년문학 장르론』, 청동거울 및 계간 《창비어린이》 제8권 3호 특집 "아동문학 장르 용어 어떻게 쓸까"(권혁준 외, 2010) 참조.

정섭 네.

교사 어, 그렇게 생각할 수도 있겠다. 정섭이 말은 만약에 고양이가 말
한 게 사실이라면 어쨌든 고양이가 지은이의 엄마 아빠한테 지
은이를 맡겼을 수 있으니까 이미 그때 한번 만났다는 거구나. 여
기선 나와 있진 않지만 그런 설정으로 받아들일 수도 있겠네. 아
니면 채연이는 동화니까. 그리고 채연이 옆에 승민이도 동화니
깐. 그리고 또? 또 아까 누가 얘기했었는데 (더 이상 반응이 없자)
자, 지금 여러분들이 이렇게 의문을 표시했어요. 여러분들도 비
슷한 생각을 했어요?

학생들 네.

(발췌록 D-2)

밑줄 친 ㉠에서와 같이 채연과 승민은 고양이가 말을 한다는 초현실적
설정이 동화라는 장르의 기본적인 속성이라고 답하고 있다. 아동문학에서 동
화 장르는 현실주의 계열과 판타지 계열로 나뉜다고 볼 때[54] 이들이 지칭하는
"동화"는 하위 장르로서의 판타지 동화를 의미한다. 아동이 판타지 동화라는
장르 명칭을 정확하게 사용하는 것은 아니지만 초현실적 설정을 해당 장르의
관습으로 수용하고 있는 것이다. 이들에게는 이처럼 해당 서사장르가 전제로
하는 관습적 규범에 대한 지식, 즉 서사능력[55]이 어느 정도 형성되어 있음을

....

54 이는 비단 아동문학에만 해당되는 관점이 아니다. 캐스린 흄(Kathryn Hume)은 문학의 이러한
두 가지 양상을 현실 재현의 미메시스 충동(모방 충동)과 그러한 현실을 벗어나고자 하는 환상 충동
의 두 양식으로 구분하였다. 이러한 관점은 환상(판타지)을 문학의 주변적인 현상으로 간주하려는 견
해를 반박한다는 의미를 갖는, 포괄적 정의라 볼 수 있다(최기숙(2010), 『환상』, 연세대학교 출판부, pp.
22-23).
55 오탁번·이남호(1999), 『서사문학의 이해』, 고려대학교 출판부. p.60.

알 수 있다.

한편 정섭은 이야기를 논리적인 모순 없이 수용하기 위해서 허구적 서사물의 전형적인 빈틈인 '정보 공백'[56]을 채워 넣고 있다. 밑줄 친 ⓛ에서와 같이 고양이 부부가 사람 부모에게 지은을 맡기기 위해 이미 엄마와 만난 적이 있기 때문에 초현실적 설정에 대해 놀라지 않는다고 가정하는 것이다. 이를 통해 정섭이 지금까지 제시된 서사 가운데 고양이가 지은의 친부모라고 주장하는 내용을 받아들이고 있음을 알 수 있다. 그러한 설정 역시 고양이가 말을 하는 것과 유사한 초현실적 설정이다. 따라서 정섭은 판타지 장르의 규범을 토대로 이 텍스트의 생략된 부분을 채운 것이다. 이렇게 볼 때 사람 엄마가 고양이 부부를 이미 만난 적이 있기 때문에 더 이상 놀라지 않는 것이라는 가정은 토도로프가 언급한 '등장인물의 망설임'이 서술되지 않은 채 생략된 것이지 인물들이 놀라지 않았다는 것이 아니란 설명이 된다.

한편 판타지를 구별하는 표지로는 앞서 언급한 독자나 등장인물의 망설임 혹은 놀라움뿐 아니라 환상적인 사건이 가능해지는 시공간(chronotope)을 들 수 있다. 톨킨(Tolkien)은 그러한 시공간을 '이차 세계(Secondary World)'로 구별하고 그 세계 자체의 내적 리얼리티를 강조한 바 있다.[57] 니콜라예바(Nikolajeva)는 톨킨의 '이차 세계'를 바흐친의 시공간 개념과 결합하여 '이차적 시공간(Secondary Chronotope)'이라는 용어로 발전시켰다.[58] 이러한 시공간을 중심으로 그곳으로 이동하는 통로나 규칙 등이 함께 등장하면서 판타지 장르를 규정하는 세부적인 규범들이 파생된다. 흥미로운 점은 다

....

56   S. Rimmon-Kenan(1983), *Narrative fiction: Contemporary poetics*, 최상규 옮김(2003), 『소설의 현대 시학』, 예림기획, p. 222.

57   김상욱(2006b), 『어린이문학의 재발견』, 창비, p. 103.

58   M. Nikolajeva(1996), *Children's literature comes of age: Toward a new aesthetic*, 김서정 옮김(1998), 『용의 아이들』, 문학과지성사, p. 185.

음 발췌록과 같이 A학급의 아동들은 이러한 시공간에 주목하여 초현실적 설정을 이해하고자 했다는 것이다.

교사	이 이야기에 나오는 어떤 인물도 거기에 대해서 이상하다고 얘기하지 않는대. 왜 그럴까?
학생1	㉠시대가 발전한 거죠.
교사	시대가 발전했다?
학생1	㉡그 나라의 전통.
교사	㉢그러면 이게 지금 우리나라도 아니고 지금 이 시대도 아닐 것이다?
학생1	그렇겠죠.
학생2	아빠가 키운 고양이가 죽어가지구 다시 ㉣환생해가지구……. (자신감 없는 태도로 혼잣말을 함)
학생3	일단 ㉤초현실.
교사	일단 초현실? 그다음에? (학생들은 침묵한다) 근데 여러분들도 이상하다고 생각하진 않았어요?
학생4	이상했어요.
동균	처음에.
교사	처음에?
동균	처음에 갑자기 실내화 갈아신는데 고양이들이 왔잖아요. 그래가 지구 갑자기 말을 하는데 처음에 그게 이상했어요.
교사	응. 그때 이상했는데 지금은 얘길 듣다보니까 어떤 것 같애요?
동균	맞는 것, 어, 그냥 ㉥미래라서 고양이들이 우리가 알던 고양이가 아니라 말을 할 수 있는 고양이구나.
교사	아, '그런 거구나'라고 일단은 이해를 하고 이야기를 들었구나.

또 다른 사람? 나는 이걸 어떻게 이해했다?

학생5 Ⓐ막장.

교사 막장이라고 이해했다?

학생6 ◎사람 이름이 고양이일 수도 있잖아요.

교사 아직도 이 고양이가 고양이가 아닐 것이다? 근데 이제 담장으로 뛰어오르고 하는 걸 보니까 고양이가 맞는 것 같애.

(발췌록 A-2)[59]

㉠은 시간적 배경, ㉡은 공간적 배경에 속한다. 학생1은 시간과 공간이 지금 우리가 살고 있는 현실과 다를 것이라고 보았고 교사는 그 두 가지 개념을 ㉢과 같이 결합시켜 정리하였다. 학생3은 그러한 시공간이 초현실적인 특성을 갖는다고 보고 ㉣과 같이 언급하고 있다. 동균은 고양이가 말하는 초현실적인 설정이 서사의 초반부부터 제시됨을 지적하면서 그 이상한 느낌을 해소하기 위해 ㉤과 같이 미래라는 시공간으로 해석하였다. 이러한 해석 전략은 공통적으로 이 서사의 시공간이 현실과 구별되는 곳임을 상정한다. 그 외에도 ㉥, Ⓐ, ◎과 같이 환생 모티프를 도입하거나 소위 '막장 드라마'의 플롯으로 이해하려는 시도, 그리고 고양이가 동물이 아니라 사람 이름이라는 설정으로 이해하려는 전략도 제시되었다.

이러한 논의는 초현실적 설정이 이루어지는 이차적 시공간이 현실 세계와는 별도로 존재한다는 인식을 나타낸다. 이는 아동이 현실 세계를 지배하는 규칙과 판타지 서사에서 허용하는 규칙을 구별하고 있으며 현실 원리에 어긋나는 작품을 수용하기 위해서 별도의 시공간을 상정하는 전략을 사용함

----

59 필자가 아동의 얼굴과 이름을 다 파악하지 못한 상태로 수업이 진행되었기 때문에 목소리만으로 이름을 확인할 수 없는 경우에는 학생1, 학생2 등으로 표기함을 밝힌다.

을 의미한다. 이와 유사하게 아동은 초현실적 사건을 논리적으로 이해하기 위해 다음 발췌록에서와 같이 그것이 현실의 일인지 꿈속의 일인지를 논의했다. 이는 책 읽어주기 후 이루어진 학급 전체 토의에서 가장 첫 번째 토의 화제로 선정된 내용이기도 하다.

교사　그러면 애들아 이거에 대해서 얘기해볼까? "이 이야기는 현실일까? 꿈일까?" 대부분 꿈이겠지, 이렇게 얘기를 했잖아. 이게 현실인 거 같다 생각하는 사람?

성연　㉠어차피 책이니까, 다른 책에도 막 인어공주처럼 인어도 말을 하고 그런 신기한 것들도 나오니까, 얘(이 이야기)도 책이니까 현실이어도 되는 거 같아요.

교사　어, 그러니까 책 속에서는 이런 일도 일어날 수도 있을 것 같다? 화영이는?

화영　㉡저희가 이런 걸 모르고 있을 수도 있지만, 워낙 사람들 세계가 (다양하게) 있을 수 있으니까.

교사　아, 우리가 세계를 다 알진 못하니까 지구 반대편에는 이런 현실이 있을 수 있다? 그러면 반대로 이건 꿈이지, 말도 안 된다고 생각하는 사람? 유진이. 왜 꿈이라고 생각했어요?

유진　㉢고양이 사이에서 사람이 나올 수가 없어요.

교사　응, 이런 현실 자체가 생물학적으로 말이 안 된다. 그다음에 동균이?

동균　㉣어, 일단 현실적으로 불가능하니까.

교사　우리가 일상, 우리 현실에서 이런 걸 본 적은 없으니까. 그리고 진서는?

진서　㉤일단 고양이의 언어랑요, 우리의 언어는 다르고요, 생물학적

　　　　으로도 일어날 수 없는 일이에요.

교사　웅, 그래서 이거는 꿈일 것이다? 자, 좋아요. 그러면 내가 여기서
　　　　질문 하나 할게. 이게 꿈같은 이야기이긴 하잖아. 현실적이라고
　　　　생각하는 사람들조차도 이게 현실에서 흔하다고 얘기하는 건 아
　　　　니었어. 하지만 책이니까 일어날 수 있고 우리가 모르는 세계에
　　　　서는 있을 수 있다고 얘길했잖아. 그럼 왜 작가는 이런 ⑪비현실
　　　　적인 이야기를 썼을까?

(발췌록 A-3)

　　　이 이야기가 현실이라는 의견은 ㉠과 ㉡에 해당한다. ㉠은 인어공주와
같은 판타지 작품이 책으로 존재하므로 이러한 초현실적 설정 역시 책 속에
서는 가능하다는 의견이다. 따라서 여기서 "책"은 허구 서사인 문학작품, 그
중에서도 판타지 서사를 의미하는 것이며 ㉠은 다른 판타지 동화를 참조하
는 상호텍스트적인 인식이라 볼 수 있다. 그러한 인식은 텍스트를 다른 텍스
트와의 관계에서 파악하는 것으로 문학적 기호가 세계 속의 대상을 참조하는
것이 아니라 그것이 생산된 문학 체계를 참조한다는 사유이다.[60] 한편 ㉡은
현실 세계에서도 이러한 일들이 일어날 수 있다는 의견이다. ㉠이 예술 양식
으로서의 문학 체계에 대한 인식을 드러내는 것에 비해 ㉡은 문학을 이해하
기 위해 현실을 직접 참조하는 단계라고 볼 수 있다.
　　　반면 이 이야기가 꿈이라는 입장은 우리가 살고 있는 현실 세계에서는
이러한 일들이 결코 일어날 수 없다는 관점이다. 초현실성이 지배하는 이차
적 시공간과 현실성이 지배하는 일차적 시공간을 구분하는 것이다. ㉣에서는

60　G. Allen(2000), *Intertextuality*, Routledge, p. 11.

뚜렷한 근거를 제시하지 못하고 있으나 ⓒ과 ⑪에서는 생물학적, 언어적 차이를 근거로 제시하고 있다. 필자는 ⑪에서와 같이 판타지의 초현실적 설정을 "비현실적인 이야기"로 개념화하였다.[61]

　　이상의 수업 결과를 통해 아동이 판타지 서사의 초현실적 설정을 자각하고 그러한 설정에 대한 의문을 다양한 방식으로 해소해나가는 과정을 살펴보았다. 그리고 해석공동체에 따라 이해 전략과 서사능력에는 차이가 있음을 확인할 수 있었다. 그 과정에서 아동은 판타지의 초현실적 설정을 동화가 허용하는 관습으로 이해하거나 "초현실"적이며 "현실적으로 불가능"한 것으로 받아들이며 나아가 현실과는 구별되는 다른 세계에서 벌어지는 일로 인식하였다. 이를 '판타지' 혹은 '환상문학'과 같이 장르를 일컫는 구체적인 개념어로 제시하지는 않았지만, 실상 판타지 장르는 우리 주변에 편재해 있다. 이 수업에서 아동이 참조한 드라마 〈도깨비〉나 최근 개봉한 영화 서사 등 실제 생활에서 아동이 판타지 서사를 접했을 개연성이 높다. 실제로 A학급의 몇몇 아동들은 쉬는 시간에 드라마 〈도깨비〉에 대해서 이야기를 나누기도 하였다. 이처럼 영상매체를 통해 판타지를 쉽게 접할 가능성이 높은 아동이 문학작품의 판타지적 설정을 일정한 장르의 도식으로 이해하는 단계에 이르지 못한 것이 필자에게는 흥미로운 지점이었다. 더구나 판타지는 아동이 문학 독서의 초기 단계에서 자주 접하는 그림책과 옛이야기에서도 익숙한 설정이다. 따라

61　수업이 끝나고 대화 내용을 전사하는 과정은 자연스럽게 수업을 반성하는 기회가 된다. 이렇게 볼 때 판타지 장르의 특성을 필자가 자신의 언어인 "비현실적인 이야기"로 개념화하는 것보다는 앞서 제시한 발췌록 A-2의 ⑪에서처럼 아동이 "초현실"이라는 장르적 특징을 언급할 때 논의를 확장하며 장르의 특성을 탐구하도록 하는 것이 적절했다고 판단된다. 랭거는 문학의 탐구 과정에서 이처럼 학습이 이루어질 수 있는 자연스러운 초점이 형성되는 때를 "가르칠 수 있는 순간(teachable moments)"으로 명명하고 주목한 바 있다(J. A. Langer(1995), 앞의 책, p. 122). "가르칠 수 있는 순간"에 대한 구체적인 예시는 Ⅳ장 문학토의의 실천에서 살펴볼 수 있다.

서 아동이 유아기부터 문학 독서의 경험을 꾸준히 쌓아왔다면 판타지 장르의 설정도 자연스럽게 받아들일 수 있을 것이다. 그러나 필자가 실행한 수업에서 아동은 판타지 장르를 낯설어 했다. 이는 대중매체에서의 장르 수용 경험이 문학매체에서의 경험에 대해 전이력을 갖지 못하는 것으로 풀이될 수도 있다.[62] 혹은 아동의 문학 독서 경험 자체의 부족에서 비롯된다고도 볼 수 있다. 이러한 문학현상의 원인과 대안에 대한 추가적인 연구가 필요해 보인다.

4) 결말에 대한 수용 전략

(1) 결말에 대한 반응

한 편의 이야기는 처음, 중간, 끝으로 이루어져 있다. 이야기의 서두는 독자들의 호기심과 그에 따른 기대감을 불러일으킨다. 그러한 호기심과 기대감은 서사의 진행에 따라 해소되고 충족된다.[63] 〈나를 데리러 온 고양이 부부〉에서는 이야기의 서두에서 제기된, "지은이 정말 고양이 부부의 아이일까?"와 같은 호기심과 "지은은 앞으로 고양이 부모/사람 부모를 선택할 것 같다"와 같은 기대감이 결말에서 어느 정도 해소되고 충족될 것이라고 예상하게 된다. 그러나 이 작품은 지은이 고양이 부부를 따라서 집을 나간 후 이내 종결됨으로써 그러한 기대와 호기심을 충족시키지 못한다. 이에 대해 수업 대상 아동들은 다음과 같은 반응을 나타냈다.

....

62 이와 관련하여 학생들이 대중매체 텍스트를 통해 많은 담론 방식을 습득함에도 불구하고 자신이 아는 바를 인식하지 못하거나 말이나 글로 표현하지 못했다는 지적도 참고할 수 있다(이지영(2013), 「학교 현장의 매체 기반 독서 교육 내용 연구-복합 양식성을 중심으로」, 《독서연구》30, 한국독서학회, p. 106).

63 오탁번·이남호(1999), 앞의 책, p. 85.

교사 (이야기의 끝 부분을 읽어준다) "나는 쓰고 있던 모자도 나뭇가지에 걸어두고 담장으로 뛰어올랐다. 내 몸은 날렵하고 부드러웠다."

지민 갑자기 고양이로 변하는 건가?

교사 이렇게 끝나요. 끝.

학생1 응? 이야기가 끝나요?

교사 응, 끝이에요.

학생2 헐.

교사 황당해요? 끝이 이상해요?

학생3 뭔가 궁금해요, 뒷이야기가.

교사 뒷이야기가 궁금하죠?

학생4 아, 난 이럴 줄 몰랐어. (짜증난다고 한 것 같으나 잘 들리지 않음)

교사 이런 이야긴 너무 짜증나요?

학생5 알려주고 끝내지.

학생6 시리즈가 나올 것 같아요.

교사 그래, 좀 알려주고 끝내지. 시리즈가 있을 것 같아? 근데 아직은 시리즈는 안 나왔고 일단은 끝났거든. 그러면 얘들아, 뒷이야기가 어떻게 이어졌으면 좋을까?

학생7 마지막 이야기가……. (다시 알려달라는 듯함)

교사 마지막 부분 다시 읽어줄게.

(발췌록 D-3)

교사 (이야기의 끝 부분을 읽어준다) "나는 쓰고 있던 모자도 나뭇가지에 걸어두고 담장으로 뛰어올랐다. 내 몸은 날렵하고 부드러웠다." 끝!

학생1 에?

학생2 응?

학생3 응?

학생4 끝이에요?

학생5 주인공이 고양이가 맞는 거죠? 그, 엄마 아빠가?

학생6 뭐야.

학생7 아니, 그동안에 아빠가 키워줬는데…….

학생들 (웅성웅성)

지윤 근데 왜 고양이가 말하는 거에 대한 거가 아무 말도 없어요? 고양이가 말하는데. (발췌록 A-1의 내용으로 이어짐)

(발췌록 A-4)

이 서사의 결말을 접한 아동의 일차적인 반응은 예기치 못한 상황에 대한 놀라움, 당혹감, 나아가 짜증으로 표출된다. 그 이유는 고양이로 변하거나 집을 나간 후의 뒷이야기가 더 이어질 거라 예상했던 기대가 충족되지 않았기 때문으로 보인다. 이로 인한 아쉬움을 달래기 위해 불만을 표현하거나 시리즈 형식으로 후속작이 나올 거란 새로운 기대를 하는 모습이 보인다. A수업에서는 이러한 결말에 대한 이야기가 다음과 같이 한 차례 더 언급되었다.

교사 이야기가 끝났는데 선생님이 "끝!"하니까 여러분들이 좀 당황했죠?

학생들 네.

교사 왜 당황했어요?

학생들 (웅성웅성)

학생1 결말이 이상해요.

교사 결말이 이상하다?

학생2 어중간해요.

교사 　어중간하게 끝났다? 그다음에? 결말이 좀, 이게 끝이 아닌 것 같
　　　아요?

화영 　네.

교사 　뭔가 끝이 더 있어야 될 거 같아요? 그러면 어떤 이야기가 더 있
　　　어야 될 거 같아요?

학생들 (웅성웅성)

학생3 　얘가 어떻게 되었는지.

학생4 　거울을 봤는데 난 고양이가 돼 있었다. 이런 거.

교사 　어, 뭔가 덜 끝난 느낌이 들죠? 아니면 이대로도 괜찮아, 이렇게
　　　생각할 수도 있어. 그러면 어떤 식의 결말이 나야 되는지, 자기가
　　　생각하는 이 이야기의 결말을 써볼까? 작가처럼 잘 안 써도 돼.

학생들 (각자 어떤 식의 결말을 구상하는지 대화하며 글을 쓰기 시작함.)

(발췌록 A-5)

　아동은 이 서사의 결말이 어중간하며 뒷이야기가 더 제시되어야 안정적
일 것이라고 보고 있다. 다시 말해 아동이 보기에 충분한 정보가 제시되지 않
은 이 작품의 결말은 온전한 것이 아니다. 이야기를 읽을 때 가장 견디기 어려
운 것은 이러한 불확실성이기 때문에 아동들은 당혹감과 불만을 표출한 것으
로 보인다. 그래서 그들은 서사가 끝난 후 교사가 특별히 동기를 유발하지 않
아도 자신이 생각하는 뒷이야기를 쉽게 발표하고 글로 옮기기 시작했다. 이
처럼 "서사가 스스로 종결되지 않을 경우, 독자 쪽에서 종결시키려는 시도를
하는 것은 드물지 않은 일이다".[64]

....
64　H. P. Abbott(2008), 앞의 책, p. 175.

표 3-7. 토의 화제 "이 이야기의 결말은 괜찮은가?"에 대한 아동의 의견

의견(인원)	근거	비고
괜찮다 (4명)	상상에 맡기는 것 같고 자신의 생각에 따라 결말이 바뀌는 게 좋다.	상상력을 키울 수 있음
	이렇게 책이 끝나버리면 궁금증을 더 유발해서 상상력이나 생각이 늘어날 수도 있다.	
	상상력을 기를 수 있음. 유익한 책.	
	이야기가 조금 어중간하게 끝이 나긴 했지만 그로 인해 더 많은 상상을 할 수도 있기 때문이다.	
괜찮지 않다 (16명)	결말을 알려주지 않아 상상력을 기를 수는 있지만 결말을 잘 모르니까 불안하다.	불안감, 답답함, 아쉬움 등 부정적 정서
	고양이를 따라 집을 나간 것까지는 좋았는데 그 뒤에부터 조금만 나오고 끝난 건 애매하고 답답하다.	
	책의 뒷이야기가 너무 궁금하다. 그리고 이렇게 끝나니까 시시하기도 하다. 왜냐하면 읽는 이를 궁금하게만 만들고 그러면 괜히 답답하고 엄청나게 궁금하다.	
	끝을 알 수 없고 궁금증이 풀리지 않고 끝을 알지 못하니까 답답하다.	
	결말에 살짝 부족한 점도 있고 완벽히 이야기가 깔끔하게 끝난 게 아니라 아쉽고 끝까지 이야기를 알고 싶은 마음이 더 커서 아쉽다.	
	결말이 어떻게 되었는지 알려줘야 하는데 끝 결과가 궁금증을 생기게 하고 끝냈다.	정보의 부족에서 오는 불만족
	한참 흥미진진할 때 (이야기가)끊기고 확실한 결과가 나오지 않기 때문이다.	
	스토리는 좋았으나 그 후에 어떻게 되었는지 언급되지 않고 애매하다. 마지막에 고양이가 되었다거나 하는 떡밥이라도 던지면 좋았을텐데…….	
	마지막에 "내 몸은 날렵하고 부드러웠다"에서 고양이로 변했다는 것인지 아니면 그런 느낌이 들었다는 것인지에 대해 설명이 되어 있지 않다.	
	고양이와 지은이에 대해 알 수 없는 점이 수없이 많은데 결말로 가기엔 너무 빠르다. ㉠ 좋은 결말은 지은이가 고양이의 딸이고 고양이로 돌아가는 방법이 있는 것이고 ㉡ 나쁜 결말은 고양이가 지은이를 이용하기 위해 거짓말을 한 것이라 생각한다.	
	시리즈로 나오지는 않을 것 같은데 그렇게 확실한 끝 내용을 알려주지 않은 것은 그닥 좋지 않은 것 같다.	
	지은이의 진짜 엄마가 누군지, 고양이로 계속 살았는지 나오지 않음.	
	책의 결말이 나왔더라면 더 자세히 생각해볼 수 있었다고 생각한다. 아니면 2권이 있었으면 좋았겠다.	
	끝 결말이 맞지 않는다.(자신이 기대한 것과 어긋난다는 의미로 보임)	기타
	이유를 밝히지 않음. (2명)	
양가적 응답 (1명)	이렇게 책이 끝나버리면 궁금증을 더 유발해서 상상력이나 생각이 늘어날 수도 있다. 다르게 생각하면 참을성이 없는 사람들은 아쉬워할 것 같다.	궁금증과 아쉬움

D수업에서는 이러한 결말에 대한 아쉬움을 책 읽어주기 이후에 문학 토의 화제를 선정하는 과정에 반영하였다. 시간 관계상 토의를 진행하지 못하여 독서일지에 기록 후 필자가 검토하였는데 그 결과는 표 3-7과 같다.

표 3-7에서 전체 응답 아동 21명 가운데 16명이 이 이야기의 결말에 대해 부정적인 평가를 했다. 대략 76%가 결말에 만족하지 못하고 있는 것이다. 그러한 근거는 크게 정서적인 불만족 내지는 불균형, 그리고 정보 부족에 대한 불만으로 대별된다. 특히 밑줄 부분을 살펴보면 다수의 아동이 이 결말이 확실하지 못하거나 제대로 다 보여주지 못한 것으로 인식함을 알 수 있다. 즉 아동이 생각하기에 적당한 결말이 따로 존재하며 이 서사는 그것을 다 드러내지 못했다고 보는 것이다. ㉠과 ㉡처럼 아동이 스스로 "좋은" 결말과 "나쁜" 결말을 구분하여 제시하는 것도 이러한 인식을 드러내는 예이다.

따라서 두 학급의 아동들이 비교적 자발적으로 자기 나름의 결말을 만들었던 것은, 서사가 가진 빈틈과 생략이 자신이 결말에 대해 상정한 가설과 다르기 때문에 발생한 불균형을 해소하려는 것이다. 그 구체적인 양상은 다음 항에서 살펴볼 것이다.

(2) 결말에 대한 불만을 해소하는 방식

이야기의 결말은 텍스트의 종류에 따라 문제가 충분히 해결되는 경우도 있고 결정적 해결을 얻지 못하고 끝나는 경우도 있다. 가령 추리 소설은 일반적으로 범인이 누구인지 밝혀 사건을 해결한 후에 끝난다.[65] 그런데 독자들이 뒷이야기를 이어 쓰는 수업 상황에서는 이야기 자체의 특성뿐 아니라 독자의 기대지평에 따라서도 그 끝이 달라진다.

....

65 S. Rimmon-Kenan(1983), 앞의 책, p.211.

그러나 독자의 기대나 호기심이 무한정 자유로운 것은 아니다. 그보다는 해당 작품의 내용과 그에 대해 독자가 해석해 온 내용의 범위 안에서 자율성을 얻는다. 앞서 3장에서 살펴본 바와 같이 아동 독자들은 서사를 수용함에 있어서 논리적인 모순을 피하고자 노력하는 경향이 있다. 비록 그들의 논리가 치밀하지 못하거나 텍스트에 대한 오독을 바탕으로 할지라도, 독자들이 독서 과정에서 통합한 정보들을 토대로 나름의 논리를 유지하고자 한다는 것은 분명해 보인다. 이러한 정보의 통합은 보통 텍스트의 앞부분에 대한 소급적 유형화를 요하는데 그것은 과거의 의미나 효과를 강화·발전시키거나 거부·변형·수정하는 두 가지 경우로 나눌 수 있다.[66]

〈나를 데리러 온 고양이 부부〉는 지은이 고양이 부부를 따라서 집을 나오는 것으로 끝이 난다. 서사가 시작되고 끝날 때까지의 과정에서 지은은 사람 부모에 대한 불만을 점차 명징하게 자각해가는 한편, 고양이 부모에 대한 심리적인 거리를 줄여나간다. 그 결과 고양이 부모를 선택하고 집을 나오는 것으로 서사가 종결된다. 따라서 아동이 덧붙인 뒷이야기는 이러한 선택을 강화하는 경우와 그것을 거부하고 변형하는 경우로 크게 나누어볼 수 있을 것이다.

표 3-8은 아동이 제출한 뒷이야기에서 주요하게 나타나는 모티프들을 결말의 유형에 따라 분류한 것이다. 위에서 제시한 결말의 두 유형과 달리 경계에 해당하는 절충적인 유형이 나타나서 'C. 절충형'을 추가하였다. 세부 모티프들은 대체로 두 학급 모두에서 나타났으나 그 비중은 학급별로 차이가 있다.

D학급은 응답아동 21명 가운데 결말 유형 A를 선택한 아동이 12명으로 가장 많았고 B유형은 6명, C유형은 3명이었다. 대체로 고양이 부부를 선택한

....

66 S. Rimmon-Kenan(1983), 앞의 책, p. 212.

표 3-8. 뒷이야기 이어 쓰기 내용의 분류

결말 유형	세부적인 모티프	비고
A. 기존 선택 강화	①지은이 고양이로 변하여 고양이와 함께 살아가는 모티프	
	②지은이 사람인 채로 고양이와 함께 살아가는 모티프	
	③지은의 부모가 지은을 찾으며 고생하는 모티프	
	④지은이 바깥에서 살며 고생하는 모티프	
B. 기존 선택 거부	⑤지은이 자발적으로 집으로 돌아가는 모티프	
	⑥지은이 수동적으로 집으로 끌려가는 모티프	
	⑦지금까지 있었던 일이 꿈으로 처리되는 모티프	
	⑧사람 부모의 반성과 그로 인한 화해 모티프	
C. 절충형	⑨사람 부모와 고양이 모두가 함께 사는 모티프	

기존 결말이 해피엔딩으로 이어진다는 예측이 우세했다. 고양이로 변신하는 단일 모티프를 선택한 아동이 9명으로 가장 많았다. 다만 고양이 부부와 살지만 해피엔딩이 아니라 바깥세상에서 고생하는 결말을 쓴 아동도 1명 있었다. 기존 결말을 거부하고 집으로 귀가하는 내용을 선택한 아동들의 경우 엄마에게 끌려가거나 돌아가서도 어찌할 줄 모르는 결말을 쓴 아동이 3명이었기 때문에 집으로 돌아가는 것에 다소 회의적이지만 현실적인 선택을 한 것으로 보인다. 사람 부모가 그리워서 자발적으로 돌아가는 내용을 쓴 아동은 1명이었으며, 꿈으로 처리하면서 부모가 반성하는 모티프를 함께 사용한 아동도 1명 있었다. 이는 집으로 돌아가되 부모의 변화가 전제되기를 바라는 아동의 소망이 투사된 것으로 보인다. 특이한 반응으로는 지은이 집으로 돌아가되 고양이가 되어서 귀가하고 행복하게 산다는 결말을 들 수 있다. 절충형으로 사람 부모에게 돌아와서 흰 고양이와 검은 고양이를 키우는 모티프를 선택한 아동이 3명이었다.

이에 비해 A학급에서는 응답아동 20명 가운데 기존 결말을 거부하는 경우가 13명, 기존 결말을 유지하는 경우가 7명으로 나타났다. 이 학급에서는 집으로 돌아가 사람 부모와 함께 사는 선택 중에서도 ⑤번에 해당하는 자발적 귀가를 택한 아동이 8명으로 다수를 차지했다. 그 요인으로는 사람 부모와의 삶이 그리운 경우, 사람 부모의 고생을 깨달은 경우, 인간의 삶이 익숙한 경우가 많았다. 그 중에는 집으로 돌아와 부모에게 혼이 나도 기쁘다는 내용, 돌아온 이후 고양이 부부와는 다시 만나지 않는다는 내용도 포함되었다. 이처럼 이 학급의 아동들은 대체로 고양이 부부와의 삶보다 사람 부모와의 삶을 기꺼이 선택하는 경향을 보였다. 그러나 사람 부모의 반성을 전제로 귀가하는 내용을 쓴 아동도 1명 있었다. 그다음으로는 ⑦번에 해당하는 꿈 모티프를 선택한 아동이 5명이었다. 이들 대부분은 단순히 꿈 모티프만을 선택했으나 그 중 한 명은 바깥에서의 삶이 힘들었다는 내용이 꿈속에 포함되기도 했다. 반면 한 아동은 꿈에서도 사람 엄마가 싫어서 도망을 치다가 추락하는 등 집에서의 삶에 대해 부정적인 평가를 드러내기도 했다. A유형을 선택한 7명의 아동들은 대체로 고양이 부부와의 삶이 해피엔딩으로 귀결되도록 이야기를 이어나갔다. 그 중 두 아동은 사람 부모가 지은을 찾기 위해 노력하고 애태우는 내용을 포함시켰다. 이는 사람 부모가 지은에게 보여주었던 부정적인 태도에 대해 아동독자들이 서사의 세계에서 그에 상응하는 대가를 치르도록 하는 것이다. 반면 한 아동은 지은이 바깥에서 살아가는 삶이 고생스럽고 자신의 친부모가 사람 부모라는 사실을 깨달은 뒤 집으로 돌아가고 싶어 하는 지점에서 끝을 맺었다.

수업을 실시하기 전 교사 모임에서 이 작품이 아동 독자에게 부모님에 대한 부정적인 태도를 형성하거나 주인공 지은의 냉정한 태도가 아동에게 나쁜 영향을 주지 않을까 우려했던 것과 달리, 아동은 뒷이야기 이어 쓰기를 통해 지은이 사람 부모를 그리워하여 집으로 돌아가거나 사람 부모가 뒤늦게 후회하고 고생하는 모습, 혹은 반성하고 변화하는 모습 등을 덧붙임으로써 지은이 처했던 현실에 대해 나름의 대안을 제시하였다. 다른 한편으로는 서사에서 제시된 가출 모티프를 강화하여 지은이 고양이로 변신해 새로운 생활을 본격적으로 시작하는 해피엔딩으로 이야기를 끝맺기도 했다. 또 소수이기는 하지만 혼란스러운 인물의 모습이나 다소 불안정해 보이는 결말을 제시하여 현실에 대한 비관적인 전망을 드러내는 경우도 있었다. 이처럼 아동은 서사 텍스트의 빈틈을 채우는 과정에서 작품 속 세계가 그대로 옮겨지는 백지 같은 존재가 아니라 작품에 자신의 생각과 기대를 투사하는 적극적인 독자의 면모를 보여주었다. 이러한 독자의 능동성은 작품에서 제공하는 정보의 결핍, 불안정한 결말에 의해 한층 더 강력하게 동기유발되는 것으로 보인다.

5) 맺음말

이 연구는 한 편의 문학텍스트에 대한 교사들의 토의를 계기로 시작되어 해당 텍스트가 가진 논쟁적 요소와 의미를 실제 독자들이 어떻게 수용하는지에 대한 궁금증을 해결하고자 수업을 실행하고 그 과정에서 나타나는 아동의 서사 양상을 기술하는 것으로 귀결되었다. 그 결과 서로 다른 지역의 독자 집단에서 일정 정도 유사한 반응이 나타났고, 그러한 반응을 처리하는 서사 수용 전략에 있어서는 미세한 차이를 보였다는 점을 발견할 수 있었다.

두 집단의 독자들은 판타지 장르의 초현실적 설정에 의문을 나타냈고 이러한 의문을 해소하기 위해 장르 의식이나 텍스트의 빈틈 채우기, 서사의 시공간에 주목하기 등의 전략을 보여주었다. 그러한 전략은 그들이 현 단계에서 가진 서사능력의 구체적 실체이기도 하다. 다만 판타지 장르가 당대의 다양한 영상매체를 통해 편재해 있음에도 불구하고 아동이 이러한 장르를 분명히 자각하지 못하는 것으로 미루어볼 때, 공교육의 문학수업에서 아동이 다양한 종류의 판타지 서사를 접하도록 해야 할 것으로 보인다. 그리고 그 과정에서 대중매체를 통한 판타지 서사 수용 경험이 판타지 문학에 대한 문학능력에도 긍정적인 전이력을 발휘하도록 하고 나아가 아동이 매체 간 유사성과 차이점을 비판적으로 인식할 수 있도록 해야 할 것이다.

또한 두 집단의 독자들은 서사의 결말에 대한 불만을 동기로 자신이 이상적이라 생각하는 뒷이야기를 창작하였다. 그 과정에서 아동 독자들은 인물과 사건에 대한 자신의 소망과 전망을 다양한 모티프에 담아냈다. 뒷이야기 이어 쓰기는 교육과정의 성취기준 중 하나이다. 그러나 이러한 성취기준과 관련하여 기존 교과서에 제시된 텍스트는 아동 독자로 하여금 뒷이야기를 이어 쓰고 싶은 자발적 동기를 유발하지 못하는 경우가 많았다. 이에 비해 본 연구에서 제시된 텍스트는 아동이 자발적으로 뒷이야기를 이어 쓰고 싶도록 만드는 '빈틈'과 '정보의 생략'이 두드러져 수업 텍스트로 활용하기에 적절했다. 따라서 이후의 문학수업에서는 아동의 자발적 참여를 유도하는 텍스트의 요인을 고려할 필요가 있다.

또한 이 연구에서는 아동문학 텍스트를 읽고 비평적, 교육적 관점을 공유하는 교사들의 모임을 수업 실행 배경에 포함하여 논의하였다. 이는 문학수업의 준비가 교실에서 지도서를 참고하고 인터넷 사이트를 검색하는 차원이 아닌, 교사 문화 차원에서 시작될 수 있음을 의미한다. 물론 여러 과목을 담당하는 초등 교사들이 모두 이러한 교사 모임에 참여할 수는 없다. 그러나 적어도 문학수업이 제대로 이루어지기 위해서는 교사 역시 아동문학의 독자이자 교육자로서 비평적이고 교육적인 사유를 지속해야 함은 분명하다. 그런 의미에서 이 연구는 수업 실행 이전의 맥락을 구체적으로 제시하였으며 텍스트 분석과 질문 작성에 대해서도 상세하게 기술하였다.

그러나 이 연구에서 제시된 아동의 서사 수용 양상은 현 단계에서는 일반화되기 어려운 제한적인 사례이다. 따라서 아동의 서사능력과 서사 수용 양상을 실증적으로 규명하는 연구들이 이어져야 일반적인 수준에서의 논의가 가능해 질 것이다. 특히 책 읽어주기는 아동의 문학능력을 확인하는 유용한 통로라는 점에서 책 읽어주기 과정에서 나타나는 문학교육 현상들이 규명될 때 문학교육의 성취기준이나 교재 구성 또한 학습자의 요구에 더욱 충실해질 수 있을 것으로 보인다.

| 더 읽어볼 자료: 아동문학, 어떤 책을 읽을까? |

　　교실에서 책 읽어주기와 문학토의를 실천하기 위해서는 수업 시간을 확보하고 적절한 텍스트를 선정해야 한다. 텍스트는 수업에 참여하는 교사와 아동의 특성과 상황에 맞게 매 수업의 맥락을 고려하여 선정되는 것이 바람직하다. 이러한 텍스트 선정이 원활하게 이루어지기 위해서는 교사가 평소 아동문학을 즐겨 읽고 텍스트에 대한 정보를 다양하게 갖추고 있는 것이 중요하다. 그러나 아동문학을 처음 접하는 경우 어떤 책부터 읽어야 할지 막막할 수 있다. 아래에 소개하는 목록은 그러한 경우에 참조할 수 있는 추천도서 목록이다. 이 목록은 장르별로 제시되어 있으나 실제로 독서 경험을 쌓아 나가면서 차츰 소재나 주제별 유사성을 중심으로 상호텍스트적 관계에 놓인 다양한 장르의 작품들을 연결시켜 나만의 목록을 만들고 그것을 수업에서 활용하는 것도 유용할 것이다.

추천도서 목록

1. 옛이야기

◆ 우리나라 옛이야기

- 시공주니어 '네버랜드 옛이야기 그림책' 세트 (시공주니어, 2006)
- 박윤규 글·백희나 그림, 《팥죽 할멈과 호랑이》
- 박윤규 글·이광익 그림, 《버리데기》
- 엄혜숙 글·이상권 그림, 《구렁덩덩 신선비》
- 이경혜 글·박철민 그림, 《선녀와 나무꾼》
- 이경혜 글·송수정 그림, 《해와 달이 된 오누이》
- 이주혜 글·홍선주 그림, 《콩중이 팥중이》
- 정해왕 글·한창수 그림, 《먹보장군》
- 허태준 글·이미애 그림, 《여우누이》

- 보리출판사 '옛이야기 보따리' 세트 (보리출판사, 2016)

- 서정오 글·김성민 그림,《두꺼비 신랑》
- 서정오 글·김성민 그림,《꽁지 닷 발 주둥이 닷 발》
- 서정오 글·이형진 그림,《메주 도사》
- 서정오 글·이우경 그림,《호랑이 잡는 기왓장》
- 서정오 글·김환영 그림,《나귀 방귀》
- 서정오 글·강우근 그림,《박박 바가지》
- 서정오 글·이억배 그림,《떼굴떼굴 떡 먹기》
- 서정오 글·강우근 그림,《호랑이 뱃속 구경》
- 서정오 글·김환영 그림,《신통방통 도깨비》
- 서정오 글·이우경 그림,《아기장수 우투리》

- 기타 단행본

- 권문희,《줄줄이 꿴 호랑이》(사계절, 2005)
- 권사우,《밥 안 먹는 색시》(길벗어린이, 2006)
- 권정생 글·김용철 그림,《훨훨 간다》(국민서관, 2003)
- 김용철,《우렁각시》(길벗어린이, 2009)
- 김윤정,《똥자루 굴러간다》(국민서관, 2010)
- 김환영,《호랑이와 곶감》(국민서관, 2004)
- 김회경 글·조혜란 그림,《똥벼락》(사계절, 2001)
- 서정오 글·이영경 그림,《주먹이》(삼성출판사, 2012)
- 신세정,《방귀쟁이 며느리》(사계절, 2008)
- 신순재 글·한병호 그림,《세 발 두꺼비와 황금동전》(책읽는곰, 2013)
- 이민희 글·박미정 그림,《얼굴나라》(계수나무, 2013)
- 이억배,《반쪽이》(보림, 1997) /《이야기 주머니 이야기》(보림, 2008)
- 이영경,《아씨방 일곱 동무》(비룡소, 1998) /《오러와 오도》(길벗어린이, 2008) /《콩숙이와 팥숙이》(비룡소, 2011)
- 정승각,《까막나라에서 온 삽사리》(초방책방, 1994)
- 천효정,《삼백이의 칠일장》1, 2 (문학동네어린이, 2014)
- 홍영우,《홍길동》(보리, 2006)

◆ 외국 옛이야기

- 그림형제 글·낸시 에콤 버커트 그림,《백설공주와 일곱 난쟁이》(비룡소, 2004)
- 그림형제 글·트리나 샤트 하이맨 그림,《빨간 모자》(상상의힘, 2014)
- 그림형제 글·펠릭스 호프만 그림,《찔레꽃 공주》(비룡소, 2000)
- 버마 알디마 글·레오 딜런·다이앤 딜런 그림,《모기는 왜 귓가에서 앵앵거릴까?》(보림, 2003)
- 아가와 수미코 글·아카바 수에키치 그림,《두루미 아내》(비룡소, 2002)
- 앤서니 브라운,《헨젤과 그레텔》(비룡소, 2005)
- 에런 프리시 글·로베르토 인노첸티 그림,《로베르토 인노첸티의 빨간 모자》(사계절, 2013)
- 에우게니 M 라초프,《장갑》(한림출판사, 2015)
- 오츠카 유우조 글·아카바 수에키치 그림,《수호의 하얀 말》(한림출판사, 2001)
- 제럴드 맥더멋,《태양으로 날아간 화살》(시공주니어, 1996)
- 존 셰스카 글·레인 스미스 그림,《늑대가 들려주는 아기 돼지 삼형제 이야기》(보림, 1996)
- 천장홍,《한간의 요술 말》(길벗어린이, 2013)

2. 동요·동시·어린이시

◆ 동요

- 권정생 시·백창우 곡,《바보처럼 착하게 서 있는 우리 집》(보리, 2010)
- 방정환 외 시·백창우 곡,《꽃밭》(보리, 2003)
- 아람유치원 어린이글·백창우 곡,《맨날맨날 우리만 자래》(보리, 2003)
- 이오덕과 이오덕이 가르친 아이들 시·백창우 곡,《노래처럼 살고 싶어》(보리, 2010)
- 이원수 시·백창우 곡,《이원수 시에 붙인 노래들》(보림, 2002)
- 임길택 시·백창우 곡,《나무 꼭대기 까치네 집》(보리, 2010)
- 초등학교 아이들 23명 글·백창우 곡,《딱지 따먹기》(보리, 2002)

◆ 창작 동시

- 권정생,《삼베치마》(문학동네어린이, 2011) /《나만 알래》(문학동네어린이, 2012)
- 권태응 외·겨레아동문학연구회 엮음,《귀뚜라미와 나와》(보리, 1999)
- 김개미,《어이없는 놈》(문학동네어린이, 2013)

- 김미혜,《아빠를 딱 하루만》(창비, 2008)

- 김상욱 엮음,《나도 모르는 내가》(상상의힘, 2011)

- 김소월 외·겨레아동문학연구회 엮음,《엄마야 누나야》(보리, 1999)

- 김용택,《콩, 너는 죽었다》(실천문학사, 2003) /《너 내가 그럴 줄 알았어》(창비, 2008)

- 김환영,《깜장꽃》(창비, 2010)

- 남호섭,《놀아요 선생님》(창비, 2007) /《벌에 쏘였다》(창비, 2012)

- 도종환,《누가 더 놀랐을까》(실천문학사, 2008)

- 동시마중편집위원회 엮음,《근데 너 왜 울어?》(상상의힘, 2011)

- 류선열,《잠자리 시집 보내기》(문학동네어린이, 2015)

- 박방희,《머릿속에 사는 생쥐》(문학동네어린이, 2010)

- 성명진,《축구부에 들고 싶다》(창비, 2001)

- 안도현,《나무 잎사귀 뒤쪽 마을》(실천문학사, 2007)

- 안진영,《맨날맨날 착하기는 힘들어》(문학동네어린이, 2013)

- 유강희,《오리발에 불났다》(문학동네어린이, 2010)

- 이문구,《개구쟁이 산복이》(창비, 1988) /《산에는 산새 물에는 물새》(창비, 2003)

- 이안,《고양이와 통한 날》(문학동네어린이, 2008) /《고양이의 탄생》(문학동네어린이, 2012)

- 이정록,《콧구멍만 바쁘다》(창비, 2009) /《저 많이 컸죠》(창비, 2013)

- 이화주,《내 별 잘 있나요》(상상의힘, 2013)

- 임길택,《할아버지 요강》(보리, 1995) /《산골 아이》(보리, 2002) /《탄광마을 아이들》(실천문학사, 2004) /《나 혼자 자라겠어요》(창비, 2007)

- 임복순,《몸무게는 설탕 두 숟갈》(창비, 2016)

- 장철문 외,《전봇대는 혼자다》(사계절, 2015)

- 정유경,《까불고 싶은 날》(창비, 2010) /《까만 밤》(창비, 2013)

- 최종득,《쫀드기 샘 찐드기 샘》(문학동네어린이, 2009)

◆ 어린이시

- 오색초등학교 어린이들 시·탁동철 엮음,《까만손》(보리, 2002)

- 임길택,《아버지 월급 콩알만 하네》(보리, 2006) /《꼴찌도 상이 많아야 한다》(보리, 2006)

- 초등학교 123명 어린이 시·한국글쓰기교육연구회 엮음,《새들은 시험 안 봐서 좋겠구나》(보리, 2007)
- 최종득 엮음,《붕어빵과 엄마》(상상의힘, 2015)

3. 장편 동화

◆ 우리나라 동화책

- 강정연,《건방진 도도군》(비룡소, 2007) /《위풍당당 심예분 여사》(시공주니어, 2008)
- 고재현,《귀신 잡는 방구 탐정》(창비, 2009)
- 공지희,《영모가 사라졌다》(비룡소, 2003)
- 권정생,《몽실언니》(창비, 2012)
- 김남중,《불량한 자전거 여행》(창비, 2009) /《속 좁은 아빠》(푸른숲주니어, 2011) /《연이동 원령전》(상상의힘, 2012)
- 김리라,《우리는 걱정친구야》(웅진주니어, 2013)
- 김리리,《나의 달타냥》(창비, 2008)
- 김선정,《최기봉을 찾아라》(푸른책들, 2011) /《방학탐구생활》(문학동네어린이, 2013)
- 김성진,《엄마 사용법》(창비, 2012)
- 김송이,《낫짱이 간다》(보리, 2006)
- 김양미,《따로 또 삼총사》(창비, 2010)
- 김영주,《짜장 짬뽕 탕수육》(재미마주, 1999) /《임욱이 선생 승천 대작전》(사계절, 2013)
- 김옥,《축구생각》(창비, 2004)
- 김우경,《수일이와 수일이》(우리교육, 2001)
- 김중미,《괭이부리말 아이들》(창비, 2001) /《모여라 유랑인형극단!》(낮은산, 2009)
- 김혜정,《우리들의 에그타르트》(웅진주니어, 2013)
- 남찬숙,《받은 편지함》(우리교육, 2005) /《니가 어때서 그카노》(사계절, 2006) /《안녕히 계세요》(우리교육, 2007) /《누구야, 너는?》(문학동네어린이, 2009) /《혼자 되었을 때 보이는 것》(미세기, 2015)
- 박기범,〈샤하드〉(강정규 외《또야 너구리의 심부름》(창비, 2001)에 수록) /《새끼개》(낮은산, 2003) /《어미개》(낮은산, 2003) /《미친 개》(낮은산, 2008)

- 박미라,《이찬실 아줌마의 가구 찾기》(바람의아이들, 2007) /《기타등등 삼총사》(시공주니어, 2010)
- 박효미,《길고양이 방석》(사계절, 2008) /《오메 돈 벌자고?》(창비, 2013)
- 방미진,《형제가 간다》(창비, 2009) /《괴담》(문학동네, 2012)
- 서석영,《두근두근 거실텐트》(창비, 2013)
- 서화교,《유령놀이》(살림어린이, 2014) /《퀴즈킹》(상상의힘, 2016)
- 송미경,《학교 가기 싫은 아이들이 다니는 학교》(웅진주니어, 2010)
- 송언,《멋지다 썩은떡》(문학동네어린이, 2007) /《마법사 똥맨》(창비, 2008)
- 신수현,《빨강 연필》(비룡소, 2011)
- 신운선,《해피 버스데이 투미》(문학과지성사, 2016)
- 유은실,《나의 린드그렌 선생님》(창비, 2005) /《변두리》(문학동네, 2014) /《마지막 이벤트》(비룡소, 2015)
- 은이정,《난 원래 공부 못해》(창비, 2008)
- 이경화,《장건우한테 미안합니다》(바람의아이들, 2007)
- 이금이,《밤티 마을 큰돌이네 집》(푸른책들, 2004) /《밤티 마을 봄이네 집》(푸른책들, 2005) /《밤티 마을 영미네 집》(푸른책들, 2005)
- 이나영,《시간가게》(문학동네어린이, 2013)
- 이은정,《소나기밥 공주》(창비, 2009) /《안녕, 그림자》(창비, 2011) /《목기린 씨, 타세요!》(창비, 2014)
- 임지윤,《앵무새 돌려주기 대작전》(창비, 2014)
- 정설아,《황금 깃털》(문학과지성사, 2012)
- 정은숙,《봉봉 초콜릿의 비밀》(푸른책들, 2008) /《명탐견 오드리》(바람의아이들, 2012)
- 진형민,《기호 3번 안석뿡》(창비, 2013) /《소리 질러, 운동장》(창비, 2015)
- 채인선,《내 짝꿍 최영대》(재미마주, 1997)
- 최나미,《걱정쟁이 열 세 살》(사계절, 2006) /《엄마의 마흔번째 생일》(사계절, 2012)
- 한윤섭,《봉주르 뚜르》(문학동네어린이, 2010) /《우리 동네 전설은》(창비, 2012)
- 황선미,《샘마을 몽당깨비》(창비, 1999) /《마당을 나온 암탉》(사계절, 2002) /《처음 가진 열쇠》(웅진주니어, 2006) /《나쁜 어린이표》(이마주, 2017)

◆ 외국 동화책

· E. L. 코닉스버그,《내 친구가 마녀래요》(문학과지성사, 2000) /《클로디아의 비밀》(비룡소, 2000)

· 러셀 에릭슨,《화요일의 두꺼비》(사계절, 2014)

· 모리야마 미야코,《노란 양동이》(현암사, 2000)

· 미하엘 엔데,《모모》(비룡소, 1999) /《마법의 설탕 두 조각》(한길사, 2001)

· 비벌리 클리어리,《헨쇼 선생님께》(보림, 2005)

· 사소 요코,《화성에 간 내 동생》(웅진주니어, 2003) /《쿨 보이》(생각과느낌, 2004)

· 수지 모건스턴,《조커, 학교가기 싫을 때 쓰는 카드》(문학과지성사, 2000)

· 야마나카 히사시,《내가 나인 것》(사계절, 2003)

· 엔드류 클레멘츠,《프린들 주세요》(사계절, 2001)

· 하이타니 겐지로,《나는 선생님이 좋아요》(양철북, 2010)

4. 단편 동화

◆ 우리나라 단편 동화집

· 권정생,《사과나무 밭 달님》(창비, 1990)

· 김남중,《자존심》(창비, 2006) /《하늘을 날다》(낮은산, 2007) /《미소의 여왕》(사계절, 2010) /《동화 없는 동화책》(창비, 2011)

· 김민령,《나의 사촌 세라》(창비, 2012)

· 김양미,《털뭉치》(사계절, 2008)

· 김옥,《학교에 간 개돌이》(창비, 1999) /《청소녀 백과사전》(낮은산, 2006)

· 김태호,《네모 돼지》(창비, 2015) /《제후의 선택》(문학동네어린이, 2016)

· 박기범,《문제아》(창비, 1999)

· 방미진,《금이 간 거울》(창비, 2006)

· 송미경,《복수의 여신》(창비, 2012) /《어떤 아이가》(시공주니어, 2013) /《돌 씹어 먹는 아이》(문학동네어린이, 2014)

· 안미란,《너만의 냄새》(사계절, 2005) /《내일 또 만나》(우리교육, 2010) /《참 다행인 하루》(낮은산, 2016)

· 유은실,《만국기 소년》(창비, 2007) /《멀쩡한 이유정》(푸른숲주니어, 2008)

- 이숙현,《초코칩 쿠키! 안녕》(창비, 2010)

- 진형민,《꼴뚜기》(창비, 2013)

- 현덕,《너하고 안 놀아》(창비, 1995)

◆ 청소년 소설

- 공지희,《톡톡톡》(자음과모음, 2015)

- 김봉래,《흑룡전설 용지호》(문학동네, 2014)

- 정은숙,《정범기 추락사건》(창비, 2011) /《용기 없는 일주일》(창비, 2015)

- 해이수,《십번기》(문학과지성사, 2015)

◆ 역사 동화

- 김남중,《첩자가 된 아이》(푸른숲주니어, 2012)

- 문영숙,《벽란도의 비밀청자》(문학동네어린이, 2014)

- 박효미,《왕자융과 사라진 성》(푸른숲주니어, 2012)

- 배유안,《초정리 편지》(창비, 2006)

- 한윤섭,《서찰을 전하는 아이》(푸른숲주니어, 2011)

5. 그림책

◆ 우리나라 그림책

- 경혜원,《특별한 친구들》(시공주니어, 2014)

- 권윤덕,《만희네 집》(길벗어린이, 1995) /《고양이는 나만 따라 해》(창비, 2005) /《꽃할머니》(사계절, 2010) /《만희네 글자 벌레》(길벗어린이, 2011) /《나무 도장》(평화를품은책, 2016)

- 권정생 글·김세현 그림,《엄마 까투리》(낮은산, 2008)

- 권정생 글·김용철 그림,《길아저씨 손아저씨》(국민서관, 2006)

- 권정생 글·김환영 그림,《빼떼기》(창비, 2017)

- 권정생 글·정승각 그림,《강아지똥》(길벗어린이, 1996) /《오소리네 집 꽃밭》(길벗어린이, 1997) /《황소아저씨》(길벗어린이, 2001)

- 김동수《감기 걸린 날》(보림, 2002) /《잘 가, 안녕》(보림, 2016)

- 김상근,《두더지의 고민》(사계절, 2015) /《두더지의 소원》(사계절, 2017)

- 김서정 글·한성옥 그림,《나의 사직동》(보림, 2003)

- 김수정 글·백보현 그림,《심부름 말》(상출판사, 2007)
- 김용안 글·한병호 그림,《수달이 오던 날》(시공주니어, 2012)
- 김장성 글·정지혜 그림,《골목에서 소리가 난다》(사계절, 2007)
- 김한민,《사뿐사뿐 따삐르》(비룡소, 2013) /《도롱뇽 꿈을 꿨다고?》(비룡소, 2014)
- 김효은,《나는 지하철입니다》(문학동네어린이, 2016)
- 노인경,《코끼리 아저씨와 100개의 물방울》(문학동네어린이, 2012) /《고슴도치 엑스》(문학동네어린이, 2014)
- 박연철,《망태할아버지가 온다》(시공주니어, 2007) /《피노키오는 왜 엄평소니를 꿀꺽했을까》(사계절, 2010) /《떼루떼루》(시공주니어, 2013) /《진짜엄마 진짜아빠》(엔씨소프트, 2015)
- 박재철,《팥이 영감과 우르르 산토끼》(길벗어린이, 2013)
- 박정완,《숲속 약국놀이》(시공주니어, 2013)
- 박종채,《내 빤스》(키다리, 2012) /《두꺼비가 간다》(상상의힘, 2016)
- 박혜준 글·김동수 그림,《천하무적 고무동력기》(보림, 2005)
- 백희나,《구름빵》(한솔수북, 2004) /《장수탕 선녀님》(책읽는곰, 2012) /《달 샤베트》(책읽는곰, 2014) /《이상한 엄마》(책읽는곰, 2016) /《알사탕》(책읽는곰, 2017)
- 서진선,《오늘은 5월 18일》(보림, 2013) /《엄마에게》(보림, 2014)
- 서현,《눈물바다》(사계절, 2009) /《커졌다!》(사계절, 2012) /《간질 간질》(사계절, 2017)
- 센우,《안녕 폴》(비룡소, 2014)
- 소윤경,《레스토랑 Sal》(문학동네어린이, 2013)
- 손지희,《지옥탕》(책읽는곰, 2011)
- 송언 글·김동수 그림,《학교 가는 날》(보림, 2011)
- 송언 글·서현 그림,《선생님 사로잡기》(사계절, 2014) /《새 친구 사귀기》(사계절, 2014)
- 송진헌,《삐비이야기》(창비, 2003)
- 송창일 글·이영림 그림,《베개 애기》(개암나무, 2014)
- 안녕달,《수박 수영장》(창비, 2015) /《할머니의 여름 휴가》(창비, 2016) /《왜냐면…》(책읽는곰, 2017)
- 염혜원,《야호! 오늘은 유치원 가는 날》(비룡소, 2013) /《쌍둥이는 너무 좋아》(비룡소, 2014)

- 유준재, 《마이볼》(문학동네어린이, 2011) / 《균형》(문학동네어린이, 2016)
- 유춘하·유현미, 《쑥갓 꽃을 그렸어》(낮은산, 2016)
- 윤지회, 《마음을 지켜라! 뿅가맨》(보림, 2010)
- 이민희, 《라이카는 말했다》(느림보, 2007) / 《옛날엔 돼지들이 아주 똑똑했어요》(느림보, 2007)
- 이상권 글·한병호 그림, 《산에 가자》(보림, 2003)
- 이수지, 《동물원》(비룡소, 2004) / 《검은새》(비룡소, 2007) / 《파도야 놀자》(비룡소, 2009) / 《거울속으로》(비룡소, 2009) / 《그림자 놀이》(비룡소, 2010) / 《토끼들의 밤》(책읽는곰, 2013)
- 이억배, 《솔이의 추석이야기》(길벗어린이, 1995) / 《비무장지대에 봄이 오면》(사계절, 2010)
- 이춘희 글·윤정주 그림, 《아카시아 파마》(사파리, 2011)
- 이태준 글·김동성 그림, 《엄마 마중》(보림, 2013)
- 이혜란, 《우리 가족입니다》(보림, 2005)
- 이혜리, 《달밤》(보림, 2013)
- 이호백 글·이억배 그림, 《세상에서 제일 힘센 수탉》(재미마주, 1997)
- 이호백, 《쥐돌이는 화가》(비룡소, 1996), / 《도대체 무슨 일이 일어났을까?》(재미마주, 2000)
- 임길택 글·김동성 그림, 《들꽃 아이》(길벗어린이, 2008)
- 전미화, 《눈썹 올라간 철이》(느림보, 2009) / 《씩씩해요》(사계절, 2010) / 《달려라 오토바이》(문학동네어린이, 2015) / 《미영이》(문학과지성사, 2015)
- 정진호, 《위를 봐요!》(은나팔, 2014)
- 조아라, 《로켓보이》(한솔수북, 2011) / 《내 마음이 들리나요》(한솔수북, 2017)
- 조원희, 《혼자 가야 해》(느림보, 2011)
- 조은영, 《달려 토토》(보림, 2011)
- 채만식 글·최민오 그림, 《왕치와 소새와 개미》(다림, 2003)
- 천유주, 《내 마음》(창비, 2015)
- 최경식, 《파란 분수》(사계절, 2016)
- 최정선 글·한병호 그림, 《아빠한테 찰딱》(보림, 2011)

- 한지아,《내 이름은 제동크》(바우솔, 2014)
- 현덕 글·이형진 그림,《고양이》(길벗어린이, 2000)

- 시 그림책
- 고은 시·이억배 그림,《5대 가족》(바우솔, 2014)
- 공광규 시·김재홍 그림,《구름》(바우솔, 2013)
- 권윤덕,《시리동동 거미동동》(창비, 2003)
- 권정생 시·김병하 그림,《강아지와 염소 새끼》(창비, 2014)
- 권정생 시·김환영 그림,《강냉이》(사계절, 2015)
- 박철 시·김재홍 그림,《엄마의 품》(바우솔, 2015)
- 백석 시·김세현 그림,《준치가시》(창비, 2006)
- 백석 시·오치근 그림,《오징어와 검복》(소년한길, 2008)
- 백석 시·유애로 그림,《개구리네 한솥밥》(보림, 2001)
- 백석 시·홍성찬 그림,《여우난골족》(창비, 2007)
- 윤동재 시·김재홍 그림,《영이의 비닐우산》(창비, 2005)
- 윤석중 시·김용철 그림,《낮에 나온 반달》(창비, 2004)
- 윤석중 시·이영경 그림,《녁점 반》(창비, 2004)
- 이상교 글·김재홍 그림,《엄마가 섬 그늘에 굴 따러 가면》(봄봄, 2013)
- 이상교 시·한병호 그림,《빈집》(시공주니어, 2014)
- 장석주 시·유리 그림,《대추 한 알》(이야기꽃, 2015)
- 전래동요·권문희 그림,《석수장이 아들》(창비, 2007)
- 천정철 시·이광익 그림,《쩽아》(창비, 2008)

- 정보 그림책
- 구본준 글·김이조 그림,《누가 집을 지을까?》(창비, 2014)
- 김해원 글·김진이 그림,《매호의 옷감》(창비, 2011)
- 도토리 글·이영숙 그림,《갈치 사이소》(보리, 2005)
- 신순재 글·한지선 그림,《밤을 지키는 사람들》(창비, 2014)
- 유리,《돼지 이야기》(이야기꽃, 2013)
- 이명희 글·김명길 그림,《밤섬이 있어요》(마루벌, 2002)
- 이정록 글·강경수 그림,《똥방패》(창비, 2015)

- 정혜경 글·하민석 그림,《고추》(한솔수북, 2014)

- 지혜라,《화각 삼층장 이야기》(보림, 2011)

- 사계절출판사 '일과 사람' 시리즈 (사계절, 2014)

◆ 외국 그림책

- 가브리엘 뱅상,《어느 개 이야기》(별천지, 2009) /《비오는 날의 소풍》(황금여우, 2015)

- 가토 구니오 글·히라타 겐야 그림,《할아버지의 바닷속 집》(바다어린이, 2010)

- 나카가와 리에코 글·야마와키 유리코 그림,《구리와 구라의 빵 만들기》(한림출판사, 1994)

- 다시마 세이조,《뛰어라 메뚜기》(보림, 1996)

- 데이비드 위즈너,《시간 상자》(베틀북, 2007)

- 레오 리오니,《새앙쥐와 태엽쥐》(마루벌, 1999) /《파랑이와 노랑이》(물구나무, 2003) /《프레드릭》(시공주니어, 2013)

- 레이먼드 브릭스,《눈사람 아저씨》(마루벌, 1997)

- 로렌 차일드,《난 토마토 절대 안 먹어》(국민서관, 2001)

- 로버트 먼치 글·마이클 마르첸코 그림,《종이봉지 공주》(비룡소, 1998)

- 마이클 로젠 글·헬린 옥슨버리 그림,《곰 사냥을 떠나자》(시공주니어, 1994)

- 마틴 워델 글·헬린 옥슨버리 그림,《옛날에 오리 한 마리가 살았는데》(시공주니어, 2001)

- 매리 홀 엣츠,《또 다시 숲속으로》(한림출판사, 1997)

- 먼로 리프 글·로버트 로슨 그림,《꽃을 좋아하는 소 페르디난도》(비룡소, 1998)

- 모리스 센닥,《괴물들이 사는 나라》(시공주니어, 2002)

- 몰리 뱅,《소피가 화나면, 정말 정말 화나면》(책읽는곰, 2013)

- 미야니시 타츠야,《고 녀석 맛있겠다》(달리, 2004)

- 버지니아 리 버튼,《작은 집 이야기》(시공주니어, 1993)

- 베라 윌리엄스,《엄마의 의자》(시공주니어, 1999)

- 베르너 홀츠바르트,《누가 내 머리에 똥 쌌어》(사계절, 2002)

- 사노 요코,《100만 번 산 고양이》(비룡소, 2002)

- 사라 스튜어트 글·데이비드 스몰 그림,《리디아의 정원》(시공주니어, 1998)

- 쓰쓰이 요리코 글·하야시 아키코 그림,《이슬이의 첫 심부름》(한림출판사, 1991)

- 아를린 모젤,《별나게 웃음 많은 아줌마》(물구나무, 2003)
- 알렉세이 니콜라예비치 톨스토이 글·헬린 옥슨버리 그림,《커다란 순무》(시공주니어, 1996)
- 앤서니 브라운,《고릴라》(비룡소, 1998) /《돼지책》(웅진주니어, 2001) /《터널》(논장, 2002) /《헨젤과 그레텔》(비룡소, 2005)
- 앨런 앨버그 글·자넷 앨버그 그림,《우체부 아저씨와 크리스마스》(미래아이, 2005) /《우체부 아저씨와 비밀편지》(미래아이, 2016)
- 에릭 칼,《배고픈 애벌레》(더큰, 2007)
- 에즈라 잭 키츠,《눈 오는 날》(비룡소, 1995) /《피터의 의자》(시공주니어, 1996)
- 요시타케 신스케,《이유가 있어요》(봄나무, 2015) /《불만이 있어요》(봄나무, 2016)
- 우메다 슌사쿠 글·우메다 요시코 그림,《모르는 척》(길벗어린이, 1998)
- 윌리엄 스타이그,《멋진 뼈다귀》(비룡소, 1995) /《부루퉁한 스핑키》(비룡소, 1995) /《치과의사 드소토 선생님》(비룡소, 1995) /《아모스와 보리스》(시공주니어, 1996) /《당나귀 실베스터와 요술조약돌》(비룡소, 2017)
- 이보나 흐미엘레프스카,《여자 아이의 왕국》(창비, 2011) /《눈》(창비, 2012)
- 이세 히데코,《나의 를리외르 아저씨》(청어람미디어, 2007)
- 이와사키 치히로,《작은 새가 온 날》(프로메테우스, 2002)
- 존 버닝햄,《야, 우리 기차에서 내려!》(비룡소, 1995) /《우리 할아버지》(비룡소, 1995) /《구름나라》(비룡소, 1997) /《지각대장 존》(비룡소, 1999) /《마법침대》(시공주니어, 2003) /《셜리야, 목욕은 이제 그만!》(비룡소, 2004)
- 클로드 부종,《보글보글 마법의 수프》(웅진주니어, 2000) /《아름다운 책》(비룡소, 2002) /《강철 이빨》(비룡소, 2003) /《파란 의자》(비룡소, 2004)
- 테이지 세타 글·하야시 아키코 그림,《오늘은 무슨 날?》(한림출판사, 1994)
- 토미 웅게러,《세 강도》(시공주니어, 1995) /《달 사람》(비룡소, 1996) /《곰 인형 오토》(비룡소, 2001) /《꼬마 구름 파랑이》(비룡소, 2001)
- 팀 마이어스 글·한성옥 그림,《시인과 여우》(보림, 2001)
- 팻 허친스,《로지의 산책》(더큰, 2007)
- 페트리샤 폴라코,《고맙습니다 선생님》(아이세움, 2001) /《바바야가 할머니》(시공주니어, 2003)

- 프란치스카 비어만,《책 먹는 여우》(주니어김영사, 2001)
- 피터 시스,《갈릴레오 갈릴레이》(시공주니어, 1999)
- 필립 세들레츠키,《아기 세모의 세 번째 생일》(주니어파랑새, 1999)
- 허수경·카트린 마이어 글·아네트 블라이 그림,《슬픈 란돌린》(문학동네어린이, 2003)

IV

문학토의의 실천

들어가며

이 장에서는 문학토의의 경험이 거의 없는 학습자들을 대상으로 교사 주도 토의에서 아동 주도 토의로의 이양을 위해 약 20여 차시 동안 언어적 비계(Ⅱ장 3절 참고)를 설정하여 수업을 실시한 과정을 제시하고 있다. 실제 수업이 이루어진 시기는 Ⅲ장에서 소개하는 책 읽어주기 중심의 실천 사례들보다 1년 정도 앞서 있다. 책 읽어주기와 문학토의를 연계한 2차시 단위의 수업이 기본형이지만 경우에 따라서 2차시의 추가적인 토의가 이루어진 경우도 있다. 그리고 아동의 적극적인 토의 참여를 촉진하기 위해 문학토의뿐 아니라 〈등장인물과의 인터뷰〉와 같은 가상적 활동을 추가하는 경우도 제시되어 있다. 또한 이 장에서는 이러한 수업이 실제 교육과정의 성취기준과 어떤 관련이 있는지에 대한 논의가 포함되어 있다.[1] 따라서 기존의 교과서 중심 수업 대신 필자가 대안적으로 제시하고 있는 수업 모형이 공식적인 교육과정의 목표에 어떻게 도달할 수 있으며 실제 수업이 어떤 식으로 이루어질 수 있는지 살펴볼 수 있을 것이다.

....

1 본 장의 내용은 필자의 박사학위논문에서 시도한 문학토의 수업의 결과를 담고 있으며 해당 수업이 실시된 시기가 2015 교육과정 개정 전이기 때문에 본 장에서 언급하는 성취기준과 교육과정은 2011 개정 교육과정임을 밝힌다.

1. 아동이 주도하는 문학토의 수업의 구조화를 위한 연구 설계

1) 연구 설계의 원리

이 연구는 실제 교실 수업의 맥락에서 문학토의가 활발하게 이루어지도록 하는 방법을 모색하고자 한다. 여기서 실제 교실 수업의 맥락이란 정규 교과 수업 시간 동안 30명 안팎의 대집단 학생들이 문학토의에 참여하는 것을 의미한다. 기존 연구가 대부분 소집단의 독서동아리를 대상으로 문학토의를 실시한 것과 달리 이 연구는 대상 학급 27명의 아동들이 대집단 토의에 활발하게 참여할 수 있는 방안에 초점을 두었다. 소집단 규모의 독서활동이 갖는 여러 가지 이점에도 불구하고 대집단 토의를 연구의 기본적인 상황맥락으로 설정하는 이유는 그것이 일반적이고 실제적인 교육 상황이기 때문이다. 문학 교육의 방법에 대한 연구 결과가 현실적인 수업 여건에서 유용하게 전이되기 위해서는, 연구의 맥락과 1인의 교사가 학급 전체를 대상으로 수업을 실시하는 현실적인 수업 상황을 최대한 일치시켜야 한다. 다만 이 연구에서는 대집단 토의가 실제적인 교실 맥락에 적합한 토의의 상황이라고 전제하되 경우에 따라서는 일시적으로 소집단 토의를 활용함으로써 대집단 토의에서 나타날 수 있는 단점을 보완하고자 한다. 가령 대집단 토의만으로 문학토의가 진행되면 주어진 시간 안에 토의를 위한 화제를 설정하거나 학급 전체의 의견을 골고루 반영하기 어려울 수 있다. 따라서 아동의 개인적인 반응과 해석을 존중하면서도 주어진 시간 동안 가장 효율적인 방법으로 수업을 계획해야 하는 교육적 상황의 특수성을 고려하여 필요에 따라 소집단 토의를 병행할 수 있다.

이처럼 수업의 상황맥락을 대집단 토의 중심으로 설정할 경우, 아동은 다양한 학습자의 배경지식과 경험의 차이를 통해 폭넓은 해석과 반응을 공유할 수 있다. 비록 대집단 토의의 효과를 직접 지칭하는 것은 아니지만 대집단을 대상으로 책 읽어주기를 실시한 몇몇 연구 결과를 토대로 대집단 토의의 효과를 유추할 수 있다. 가령 코헨(Cohen)과 페이텔슨(Feitelson) 등은 대집단 규모에서 이루어진 이야기 읽기가 아동의 이해와 해독 능력, 어휘 발달 증진을 가져온다는 것을 발견하였다. 그들의 연구를 통해 대집단의 아동에게 책을 읽어주는 것은 집단의 규모에도 불구하고 문해력에 필요한 비판적인 기술들을 발달시키며 따라서 아동 성장에 있어서 가치 있는 실천으로 입증되었다. 핸슨(Hansen)도 대집단 규모에서는 경험이 많은 아동들이 소집단에 비해 더 많으며 그들이 이런 토의에서 개인적인 해석들을 더 많이 제시할 수 있다고 보고한다.[2]

오도넬(O'Donnell)은 문학동아리와 같은 소집단 토의에는 좀 더 체계적인 준비가 필요하며 대집단 토의는 그 준비 과정이 될 수 있다고 제안한다. 오도넬에 따르면 문학토의가 잘 이루어지기 위해서는 예민한 지각을 가지고 정보에 근거해 반응하는 것이 전제되어야 하는데, 그러한 반응은 저절로 일어나지 않는다. 이를 위해서는 교사가 어떻게 문학의 세계로 들어가서 탐구를 수행하는지 시범을 보일 필요가 있다. 오도넬은 이처럼 준비 과정으로서 대집단 토의가 지닌 유용성을 논하고 있다. 대집단 토의는 해석공동체가 공유해야 하는 용어, 개념, 절차, 전략 등을 습득하게 한다는 것이다.[3]

그러나 대집단 활동은 소집단 활동에 비해 아동의 참여 기회가 적고 참여의 폭 또한 제한적이라는 한계가 있다. 앞서 언급한 핸슨은 대집단 규모에서 책을 읽어줄 때 아동의 발언 기회가 불충분하다는 단점이 있다고 보고하

---

2 J. R. Loysen(2010), 앞의 글, p.74.
3 M. A. O'Donnell(2001), 앞의 글, p.35.

였다.[4] 단위 수업 시간 동안 모든 아동에게 똑같은 발언 기회가 주어진다고 가정할 때, 수업에 참여하는 인원이 많아질수록 1인당 발언 시간이 줄어든다. 따라서 아동의 참여 의지가 동일한 경우 대집단 토의에서의 아동의 발언 기회는 동일한 시간 동안 진행된 소집단 토의에서보다 줄어들 수밖에 없다. 더욱이 아동들은 각기 다른 참여 의지를 가지고 있기 때문에 문학토의의 소극적 참여자는 한 번도 발언하지 않을 수 있는 반면, 적극적 참여자는 여러 차례 발언을 하게 되어 토의에 공식적으로 참여하는 아동의 수가 제한될 수 있다. 따라서 대집단 토의를 기본적인 맥락으로 설정하는 연구에서는 아동의 참여가 제한적이라는 한계를 보완하는 방안을 함께 마련해야 한다.

이를 위해 이 연구에서는 독서일지를 적극 활용하고자 한다. 독서일지는 이 연구에서 책 읽어주기 전-중-후 과정 동안 교사가 아동에게 제시한 질문이나 요구한 과제에 대해 아동의 개인적 반응을 기록하고 작품에 대한 생각을 자유롭게 표현하기 위해 마련되었다. 이러한 독서일지는 다양하게 활용될 수 있다. 정재림과 이남호는 표면상 아무 말도 하지 않지만 머릿속으로는 많은 생각을 할 가능성이 높은 '소극적 참여자'가 자신의 문학 감상문을 기반으로 말하고 있음을 포착하면서 문학 감상문 작성이 소극적 참여자의 말하기 부담을 덜어준다고 분석하였다.[5] 이처럼 독서일지의 내용은 토의 중에 아동이 자신의 반응을 회상하고 그것을 발언하기 위한 자료로 활용될 수 있다. 또한 교사는 토의가 끝난 후 아동의 독서일지를 점검함으로써 수업 중에 공유되지 않았으나 의미 있는 아동의 반응들을 파악하고 이를 추후에 다른 아동들과 공유할 수 있다. 가령 유의미한 반응을 기록한 아동을 염두에 두었다가

---

4 J. R. Loysen(2010), 앞의 글, p.75.
5 정재림·이남호(2014), 「문학수업에서 토론의 가치와 효과 – 박완서 소설에 대한 토론 사례를 중심으로」, 《한국문예비평연구》 45, 한국현대문예비평학회, pp.427-428.

교사가 그 내용을 소개하거나 게시할 수 있으며 이후의 토의 과정에서 해당 아동을 지명하여 발표하게 할 수도 있다.

따라서 이 연구에서는 문학토의 수업의 공식적인 층위에서 발화된 아동의 구어적 반응 외에도 독서일지나 아동 및 담임교사와의 면접, 설문지 등 비공식적인 층위에서 기록되고 표현된 아동의 반응 또한 분석의 대상으로 삼고자 한다. 비공식적 층위의 담론들은 교사의 매개 없이는 소통되기 어렵기 때문에 대부분 공유되지 않은 채 남아 있지만 교사는 그 과정에서 아동의 문학능력 양상을 점검할 수 있고 토의 중에 제시되지 않았으나 의미 있는 견해들을 발견할 수 있다. 이처럼 말해지지 않은 반응들 역시 해석공동체의 문학능력을 구성하는 중요한 구성 요소이다. 따라서 매 회기의 토의가 끝난 후 공식적 층위의 문학토의 수업 내용이 녹음된 오디오 파일과 비공식적 층위의 독서일지, 아동 및 담임교사와의 면접 내용이 녹음된 오디오 파일, 필자의 현장 메모, 아동의 설문조사 결과 등을 분석에 활용하고자 한다.

대집단 토의 중심의 수업 상황을 설정한 후에는 그러한 맥락에서 대화주의에 기반한 문학토의가 활발하게 이루어지도록 돕는 비계를 설정하고 그 효과를 점검해야 한다. 이때 비계가 설정되는 실제 교육 현장에서는 단일한 변수만을 고려하는 실험 연구의 방법과는 달리 학습을 둘러싼 복잡다단한 요소들을 동시에 고려하고 연구 결과를 해석해야 한다는 제약이 있다. 따라서 이 연구는 실제 교육 현장의 복잡성을 반영하되 결과 해석의 어려움을 줄이기 위해서 문학토의 대상 텍스트를 아동서사의 하위 장르 중 국내작가의 단편동화로 한정하였다. 장르를 제한하는 대신 작가, 주제, 정서, 상상력에 있어서는 다양성을 경험할 수 있는 작품들을 선정하는 데 주안점을 두었다.

그러나 다양성을 추구한다는 의도에도 불구하고 작품 선정 기준에는 필자 개인의 주관적인 판단이 작용할 수밖에 없다. 그렇기 때문에 이 연구의 결과를 다른 교육적 상황에 일반화하고 이론화할 수 있는지에 대한 의문이 제기될 수 있다. 학습에 대한 연구는 변화하는 다양한 상황에서 이루어지는 학습을 체계적으로 이해하고 예측할 수 있도록 도와주어야 하는 것이라고 볼 때, 이 연구의 개별적이고 특수한 양상을 모든 연구에 그대로 적용할 수는 없기 때문이다. 다만 이 같은 개별적인 연구들이 축적됨으로써 체계적인 예측의 가능성이 높아진다고 보아야 할 것이다. 인지란 사유하는 개인에게 내재하는 것이 아니라 지식을 가진 자, 앎이 이루어지는 환경, 학습자가 참여하는 활동에 골고루 배분된 과정이다. 다시 말해 학습, 인지, 지식, 맥락은 공동으로 구성되며 독립된 실체 혹은 과정으로 취급될 수 없다.[6] 따라서 학습에 대한 이론을 수립하기 위한 교육 연구는 실제 교육의 맥락을 최대한 반영하면서 그러한 결과들이 모여 일정한 이론을 수립하는 방향으로 나아가야 할 것이다.

이처럼 연구 상황의 주어진 한계를 인정하면서 이론을 수립하려는 연구 방법으로는 설계기반 연구(design-based research)가 있다. 설계기반 연구는 실제 학습 맥락에서 새로운 교육 프로그램들이 제대로 활용되려면 교육 연구가 어떻게 수행되어야 하는가를 밝히기 위한 연구 패러다임이다. 이는 실증적 연구를 하는 동시에 교육 환경의 지속적인 개선을 위해 반복적 연구방법을 사용하며, 학습이 발생하는 상황을 현실적으로 보여주는 데 초점을 둔다. 설계기반 연구는 자연스러운 설정 속에서 교수 학습을 설명하고 그것에 잠재적으로 영향을 주는 새로운 이론, 산물, 실천을 만들려는 의도를 지닌 것이며 이를 위해 일련의 여러 접근법을 활용한다. 따라서 이를 하나의 단일한 접근법으로 파악해서는 안 된다. 콥(Cobb) 등[7]에 의하면 전형적인 설계 실험은 특정 형태의 학습을 운영하는 것과 그러한 학습 형태를 뒷받침하는 맥락을 체

---

6 S. Barab & K. Squire(2004), Design-based research: Putting a stake in the ground, *The journal of the learning sciences*, 13(1), p. 1.

7 위의 글, pp. 2-4.

표 4-1. 심리적 실험과 설계 기반 연구 방법의 비교

범주	심리적 실험	설계 기반 연구
연구 장소	실험실 상황에서 수행됨	대부분의 학습이 실제 생활 환경과 같은 상황에서 발생함
변수의 복합성	종종 하나 혹은 두 개의 종속 변수와 관련됨	풍토 변인(예: 학습자 간 협동, 가능한 자원), 결과 변인(예: 학습내용, 전이), 체계 변인(예: 보급·전파, 지속성)을 포함하는 복합적인 종속 변수들과 관련됨
연구의 초점	소수의 변수를 규명하고 그것을 지속하도록 유지하는 것에 초점	상황의 특징을 그 복잡성 속에서 기술하는 것에 초점을 둠 그것의 대부분은 선험적인 것이 아님
과정의 전개	고정된 절차를 사용	실천 속에서, 성공 여부에 따라 초기의 잠정적인 설정을 변경할 수 있는 유연한 설계 변경과 관련됨
사회적 상호작용의 양	상호작용을 통제하기 위해서 학습자를 고립시킴	생각을 공유하고 서로 확산시키는 등의 관계를 맺고 있는 참가자들의 복합적인 사회적 상호작용과 종종 관련됨
조사결과의 특징	가설을 시험하는 것에 초점	실천 속에서 설계의 복합적 양상을 검토하고 설계를 특징짓는 개요를 진전시키는 것과 관련됨
참가자의 역할	피험자로 다룸	참가자들이 가진 서로 다른 전문기술을 설계의 생산과 분석으로 끌어들이기 위해서 서로 다른 참가자들과 관련됨

계적으로 연구하는 것 모두를 포함한다. 그리고 그렇게 설계된 맥락은 평가 및 개정되도록 되어 있으며, 그 결과 설계는 반복적으로 이루어진다. 이러한 설계기반 연구를 전통적인 실험 연구와 비교하면 표 4-1과 같은 차이가 있다.

위의 표에 제시된 설계기반 연구의 특징은 이 연구의 특성과 상당 부분 일치한다. 이 연구가 이루어지는 실제 초등학교 6학년 교실은 여러 가지 변인들을 통제할 수 있는 실험실이 아니라 혼란스럽고 다양한 변인들이 영향을 미치는 교육 현장이다. 또한 이 연구에서는 문학토의 수업을 위한 비계를 설정할 뿐 아니라 그러한 수업의 토대가 되는 대화주의적 풍토를 조성하는 등 다양한 변수들을 동시에 고려한다. 무엇보다 연구 과정이 고정되어 있지 않고 각 단계별 점검을 거쳐 다음 단계의 초점과 방법을 설계한다는 점에서 설계기반 연구의 전개 원리와 일치한다. 필자가 미리 설정한 고정된 절차만을 고집할 경우 그 절차가 효과적인 문학토의로 이어지지 않을 때에도 다른 대안을 탐색할 수 없기 때문에, 이 연구에서는 이처럼 유연한 설계기반 연구의

전개 원리를 채택하고자 한다. 이를 위해서는 각 단계마다 형성평가를 실시해야 하는데 이 연구에서는 필자가 각 단계별로 구체적인 수업 실천 결과를 분석하는 것이 형성평가의 역할을 하게 될 것이다. 따라서 다음에 제시될 네 단계의 연구 절차는 처음부터 고정된 것이 아니라 연구의 실행 과정에서 형성평가를 통해 개정을 거듭하며 완성된 것이다. 그러므로 이 연구의 방법을 적용할 경우 각 학급의 교실 맥락 등을 고려한 형성평가를 실시하여 그에 맞는 방법으로 수정 및 보완해야 할 것이다.

2) 연구 주체, 연구 대상 및 기간

(1) 연구 주체

필자는 연구 수행 당시 총 경력 14년의 초등학교 1급 정교사로 교직 경력 중 대부분의 기간 동안 학교도서관 업무를 담당하면서 아동문학 및 학교와 학급의 독서환경 조성에 꾸준한 관심을 가져왔다. 이러한 관심을 구체적으로 실현하기 위해 아동문학에 대한 연구에 참여하고 동료 교사들과 함께 아동문학 독서동아리를 조직하였다. 연구 수행 이전까지 주로 6학년 아동의 담임교사로 근무하면서 고학년 아동에게 적합한 동화, 동시, 그림책 등 아동문학 작품들을 찾아 아동과 함께 읽고 간단한 토의를 진행해 왔다.

(2) 연구 대상

(가) 학교 및 지역사회의 특징

연구 대상 학교는 인천광역시 서구의 외곽지역에 위치하였고 주변에 연립주택이 밀집해 있다. 이 학교는 연구 수행 당시 40학급 미만으로 편성되어 있었다. 학부모의 사회·경제적 수준은 중간 이하로 추정되며 맞벌이 부부가 많아 자녀 교육에 많은 시간을 할애하기 어려운 경우가 많았다.

(나) 학급 특징

• 담임교사의 특징과 역할

수업 대상 학급의 담임교사는 연구 수행 당시 인천에서 21년간 재직한 초등학교 1급 정교사로 6학년 학급 담임과 독서동아리를 담당·운영하였다. 동화 창작에 참여하는 등 아동문학에 관심이 많고, 교실에서 아동에게 책 읽어주기를 통한 문학교육을 실천해왔다. 필자와 해당 교사는 같은 학교에서 함께 근무하는 동안 아동문학의 중요성과 책 읽어주기 및 문학토의를 중심으로 한 문학교육의 필요성에 공감하였다. 이러한 공감대를 토대로 담임교사는 필자가 문학토의 수업을 진행할 수 있도록 학급 교육과정을 재구성하고 연구를 위한 수업의 전 과정을 참관하였다. 수업 후 이루어진 담임교사와의 공동 협의에서 담임교사는 필자가 미처 알지 못한 아동의 개인적인 특성을 근거로, 수업 중 제출된 아동 반응에 대한 해석을 보충하고 문학토의 수업에 대해 아동이 생활 속에서 나타낸 반응을 알려주었으며 각종 자료 수집에 많은 도움을 주었다.[8]

• 학급 실태 및 교육 과제

학급의 일반적인 실태는 표 4-2[9]에 기술된 바와 같다. 담임교사에 따르면 연구가 시작되기 이전인 3월부터 담임교사가 아동에게 단편 동화를 매주 1편 정도 읽어주었으며 책 읽어주기가 끝나면 아동이 자발적으로 해당 도서를 찾아 학급 독서 시간에 읽는 등 독서에 흥미를 보이는 경우가 많았다고 한다. 설문조사 결과에서도 문학토의를 경험한 아동이 약 32%에 이르며 문학

----

8   이 연구를 수행하는 데 소요된 20여 차시의 시간을 확보하기 위해서는 학급의 담임교사가 교육과정을 융통성 있게 재구성하여 운영해야 했다. 일선 학교 현장에서 이러한 시간과 관심을 연구에 할애하는 것은 담임교사의 배려 없이 결코 이루어질 수 없다. 협조해주신 선생님과 연구에 참여한 아동들에게 지면을 빌려 깊은 감사의 마음을 전한다.
9   담임교사의 학급 교육과정 운영 계획에서 발췌.

표 4-2. 수업 대상 학급의 실태 및 교육 과제

구분	실 태	교 육 과 제
교과 및 학습상황	- 수업하는 태도가 바르지 않은 아동이 많고 아동 간 학력차가 심함 - 예습 · 복습하는 태도가 형성되어 있지 않고 과제 해결이 잘 안되며 과제의 내용이 매우 미비한 아동이 대부분임 - 발표습관이 적극적이지 못하며 대중 앞에서 또박또박 자기의 의견을 발표하는 태도를 길러야 할 필요가 있음 - 영어교과에 관심이 적고 학력차가 매우 심함 - 교과부진 학생이 있어 가정과 연계한 교과 학습이 잘 안됨 - 학습장 정리가 안됨 - 특이질병을 가진 학생이 많아 특히 체육활동을 할 때 주의가 요함	- 꾸준한 개별 지도로 바른 수업태도 신장시키기 - 국어과 쓰기 지도 및 학습장 바르게 쓰기 지도 - 발표력 신장을 위한 다양한 방법 모색 및 실천 - 요점 정리 요령 지도 - 부진 아동에 대한 가정과의 연계 지도 - 학습장 바르게 쓰기 지도 - 특이질병을 고려한 개인별, 수준별 체육활동 제시
생활태도	- 순박한 마음씨를 가지고 있으나 기본 예절이 부족한 편 - 학급일과 학교 행사에 참여하는 태도가 소극적임 - 놀이 활동을 좋아하며 특히 바둑, 보드게임 등 실내 놀이를 좋아함 - 맞벌이 가정 자녀가 많고 부모님과의 대화시간 부족으로 예절 및 인성 교육이 필요함 - 우울 성향을 지닌 학생이 있음	- 기본 예절 지도 - 보상으로 교실에서 할 수 있는 간단한 놀이 활동 제시 - 가정과 연계한 꾸준한 지도 - 교사와 아동 간 신뢰를 쌓고 상담을 통해 아동간의 문제를 줄이기 - 칭찬을 통해 자신감 키워주기
학부모	- 맞벌이 생활로 학습 지도력과 생활 지도의 기회 부족	- 교사의 지속적 노력을 통한 신뢰감 형성

작품에 대한 흥미도 높게 나타나고 있다.

　　(3) 연구 기간

　　대화주의적 문학토의 수업의 분위기를 형성하고 토의의 활성화를 위한 비계의 효과가 아동에게 내면화 및 전유되어 나타나기 위해서는 일정 기간 동안 지속적으로 수업이 실행되어야 한다. 이를 위해 교육과정 운영 일정에 차질이 없는 범위 내에서 담임교사가 학급 교육과정을 재구성한 결과 1학기 동안 격주 1회(2차시)의 수업 시간을 확보하였다. 3월의 준비 기간을 제외하고 실제로 문학토의 수업이 진행된 기간은 2015년 4월 초에서 7월 말까지 약

4개월이며 총 10회에 걸쳐 1회 평균 2차시 정도의 수업을 진행하였다.

3) 연구 절차

이 연구를 실행하려면 적어도 한 학기 이상의 기간 동안 정기적으로 문학토의 수업을 실시할 수 있는 시간을 확보해야 한다. 이를 위해서는 학교와 담임교사의 협조가 전제되어야 한다. 따라서 연구의 준비 단계에서 연구 목적에 대해 담임교사와 충분한 대화를 나누고 공감대를 형성하여 연구의 실현 가능성을 타진해야 했다.

담임교사의 협조 의지를 확인한 후에 해당 교사의 2015학년도 담당 학년이 6학년으로 확정된 2015년 2월부터 구체적인 준비 작업에 착수하였다. 수업 대상 텍스트의 예비 목록을 작성하고 확보해야 할 수업 시수를 예측하였으며, 학교의 협조 가능성 등을 구두로 확인한 후, 2015년 3월에 담임교사가 공식적인 연구 협조 계획 공문을 작성하여 학교장의 결재를 받았다. 필자는 연구와 관련된 연구윤리규정을 확인하여 그에 준하는 연구동의서를 작성하고 사전 설문지 등을 준비하였다.

이후 문학토의 수업을 총 10회차에 걸쳐 19차시 동안 진행하였다. 수업 대상이 되는 작품은 필자가 평소 흥미롭게 읽은 단편 동화 가운데 표 4-3에 제시된 바와 같이 가급적 다양한 작가, 소재, 주제의 작품들로 선별하였다. 각 작품들을 대상으로 매회 평균 2차시 동안 책 읽어주기와 문학토의를 실시하기로 했으나 추가적인 활동이나 논의가 필요한 작품의 경우 2회에 걸쳐 총 3-4차시 분량의 수업으로 연장하였다. 이 외에도 연구 시작 전후 각각 1차시씩 연구동의서 안내와 설문조사를 진행하였다. 표 4-4는 연구 준비 단계를 포함하는 연구 절차의 개요이다.

표 4-3. 수업 대상 텍스트의 개요

작가 / 텍스트	관련 소재 및 주제	특성
김남중 〈미소의 여왕〉	집단 따돌림, 조손가정, 칭찬받고 싶은 욕구	비극적인 결말, 아이러니의 수사
진형민 〈축구공을 지켜라〉	학교 폭력, 갈등 해결	유머러스한 분위기, 사건의 반복적인 형식
이숙현 〈내가 사랑한 수박씨〉	별명, 콤플렉스, 자기 긍정	내면의 성장 과정이 잘 드러남, 해피엔딩
박기범 《새끼 개》	애완동물, 소통의 어려움	비극적인 결말, 슬프지만 아름다운 장면의 강한 이미지
권정생 〈해룡이〉	가족애, 갑작스러운 운명의 변화와 그에 따른 인물의 선택	서정적인 분위기, 슬픈 결말
송미경 〈어른동생〉	정신 연령, 인간의 타고난 기질과 어른이 된다는 것의 관계	기괴한 상황, 독특한 상상력

표 4-4. 대화주의에 기반한 문학토의 수업의 구조화 연구 절차

절차	실행 시기	실행 내용	텍스트
준비	2015년 2월-3월	• 연구 대상 학급 담임교사와 연구 목표 공유 • 연구 조건 탐색과 가능성 타진 • 학교에 협조 요청 공문 작성 및 결재 • 연구동의서 및 설문지 작성	
진단	2015년 4/2 이후	• 대상 학급의 문학토의 양상과 출발점 점검 (담임교사의 수업 참관) • 연구 안내 및 동의서 배부, 설문조사 실시 • 연구 이행 단계별 목표 수립	〈미소의 여왕〉
비계 설정 및 효과분석	2015년 4/23 4/30 5/14 5/28	• 대화주의적 분위기 조성 • 아동의 문학반응 및 문학능력 파악에 초점 • 확산적 비계에 초점을 둔 다양한 반응의 소통을 목표로 하는 토의 수업 진행	〈축구공을 지켜라〉 〈내가 사랑한 수박씨〉 《새끼 개》
	2015년 6/11 6/18 7/2 7/9	• 읽기 전-중-후 활동의 강화로 문학반응과 토의의 활성화 • 심층적 비계에 초점을 둔 심층적 의미 형성 • 토의에 대한 충분한 참여를 통해 학습에 대한 아동의 주도권 및 책임 확대	〈해룡이〉(1) 〈해룡이〉(2) 〈어른동생〉(1) 〈어른동생〉(2)
점검	2015년 7/24	• 아동이 주도하는 문학토의의 실행 • 설문조사 실시	〈미소의 여왕〉

(1) 대상 학급의 문학수업 양상 분석

첫 번째 단계에서는 수업 실행의 방향을 설정하기 위해 연구 대상 학급의 담임교사가 진행하는 문학토의 수업을 참관하고 분석하였다. 설계기반 연구에서도 형성평가의 진단적 기능이 중요하지만 비계 설정을 위해서도 학습자의 현재 상태를 진단하는 것은 필수적이다. 이러한 진단을 위해 대화주의에 기반한 문학토의 수업의 구성 요소들을 포괄하는 교실 상호작용 분석 도구(DIT)[10]를 활용하였다.

(2) 대화적 맥락을 토대로 한 반응의 소통

두 번째 단계에서는 대화주의를 구현할 수 있는 분위기를 조성하기 위해 확산적 비계에 중점을 두고 아동의 자유로운 반응을 살펴보았다. 대화적 문학토의가 정착되기 위해서는 수업 문화 차원의 근본적인 변화가 중요하기 때문이다.[11] 대화주의는 세계의 의미가 종결 불가능하다는 인식을 전제로 한다. 따라서 문학의 의미 형성은 가능성의 지평을 탐색하는 것을 의미한다. 대화적 풍토(ethos)는 기존의 교실 문화와는 구별된다. 더 많은 학생들이 말하고 또 경청하며, 묵묵히 지내던 학생들이 또래에게 높은 평가를 받을 만한 아이디어를 말할 수 있다. 학생들은 교사의 안내에 따라 서로의 생각을 지지하고 다른 학생의 말과 자신의 말을 연관 짓는 것을 배운다. 이러한 교실에서 교사

....

10 I장의 '더 읽어볼 이론' 참조.
11 최인자는 기존 문학 교수법에서 가장 큰 화두는 학습자의 능동적인 의미 구성과 관련이 있다고 보고 그러한 접근법을 몇 가지 유형으로 나누어 검토하였다. 그러나 이론적 분야에서의 발전이 실제 문학수업 현장에서의 변화로 이어지지 않는 것으로 진단하면서, 그 원인 중 하나로 수업이 이루어지는 맥락이 구현되지 않은 것을 지적하였다. "사회 인지주의의 학습 이론에서 학습자의 의미 구성은 그 문화에 적합하게 응답하는 과정에서 만들어지고 위치 지어지는 것"이므로 활동 차원이 아니라 문화와 풍토라는 맥락의 차원에서 변화가 이루어져야 하는 것이다(최인자(2007), 「서사적 대화를 활용한 문학토의 연구」, 《국어교육학연구》 29, 국어교육학회, pp. 284-285).

는 학생들을 정보의 수신자가 아니라 사유하는 자, 아이디어의 생산자로 본다. 토의를 기반으로 하는 이러한 문화에서는 텍스트의 의미가 확정되어 있는 것이 아니라 잠정적이라는 인식하에 다양한 의견의 가능성을 인정하기 때문에 사고의 유연성이 길러진다.[12]

이와 같은 '의미의 잠재 가능성', '생각의 다양성'을 인정하기 위해서는 교사가 아동의 발언에 대해 평가적인 태도를 취하기보다 허용적이고 개방적인 태도를 보여야 한다. 이 단계에서는 비록 아동이 텍스트를 잘못 이해하고 해석하는 발언을 하더라도 그것을 즉각적으로 수정하지 않고, 교사가 잘 기억해두었다가 아동의 요구가 있을 때나 추후의 토의 과정에서 오류를 바로잡아주는 것을 원칙으로 하였다. 왜냐하면 교사의 평가적 태도로 인해 아동이 자신의 의견을 개진하지 못하고 위축되거나 자신의 발언이 옳고 그른지에 대해 과도하게 인식하게 될 경우, 이어지는 토의 과정에서 심층적 의미 형성을 위한 다양한 시도가 과감하게 이루어지기 어렵기 때문이다.

그리고 심층적 의미 형성을 위해서는 발언의 방향이 '교사-아동'에서 '아동-아동'으로 이동해야 한다. 그러므로 필자는 아동의 발언을 격려하고 그들의 발언을 연결 짓고 비계 사용을 촉진하는 것에 중점을 두기로 하였다. 아울러 이 단계에서는 필자가 아동의 실제적 발달 수준을 충분히 파악하지 못한 상태였기 때문에 그들의 실제적 발달 수준을 진단하기 위해 개인적 반응을 파악하는 데 초점을 두었으며 이를 위해 읽기 전, 읽기 중 활동이나 소집단 토의를 최소화하였다.[13]

....

12 M. Adler & E. Rougle(2005), 앞의 책, pp. 29-30.

13 이 연구에서 필자는 아동의 담임교사가 아니었고 문학토의를 위한 수업 시간에만 아동을 접했기 때문에 아동의 발달 수준에 대한 파악이 필요했다. 그러나 만일 담임교사가 자신의 학급에서 아동의 문학능력이나 개인적 반응을 충분히 확인한 상태에서 문학토의 활성화를 시도하는 경우에는 수업의 초기 단계에서부터 읽기 전, 읽기 중 활동을 풍부하게 계획하여 문학토의 비계와 함께 적용해도 무

⑶ 정교화된 반응의 소통을 통한 심층적 의미 형성

세 번째 단계에서는 텍스트를 심층적으로 이해하도록 돕는 심층적 비계 사용에 중점을 두었다. 2단계에서 초점을 맞춘 언어적 비계는 아동의 확산적인 반응을 자유롭게 표현하도록 돕는 것이었다. 이와 달리 3단계에서는 아동의 발언들이 서로 관련을 맺고 누적되면서 텍스트에 대해 넓고 깊은 이해를 형성하도록 돕는 것에 주된 목적이 있다. 이를 위해서는 발언의 방향이 '아동-아동'에서 나아가 '아동-⋯-아동'으로 확장되어야 할 것으로 보인다. 이렇게 발언의 방향이 이어지게 되면 자연스럽게 하나의 화제가 형성되고 그 화제에 대한 '대화적 담화'가 만들어진다. 이는 토의에서 아동의 발언이 산발적으로 흩어지는 것이 아니라 일정한 의미를 중심에 두고 결속성을 갖게 되는 것을 의미한다. 단, 이러한 '대화적 담화'가 텍스트에 대한 심층적 의미 형성을 담보하기 위해서는 그 내용이 텍스트에 대한 정확한 이해에 기반해야 하고 해석행위 또한 텍스트에 근거해서 이루어져야 한다. 이를 위해 교사는 학생들이 텍스트의 내용을 참조하도록 돕는 '텍스트 사용자(text user)'의 위치로 이동해야 한다. 그리고 아동이 서로의 의견에 동의하면서 의미를 확장하고 지지하는 것뿐 아니라 반론을 통해 도전할 수 있도록 교사는 때로 의도적으로 아동의 발언에 반대하거나 의문을 제기하는 등 다양한 모델링을 시도해야 한다. 따라서 이 단계에서는 교사가 지지자, 도전자, 협상자, 텍스트 사용자 등의 새로운 위치로 이동함으로써 아동에게도 이러한 위치로의 이동을 격려하고 유도하는 것에 초점을 두었다. 또한 아동의 잠재적 발달 수준을 높이기 위해 문학텍스트 수용을 위한 읽기 전, 읽기 중 활동을 강화하고 필요한 경우 소집단 토의를 병행하는 것을 원칙으로 하였다.

⋯⋯⋯⋯⋯

방할 것이다.

(4) 아동 주도 문학토의의 실행

네 번째 단계에서는 실제적 발달 수준에서 잠재적 발달 수준으로의 이행 과정에서 비계가 내면화되고 있는지, 학습의 책임이 교사에서 학생으로 이양되고 있는지를 점검하기 위해서 아동 주도의 문학토의를 실시하였다. 이를 위해 지금까지 교사가 담당했던 토의 진행의 역할을 아동에게 이양하고 토의 진행에 필요한 도움문장들을 점검하였다. 이 단계에서 교사는 관찰자의 위치로 이동하여 필요한 경우에만 토의에 개입하는 것을 원칙으로 하였다. 아울러 담임교사가 1단계에서 실시한 문학토의 텍스트를 대상으로 토의를 진행함으로써 그동안 이루어진 변화의 양상을 비교하였다.

2. 결과 분석

1) 결과 분석의 관점 및 방법

이 연구는 아동이 대화주의에 기반한 문학토의 수업에 적극적으로 참여하여 심층적 의미를 형성하도록 돕는 효과적인 방법을 모색하기 위해 시작되었다. 대화주의에 기반한다는 것은 문학토의에 참여하는 참가자들이 서로 대화적인 관계를 맺고 의미를 형성한다는 것이다. 이때 대화적인 관계에서의 초점은 서로의 차이를 바탕으로 창조적 이해에 도달하는 것이다.

바흐친은 진리가 그것을 추구하는 사람들 사이의 대화적 상호작용 속에서 비로소 생겨난다고 보았다. 그러므로 그에게 진리란 그것이 비록 단일한 것일지라도 그 기저에는 다채로운 의식의 다양성이 자리 잡고 있다. 따라서 대화주의에 기반한 문학토의에서는 이견만큼이나 동의의 스펙트럼 또한 다양하다. 또한 상대주의가 모든 의견의 개별성을 긍정함으로써 역설적으로 고유한 차이가 지닌 가치를 무화시키는 데 반해 대화주의는 그렇지 않다. 바흐친은 개별적인 것들이 지닌 차이 속에서 개인이 속한 삶의 맥락을 고려하여 잠정적인 의미를 선택하려는 '책임'을 강조하였으며, 이것이 상대주의와 대화주의를 구별하는 특성이라 할 수 있다. 따라서 대화주의에 기반한 문학토의에서는 의견의 일치뿐 아니라 대립, 확장 등 다양한 양상이 나타날 것이다.

그리고 아동이 문학토의에 적극적으로 참여한다는 것은 문학텍스트와 관련된 화제를 설정하고 그에 대한 자신과 타인의 반응을 소통의 맥락에서 연결함으로써 작품에 대한 이해의 폭과 깊이를 확장하는 것이다. 이때 반응을 소통한다는 것은 각자의 의견을 발언하고 경청하는 단순한 행위가 아니라 소통 내용의 주제, 자신과 타자의 해석, 소통의 과정을 메타적으로 검토하여 자신의 행위를 조정하는 복합적인 것이며[14] 일정한 화제를 형성하고 심도 있는 논의를 이어간다는 것을 의미한다.

문학토의에서는 다양한 말들이 오고 가지만 그러한 말들이 모두 의미 있는 토의 내용을 구성하는 것은 아니다. 따라서 의미 있는 문학토의가 이루어진다는 것은 문학텍스트에 대한 아동의 반응이 일정한 화제 아래 심층적 의미를 형성함을 뜻한다. 이 과정에서 아동은 현재 논의 중인 화제를 인식하고 그에 대한 자신의 견해를 자각하고 발언하며 다른 아동의 발언과 자신의 견해가 어떤 관계에 있는지 파악한 후 자신의 견해를 새롭게 형성해간다. 이처럼 텍스트와 관련된 화제를 설정하고 그것에 대해 깊이 있고 폭넓은 논의가 이루어지도록 돕는 것이 문학토의를 위한 비계 설정의 핵심이다.

따라서 이 연구에서는 텍스트에 대한 아동의 다양한 반응을 발언하도록 돕는 '확산적 비계'와 그러한 다양한 발언들이 서로 연관을 맺으면서 상세하고 폭넓은 의미를 형성하도록 돕는 '심층적 비계'를 설정하고 그 작용 양상을 살펴보았다. 아울러 그러한 비계가 설정된 문학토의의 과정에서 자연스럽게 교사의 역할에 대한 모델링이 이루어지도록 하기 위해 교사의 역할에도 다양한 변화를 주고 아동이 그것을 인지하도록 유념하였다. 마지막 단계인 아동 주도 문학토의를 실시하면서 교사의 역할과 관련된 언어적 비계를 공식적으로 확인하고 보충하였다.

결과 분석에서는 문학토의의 진행 과정에서 이루어지는 유의미한 변화들과 비계의 작용 양상을 포착하기 위해 비계를 설정한 각 단계의 수업 결과를 회차별로 분석한 후, 전체 단계를 통틀어서 나타나는 유의미한 변화 양상

14　이인화(2014), 『해석소통, 문학토론의 내용과 방법』, 사회평론아카데미, p. 46. 이인화는 이 책에서 문학토의 대신 해석소통이라는 용어를 사용하고 있으나 전체적인 내용을 놓고 볼 때 문학토의, 문학토론 등의 용어와 해석소통은 넓은 의미에서 동의어로 간주할 수 있을 것이다.

들을 종합하고자 한다. 이러한 결과 분석의 관점을 설정하기 위해서는 먼저 문학토의의 구성 요소를 파악해야 한다. 이 연구의 결과 분석과 관련된 문학 토의의 구성 요소로는 토의 참여자들의 발화 횟수와 발화 방향, 형성된 토의 화제와 그에 따른 확장된 논의로 이루어진 '대화적 담화', 문학토의 과정에서 형성된 지식 등을 들 수 있다.

문학토의 수업 담화는 '참여자들의 발화가 연쇄적으로 구성된 담화'로 정의할 수 있다. 발화 주체는 교사와 학생으로 나뉘며 발화 주체별 말차례의 비중은 토의가 어떤 주체를 중심으로 이루어지고 있는지 살펴볼 수 있게 해 준다. 전체 말차례에서 교사의 말차례가 더 많은 비중을 차지할 경우 토의 진행의 권한이 교사에게 집중되었거나 학생들이 다양한 의견을 제출하지 못한 채 토의가 이루어졌을 가능성이 있다. 그럴 경우 토의의 내용을 확인하여 원인을 규명할 필요가 있다. 이 외에도 참여자 간의 발화 방향도 중요하다. 토의에서 교사와 개별 학생 간의 발화가 주를 이루는 경우, 학생 간 상호작용이 활발하지 않고 교사의 견해가 전체적인 의미 형성에 많은 영향을 줄 수 있기 때문이다. 따라서 발화 연속체로서의 문학토의를 일차적으로 분석하는 방법으로 발화 주체와 말차례, 발화 방향의 양상을 살펴보고자 한다.

말차례는 화자에 의해 의도적으로 말해진 것으로 화자가 말을 멈추거나 다른 사람이 끼어들어서 방해를 받기 전까지 한 화자가 말한 것을 말차례로 보았다. 다른 사람이 끼어든 경우 화자의 말과 끼어든 사람의 말을 각각의 말차례로 세는 것을 원칙으로 하되 화자가 말을 계속 하는 경우에는 원래 말과 이어진 말을 하나의 말차례로 계산하였다.[15] 이 연구에서는 교사가 발표를 위해 아동을 지명하고자 단순히 호명하는 경우와 교사가 아동의 발표 내용을

....

15   J. Wee(2010), 앞의 글, pp. 100-102를 참조하여 기준을 정하였다.

전체 아동에게 전달하기 위해 그 말을 단순 반복하는 경우는 말차례의 통계에서 제외하였다. 단, 아동 주도의 문학토의에서는 그와 같은 행위 역시 학생에게 교사의 역할이 이양되는 과정에서 발생하는 학습의 일환으로 보고 통계에 포함시켰다.

　발화 연속체로서의 문학토의 수업 담화가 대화적인 관계에서 텍스트에 대한 심층적인 의미 형성을 이루고 있는지 확인하기 위해서는 전체 수업 담화를 화제 단위(topical units)로 나누어 검토할 필요가 있다. 문학토의에서 논의의 대상인 화제를 설정하는 것은 필수적이고도 핵심적인 행위이다. 앞서 말한 바와 같이 문학토의는 개인적인 반응의 병렬적인 나열과는 구별되는, 응집성과 결속성을 갖춘 담화이기 때문이다.[16] 이 연구에서는 문학토의 수업 담화에서 화제가 수립되고 해당 화제에 대해 교사나 토의 진행자를 제외한 3인 이상이 대화에 참여하여 동의 및 지지, 확장, 도전 등의 관계를 맺는 발화행위[17]들을 수행하는 경우 '대화적 담화(dialogic discourse)'라고 규정하고 그 양상을 분석하였다. '대화적 담화'란 앞서 I장의 '더 읽어볼 이론'에서 언

....

16　응집성(cohesion)과 결속성(coherence)은 주로 문어 텍스트의 특성을 언급할 때 사용되는 개념이다. 글쓰기에서 응집성은 형식적인 면에서 글의 표층 구성 요소들이 통사적인 의존 관계를 바탕으로 서로 관련을 맺는 것이다. 내용적인 결속성은 텍스트 내에서 개념들 사이에 존재하는 의미의 연속성을 토대로 한 개념이며 글을 의미론적으로 완결된 내적 구조로 만들어주는 것이다. 글(text)이란 단순히 낱말과 낱말을 조합해서 만들어진 문장들의 배열이 아니라 문자 기호를 조합하여 만든 일련의 문장들이 이러한 응집성과 결속성을 갖추어 교직된 것을 의미한다(최미숙 외(2012), 『국어교육의 이해』, 사회평론아카데미, p. 251). 이 책에서는 이러한 관점을 구어 담화인 문학토의에 적용하여 그 역시 응집성과 결속성을 구비한다고 보았다.

17　Austin은 발화를 하나의 행위 양상으로 보고 이것을 '화행(speech act)'이라고 칭했다. 그는 하나의 발화를 통해서 다음의 세 가지 행위를 한다고 보았다(신지영 외(2012), 『쉽게 읽는 한국어학의 이해』, 지식과 교양, p. 287).

　발화행위(locutionary act): 의미를 가진 문장을 발화하는 행위

　발화수반행위(illocutionary act): 발화행위와 함께 수행되는 행위

　발화효과행위(perlocutionary act): 발화의 결과로 일어나는 행위

급한 "확장된 대화적 에피소드"에서 착안한 개념이다. 확장된 대화적 에피소드는 하나의 화제에 대한 질문-대답의 시퀀스가 확장되는 경우를 지칭한다. 그러나 이 연구에서 지칭하는 대화적 담화는 반드시 질문과 대답의 형태를 포함해야 하는 것은 아니다. 발화의 형식보다는 각각의 발화들이 어떤 관계를 맺으면서 긴밀하게 의미를 형성하는지가 더 본질적이기 때문이다. 대화적 담화와 유사한 개념으로는 위가 머서의 탐구적 대화[18]와 동일한 개념이라고 소개한 "대화적 순간(dialogic moment)"을 들 수 있다. 그것은 학생들이 지식을 함께 만들기 위해 교사의 안내가 없거나 최소화된 상태에서 서로서로 말하며 참여하는 순간을 의미한다.[19]

대화적 담화의 구체적인 양상을 분석하기 위해서는 각각의 발화행위를 부호화(coding)해야 한다. 발화행위의 부호화를 위해 이 연구에서는 위가 제시한 〈행위를 위한 코드들〉[20]을 참고하여 수업 담화 분석을 위한 코드를 표 4-5와 같이 분류하였다.

....

18 "탐구적 대화란 대화 참여자들이 다른 사람의 생각에 대해서 비판적이지만 구성적으로 관여하는 대화이다. 진술과 제안은 함께 숙고할 기회를 만든다. 이러한 진술과 제안들은 도전받고 또 역으로 도전 받을 수 있다. 그러나 도전은 정당화되고 대안적인 가설이 수립된다. 의사 결정이 이루어지기 전에 동료들 모두 적극적으로 참여하고 의견들이 탐색되고 심사숙고된다. 탐구적 대화에서 지식은 좀 더 공적으로 설명 가능한 것이 되고 추론은 대화 속에서 좀 더 가시화된다"(N. Mercer(2004), Sociocultural discourse analysis: Analysing classroom talk as a social mode of thinking, *Journal of applied linguistics*, 1(2), p. 146).

19 J. Wee(2010), 앞의 글, p. 107. 위는 탐구적 대화의 여섯 가지 특징을 소개한 바 있다. 이러한 특성은 이 연구에서 언급하는 "대화적 담화"의 특성과도 유사하다. 그 내용은 다음과 같다.
   1. 학생들은 관련된 정보를 공유한다.
   2. 학생들은 서로의 생각을 고려하고 집단적으로 화제, 주제 혹은 이슈를 탐구한다.
   3. 학생들은 그들의 생각이나 의견에 대한 근거를 댄다.
   4. 학생들은 서로의 생각이나 의견에 도전한다.
   5. 대안들이 논의된다.
   6. 학생들은 그들의 의견을 말하고 진전시키기 위해서 서로를 격려한다.
20 위의 글, pp. 109-116.

표 4-5. 문학토의 수업 담화 분석을 위한 코드

코드	발화행위
1	다른 사람의 말을 근거로 하는지와 무관하게 의견을 제시하는 것. 의견은 근거를 포함하지 않음.
2	관련된 정보를 공유하는 것. (예: 누군가의 질문에 추가 정보를 공유하는 것.)
3	상대방의 의견에 동의하는 것.
4	자신 혹은 다른 사람의 반응을 뒷받침하기 위한 근거를 대는 것. 추론적 단어를 포함할 수 있음. 코드 1과 함께 결합될 경우 의견과 근거를 함께 제시하는 경우를 나타냄.
5	다른 사람의 생각을 확장하는 것. 동의하면서 다른 근거를 대는 것.
6	다른 사람의 생각에 도전하는 것. 상대방의 의견에 동의하지 않는 것. 도전할 목적으로 질문을 하는 경우도 해당됨.
7	대립되는 의견을 조정하기 위해서 대안적인 의견을 제시하는 것. (예: "그들이 ~ 할 수 있었다고 생각한다.")
Q	실제적 질문을 하는 것.
E	다른 화자의 발언과 태도를 평가하는 것.
M	토의를 유지하기 위한 행위들: 기본 규칙을 상기시키고 다른 학생들을 조용히 시키고 모든 사람이 화자의 말을 들었는지 확인하고 이전의 말을 명료화하는 것 등.
X	농담하거나 관련 없는 정보를 나누는 것.
T	텍스트에서 근거를 찾도록 지시 혹은 권유하는 것.
m	토의의 내용과 관련 있는 것으로 추정되지만 소통을 목적으로 하지 않는 혼잣말. 또는 소통을 목적으로 발언하였으나 공식적인 층위로 확산되지 못한 발언. 잘 알아들을 수 없는 발언을 포함.
A	상대방의 질문이나 요구에 대한 응답으로서의 대답.

* 각각의 발화행위가 언어적 비계를 동반할 경우에는 해당 비계를 밑줄로 강조하고 코드 기호 옆에 (+S)를 병기할 것임. 이때 언어적 비계는 최초에 교사가 제시한 형태뿐 아니라 아동이 변형한 형태도 포함됨.

코드 1부터 7은 각각의 발화들이 어떻게 관계 맺고 있는지와 관련이 있기 때문에 문학토의 수업 담화의 응집성과 결속성의 양상을 보여줄 수 있다. 코드 1에 해당하는 발화행위들이 이어질 경우 토의 참여자들의 발화는 긴밀한 관계를 맺지 못할 뿐 아니라 심층적 의미를 형성하기 어렵다. 화제가 선정되고 나면 코드 1에 대한 코드 2부터 코드 7의 발화들이 활발하게 이루어져야 심층적인 의미를 형성할 수 있다. 아울러 이러한 발화행위는 교사가 제시했던 언어적 비계인 '도움문장'과 함께 나타날 수 있다. 도움문장은 교사가 최초로 제시한 형태뿐 아니라 아동이 변형한 형태로 나타날 수도 있으므로 이를 모두 표시하고자 한다. 이 연구에서는 아동이 독서일지를 작성할 때 외에는 모두 구어를 통한 소통의 맥락에서 도움문장을 사용하기 때문에 언제나 동일한 형태로 도움문장을 발화하지 않기 때문이다. 또한 Ⅲ장에서 살펴본 바와 같이 비계란 내면화 혹은 참여적 전유의 과정을 거치면서 변형되기 때문에 비계로 제공된 도움문장 역시 변화할 수 있다.

이 외에도 구어로 이루어진 수업 담화를 전사하기 위해서는 몇 가지 표기 원칙이 요구된다. 이 연구는 수업 담화의 구어적인 특성보다는 비계의 사용 양상과 문학토의의 내용을 분석하는 데 초점을 두었으므로 구어적 특성을 세부적으로 반영하기보다는 의미와 맥락이 전달될 수 있는 사항들을 위주로 표기하고자 한다.[21]

수업 담화의 특성과 비계 사용 양상 외에도 각 회차별 토의를 통해 아동에게 어떠한 문학능력이 형성되는지 살펴볼 것이다. 이 연구의 목적은 문학토의 수업을 위한 비계 설정 방법을 모색하는 것이지만, 그러한 연구가 궁극적으로 지향하는 것은 문학토의를 통해서 문학교육이 목표로 하는 지식을 형성하는 것이다. 문학교육의 지식은 앞서 Ⅰ장 2절에서 문학 탐구의 대상과 방법을 논하면서 밝힌 바와 같이 명제적 지식과 절차적 지식으로 구분할 수 있다. 그 구체적인 항목을 구성하는 요소들은 현행 국어과 교육과정의 문학영역 성취기준에서 도출해야 한다. 표 4-6에 제시된 성취기준은 명제적 지식과 절차적 지식이 결합된 형태로 제시되어 있다.

한편 표 4-7에서는 문학영역의 지식 요소들이 지식과 수행 항목으로 구분되어 있다. 지식에 해당하는 내용들은 대체로 "~에 대해서 안다"에 해당하

....
21 이와 관련된 내용은 '부록1. 수업 담화의 전사 원칙과 전사 및 부호화(coding)의 예시' 참조.

표 4-6. 초등학교 국어과 교육과정 문학영역 학년군별 세부 내용[22]

학년군	영역 성취기준	내용 성취기준
1-2	발상과 표현이 재미있는 작품을 다양하게 접하면서 문학이 주는 즐거움을 경험하고, 일상생활의 경험을 문학적으로 표현한다.	(1) 동시를 낭송하거나 노래, 짧은 이야기를 들려준다. (2) 말의 재미를 느끼고 재미를 주는 요소를 활용하여 자신의 경험을 표현한다. (3) 이야기의 시작, 중간, 끝을 파악하며 작품을 이해한다. (4) 작품 속 인물의 마음, 모습, 행동을 상상한다. (5) 글이나 말을 그림, 동영상 등과 관련지으며 작품을 수용한다. (6) 일상생활에서 겪은 일을 동시나 노래, 이야기로 표현한다.
3-4	문학의 구성 요소가 잘 드러나는 작품을 대상으로 하여 그 구성 요소에 초점을 맞추어 문학작품을 자신의 말로 해석하고, 해석한 내용을 다양한 방식으로 표현한다.	(1) 짧은 시나 노래를 암송하거나 이야기를 구연한다. (2) 재미있거나 감동적인 부분에 유의하며 작품을 이해한다. (3) 이야기의 흐름을 파악하여 내용을 간추린다. (4) 작품 속 인물, 사건, 배경에 대해 설명한다. (5) 작품 속의 세계와 현실 세계의 공통점과 차이점을 안다. (6) 작품을 듣거나 읽거나 보고 느낀 점을 다양한 방식으로 표현한다.
5-6	문학작품에 대한 해석의 근거를 찾아 구체화하고, 작품의 일부나 전체를 재구성하는 활동을 통해 작품 수용과 표현의 수준을 높인다.	(1) 자신이 좋아하는 문학작품을 듣고 그 이유를 말한다. (2) 작품에서 말하고 있는 사람의 관점을 이해한다. (3) 작품에 나타난 비유적 표현의 특징과 효과를 이해한다. (4) 작품 속 인물, 사건, 배경의 관계를 파악한다. (5) 작품 속 인물의 생각과 행동을 나와 견주어 이해하고 평가한다. (6) 작품의 일부를 바꾸어 쓰거나 다른 갈래로 바꾸어 쓴다. (7) 자신의 성장과 삶에 영향을 미치는 작품을 즐겨 읽는 태도를 지닌다.

는 명제적 지식이며 수행에 해당하는 내용들은 "~을 할 줄 안다"에 해당하는 절차적·방법적 지식이다.

이 연구의 결과 분석에서는 각 단계와 회차별 수업을 통해 표 4-6과 표 4-7에 제시된 문학교육의 성취기준 및 수행과 지식의 하위 항목들 가운데 어떤 요소들이 어떻게 학습되는가에 대해 논의할 것이다. 이를 통해 대화주의에 기반한 문학토의 수업이라는 새로운 지평 위에서 이루어지는 지식 형성의 특성을 규명하고자 한다.

....

22　교육과학기술부(2011), 《국어과 교육과정》(교육과학기술부 고시 제 2011-361호). 앞서 밝힌 바와 같이 본 장의 연구가 수행될 당시에는 2011 개정 교육과정이 시행되었으므로 성취기준 역시 해당 교육과정에 근거하였다.

표 4-7. 학년군별 문학영역 교육 내용의 위계화 원리[23]

		1-2학년군	3-4학년군	5-6학년군
장르	서정	동시, 노래	동시, 노래	시(동시), 노래
	서사	옛이야기, 동화	옛이야기, 동화, 소설	소설(동화, 옛이야기)
	극	아동극	아동극	극(아동극)
	기타	애니메이션, 만화	애니메이션, 만화	여러 매체 자료
지식		– 시적 요소(1) – 이야기 구조(1) (시작, 중간, 끝) – 인물	– 시적 요소(2) – 이야기 구조(2) – 인물, 사건, 배경(1) – 허구성	– 화자나 서술자 – 비유적 표현 – 인물, 사건, 배경(2) – 인물(2)
수행		[즐겨 참여하기] – 낭송하기/들려주기 – 상상하기 – 이해하기 – 매체 통합적 읽기 – 문학적으로 표현하기	[자세히 들여다보기] – 암송하기/구연하기 – 분석하기 – 요약하기 – 설명하기 – 문학적으로 표현하기	[주체적으로 반응하기] – 분석하기 – 근거 갖춰 말하기 – 관계 파악하기 – 견주어 이해하기 – 갈래 바꾸기
위계화 원리		[학습의 단계]		
		– 체험적 구체성 – 평면적 혹은 선조적 단순성 – 쉬운 것 – 개인적인 것 – 흥미 유발	⇒	– 개념적 추상성 – 입체적 복합성 – 어려운 것 – 사회적인 것 – 조절
		[문학 학습 능력의 발달 과정]		
		– 속성 중심 – 주관적 참여 – 아동문학	⇒	– 실체 중심 – 객관적 소통 – 본격문학

(음영은 필자)

지금까지 논의한 관점들은 문학토의에서 실제로 발화된 아동의 반응을 대상으로 결과를 분석하는 것이다. 그러나 문학토의 수업에서는 그와 같이 공식적인 소통의 맥락에서 주고받은 반응 외에도 발화되지 않은 비공식적 말

---

23 최미숙 외(2012), 앞의 책, p.338.

들이 포함되어 있다. 바흐친이 인간의 의식을 공식적 층위와 비공식적 층위로 나누어 사유한 것처럼 이 연구에서는 문학토의 수업 담화에도 공식적 층위와 비공식적 층위가 함께 존재한다고 본다. 공식적 층위의 논의들은 쉽게 관찰할 수 있지만 비공식적 층위의 논의들은 토의가 아닌 다른 수단—독서일지나 수업 시간 외에 이루어진 아동과의 대화, 담임교사와의 면접 등—을 통해 우회적으로 그 흔적을 확인할 수 있다. 그러므로 필자는 매 회차의 수업이 끝난 후 아동의 독서일지를 점검하여 수업에 적극적으로 참여하지 않는 아동의 반응, 미처 발화되지 않은 반응들을 함께 파악하였다.

그러한 비공식적 층위의 논의는 공식적 층위의 논의를 보완하고 균형을 유지하도록 도우며 개별 아동의 특성과 그들의 문학능력을 파악하는 자료로 쓰일 수 있다. 공식적으로 소통되지 않는 반응 중에 텍스트의 심층적인 의미 형성에 기여할 수 있는 내용, 즉 텍스트의 이해와 해석 과정에서 다른 아동들에게 비계를 설정하고 학급 전체의 근접발달영역을 확장할 수 있는 내용이 포함될 수 있다. 특히 대집단 토의에서는 문학토의의 경험이 누적됨에 따라 참여의 폭이 일부 학생들로 제한되고, 그러한 참여의 양상이 굳어질 경우 독백적 경향을 나타낼 수 있다. 따라서 교사는 문학토의의 공식적 층위뿐 아니라 비공식적 층위의 논의를 함께 점검하고 아동의 참여가 골고루 이루어질 수 있도록 해야 한다. 논의에 적극적으로 참여하지는 않지만 문학능력이 우수한 아동에게는 교사가 토의 과정에서 질문을 통해 참여를 유도하는 등 소극적 참여의 원인을 파악하여 그에 맞는 교육적 대응을 모색해야 한다.

아동이 토의에 참여하지 않는 원인은 다양하다. 토의에 흥미를 느끼지 못하는 경우뿐 아니라 참여 의지가 있으나 자신의 의견을 명료화하기 어려워 발언하지 못하는 경우, 개인적인 의견을 공개하는 데 두려움을 느끼는 경우 등 개인별, 상황별로 각기 다른 원인이 있다. 따라서 이 연구에서는 독서일지뿐 아니라 설문조사 결과, 담임교사와의 면담 등 여러 가지 경로를 통해 아동

표 4-8. 연구 절차에 따른 수업 실행의 단계

절차	발달수준	단계	해당 텍스트 및 수업일시	실행 목표
진단	실제적 발달 수준	1	〈미소의 여왕〉 (4/2)	• 대상 학급의 문학토의 양상과 출발점 점검 • 후속 단계의 설계
비계 설정 및 효과분석	실제적 발달 수준 ↓ 잠재적 발달 수준	2	〈축구공을 지켜라〉 4/23, 30 〈내가 사랑한 수박씨〉 5/14 《새끼 개》 5/28	• 대화주의적 분위기 조성 • 문학토의에 필요한 비계의 소개 • 아동의 개인적 반응의 양상과 문학능력 파악 • 확산적 비계에 초점을 둔 다양한 반응의 소통
		3	〈해룡이〉(1) 6/11 〈해룡이〉(2) 6/18 〈어른동생〉(1) 7/2 〈어른동생〉(2) 7/9	• 읽기 전-중-후 활동의 강화로 문학반응과 토의의 활성화 • 심층적 비계에 초점을 둔 심층적 의미 형성 • 토의에 대한 충분한 참여를 통해 학습에 대한 아동의 주도권 및 책임 확대
점검	새로운 실제적 발달 수준	4	〈미소의 여왕〉 7/24	• 아동 주도 문학토의의 실행을 통해 비계의 효과와 발달 수준 확인

의 참여 양상에 대한 원인을 분석하여 참여의 폭이 제한되거나 일정한 패턴으로 고착되지 않도록 유의하고자 했다.

2) 단계별 결과 및 종합

이 연구의 수업 실행은 표 4-8과 같이 진행되었다. 연구 절차는 크게 '진단 → 비계 설정 및 효과 분석 → 점검'으로 나뉜다. 진단 단계에서는 대상 학급의 실제적 발달 수준을 파악하고 이를 통해 후속 단계에서 도달해야 할 구체적인 목표를 수립하였다. 비계 설정 및 효과 분석 단계에서는 실제적 발달 수준에서 잠재적 발달 수준으로 이행하기 위해서 아동에게 비계를 설정하고 아동이 비계를 내면화 혹은 참여적 전유를 하는 과정에서 발생하는 비계의 변형, 토의의 변화 양상 등을 관찰한다. 비계의 효과가 발생하여 학습에 대한 주도권이 아동에게 점차 이동하게 되면 점검 단계에서 아동 주도의 토의를 실시하고 연구 실행 전과 후의 차이를 비교하여 그들이 도달한 새로운 '실제적 발달 수준'을 확인한다.

(1) 1단계: 대상 학급의 문학수업 양상 분석

〈작품별 문학토의 수업의 개관〉

책 제목 (토의일)	문학토의 수업 시간	전체 말차례	교사 말차례	학생 말차례	발화 방향	
〈미소의 여왕〉 (4/2)	55분	142	57 (40%)	85 (60%)	교사 – 아동 위주	
	읽기 전	읽기 중	읽기 후	대화적 담화의 화제	형성된 문학지식	
주변텍스트 페리텍스트 (Peritext)	저자이름 확인					
에피텍스트 (Epitext)						
내부텍스트 (Innertext)		인물, 상황에 대한 질문, 인물의 정서 예측	등장인물 택하여 칭찬하기		인물의 행동 평가하기	
맥락 (Context)			친구 칭찬 릴레이	우리 반도 칭찬 릴레이를 할까?(찬반거수) / 우리 반 친구 칭찬하기		
상호텍스트 (Intertext)	저자의 다른 작품					
아동이 사용한 언어적 비계			교사가 사용한 언어적 비계			
			우리가 읽었던 것과 연관 지어서 생각하자 (텍스트에 근거 두기)			

표 4-9. 담임교사의 교실 상호작용 평가 결과

지표 \ 점수	등급					
	독백적 ←————————————————→ 대화적					
	1 매우 독백적	2 독백적	3 다소 독백적	4 다소 대화적	5 대화적	6 매우 대화적
권위 (2.5)		▨				
질문 (2.5)		▨				
피드백 (3)			▨			
학생 의견 연결 (2)	▨	▨				
설명 (6)						▨
협동 (3)			▨			
계 (19점 평균 3.17)			▨			

　이 수업에서는 담임교사가 책 읽어주기를 진행한 후 칭찬 릴레이를 실시하는 방식으로 수업을 진행하였다. 읽기 전 활동으로 저자의 이름을 확인하고 5학년 교과서에 수록된 작가의 다른 단편 동화 〈자존심〉을 언급함으로써 학생들의 배경지식을 활성화하고 작가에 대한 기대감을 형성하였다. 읽기 중 활동은 주로 인물의 상황이나 정서를 예측하는 몇 가지 질문을 통해 독자가 주인공 진선에게 초점을 맞춰 텍스트를 수용하도록 유도했다. 읽기 후 활동으로는 〈미소의 여왕〉의 중심 사건처럼 '친구 칭찬하기' 활동을 할 것인지 다수결로 정한 후 그 결과에 따라 칭찬 릴레이를 진행하였다. 읽기 후 활동이 끝난 후에는 이야기 속의 등장인물 가운데 칭찬을 해주고 싶은 인물을 골라 칭찬하는 글을 쓰고 발표하였다. 이러한 수업 과정에서 나타나는 상호작용의 양상을 평가하기 위해 DIT를 척도로 활용하였다. 자세한 평가결과는 표 4-9와 같다.

　위의 표에서 점수는 독백적인 성향이 강할수록 낮고 대화적인 성향이 강할수록 높다. 점수의 분포는 최하 6점에서 최고 36점에 이른다. 한 등급으로 분류가 어려울 경우에는 등급과 등급 사이에 걸쳐 있는 것으로 표시하고 점수는 1.5, 2.5, 3.5, 4.5, 5.5로 계산하였다. 1등급은 '매우 독백적', 2등급은 '독백적', 3등급은 '다소 독백적'으로 분류하며 이 세 등급 모두는 전반적으로 독백적인 등급에 속한다. 4등급은 '다소 대화적', 5등급은 '대화적', 6등급은 '매우 대화적'으로, 전체적으로 대화적인 등급으로 분류된다. 위의 표에서 음영으로 표시된 부분이 해당 지표에 대한 등급을 나타내며 교실 상호작용의 양상은 음영 부분이 왼쪽에 분포될수록 독백적이며 오른쪽에 분포될수록 대화적이다. 이 수업의 경우 전체 평균이 4점 미만이므로 3등급과 4등급 사이의 등급이며 '다소 독백적'과 '다소 대화적' 사이에 위치하는 것으로 최종 분류된다.

각 지표별 평가 내역을 살펴보면 우선 권위 지표의 경우 주로 누가 토의의 내용과 과정을 통제하는가에 대한 항목이다. 교사가 발언할 아동을 지명하고 질문하며 화제를 변경하고 대답을 평가할 경우 독백적이라 평가한다. 이 수업에서는 발췌록 No.1의 말차례 5번 ㉠과 같이 교사의 지명을 받아야 발언을 할 수 있다. 토의 화제인 '〈미소의 여왕〉처럼 칭찬 이어가기를 할 것인가'는 ㉡의 경우에서 알 수 있듯 교사가 먼저 제안하고 아동이 그에 대해 찬성과 반대를 결정하였다. 따라서 2등급과 3등급 사이에 걸쳐 있다고 보았다.

발췌록 No.1

말차례	발화 행위
1	교사〉이번 시간에 우리가 무엇을 공부할 것인가 하면 책에 뭐라고 되어 있어요?
2	학생들〉친구들 칭찬 이어가기.
3	교사〉칭찬 이어가기. 뭐라고 되어 있다구요?
4	학생들〉칭찬 이어가기.
5	교사〉㉠손 들고 발표하세요. 칭찬 이어가기. 과연 칭찬을 이어가면 행복할 것인지, 칭찬이 어떤 것인지 ㉡선생님이 글을 하나 읽어줄 테니까 글을 다 읽고 나서 우리 반에는 칭찬 이어가기를 할 것인가 말 것인가를 의논을 해야 될 것 같아요.

질문 지표의 기준은 교사 질문의 목적이 단순한 사실 확인이거나 정해진 답을 아동이 알고 있는지 평가하기 위한 것일 때는 독백적인 것으로, 진정으로 개방된 질문을 통해 아동의 비판적 평가와 분석을 끌어낼 때는 대화적인 것으로 분류한다. 담임교사의 수업에서 교사의 질문은 발췌록 No.2에서처럼 ①토의 화제를 선정하기 위해 찬성여부를 묻는 경우, ②단순한 사실이나 텍스트의 정보를 확인하려는 경우, ③인물의 심리를 짐작하고 추론을 요구하는 경우, ④교사가 토의 내용의 방향을 유지하기 위해 단서를 주는 경우, ⑤아동의 자유로운 의견을 요구하는 경우 등으로 나뉜다.

발췌록 No.2

말차례	발화 행위
35	① 제가 이거 할까요? 안 할까요? 우리 반도 다음 시간에 칭찬 릴레이를 할까요, 말까요?
39	① 연관 지어서 우리는 다음 주에 칭찬 릴레이를 할까요, 말까요?
5	②「자존심」 배웠어요? 안 배웠어요? 5학년 때 「자존심」 안 배웠어요? 진돗개 나오는 것도 배웠죠?
6	② 누굴 뽑는다고? 어떤 애를 뽑는다고?
83	② 미소의 왕으로 뽑은 게 누구예요?
47	② 관점 배웠죠?
13	③ 어, 얘 왜 혼자 남았지?
14	③ 어떤 표정이야?
15	③ 자기 차례 올 때까지 기다리기 너무 힘들겠지?
61	④ 요거는 칭찬하고 비아냥하고 중에서 어느 거에 더 가까울까요? (칭찬이 아니라 비아냥임을 구별시키기 위한 질문)
41	⑤ 여기서 진선이는 칭찬을 들었을 때 굉장히 좋아하죠. 여러분도 그런가요?
63	⑤ 우리 남편한테 칭찬을 받았는데 기분 나빴어요. 왜 나빴게?

토의 화제를 선정하기 위해 찬성여부를 묻는 ①의 경우에는 이미 토의 화제를 교사가 설정한 상태에서 아동은 그것의 실행 여부만을 정한다는 점에서 독백적인 요소를 가지고 있다. 단순한 사실이나 텍스트의 정보를 확인하려는 ②의 경우 역시 깊이 있는 탐구로 나아가지는 않기 때문에 다소 독백적이다. 인물의 심리를 짐작하고 추론을 요구하는 ③의 경우에는 다소 대화적이라 분류하였다. 질문에서 요구하는 추론이나 탐구의 수준이 아주 높지는 않기 때문이다. 교사가 토의 내용의 방향을 유지하기 위해 단서를 주는 ④의 경우 역시 일정한 의도를 내포한다는 점에서 독백적이다. 아동의 자유로운 의견을 요구하는 ⑤의 경우는 대화적인 등급에 해당한다. 이상의 결과를 종합하여 질문 지표의 경우도 2등급과 3등급 사이에 걸쳐 있는 것으로 평가했다.

피드백 지표는 교사가 아동의 발언을 더 깊은 논의로 진전시킬수록 대화적이라 평가한다. 이 수업에서는 아래의 두 경우를 제외하고는 교사가 아동의 반응에 대해 대부분 동의하면서 아동의 발언을 다시 재해석해주는 방식으로 피드백이 이루어졌다.

발췌록 No.3

말차례	발화 행위
37	이유를 좀 얘기해주세요.
39	좀 더 자세히 얘기해볼 수 있어요?

이러한 재해석은 아동의 의견을 존중한다는 긍정적인 의미를 갖지만 피드백 지표의 관점에서는 탐구를 고취시킬 정도의 대화적인 등급에는 미치지 못하는 것으로 보인다. 독백적 등급과 대화적 등급의 중간 단계의 특징처럼 종종 학생과 함께 작업하지만 모둠이 더 발전적인 탐구를 수행하도록 도울 수

있는 중요한 기회를 놓치고 만다. 따라서 다소 독백적인 것으로 평가하였다.

메타 수준의 반영, 즉 학생의 의견을 연결하는 지표는 말 그대로 교사가 학생들의 생각을 가시적으로 연결시키고 학생들 스스로 다른 사람의 의견과 자신의 의견을 연결시키도록 촉진하는 것을 대화적이라 평가한다. 그러나 이 수업에서 교사는 이러한 작업을 수행하지 않았으므로 독백적이라 평가했다.

설명 지표는 학생들이 자신의 생각에 대한 이유를 밝히고 그것을 정교화하여 길게 말할수록 대화적이라 평가한다. 이 수업에서 대부분의 학생들은 아래 발췌록의 밑줄 부분처럼 자신의 의견에 대해 근거를 들어 발표하고 있으며, 그렇지 않을 경우 교사가 근거를 들거나 더 자세히 말할 것을 요구하고 있다. 따라서 매우 대화적인 것으로 평가했다.

발췌록 No.4

말차례	발화 행위
37	교사〉 칭찬 릴레이를 다음 시간에 하자고 생각하는 사람?
38	승호〉 재밌을 것 같아서.
39	교사〉 좀 더 자세히 얘기해볼 수 있어요? 우리가 읽었던 거랑 연관 지어서 한번, 연관 지어서 자기 마음에 들었던 것 같거든요. 연관 지어서 우리는 다음 주에 칭찬 릴레이를 할까요, 말까요? 승호!
40	승호〉 칭찬을 들은 사람이 기분이 좋을 것 같아요.

발췌록 No.5

말차례	발화 행위
43	교사〉 이번엔 하지 말자. 하지 말았으면 좋겠다. 칭찬 릴레이. 어, 한주!
44	한주〉 만약에 칭찬할 거리가 없으면 상처를 받을 수도 있어요.

협동 지표의 경우 학생들의 대답이 낱낱으로 떨어져 있고 서로 연결되지 않을수록 독백적이며 서로의 생각을 토대로 비판적이고 협동적인 '생각의 공동 구성'에 참여할수록 대화적이다. 이 수업에서는 교사의 한 가지 질문, 가령 "칭찬 릴레이를 해야 하는가?"라는 질문에 대한 아동의 대답이 병렬적으로 나열되고 있다. 아동이 서로의 반응을 관련지으며 발언하진 않지만 하나의 화제에 대해 연쇄적으로 반응을 보인다는 점에서 독백적 등급과 대화적 등급의 중간 등급으로 분류했다.[24]

　　이상의 평가를 토대로 후속 단계의 목표와 초점을 다음과 같이 설정하였다.

- 대화적인 문학토의 수업의 토대를 수립하기 위해 학생들에게 토의의 내용과 과정을 통제할 수 있도록 준비시키고 점진적으로 더 많은 권한과 책임을 부여한다. 이를 위해 우선 토의의 화제를 학생들이 제안하고 설정하는 것에 초점을 맞추고자 한다.
- 답이 정해진 질문보다 실제적 질문(authentic question)을 통해 아동의 반응이 더 깊은 탐구로 이어지도록 피드백을 제공한다.
- 교사가 학생들의 생각을 서로 관련 있는 것끼리 연결하여 논의가 심화되도록 돕고, 그렇게 해서 학생들이 생각의 공동 구성에 참여하도록 촉진한다.

24　그러나 담임교사의 수업을 자세히 관찰해보면 이와 같은 지표에 의한 평가 결과와는 별개로 교사와 아동이 친밀한 관계를 맺으며 정해진 규칙 하에서 활발하게 대화하고 있음을 발견할 수 있었다. 초등학교의 다인수 학급에서 적절한 규칙이 없이는 수업의 내용이 소통되기 어려운 현실을 감안할 때 교사와 아동의 본질적 관계에 대한 고려 없이 상호작용의 표면적인 양상만으로 독백적, 대화적 성향을 평가하고 이를 단순하게 해석해서는 안 될 것이다.

(2) 2단계: 대화주의의 맥락을 토대로 한 반응의 소통

(가) 2단계 첫 번째 수업

〈작품별 문학토의 수업의 개관〉

책 제목 (토의일)	문학토의 수업 시간	전체 말차례	교사 말차례	학생 말차례	발화 방향	
〈축구공을 지켜라〉 (4/23, 30)	102분	119	45 (38%)	74 (62%)	교사-아동이 다수, 아동-아동이 드물게 나타남	

		읽기 전	읽기 중	읽기 후	대화적 담화의 화제	형성된 문학지식
주변텍스트	페리텍스트 (Peritext)	책의 제목 및 구성: 연작 단편 동화				
	에피텍스트 (Epitext)					
내부텍스트 (Innertext)				반복되는 상황 및 뒷이야기 상상하기/인물에 대한 평가/ 이 이야기는 실화인가?	결말 구조/ 반복되는 모티프	
맥락 (Context)				작품이 나에게 주는 의미 평가	이야기의 세계와 현실의 세계	
상호텍스트 (Intertext)						

아동이 사용한 언어적 비계	교사가 사용한 언어적 비계
• 확산적 비계 ("나는 ~이 궁금해", "나는 ~에 대해서 말하고 싶어") • 심층적 비계("○○의 의견에 도전하고 싶다") • 평가적 비계("이 작품은 나에게 ~라서 좋았다/나빴다")	"○○와 비슷한 사람?", "이것과 관련된 질문?", "다른 의견?", "확장하거나 뒷받침하고 싶은 사람?"

이 수업은 필자가 실시하는 첫 번째 수업이기 때문에 수업을 시작하기 전에 이 연구의 목적과 과정을 설명하고 문학토의를 위한 언어적 비계를 다음과 같이 알려주었다.

ⓐ 나는 ~에 대해서 말하고 싶어

ⓑ 나는 ~이 궁금해

ⓒ 나는 ~의 의견에 도전하고 싶어

ⓓ 나는 ~의 의견을 뒷받침하고 싶어

ⓔ 나는 ~의 의견을 확장하고 싶어

이 외에도 교사가 책을 읽어주는 동안 자신의 반응을 간단하게 기록하는 요령과 독서일지 작성 방법 등을 설명하였다. 첫 번째 수업이기 때문에 중간 중간 안내와 설명을 하는 경우가 많아 첫 회기의 2차시에는 텍스트를 수용하고 독서일지를 작성하는 것으로 수업을 마쳤고 1주 후에 추가로 문학토의를 진행하게 되었다. 위에 제시된 문학토의 수업 시간은 텍스트를 수용하고 나서 문학토의를 진행한 총 시간을 의미하는데 시간에 비해 말차례의 수가 많지 않은 것은 이처럼 교사의 설명과 안내가 차지하는 시간이 길었기 때문이다.

1단계에서는 필자와 아동 모두 서로의 특성과 수업 방식에 대한 탐색과 적응의 시간이 필요했다. 가령 담임교사와의 수업에서는 교사의 지명을 받아야 발표를 할 수 있지만 필자는 아동이 그러한 지명 절차 없이 자신의 의견을 자연스럽게 발언하는 문학토의 수업을 상정하고 있었다. 그러나 학급의 규칙과 다른 예외적인 규칙을 적용하는 것은 아동에게 혼란을 줄 수 있으므로, 이 연구에서도 지명 후 발언을 원칙으로 하되 지명을 받지 않고 자신의 의견을 말하는 때에도 그 내용이 토의와 관계가 있고 자연스러우며 진지한 반응일 경우 허용하였다.

그리고 이 수업에서 필자는 문학텍스트에 대한 아동의 실제적 발달 수준을 파악하고 그것을 출발선으로 삼는 것에 초점을 두었다. 따라서 가급적 읽기 전-중-후 활동을 배제하고 책을 읽어준 다음 개인적인 반응을 독서일지에 기록하도록 하였다. 이때 언어적 비계 ⓐ와 ⓑ를 활용하여 아동이 자신의 개인적 반응을 의견과 질문으로 구분하게 했다. 이 두 항목을 활용하여 독서일지를 작성한 이유는 두 가지이다. 첫째, 새롭게 제공된 언어적 비계에 아직 익숙하지 않은 상태에서 아동이 이러한 비계를 활용하여 곧바로 말하는 것이 쉽지 않을 수 있으므로 기록을 한 후 그것을 문학토의 중에 활용하도록 한 것이다. 둘째, 문학토의 시간에 발언하지 않은 학생들의 반응, 즉 문학토의의 비공식적 층위에 머물러 있던 학생들의 반응을 추적하기 위함이다. 그 결과 나타난 아동의 개인적 반응은 다음과 같다.

이름	나는 ~이 궁금해	나는 ~에 대해서 말하고 싶어
준원	- 이 이야기가 실화인지. - 길이찬이 몇 학년인지.	
한주	- 뒷이야기. - 형들에게 왜 공을 달라고 못하는지. - 다시 공이 왔을 때 왜 도망가지 않았는지.	- 길이찬은 자기가 6학년 패거리한테 화를 내놓고 자기도 그런 짓을 하는 게 어리석다. - 주호와 길이찬은 의리 있는 것 같다.
성준	(기록하지 않음)	
*태원		- 패거리가 나빴다. - 공이 긁혀서 아깝다. - 아이들이 의리가 있는 것 같다. - 마지막엔 길이찬이 나빴다.(패거리와 비슷하다)
*은수	제목인 "꼴뚜기"가 궁금하다.	
*성웅	왜 형들이 그 공 때문에 안달 못 하는지.	- ㉠ 무서움에 대해서 말하고 싶어. - ㉡ 패거리에 대해서 얘기하고 싶어.
수훈	왜 형들한테 공을 달라고 못 하는지.	뒷이야기.
승호	뒷이야기.	또 읽고 싶다고 생각했다.
도영	줄거리를 잘 요약.	
승민	왜 이 책 제목이 꼴뚜기인지 너무 궁금하다.	
정민	뒷이야기.	뒷이야기에 대해 말하고 싶다. (내 생각엔 축구공을 돌려줄 것 같다.)
동민	뒷이야기에서 길이찬도 노범재 패거리와 똑같이 하지 않을까 궁금하다.	
*민균	㉢ 줄거리를 요약함.	㉣ 길이찬에게 (여기까지만 기록함)
*창영	(기록하지 않음)	
기원		뒷이야기가 해피엔딩으로 끝날 것 같다.

윤주	– 길이찬은 자기의 축구공을 다른 사람한테 빌려주기 싫어했으면서 왜 3학년 남자아이의 공을 쓰는지. – 뒷이야기.	
*민경	– 주인공이 누구인지. – 뒷이야기가 어떻게 되었는지.	
*다인	ⓓ 꼴뚜기의 다음 책 이야기.	
성연	작가가 왜 모든 상황을 반복시켰는가? (어쩌면 학교폭력이 피해자가 가해자가 되고 가해자가 피해자가 되는 것을 표현하는 것일 수도 있을 것 같다)	– 노범재 패거리도 나쁜 마음으로 한 게 아닐 수도 있다. 왜냐하면 길이찬도 나쁜 마음이 아니라 한번 가지고 놀고 싶어서 그런 걸 수도 있듯이. – 뒷이야기 상상: 똑같이 반복되지 않고 길이찬이 노범재를 만나면서 깨닫고 반성하면서 끝날 것 같다.
*지원	길이찬이 다른 애 공을 빌려서 축구를 했을 때 왜 입장을 바꿔서 생각하지 않았는지.	나는 축구공을 자신 것으로 쓰면 좋을 것 같다. 그러면 진작에 이런 일이 일어나지 않았을 것 같다. 자랑하고 싶어도 학교에는 들고 오지 않았으면 좋을 것 같다.
ⓗ *나윤	길이찬이 자기가 싫은 일을 당했으면서 왜 또 3학년들에게 같은 짓을 하는지 궁금하다. 길이찬이 어리석다.	"길이찬아, 너가 당한 일을 생각해보렴."이라고 말하고 싶다.
*경은	뒷이야기.	되도록 자기 공으로 축구를 하는 게 더 좋을 것 같다.
ⓘ *지호	뒷이야기.	자신이 짱이라며 건들건들하는 노범재 패거리나 (길이찬이나) 다 결국엔 자기밖에 모르는 이기적인 애들이다.
은정	뒷이야기가 궁금하다.	나는 길이찬이 나쁜 의도가 아니었듯이 노범재 패거리도 그럴 수 있다는 것에 대해 말하고 싶다.
예진	왜 처음부터 선생님이나 부모님께 말하지 않았는지.	
은희	– 길이찬이 아이의 공을 빌릴 때 왜 자기가 당한 일을 생각하지 못했는지. – 뒷이야기.	축구공 하나로도 이렇게 많은 일이 일어나면 큰 다툼이 많이 일어날 것 같다.
세인	– 길이찬에게 공이 굴러왔을 때 그냥 바로 도망치지 않은 이유. – 뒷이야기.	

위 반응 내용 중 이름 앞에 *기호가 표기된 아동들은 문학토의 시간에 자발적으로 발언을 하지 않은 아동들이다. 독서일지를 통해 이들의 개별적인

특성을 살펴보면, 궁금한 점을 써야 하는데 줄거리를 요약하거나(ⓒ) 해당 텍스트와 관련 없는 내용을 궁금해 하거나(ⓜ), 주어진 시간에 과업을 완수하지 못한 경우(ⓡ)와 같이 과제 수행능력이나 문학능력이 다소 부족한 것으로 짐작되는 사례도 있지만 ㉠과 ㉡의 경우처럼 이 작품의 주제와 관련된 추상적인 개념을 직접 언급하는 경우도 있었다. 마침 이 수업은 2회차에 걸쳐서 이루어졌기 때문에 필자는 아동의 독서일지를 검토하여 이처럼 비공식적인 층위의 반응들 가운데 ㉠과 ㉡처럼 텍스트의 주제와 연관된 반응을 문학토의 과정에서 언급함으로써 공식적 층위의 논의 대상으로 가져올 수 있었다. 그리고 ⓗ과 ⓢ아동은 이후의 문학토의에서도 자발적인 발언을 거의 하지 않았기 때문에 독서일지를 통해서 개인적인 반응의 양상을 파악해야 했다. 수업을 관찰한 담임교사와의 면담에서 ⓗ아동은 평소에 발표를 거의 하지 않고 학급 활동에 소극적이며 ⓢ아동은 이 텍스트의 내용처럼 괴롭힘을 당한 경험이 있기 때문에 오히려 자신의 의견을 표현하는 것이 어렵고 불편할 수도 있을 것이라는 견해를 들을 수 있었다.

이처럼 비공식적 층위의 반응들을 검토하는 것은 소극적 참여자에 대한 정보를 확인하는 것 외에도 해석공동체로서의 아동들이 해당 텍스트의 어떤 측면에 주로 관심을 갖는지 파악할 수 있게 해 준다. 이 작품에 대한 아동의 관심은 주로 뒷이야기에 집중되어 있다. 이후의 문학토의에서도 아동이 뒷이야기에 관심을 보이는 경우가 많았는데 특히 이 작품의 경우에는 텍스트의 형식적인 특성으로 인해 뒷이야기에 대한 궁금증이 촉발된 것으로 보인다. 이 이야기에서는 축구공을 상급 학년에게 뺏기는 모티프가 두 번 반복되는데 주인공인 '길이찬'이 처음에는 공을 뺏기는 입장이었지만 두 번째 모티프에서는 반대의 입장이 된다. 이때 피해자의 입장이었던 길이찬이 유사한 상황에서 어떻게 행동할지에 아동의 관심이 집중된다는 점에서 반복되는 모티프는 아동에게 뒷이야기에 대한 궁금증을 야기할 뿐 아니라 등장인물에 대한 평가에도 영향을 미치고 있다.[25] 이처럼 아동의 반응이 집중되는 텍스트의 특정한 측면은 문학토의에서 좀 더 확장된 논의를 불러일으킬 가능성이 높다. 아동의 개인적 반응들이 특정한 내용에 집중될 때 그와 관련하여 문학토의의 화제가 설정될 가능성이 높은 것이다.

그러나 교사가 아동의 반응을 정리한 표에서 아동의 초점이 가시화된다고 해서, 문학토의에서도 아동 스스로 그러한 토의 화제를 자연스럽게 발견하고 형성하는 것은 아니다. 어떠한 대상이 화제로 설정되고 집중적으로 논의되기 위해서는 아동이 서로의 의견을 근거로 자유롭게 의사소통하는 구조가 전제되어야 한다. 그러나 1단계 수업의 발화 방향을 분석한 결과에서 나타난 것처럼 연구 대상 아동들은 주로 교사와 대화하며 서로 직접적으로 대화를 주고받지 않았다. 이럴 경우 화제를 설정하더라도 교사를 통해서 소통할 가능성이 높다. 이 수업의 결과도 마찬가지여서 아동은 주로 교사와 소통했으며 서로 직접 대화를 주고받지 않았다. 교사의 지명을 받아야만 발화할 수 있는 수업 진행의 규칙으로 인해 아동이 다른 아동의 발언에 대해 반응하는 경우에도 교사를 향해 말하게 되기 쉽기 때문이다. 이러한 제약을 보완하기 위해 필자는 문학토의 과정에서 아동을 지명하여 발표를 시키되 발표의 내용이 서로 관련되어 논의의 초점을 형성하도록 하기 위해 발췌록 No.6과 같은 발화를 시도하였다.

....

25　주인공인 길이찬이 자신이 당해서 속상했던 일을 3학년 학생에게 다시 똑같이 반복할 것인가 아닌가에 대한 결말을 열어둔 상태로 이야기가 끝나기 때문에 그 후의 내용을 예측하는 반응들이 많았다. 또한 3학년 공을 가지고 놀기 시작하는 주인공 길이찬을 보면서 '어리석다'거나 입장을 바꿔 생각하지 못하는 것에 대해 비판적인 어조로 평가하는 아동도 있고 반대로 길이찬이 아주 나쁜 의도가 아니었다고 본다면 길이찬의 공을 뺏은 '노범재 패거리'도 아주 나쁜 아이들이 아닐 수 있다고 평가하는 아동도 있었다.

발췌록 No.6

말차례	발화 행위
8	교사〉 혹시 수훈이랑 비슷한 의견은?
11	교사〉 또 비슷한 사람?
15	교사〉 이것 관련 비슷한 질문? 또 다른 질문? 지금 그러면 이 〈축구공을 지켜라〉에서-
27	교사〉 여기에 대해서 질문? 구체화? 다른 의견?
53	교사〉 이거에 대한 다른 의견?
83	교사〉 그럼 기원이가 이야기한 것에 대해서 확장하거나 뒷받침하고 싶은 사람?
86	교사〉 2만원이라고 써 있었을 거예요. 지금 동민이가 승호의 말에 반박을 했어요. 승호는 이에 대해서 뭐라고 생각해요?
98	교사〉 정민이도 같은 생각인가?
118	교사〉 이런 마음을 뭐라고 할까? 지난 시간에 누군가가 말했는데……. 요기(*아동의 반응을 정리한 유인물)에 답이 있었는데, 누가 찾아볼 사람?

따라서 이 수업에서 발화의 방향은 여전히 대부분 교사-아동으로 제한되어 있으나 아동의 의견들이 서로 연결되도록 유도하는 교사의 발화를 통해서 교사를 매개로 한 간접적인 소통이 이루어지고 있다. 아직은 아동 스스로 서로의 의견을 근거로 논의를 확장하는 단계에 이르지 못하였기 때문에 교사가 중간에 개입하여 연결을 시도해주어야 하는 것이다. 이 외에도 원활한 의사소통을 위해 교사는 목소리가 작은 아동이 발표한 내용을 학급 구성원 전체에게 큰 소리로 다시 한 번 전달하고, 아동의 표현이 불완전할 경우에는 함께 문장을 완성하여 뜻을 명료하게 해주어야 한다. 학교라는 공간 자체가 다양한 소음으로 둘러싸여 있고 아동의 성량이 일정하지 않기 때문에 대집단 토의에서 교사는 이처럼 아동의 발언 내용을 전달해야 하는 경우가 많았다.

한편 아동이 교사가 제시한 언어적 비계를 정식으로 사용하는 경우는 드물었다. 해당 비계에 따라 자신의 개인적 반응을 독서일지에 기록하였지만 그것을 구어의 형식으로 발화할 때에는 완결된 문장으로 말하지 않고 "뒷이야기가 궁금……."과 같이 말끝을 흐리거나 비계를 덧붙이지 않은 상태로 자신의 의견을 말하는 경우가 많았다. 그러나 언어적 비계를 정식으로 사용하지 않더라도 발화행위 자체는 언어적 비계가 의도한 기능을 수행하고 있었다.

발췌록 No.7

말차례	발화행위	코딩
7	수훈〉 형들한테 왜 공을 달라고 못 하는지 궁금합니다.	1
8	교사〉 혹시 수훈이랑 비슷한 의견은?	Q
9	도영〉 자기보다 형들이 나이가 많으니까 무서워서 함부로 말할 수 없을 것 같아요.	4

발췌록 No.7에서 수훈이 제기한 의문에 대해 도영이 근거를 제시하고 있다. 이것은 제시된 비계 가운데 "나는 ~의 의견을 뒷받침하고 싶어"의 기능에 해당된다. 아동이 자신의 발화행위가 가진 기능을 인식하지 못하거나 아직 비계 사용이 익숙하지 않기 때문에 가시화되지 않지만 교사를 매개로 비계의 기능이 실현되는 것이다. 한편 비계를 정식으로 사용하고 있지만 그 시도가 불완전하게 이루어지는 경우도 있다. 발췌록 No.8의 말차례 76번과 78번은 아동이 비계를 사용하여 발화하였으나 해당 비계에 맞는 후속 내용을 준비하지 못한 경우로, 아동이 교사가 제시한 비계를 실제 토의에서 어떻게 활용할지 충분히 인식하지 못함을 관찰할 수 있다.

발췌록 No.8

말차례	발화 행위	코딩
76	기원〉 저는 권준원의 "이 이야기가 실화인지"에 대해 도전, 뒷받침하고 싶습니다.	4(+S)
77	교사〉 어떻게 대답해줄 거예요?	
78	기원〉 제가 답해요?	
79	교사〉 기원이가 대답도 해줘야 하는 거야.	
80	기원〉 실화가 아닙니다.	
81	교사〉 왜?	
82	기원〉 이유는 없어요.	
83	교사〉 그럼 기원이가 이야기한 것에 대해서 확장하거나 뒷받침하고 싶은 사람?	
84	승호〉 실화가 아닌 이유는 어린 애들한테 비싼 축구공을 사줬기 때문에.	4
85	동민〉 보급형 축구공 아닙니까?	6
86	교사〉 2만원이라고 써 있었을 거예요. 지금 동민이가 승호의 말에 반박을 했어요. 승호는 이에 대해서 뭐라고 생각해요?	
87	승호〉 죄송합니다.	

위에서 기원은 "이 이야기가 실화인지 아닌지 궁금하다"라는 다른 학생의 의견에 대해 "실화가 아니다"라는 입장을 가지고 있었다. 그러한 자신의 답이 도전인가 뒷받침인가를 혼동하고 있기 때문에 "도전, 뒷받침하고 싶습니다."라는 형태로 비계를 혼용하였으며 그러한 비계를 사용할 경우 자신의 의견을 덧붙여야 한다는 이 수업의 규칙을 숙지하지 못하였다. 그러나 확산적 비계가 아니라 심층적 비계의 사용을 시도한 드문 예이며 이 학생의 발언을 계기로 말차례 83번에서 교사가 다시 "확장"과 "뒷받침"이라는 표현과 함께 언어적 비계를 환기할 수 있었다. 이후에 이어지는 말차례 84-85번에서는 최초로 교사 – 아동이 아니라 아동 – 아동의 직접적인 대화가 이루어졌다. 84번의 발화는 다른 사람의 의견에 근거를 대는 행위이며 85번은 다시 그 내

용에 도전하는 행위로 언어적 비계를 사용하지는 않지만 비계의 기능을 수행하면서 논의를 이어간다는 점에서 의미가 있다. 이후 비계를 사용하는 시도는 한 번 더 나타났으며 이때는 적절하게 사용되었다.

발췌록 No.9

말차례	발화 행위	코딩
107	승호〉수훈이의 의견 "형들에게 왜 공을 달라고 못하는지"에 대해 뒷받침하고 싶습니다. 아무래도 형들이 무서워서 그런 것 같습니다.	4(+S)
108	동민〉용기를 내볼 수도 있을 것 같아요.	6
109	도영〉오히려 더 맞을 수도 있어요.	5
110	세인〉일이 더 복잡해질 수도 있어요.	5
111	은희〉그때는 그냥 넘어가도 뒤로 계속 괴롭힐 수도 있습니다.	5

　　승호의 의견에 대해 학생들은 비록 교사가 한 무언의 지명을 받아 교사를 향해 발화하고 있으나 내용상으로는 승호의 논의를 확장해가고 있다. 비계를 사용하지는 않지만 107번에 대해 108번은 도전하고 있고 이는 다시 109번에 의해 반박된다. 말차례 109-111번은 말차례 107번에 대해 동의하면서 근거를 확장하고 있다. 이처럼 심층적 비계를 아동이 가시적으로 사용하는 경우는 드물지만 논의의 내용은 비계의 기능을 실현하고 있다.

　　한편 문학토의의 마무리 단계에서 아동의 비평적 반응을 확인하기 위해 제시한 "이 이야기는 나에게 ~라서 좋았다/나빴다"라는 비계의 경우에는 아동이 상대적으로 쉽게 사용을 시도하였다. 그리고 "나는 ~이 궁금해"와 "나는 ~에 대해서 말하고 싶어"와 같은 확산적 비계는 아동이 그 형태를 그대로 유지하면서 사용하기보다는 주어를 생략하거나 변형한 형태로 사용하였다. 또한 아동이 확산적 비계를 사용하여 자신의 반응을 독서일지에 먼저 기록하고 그것을 발표하는 것에서부터 문학토의를 시작함으로써 기존의 I-R-F의 수업 담화 형태에서 벗어나 교사 질문이 아닌 학생의 반응에서 대화를 시작할 수 있었다.

마지막으로 이 수업과 관련된 문학지식으로는 '지식' 영역의 '이야기 구조(2)', 즉 3-4학년군의 성취기준인 '(3) 이야기의 흐름을 파악하여 내용을 간추린다.'를 들 수 있다. 학생들은 대상 텍스트인 〈축구공을 지켜라〉에서 반복적인 모티프에 관심을 나타내고 그러한 이야기의 흐름이 어떤 결말로 이어질 것인지를 자발적으로 예측하기도 했다. 이러한 행위는 자연스럽게 서사의 흐름에 관심을 갖게 한다. 특히 뒷이야기를 예측하고 그렇게 생각한 근거를 설명하기 위해서는 지금까지 전개된 이야기의 흐름을 이해해야 하므로 이야기 구조에 대한 문학능력을 발달시킬 것이다. 그리고 이것은 단순히 서사구조에 대한 지식을 형성하는 것에 그치지 않고 인물의 행위에 대한 평가와 연결되었다. 주인공 길이찬이 자신이 당한 것처럼 하급생의 축구공을 오랫동안 빼앗을 것인가를 예측하는 과정에서 자연스럽게 인물에 대한 평가가 이루어진 것이다.

발췌록 No.10

말차례	발화 행위
45	교사〉 그럼 뒷이야기를 한번 생각해볼까? 준원이는 어떨 것 같아요? 아까 성준이가 뭐라 그랬냐 하면 무한반복될 것 같다고 했어요. 거기에 대해서 혹시 발표할 사람?
46	한주〉 6학년이 길이찬에게 한 것처럼 길이찬도 3학년한테 그럴 것 같고 다른 학년들도 계속 그럴 것 같아요
47	승민〉 3학년이 부모님께 말해서 잘 해결될 것 같아요.
48	교사〉 나는 어떤 결말을 원하는지 또 다른 의견 있어요?
49	승호〉 해피엔딩으로 끝나면 좋겠다.

50	교사) 어떤 해피엔딩? 어떤 식으로?
51	승호) 길이찬이 철이 들어서 3학년에게 노범재처럼 똑같이 하지 않고 사과하고 돌려주기.
52	승민) 길이찬과 노범재가 길이찬이 쌈짱이 되어서 노범재를 이길 것 같다.
53	교사) 이거에 대한 다른 의견?
54	세인) 당하고 당하면서 저학년과 고학년이 편이 나눠지면서 싸움이 커질 것 같다.
55	예진) 3학년 애가 나는 저 형들처럼 하지 않고 고리를 끊을 것 같아요.
56	성준) 그러기 전에 (무한반복되기 전에) (길이찬이) 깨달아야 돼요. 고통을 받아야지 정신을 차린-
57	은희) 3학년들이 선생님에게 일러바쳐서 한번 크게 혼나봐야지 정신을 차리고 하지 않을 것 같아요.

말차례 51번에서는 길이찬이 철이 들어서 공을 돌려줄 것이라 예측하는 데서 아동이 현재 길이찬의 행동을 철없는 행동이라고 평가하는 것을 유추할 수 있다. 55번에서도 3학년 아이가 저 형들처럼 하지 않고 (하급생의 물건을 마음대로 쓰는 것이 반복되는) 고리를 끊을 것 같다고 말함으로써 현재 길이찬의 행동이 바람직하지 않다는 판단을 내비치고 있다. 56번과 57번의 경우는 모두 길이찬이 선생님이나 혹은 다른 사람에게 혼이 나서 잘못을 깨달아야 한다고 봄으로써 길이찬의 행동이 벌을 받아야 하는 행동이라는 판단을 드러낸다. 이러한 인물에 대한 평가는 5-6학년군의 성취기준인 '(5) 작품 속 인물의 생각과 행동을 나와 견주어 이해하고 평가한다.'와 관련된다.

또한 "이 작품은 나에게 ~라서 좋았다/나빴다"와 같은 언어적 비계를 통해서 아동은 이 작품 전체에 대해 다음과 같이 평가했다.

"이 이야기는 ~라서 나에게 좋아/나빠"
나에게 놀고 싶은 마음을 주어서 나빴다.
이 이야기는 나에게 흥미롭고 재미있어서 좋았다.
공 가지고 난리치는 이유가 뭔지 모르겠지만 재밌었다.
이야기 전체적으로 나에게 재미있어서 좋았다.
이 이야기는 나에게 경험이 비슷하여 좋았다.
다 재미있었고 초등학생들에게 읽어주면 좋아할 것 같다.
길이찬이 당하기 싫은 일을 다른 사람한테 한 이야기가 있어 이것을 보고 나를 다시 돌아볼 수 있어 좋았다. (나도 언니에게 충전기를 빌리고 제대로 돌려주지 않은 적이 있다.)
이 이야기를 다른 사람에게 추천하고 싶다. 왜냐하면 이야기에 나온 길이찬처럼 행동한 사람에게 알려주고 싶기 때문이다.
이 책은 큰 교훈도 없고 영 밋밋하다. 별로 재미있지 않다. 하지만 작가의 마음을 들여다보면 학교폭력의 원리(피해자→가해자가 되는 것이 반복)를 볼 수 있는 것 같지만 그걸 우리가 이해하기는 쉽지 않은 것 같다. 그래도 나쁘지 않다.
이 책은 나에게 우리가 나쁜 행동을 하면 이렇게 될 수 있다는 점에서 이런 행동을 하지 말아야겠다고 생각할 수 있어서 좋았다.
나에게 이 이야기는 재미있고 충고가 되었다. 이 이야기를 들음으로 어떤 것이 나쁘고 옳은 일인지 알았기 때문이다.
선후배의 잘못된 관계에 대해서 알게 해서 좋았다.
땀나면 힘들 것 같다는 느낌이 들어서 별로였지만 재미있었다.
나에게 "너는 절대 이런 행동을 해선 안 돼."라는 충고를 주어서 고맙다. 친구들의 다양한 생각이 재미있었다.
이 이야기는 길이찬이 노범재한테 당한 것처럼 3학년 애들도 길이찬한테 당하면 기분이 똑같은 것처럼 내가 당했을 때만 기분이 나쁜 것이 아니다. 다른 사람들이 당했을 때도 기분이 나쁘다는 것을 깨닫게 되어 좋았다.

위와 같은 평가는 5-6학년군의 성취기준 가운데 '(1) 자신이 좋아하는 문학작품을 들고 그 이유를 말한다.' 및 '(7) 자신의 성장과 삶에 영향을 미치는 작품을 즐겨 읽는 태도를 지닌다.'와도 관련이 있다. 이 외에도 아동의 반응 중에는 이 이야기가 실화인지 아닌지에 대한 궁금증을 표현한 경우가 많았다. 이것은 3·4학년군의 성취기준인 '(5) 작품 속의 세계와 현실 세계의 공통점과 차

이점을 안다.'와 관련이 있다. 필자는 아동이 이러한 의문을 제기하였을 때 즉 각적인 답을 피하고 다음 발췌록의 말차례 94번과 같이 언급하며 다른 화제로 이동했다. 첫 번째 수업에서는 개방적인 태도로 아동의 반응을 활성화하는 것에 초점을 두었기 때문에 교사가 설명을 통해 지식을 전달하거나 내용의 옳고 그름을 판정하는 것을 가급적 피하고자 한 것이다. 이는 아동이 교사에게 의존하기 보다는 스스로 탐구하고 의문을 좀 더 오래 보유하도록 하기 위함이다.

발췌록 No.11 (발췌록 No.8에서 이어지는 대화임)

말차례	발화 행위
88	교사〉 동민이가 순발력 있게 고쳐줬어요. 이거 실화인가 아닌가, 어떤 거 같애?
89	도영〉 실화인거 같아요
90	동민〉 솔직히 이런 일이 있을 수 있지 않습니까?
91	승호〉 아니에요.
92	성준〉 〈X X〉 (*잘 안들림)
93	?〉 생생해요.
94	교사〉 지금 여러분들이 발견한 거는 이 이야기가 "생생하다, 실제로 있을 법한 이야기라서 실화인 것 같다"인데, ㉠작가에게 물어보지 않아서 정확히 알 순 없지만 여러분이 실화로 느끼는 것은 충분한 이유가 있는 것 같아요. 왜냐하면 우리가 드라마나 이야기에 나오는 이야기는 황당무계한 이야기가 아니라 ㉡있을 법한 이야기니까……. 이 이야기는 일단 넘어가고.

㉠은 자칫 학생들에게 작품의 실제성을 작가가 정하는 것처럼 오도할 우려도 있다. 그러나 당시에 아동이 실화인지 아닌지 궁금해 한 이유는 이 이야기가 ㉡처럼 현실에서 일어날 법한 이야기를 생생하게 기술하고 있기 때문이었고, 학생들은 그것이 진짜로 작가가 보거나 듣거나 경험한 것이라는 의미에서 실화라고 믿고 있었다. 그러나 설령 작가가 직간접적인 경험에 기초하여 쓴 이야기라 하더라도 일단 작가의 언어로 서술되면 그것을 실화의 완

벽한 재현이라고 보기는 어렵다. 그러나 아동에게 이러한 개념을 설명하면서 문학의 규범을 곧바로 일러주기보다는 유보적인 태도를 취하되 ⓒ처럼 '개연성'이라는 개념을 암시해두었다.

이 장면은 문학토의에 기반한 문학교육에서 문학지식을 언제 어떻게 가르치는가에 대해 다시 생각해보게 한다는 점에서 의의가 있다. 기존의 교과서에서는 교육과정의 성취기준에 맞게 구성된 단원 속에 이미 학습해야 할 문학지식들이 주어져 있고 교사와 학생은 주어진 지식을 진도에 맞게 학습하도록 되어 있다. 그러나 문학토의에서는 위의 사례처럼 아동이 문학작품에 대한 논의 과정에서 성취기준에 제시된 지식에 대해 자연스럽게 의문을 갖고 자신의 경험과 근거를 토대로 그에 대해 논의한다. 무엇보다 이러한 상황은 학습의 동기가 아동으로부터 우러나온다는 점에서 긍정적이다. 앞서 언급했듯 랭거는 이러한 순간을 "가르칠 수 있는 순간"[26]이라고 지칭하였다. 이는 가르친다는 것이 학생들이 배워야만 하는 개념이나 기술적인 언어에 대해 미리 정해진 개념에서 출발하는 것이 아님을 의미한다. 다시 말해 교육은 학생들이 이해하고 소통하고자 시도하고, 교사가 학생들이 무엇을 다룰 수 있을지에 대해 감지하는 것으로부터 형성되는, 상황에 특수화된 것이다. 그러나 이러한 교수 패러다임에서는 언제, 어떤 상황에서, 어떤 질문이 제기될지 정해져 있지 않기 때문에 교사가 교육과정의 성취기준에 대한 지식을 골고루 갖추고 적절한 시기에 학생들 수준에 맞는 개입을 시도하여 지식을 함께 형성해야 한다. 아울러 이러한 학습 상황에서는 교육과정에 제시된 모든 성취기준이 골고루 논의되지 않을 수도 있다. 따라서 문학토의 중심의 문학교육 논의에서는 이와 같은 지식형성의 특성에 대한 더 많은 실증적 연구와 보완이 이루어져야 할 것이다.

....

26   J. A. Langer(1995), 앞의 책, p. 122.

(나) 2단계 두 번째 수업

〈작품별 문학토의 수업의 개관〉

책 제목 (토의일)	토의 시간	전체 말차례	교사 말차례	학생 말차례	발화 방향	
〈내가 사랑한 수박씨〉 (5/14)	57분	226	93 (41%)	113 (59%)	교사를 매개로 한 아동-아동 대화의 증가	

		읽기 전	읽기 중	읽기 후	대화적 담화의 화제	형성된 문학지식
주 변 텍 스 트	페리텍스트 (Peritext)	제목으로 내용 예측				
	에피텍스트 (Epitext)					
내부텍스트 (Innertext)			인물에 초점을 둔 질문들		전은이는 점에 대해 어떻게 생각했을까/선생님은 왜 그런 제목을 붙이셨을까/전은이는 왜 놀림을 받고 가만있었나	인물의 마음을 상상하기/근거를 갖춰 해석하기
맥락 (Context)						
상호텍스트 (Intertext)						

아동이 사용한 언어적 비계	교사가 사용한 언어적 비계
• 확산적 비계 ("나는 ~이 궁금해", "나는 ~에 대해서 말하고 싶어") • 심층적 비계("○○의 의견에 도전하고 싶다") • 평가적 비계("이 작품은 나에게 ~라서 좋았다/나빴다")	"누가 시작을 해 볼까?" (토의 개시 권한을 아동에게 이양)

　　두 번째 수업에서는 교사를 매개로 한 대화를 줄이고 아동-아동 간의 대화를 유도하기 위해서 아동의 상호작용을 촉진할 수 있는 물리적 환경을 강화하기로 하였다. 이를 위해 교단을 향해 앉는 좌석 배치에서 학생들이 서로 마주 볼 수 있는 좌석 배치로 변경하였다. 그리고 발표자를 지명하는 권한을 아동에게 이양하고자 시도하였다. 교사가 제일 먼저 토의를 시작할 아동을 지명한 후에 그 아동의 발표가 끝나면 발표한 아동이 다음 발표자를 지명함으로써 교사를 거치지 않고 아동들이 서로 의견을 주고받도록 하였다. 그러

나 아직 아동이 이러한 방식에 익숙해지지 않았을 뿐 아니라 발표 내용이 전체 학급 구성원에게 잘 전달되지 않아 교사가 아동의 발언 내용을 재진술하고 아동을 지명하는 등 대화에 개입하는 경우가 많아졌다. 그러나 비록 교사를 매개로 하는 대화를 통해서일지라도 한 아동의 발언에 대해 관련 내용을 발표하게 함으로써 대화의 내용이 일정한 초점을 형성하는 효과가 있었다. 즉 일정한 화제가 형성되고 그에 대한 확장된 논의가 이루어짐으로써 앞서 언급한 '대화적 담화'가 발생한 것이다.

이 수업에서 이루어진 대화적 담화의 화제를 대화가 이루어진 순서대로 제시하면 다음과 같다. 화제의 내용이 서로 관련되어 같은 화제로 볼 수 있는 경우에는 1-1, 1-2 등과 같이 표시하였다.

> 화제1-1: 전은이는 자신의 점이 복점이 아니라고 생각했을 것이다.
> 화제1-2: 뒷이야기에서 복점이 실력을 발휘할 것 같다.
> 화제1-3: 전은이의 작은 점이 나중에 어떻게 될지 궁금하다.
> 화제2: 전은이는 왜 그 별명을 싫어했는지 궁금하다.
> 화제3: 선생님은 왜 그 그림에 〈내가 사랑한 수박씨〉라는 제목을 지었
> 을지 궁금하다.
> 화제4: 왜 마지막에 오재혁이 장미꽃을 샀는지 궁금하다.
> 화제5: 친구들이 전은이에게 '수박씨'라고 놀리는데 왜 전은이는 아무
> 말도 안 하는지 궁금하다.

위와 같은 화제는 확산적 비계를 사용한 아동의 반응에서 비롯되는데 화제 1-1과 1-2는 의견을 나타내는 비계에 속하며 나머지 5개의 화제는 모두 질문을 나타내는 비계에 속한다. 각 화제별로 대화의 양상을 살펴보면 심층적 비계를 가시적으로 사용하지는 않지만 다른 아동의 의견에 대해 도전, 확

장, 지지 등의 기능을 수행하고 있음을 관찰할 수 있다.

발췌록 No.12(화제1-1 관련)

말차례	발화 행위	코딩
23	한주〉전은이는 엄마가 말한 복점이라는 것을 불행한 점으로 들은 걸 수도 있는 것 같습니다.	1
25	한주〉불행을 갖다 주는 점이라고 들었을 수도 있을 것 같습니다.	1
33	교사〉복점이라 그랬잖아. 근데 한주 생각은 전은이는 복점이라고 생각하지 않았을 것 같대. 자, 여기에 대해서, 나도 비슷하게 생각해, 난 쫌 다르게 생각해, 아님 난 반대야-	M
34	승호〉비슷하게 생각해요.	3
36	은희〉복점은 또 따로 있을 거라는 생각을 할 수 있을 것 같아요.	5
40	한주〉근데 그 복점이 자기 코에 있는 점이 아니라고 생각했을 것 같다.	5
42	정민〉비슷한데 여자친구한테 차여서 복점이 싫을 것 같아요.	4,T

발췌록 No.12는 중간중간 교사가 아동의 발언을 반복하거나 상세화를 요구하는 발화를 생략하고 아동의 발언들만을 연결한 것이다. 한주는 주인공 전은이 자신의 점을 복점이 아니라 불행을 가져다주는 점이라 느꼈을 것이라고 해석한다. 이에 대해 승호는 비슷하게 생각한다는 것만을 밝히고 근거를 대지 않고 있다. 반면 은희와 정민은 나름의 근거를 대면서 한주의 의견에 동의하고 있다. 특히 정민은 텍스트에 제시된 사건을 근거로 해서 좀 더 타당한 해석을 시도하고 있다. 이를 통해 단순히 복점이 아니라고 생각했을 것이라는 추측은 텍스트에 근거한 타당한 해석으로 거듭나고 있다.

그러나 위와 같이 아동의 의견만으로 다양한 해석이 전개되는 경우도 있지만 지엽적이고 의미 없는 논의로 흐르는 사례도 있었다.

발췌록 No.13 (화제1-3 관련)

말차례	발화 행위
50	정민〉 전은이의 작은 점이 어떻게 됐을.
51	학생들〉 뒷이야기, 뒷이야기.(교사가 정민이의 발표를 못 알아듣자 다른 학생들이 알려주는 것임)
52	교사〉 전은이의 작은 점이 어떻게 됐을지 궁금하다? 자, 그럼 정민이가 (발표할 사람을) 시켜.
53	정민〉 승민이.
54	승민〉 어 그 희귀점 같은 그 점이 수박씨 같은 점이 돼서 복이 올 것 같다.
55	한주〉 크기 전에 없애버릴 것 같아.
56	교사〉 그럼 이 친구들의 생각에 대해서 정민아, 니 생각을 얘기해도 돼.
57	정민〉 음…….
58	교사〉 수훈이?
59	수훈〉 수박씨보다 더 큰 점이 될 것 같다.
60	교사〉 수박씨보다 더 큰 점이 될 것 같다?
61	수훈〉 두 배.
62	성준〉 〈X X〉*잘 안 들림
63	승민〉 수박씨 같은 큰 점이 돼서 볼에 두 개가 되어 더 큰 복이 올 것 같다.
64	교사〉 어때요 정민이?
65	정민〉 어~ 그랬을 수도 있을 것 같아요.

따라서 아동의 발언만으로 대화가 이루어지기보다는 발췌록 No.14와 같이 교사가 해석 과정에 개입하여 해석의 초점이 흐려지지 않도록 돕는 경우가 종종 있었다.

발췌록 No.14 (화제2 관련)

말차례	발화 행위
67	한주〉 그 수박씨라는 별명이 더 좋은 별명이 될 수도 있는데 왜 그걸 싫어했는지.
68	교사〉 그 수박씨라는 별명이 다른 면으로는 좋은 별명이 될 수도 있는데 왜 그걸 싫어했는지 궁금하대요. 복점으로 생각할 수도 있잖아.
69	수훈〉 친구들이 자기를 그렇게 불렀기 때문에 그렇게 생각했을 수 있–
70	기원〉 부정적인 생각을 많이 해서.
71	교사〉 왜 부정적인 생각을 많이 했을까?
72	기원〉 글쎄요.
73	교사〉 조금 더 생각해보자, 기원이는. 그다음–
74	준원〉 오재혁이 깝쳐서.
75	학생들〉 〈vocal desc='웃음, 하하/호호…'〉
76	교사〉 그렇지. 뭔가 부정적으로 느끼게 하는 애가 있었던 거지, 그치?
77	동민〉 그 혜주가 그거 보고 웃었기 때문입니다.
78	수훈〉 이름이 있는데 별명을 불러서.
79	은희〉 자기 생각에는 수박씨만 없으면 자기도 잘 생겼다고 생각하기 때문에.
80	교사〉 수박씨만 없으면 자기도 잘 생겼다고 생각하기 때문에. 자, 그래요. 됐나요? 한주는 그러면 친구들이 이렇게 여러 가지 얘기를 들려줬잖아. 니 생각이 정리가 됐어?
81	한주〉 네, 친구들이 그렇게 부르면 기분이 안 좋을 것 같아요.

이 대화에서 말차례 69번에 제시된 수훈의 해석과 70번 기원의 해석 가운데 교사는 텍스트의 의미 형성에 더 적절하다고 판단되는 기원의 생각을 선택하고 71번과 같이 근거를 요구하고 있다. 아울러 74번의 준원이 제시한 의견을 보면 비록 비속어를 사용하여 표현하고 있지만 인물의 심정을 이해하는 데 타당한 해석이므로 76번의 밑줄과 같이 그것을 다른 말로 바꿔 말하면서 교사 자신의 해석을 보태고 있다. 그 결과 처음에는 수박씨라는 별명이 좋은 별명이 될 수도 있는데 주인공이 왜 그 별명을 싫어하는지 궁금해 했던 한

주가 그 별명이 기분 나쁜 별명이 될 수도 있다고 생각하기에 이르렀다. 이 과정에서 제출된 다른 아동들의 해석을 살펴보면 대부분 텍스트의 내용에 기반하고 있음을 알 수 있다. 말차례 74번 준원의 해석은 오재혁이라는 아이가 이야기 초반에 전은을 놀렸고 그래서 전은이 마음속으로 오재혁을 '오재수'라고 되뇌었던 텍스트의 내용과 일치한다. 77번 동민의 해석 역시 서사의 사건과 일치하며 79번 은희의 해석 또한 이야기 초반에 전은이 자화상을 그리는 장면에서 "얼짱은 아니어도 나름 잘생긴 내 얼굴인데……"[27]라고 생각하는 부분에서 근거를 찾을 수 있다.

발췌록 No.15(화제4 관련)

말차례	발화 행위
199	승호〉 왜 마지막에 오재혁이 장미꽃을 샀는지…….
200	교사〉 궁금하데.
201	한주〉 수박씨라고 놀리다가 수박씨를 빼니까 축하한다는 의미도 있고 지금까지 놀린 거에 대한 미안하다는 의미도 있고.
202	승호〉 한주랑 생각이 똑같습니다.
203	교사〉 똑같습니다. 그다음? 은희.
204	은희〉 자기 수박씨가 있는 그림을 문화회관에 전시해서 축하하고 앞으로 놀리지 않겠다는 의미로.
205	교사〉 은수는 어떤 것 같애?
206	은수〉 어~
207	교사〉 만약에 은수가 그런 상황이라면 어떤 의미로 준비했을까?
208	은수〉 좋아하는 의미로.
209	교사〉 좋아하는 의미로? 막 놀리는 줄 알았는데 그렇게 나쁘기만 한 의미는 아니었던 것 같았죠?

....

27   이숙현(2010), 〈내가 사랑한 수박씨〉, 《초코칩 쿠키, 안녕》, 창비, p. 30.

은수는 학교 대표 축구 선수로, 평소 독서를 즐겨하거나 문학토의에 활발하게 참여하는 학생은 아니었다. 독서일지 쓰기 등 쓰기 과제를 특히 어려워했다. 서사 후반부에서 평소 주인공을 놀리던 오재혁이 주인공의 자화상이 전시된 전시장에 꽃을 들고 찾아온 장면을 두고 아이들이 그 의미를 해석하던 중 교사가 의도적으로 은수에게 질문을 하고 있다(말차례 205번). 은수가 대답을 찾지 못할 때 교사는 말차례 207번과 같이 주인공의 마음을 상상하기 위해 자신의 경우와 연결해보도록 유도하는 질문을 하였고, 그러자 은수가 자신의 해석을 발표하였다. 교사는 은수의 발언을 한 번 더 반복하면서 말차례 209번에서와 같이 자신의 해석을 보태고 있다.

이 수업에서 문학토의 중에 자발적으로 자신의 의견을 발표한 아동은 15명으로 전체 참가자 26명(전체 재적 27명 중 1명 결석) 가운데 약 58%에 그쳤다. 따라서 필자는 문학토의 수업 담화의 비공식적 층위에 머물러 있던 아동들에게 질문을 함으로써 참여를 유도했다. "화제3: 선생님은 왜 그 그림에 〈내가 사랑한 수박씨〉라는 제목을 지었을지 궁금하다"는 그러한 질문 과정에서 도출된 것이다. 이 텍스트의 주제를 '자신의 콤플렉스를 극복하고 긍정적으로 생각하자'라고 본다면 화제3은 주제에 접근하는 핵심적인 질문이라 볼 수 있다. 이 화제는 지난 수업 시간에 자발적인 발표를 하지 않았던 아동 중 한 명인 지호가 제시한 것이다. 담임교사와의 면담에 의하면 지호는 생각이 깊고 책을 즐겨 읽지만 남들 앞에서 발표하는 것을 불편해하는 아동이었다. 필자는 두 번째 수업에서 토의가 활발하게 이루어지지 않을 때마다 조심스럽게 소극적 참여자들에게 어떤 논의를 하고 싶은지 물어보았는데, 발췌록 No.16의 ㉠과 같이 아동이 발표를 거부한 경우도 있었지만[28] 지호는 말차례 142번과 144번

....

28　이때 발표를 거부한 아동이 왜 그러한 행동을 하였는지는 독서일지를 통해 원인을 짐작할 수 있었다. 해당 아동은 3단계의 두 번째 텍스트인 〈어른동생〉에 대한 문학토의 후에 기록한 독서일지에서

처럼 교사의 질문을 받았을 때 다소 당황하면서도 자신의 의견을 제시하였다.

발췌록 No.16

말차례	발화 행위
139	교사) 선생님이 궁금한 친구의 이야기를 들어볼게요. 지난 번 독서일지에서 재밌게 읽었던 사람에게 물어볼게요. 지원이.
140	지원) 저는 전은이의 점이 어떻게 생긴 것인지 궁금합니다, 키위씨 같은 점이 어떻게 될지 궁금…….
141	교사) 그다음에 또 예진이는 뭐라고 썼어요? ㉠ (아동이 고개를 저으며 거부하는 의사표시를 하자) 공유하고 싶지 않아요? 지호는 어땠어요?
142	지호) 왜 별명까지 지어서 수박씨라고 부르는지.
143	교사) 그리고?
144	지호) 선생님이 왜 내가 사랑한 수박씨라고 제목을 지었을까? (이 의견에 대해 발표를 원하는 아동들이 손을 들자 지목함) 은희.

이 수업에서 비계의 사용은 첫 번째 수업과 비슷한 양상을 보이고 있다. 교사가 제시한 비계의 형태를 그대로 유지하면서 사용하기보다는 구어의 특징 중 하나인 생략을 거쳐서 간단하게 사용되는 경우가 많았다. 가령 확산적 비계 중 질문에 해당하는 "나는 ~이 궁금해"의 경우 발췌록 No.17의 말차례 140번과 같이 원래 형태와 유사하게 사용되는 경우도 있었지만, 50번처럼 주어가 생략된 채 "~ 궁금하다"라는 형태로 변형되거나 67번처럼 "왜"라는 의문부사만이 질문의 형태임을 나타내고 나머지 요소들은 생략된 채 사용되는 경우가 더 많았다. 한편 말차례 210번과 같이 어떤 아동은 교사가 제시한 비계의 형태를 그대로 사용하는 경우도 있었다. 그러나 이어지는 말차례 211번

········
"많은 걸 알았고 아~ 여러 생각을 하는데 아 그러니까 나는 내 생각은 너무나도 다양한데 생각이 안 난다"와 같이 자신의 생각을 표현하는 것에 대한 어려움을 토로한 바 있다.

과 212번의 대화를 살펴보면 이 아동이 질문의 비계를 사용해야 하는 상황에서 의견 제시의 비계를 사용했다는 것을 알 수 있다. 34번과 42번의 경우 심층적 비계 가운데 지지와 확장의 기능에 속하는 발화행위이지만 아직 비계 사용이 익숙하지 않은 아동들은 "비슷하다"나 "비슷하지만 ~일 것 같다"와 같은 문장의 형태를 사용하고 있다. 46번의 경우처럼 "나는 ~에 대해서 말하고 싶어"에 해당하는 내용이 비계 없이 제시되는 경우도 있다. 이처럼 두 번째 수업에서도 아동은 비계의 다양한 기능을 실현하며 의미를 구성하고 있으나 비계의 기능과 형식을 정확히 연결하지 못하거나 자신의 구어 습관에 맞게 비계를 변형하여 사용하고 있음을 알 수 있다.

발췌록 No.17(비계 사용 양상)

말차례	발화 행위	코딩
34	승호〉 비슷하게 생각해요.	3
42	정민〉 비슷한데 여자친구한테 차여서 복점이 싫을 것 같아요.	4
46	승호〉 뒷이야기에서 복점이 실력을 발휘할 것 같다.	1
50	정민〉 전은이의 작은 점이 어떻게 됐을지 궁금하다.	1
67	한주〉 그 수박씨라는 별명이 더 좋은 별명이 될 수도 있는데 왜 그걸 싫어했는지.	Q
140	지원〉 저는 전은이의 점이 어떻게 생긴 것인지 궁금합니다, 키위씨 같은 점이 어떻게 될지 궁금…… .	Q
142	지호〉 왜 별명까지 지어서 수박씨라고 부르는가?	Q
144	지호〉 선생님이 왜 내가 사랑한 수박씨라고 제목을 지었을까?	Q
199	승호〉 왜 마지막에 조재혁이 장미꽃을 샀는지.	Q
202	승호〉 한주랑 생각이 똑같습니다.	3
210	승민〉 나는 이걸 말하고 싶어.	1
211	교사〉 뭘 말하고 싶어?	Q
212	승민〉 친구들이 전은이한테 수박씨라고 놀리면 왜 전은이는 그걸 암말도 안 하는지.	Q

이 수업에서 형성된 문학지식으로는 1-2학년군의 성취기준 '(4) 작품 속 인물의 마음, 모습, 행동을 상상한다.'를 들 수 있다. 대화적 담화의 화제가 대부분 인물의 행동에 대한 이유를 질문하는 경우에 집중되었기 때문이다. 그리고 텍스트에 근거한 해석들이 제출되는 것은 5-6학년군의 성취기준 중 '문학작품에 대한 해석의 근거를 찾아 구체화'와 수행 영역 중 '근거 갖춰 말하기'에 해당한다.

아울러 이 수업에서는 아동이 가지고 있는 서사 규범에 대한 인식을 엿볼 수 있는 장면이 있었다. 화제3에 대한 대화에서 '전은이는 자신의 수박씨만 한 점을 좋아하지 않았는데 왜 선생님은 전은이의 자화상에 〈내가 사랑한 수박씨〉라는 제목을 붙여주었는지'에 대한 근거를 대는 과정에서 한 아동이 선생님이 예언자이기 때문이라고 답하자(152번) 다른 아동이 선생님이 옛이야기에 나오는 점쟁이처럼 미래를 내다보는 능력이 있기 때문이라고 보충(158번)하였다. 이것은 이 텍스트의 장르적 특성과도 무관하고 텍스트에 대한 해석으로도 적절하지 않지만, 그 아동에게 옛이야기에 등장하는 인물이 지닌 주술적 능력에 대한 서사도식이 형성되어 있음을 보여주었다. 그리고 아동은 이러한 서사 규범에 대한 지식을 사용해서 텍스트의 의미를 해석하려고 한다는 것도 관찰할 수 있었다.

발췌록 No.18

말차례	발화 행위
144	지호〉 선생님이 왜 내가 사랑한 수박씨라고 제목을 지었을까?
152	승호〉 선생님이 예언잔데 나중에 미워한 것을 잊어버려서〈X X〉
153	교사〉 어, 선생님이 예언자다. 왜? (정민이가 무언가 말할 것 같아서 정민이를 향해) 왜 예언자라고 한 거 같애?
154	정민〉 아, 어, 그런 건 아닌데. 선생님이 자기랑 똑같은 경험이 있었던 것 같아요.
155	교사〉 다른 사람은 어떻게 생각해요?

156	?〉잘생긴 준원이. (준원이에게 발표를 시키라는 의미)
157	지호〉준원이. (지명함)
158	준원〉어~ 동화책에 나온 점쟁이가 현실에서…….
159	교사〉아, 옛이야기에서 나오는 점쟁이가 현실에서 나온 것 같다? 그러면 선생님의 역할은 약간 그런 옛날 얘기에 나오는 점쟁이 같은 역할이다? 어, 그다음에, 지호는 어때요? 친구 의견에 대해서.

(다) 2단계 세 번째 수업

〈작품별 문학토의 수업2의 개관〉

책 제목 (토의일)	토의 시간	전체 말차례	교사 말차례	학생 말차례	발화 방향
《새끼 개》 5/28	54분	137	49 (36%)	88 (64%)	교사를 매개로 2인 이상의 아동들이 연속적으로 발화

		읽기 전	읽기 중	읽기 후	대화적 담화의 화제	형성된 문학지식
주변텍스트	페리텍스트 (Peritext)	표지그림 보고 분위기, 내용 추측		작가의 다른 작품 소개		
	에피텍스트 (Epitext)					
내부텍스트 (Innertext)			주인공의 마음에 초점을 맞춰 읽기		인물의 이름/인물의 성격/왜 사고를 피하지 못했나/사고를 낸 사람은 어떻게 되었나/순돌이가 싫어했는데 왜 아이들은 계속 괴롭혔나/마지막에 왜 병원으로 안 옮겼나/왜 아이들은 사고 나는 소리를 못 듣나/인간과 개가 소통할 수 있나	이야기의 결말에 대한 논의 (해피엔딩과 새드엔딩), 서사적으로 적절한 결말
맥락 (Context)					자기를 괴롭힌 아이들을 그리워할 수 있을까	
상호텍스트 (Intertext)					〈축구공을 지켜라〉의 노범재 패거리와 아이들의 행동이 비슷하다.	

아동이 사용한 언어적 비계	교사가 사용한 언어적 비계
확산적 비계/다른 작품과 연결하기/작가가 이렇게 만든 이유하고는 틀린 것 같다./~라는 얘기가 들어 있었던 것 같다(주제 찾기)	텍스트에 근거하기 (책을 찾아보면~ 이 나올 거예요. 몇 쪽인가?)

첫 번째와 두 번째 수업에서는 아동이 재미있게 읽을 수 있고 어휘나 이야기의 전개 면에서 이해하기 쉬운 텍스트를 통해 문학토의에 흥미를 가지고 참여하도록 했다. 반면 세 번째 수업에서는 여태까지 다루었던 텍스트들과 달리 비극적인 결말을 통해 슬픈 정서를 느낄 수 있는 텍스트를 준비하였다. 이러한 텍스트 선택은 아동이 서사의 다양한 결을 느끼도록 돕고 그들의 정서적 반응에 초점을 맞춰 문학토의의 양상을 살피려는 의도에서 비롯되었다. 이를 위해서 읽기 전 활동으로 표지의 분위기를 근거로 이야기에 대한 기대지평을 형성하고, 읽기 중 활동을 통해 주인공 새끼 개의 마음에 초점을 맞추면서 책을 읽어주었다. 토의는 아동의 자발적인 발표로 시작되었고 다른 아동들이 그와 관련된 자신의 의견을 자유롭게 말하는 방식으로 이루어졌다. 이 과정에서 교사나 학생이 일일이 발표자를 지명하는 절차가 자연스럽게 생략되었다. 따라서 대화적 담화의 참여자들은 주로 학생들로 구성되어 있으며 발화의 순서도 학생들이 연속적으로 이어가는 경우가 많았다.

화제 No	발화 순서(학생명) (왼쪽에서 오른쪽으로 이어지는 순서임)29									
1	승민	성웅	교사	학생들						
2	세인	교사	태원	창영	한주	교사	도영	교사		
3	태원	교사	학생들	교사	창영	교사				
4	한주	교사	승호	기원	태원	동민	도영	창영		
5	윤주	준원	성웅	성준	민경	정민	교사	정민	교사	수훈
6	예진	승호	교사	승호	동민	교사	창영	성연	교사	한주
	승민	은정	?	?						
7	승민	기원	은정	예진	동민	창영	승호	한주	교사	은희
	성준	교사								
8	한주	교사	세인	한주	교사	도영	승호	정민	교사	정민
	한주	교사								

....

29 누구의 발언인지 확인할 수 없는 경우 "?"로 표기하였다.

다만 아동들이 산발적으로 자신의 의견을 제시하기 때문에 한 화제에 대해 깊이 있게 논의하지 않은 채 다음 화제로 이동하는 경우도 있었다. 그 과정에서 때로는 텍스트의 중심 생각과 거리가 있는 질문이 제시되기도 했다.

발췌록 No.19

말차례	발화 행위
28	태원) 사고 낸 사람은 어떻게 되었는지 궁금하다.
29	교사) 사고 낸 사람은 어떻게 되었는지? 어떻게 됐을까? 책에는 안 나오는데.
30	학생들) 뺑소니, 뺑소니.
31	교사) 여러분들 로드킬이라고 들어본 적 있죠? 선생님은 고등학교 3학년 때 학력고사를 보러 가기 전에 로드킬을 본 적이 있어요. (창영이가 손을 들어서 지명한다) 창영이.
32	창영) 저희 가족도 여행 가다가 로드킬 당한 걸 본 적 있어요.
33	교사) 그쵸.
34	학생들) (자신의 경험을 이야기하며 웅성거린다)
35	한주) 개들은 지진 같은 게 일어나면 알아본다는데 왜 자동차가 오면 땅에 진동이 올 텐데 왜? (그걸 느끼지 못해서 사고를 당했나)
36	교사) 아, 개들은 감각이 발달했는데 왜 차를 못 느꼈을까?
37	승호) 아이들을 만나려고 너무 신났기 때문에.
38	기원) 옛 주인을 보고 너무 흥분해서.
39	태원) 너무 갑자기 튀어나와서.
40	동민) 개보다 차가 더 빨라서.
41	도영) 두 아이가 옛 주인이기 때문에 앞뒤 가리지 않고 달리다가 치였다.
42	창영) 좌우도 안 보고 아이들만 보고 달려서.

이러한 논의는 '뺑소니'에서 '로드킬'에 대한 논의로 이어지다가 말차례 35번에서 한 학생이 다른 질문을 제기함으로써 더 진전되지 못하고 끝났다. 그 질문 자체도 문학작품을 읽는 심미적 독서 태도라기보다는 정보 텍스트를 대하는 원심적 독서 태도라는 점에서 부적절해 보인다. 그러나 그 뒤에

이어지는 다른 아동들의 해석은 흥미롭게도 새끼 개의 심리에 초점을 맞추고 있다. 말차례 37, 38번은 옛 주인을 그리워하는 새끼 개의 마음을 잘 드러내고 있다. 그리고 그 뒤에 이어지는 39, 40번의 해석은 다시 원심적 독서의 태도로 이동하여 물리적 사실처럼 상황을 기술하고 있다. 그러나 이어지는 41, 42번의 해석은 새끼 개의 마음뿐 아니라 사고가 일어나던 정황을 포괄하면서 해석을 확장하고 있다.

일련의 해석 과정을 통해 문학토의에서 제기된 질문과 화제가 다소 부적절해 보이더라도 해석공동체가 인물의 심리에 초점을 맞추어 의미를 공동 구성할 경우에는 미묘한 차이를 지닌 의미들이 차곡차곡 쌓이면서 타당하고 적절한 해석의 범위 안으로 안착하게 됨을 알 수 있다. 이것은 문학토의를 통해 수행되는 협동적인 의미 구성에 내재된 해석의 방향 감각이라 할 수 있다.

그러나 이처럼 문학토의에서 다소 엉뚱한 화제가 제기될 때 해석공동체의 협동적인 의미 구성을 통해 텍스트의 중심적인 의미에 접근해갈 수 있다고 하더라도, 그러한 방식이 언제나 효율적인 토의의 방식이라고 할 수는 없다. "모든 종류의 해석과 소통이 유의미한 의미 교섭을 추동하는 것은 아니"기 때문이다.[30] 따라서 수업이라는 제한된 시간 동안 텍스트의 의미를 심도 있게 탐색하기 위해서는 적절한 화제를 형성하는 것이 중요하다. 이를 위해서는 텍스트 자체가 가진 문학작품으로서의 특징과 해당 작품에 대해 해석공동체가 공유하는 공통의 관심사를 파악해야 한다. 이때 텍스트 자체의 특성이 객관적으로 존재한다 해도 그것을 발견하고 잠정적으로 특징짓는 주체는 결국 교사나 비평가와 같은 권위를 가진 해석자들이라고 볼 수 있다. 특히 교사의 해석은 수업에 직접적인 영향을 미치기 쉽다. 이러한 현실을 감안하면

....

30 이인화(2014), 앞의 책, p.47.

교사의 해석이 미치는 영향력으로 인해 문학토의가 독백화되지 않기 위해서는 교사 스스로도 아동과 대화적인 관계를 맺고 아동의 해석을 존중하는 태도를 견지해야 한다. 교사가 문학텍스트 읽기에 충분히 훈련된 고급 독자일지라도 홑눈으로 읽는 개인적 독서와 겹눈으로 읽는 협동적인 독서 사이에는 각각의 장단점이 따로 존재하기 때문이다.[31]

적절한 토의 화제를 형성하기 위해 교사가 일차적으로 점검할 수 있는 자료로는 학생들의 독서일지를 꼽을 수 있다. 그러나 문학토의가 이루어지고 있는 과정에서 독서일지를 검토하여 학급 아동의 전체적인 반응을 검토하기는 쉽지 않을 것이다. 이처럼 독서일지의 검토가 어려운 경우에는 모둠토의를 통해 화제를 선정하는 것도 대안이 될 수 있다. 따라서 이후 3단계에서는 더욱 적절하고 가치 있는 토의 화제를 설정하기 위해 읽기 후 활동으로 모둠토의를 통한 화제 설정 시간을 갖기로 했다.

한편 이 수업에서는 문학토의 수업에 대한 경험이 누적됨에 따라 상호텍스트성에 대한 아동의 인식이 형성되는 장면도 관찰되었다. 2단계의 첫 번째 텍스트인 〈축구공을 지켜라〉에서 아동이 해피엔딩에 대한 반대 개념으로 제시한 '새드엔딩'이라는 개념어가 《새끼 개》에 대한 독서일지에서 다른 아동

....

31 이 연구를 진행하는 과정에서 필자와 대상 학급의 담임교사는 아동의 해석이 교사의 해석에 비해 부족하거나 열등한 것이 아니며, 오히려 교사의 해석적 시선이 미처 가닿지 못하는 부분까지 조명할 수 있음에 공감한 바 있다. 가령 필자와 담임교사 모두 1단계의 수업 대상 텍스트인 〈미소의 여왕〉이 아이러니의 수사학을 통해 주인공 진선과 독자 사이에 냉정한 시선을 확보할 수 있는 거리를 유지하게 한다고 보았다. 따라서 두 어른 독자에게 주인공 진선은 연민의 대상이지만 답답하고 그래서 계속 응시하기 불편한 인물이었다. 그러나 담임교사가 실시한 수업에서 그 초점이 "칭찬하기"라는 행위에 맞춰진 결과 아동은 진선과 할머니에 대해서도 자신의 어려운 처지를 불평하지 않고 인내하며 살아왔다거나 힘들지만 손녀를 위해 밤도 깎고 재활용품을 수집하면서 성실하게 살아간다는 이유로 칭찬을 하였다. 그리고 이러한 관점은 그동안 '아이러니'의 관점에서 단선적으로 인물을 불편하게 바라보던 어른 독자의 시선에 변화를 주었다.

에 의해 다시 언급된 점,[32] 문학토의 과정에서 〈축구공을 지켜라〉 속 노범재 패거리의 행동과《새끼 개》속 아이들의 행동이 비슷하다고 비교한 점 등이 그 예이다. 2단계의 첫 번째 문학토의 수업 내용의 일부가 아동의 배경지식으로 형성되어 상호텍스트성에 대한 감각이 아동의 실제적 발달 수준을 구성하게 된 것이다. 아동은 자신들이 가지고 있는 문학 장르에 대한 규범적 지식을 '해피엔딩'이나 '새드엔딩'과 같은 명사로 발화하고, 이것이 그 상황에 함께 참여했던 다른 아동에 의해 다시 사용되면서 서사의 결말에 대한 개념을 형성한다. 사회적 소통의 맥락에서 공유된 개념이 토의 참여자들의 잠재적 발달 수준에 영향을 주어 결과적으로 그들의 근접발달영역을 확장시키는 것이다. 토의처럼 구어의 소통을 중심으로 하는 학습 상황에서는 이처럼 한 아동의 지식이 다른 아동의 잠재적 발달 수준을 끌어올리는 비계로 작용할 수 있다. 앞서 Ⅱ장의 〈더 읽어볼 이론〉에서 제시한 비고츠키의 공간에서도 확인한 바 있듯 학습은 사회적 수준에서 먼저 일어나고 그다음 개인적 수준에서 이

....

32 표지를 보고 이야기의 전체적인 내용 흐름과 분위기를 예측하고 그 내용을 독서일지에 기록하였다. 대부분의 아동들이 "개가 슬퍼 보인다. 싸늘한 분위기이다.", "슬픈 내용일 것 같다. 음침한 분위기. 새끼 개라는 제목을 보니 욕이 떠오른다. 우울하다.", "분위기가 슬픈 거 같다.", "표지에 어린 강아지가 혼자 슬퍼하는 표정이 그려져 있어 강아지에 대한 슬픈 내용의 책인 것 같다.", "새끼 개가 슬픈 표정을 하고 있는 것을 보아 슬픈 내용일 것 같다.", "슬픈 내용/슬픈 분위기", "표지에 그려져 있는 개가 슬픈 표정을 짓고 있는 것 같다.", "강아지가 슬픈 표정으로 몸을 웅크리고 있는 거 보면 동물학대나 주인의 필요성에 따라 버려지는 유기견에 관한 이야기 같다.", "새끼 개가 굶고 아무것도 못한 채로 (우울)슬퍼하는 것 같다.", "표지를 보니 슬프고 답답한 얘기일 것 같다.", "새끼 개가 태어날 때부터 클 때까지의 성장일기를 쓴 내용일 것 같다. 슬프고 우울한 느낌이 든다.", "주인한테 버려진 새끼 개에 관한 이야기가 나올 것 같다. 슬픈 분위기이고 혼자 외로운 분위기인 것 같다. 우울한 분위기인 것 같다."와 같이 슬픈 이야기라는 예측을 하고 있는 가운데 한 아동이 "뭔가 슬픈 '새드엔드'가 될 것 같다."는 반응을 나타냈다. 이 아동은 읽기 후 감상 적기에서도 "'새드엔딩'으로 끝나서 슬프다. 새끼 개가 불쌍하다. 그 형제가 새끼 개를 괴롭힌 것 같다. 그리고 뭔가 질투가 날 것 같다. 새 강아지를 키우고 새끼 개를 버린 거니까 질투가 날 것 같다. 너무 슬프고 새끼 개가 쓸쓸해 보인다. 눈이 금방이라도 울 것 같이 생겨서 귀엽다. 또 주인을 만나지 못하고 세상을 가버려서 안타깝다."라고 기록함으로써 서사의 결말에 대한 지식을 개념적인 단어로 표현하고 있다.

루어지는 것이다.

상호텍스트성에 대한 인식을 통해서 우리는 아동이 대화주의의 인식론적 특징인 의미의 종결 불가능성을 실천하고 있음을 확인할 수 있다. 세계의 의미와 마찬가지로 텍스트의 의미도 고정된 것이 아니기 때문에 새로운 맥락에서 재해석될 수 있다. 〈축구공을 지켜라〉에서 했던 노범재 패거리에 대한 평가는 《새끼 개》라는 새로운 작품의 맥락 안에서 재조정되고 있으며, 마찬가지로 《새끼 개》에 등장하는 인물들에 대해 사고하기 위해 노범재 패거리를 참조하고 있다. 이처럼 작품에 대해 언제든 새롭게 논의할 수 있다는 가능성은 텍스트를 더욱 정확하게 이해하는 기회를 제공하기도 한다. 발췌록 No.20에서 우리는 〈축구공을 지켜라〉와 《새끼 개》에 대해 상호텍스트적 연관을 시도했던 아동이 〈축구공을 지켜라〉의 일부 내용을 오독하고 있었으며 토의의 과정에서 그것을 확인하는 것을 말차례 97-98번을 통해 볼 수 있다.

발췌록 No.20

말차례	발화 행위
83	한주〉 아이들이 새끼 개를 놀아준다고 생각한 것은 〈축구공을 지켜라〉에서 노범재 패거리와 길이찬처럼 새끼 개는 놀고 싶어 하지 않은 것 같아요.
84	교사〉 여러분들의 생각은 어때요?
85	세인〉 노범재 패거리는 사람인데 강아지는 사람의 말을 알아듣지 못하는 동물이니까 좀 다른 것 같아요.
86	한주〉 새끼 개가 아이들한테 짖거나 그런 행동이 경고하거나 싫다고 하는 거랑 똑같으니까 말하는 거랑 다름이 없다고 생각해요.
87	교사〉 개는 개 나름대로의 표현이 있다?
88	도영〉 그런데 새끼 개는 말을 못하니까 사람이 알아들을 수도 없으니까 음, 뭐, 그런거죠.
89	승호〉 〈축구공을 지켜라〉에서 길이찬은 노범재에게 싫다고 말할 수 있지만 강아지는 말을 할 수 없잖아요.
90	정민〉 작가가 이렇게 만든 이유하고는 틀린 것 같아요.

91	교사) 한주의 생각이?
92	정민) 어~
93	교사) 거기까지는 아직 생각 안 해 봤어요? 한주 의견에 대해서 좀 다르게 생각하는 것 같아. 한주가 다시 정리해볼까?
94	한주) 그, 말로만, 말로만 같지 않다고 하는 거는 길이찬이 노범재 패거리들한테 싫다고 반항하지만 그런 거랑 새끼 개는 반항을 하더라도. (다르다는 뜻)
95	교사) 그럼 초점이 이렇게 되는 거네요. 자기가 싫은 것을 표현하는데 이게 통하냐, 안 통하냐의 문제. 한주는 개의 울음, 표정도 언어다, 통한다, 의미를 통할 수 있다, 라고 보는 거고 반대편에 있는 친구들은 개의 울음이나 행동은 사람의 말과는 다르다, 그래서 안 통할 수도 있다. 맞나? 이게 맞나?
96	학생들) 네.
97	교사) 자, 요기까지 왔어. 의견들이 조금씩 달랐죠? 그런데 내가 질문할 게 뭐냐면, 길이찬이 노범재 패거리들한테 표현을 했어요? 하려고 했으나 하지는 않았고 연습은 했죠.
98	한주) 아!
99	교사) 그런데 아무튼 표현했다 치고, 지금 쟁점은 개가 그렇게 표현하는 거랑 인간이 표현하는 거랑 다르다. 그럼 통할 수 있냐, 없냐, 이걸 얘기하는 것 같거든요. 각자 의견이 좀 다른 것 같아요. 여기에 좀 더 덧붙이고 싶은 사람? 그럼 통한 경험이 있는 사람?

이 수업에서 아동은 대부분 확산적 비계 중 질문에 해당하는 비계를 사용하고 있다. 발췌록 No.21에서 보듯 이 비계는 구어 표현의 특성인 생략된 형태로 많이 쓰였다.

발췌록 No.21

말차례	발화 행위
15	승민) 새끼 개가 왜 이름이 순둥인가, 아 순돌이인지 궁금하다.
20	세인) 한 강아지는 왜 유난히 욕심이 없었는지.
28	태원) 사고 낸 사람은 어떻게 되었는지.
35	한주) 개들은 지진 같은 게 일어나면 알아본다는데 왜 자동차가 오면 땅에 진동이 올 텐데 왜? (그걸 느끼지 못해서 사고를 당했나)

한편 다음에 제시된 독서일지를 살펴보면 의견을 제시하는 비계인 "나는 ~에 대해서 말하고 싶어"는 상대적으로 많이 쓰이지 않았으며 주로 "~인 것 같다"라는 문장의 형태로 변형되어 사용되고 있다. 이처럼 언어적 비계는 구어의 소통 상황에서는 원래 형태가 유지되지 않고 변형되거나 생략되어 쓰이고 있다. 그러나 구어의 소통 상황과 달리 문자 언어 형태로 기록될 경우 밑줄로 표시된 부분처럼 원형을 잘 유지하는 경향이 있다.

이름	나는 ~이 궁금해	나는 ~에 대해서 말하고 싶어
준원	보숭이는 왜 안 짖는지.	
한주	– 개들은 지진이 일어나면 알아본댔는데 자동차가 와서 진동이 울리는 건 왜 알지 못했나? – 뒷이야기.	아이들도 저번 축구공을 지켜라 노범재 패거리들과 길이찬처럼 새끼 개와 놀고 싶어서 그런 것 같다.
성준		
태원	사고 낸 사람이 어떻게 되었는지 궁금. 뒷이야기가 궁금.	새끼 개가 안 됐다.
은수	(기록하지 않음)	
성웅	– 사람들은 왜 신고를 안 했나? (신고했으면 살 수 있었을 텐데)	
수훈	– 순돌이가 죽은 걸 두 아이는 알까? – 뒷이야기.	
승호	엄마가 왜 새끼 개를 사납게 보았는지.	새끼 개에 대해서.
도영		왠지 새끼 개에게 사람들은 엄청 무서운 존재인 것 같다. 새끼 개가 차에 치여서 죽기 일보 직전에 참 안타까웠다. 그토록 보고 싶었던 두 아이를 보지 못하고 세상을 떠났다니, 울 뻔했다.

승민	– 저번처럼 이게 실화인지 아닌지 궁금. – 왜 새끼 개 이름이 순돌이인지. – 다시 새로 산 개 이름을 왜 보숭이로 지었는지. – 순돌이는 차에 치였는데 동생과 형은 왜 그 소리를 못 들었는지.	나는 이야기가 그림을 봐서 우울해 보이고 슬퍼 보인다
정민	앞으로 아이들이 어떻게 되는지가 궁금해.	
동민		
민균	왜 순돌이에 대한 생각을 하지 않았나?	나는 두 아이와 엄마에게 강아지를 샀다가 다시 팔 거면 처음부터 사지 말라고 말하고 싶다.
창영	– 뒷이야기가 궁금. – 새끼 개가 안 팔려갔다면 어땠을까?	
기원		어미 개의 모성애가 느껴졌고 새끼 개가 죽을 때 슬펐다.
윤주	– 순돌이를 다시 입양해달라고 할 때 왜 순돌이가 아닌 강아지였는데 좋아하고 순돌이를 어버렸을까? – 순돌이가 싫어하는 티를 냈는데도 계속 괴롭히는지.	
민경	뒷이야기.	
다인	다음 편 이야기가 궁금해.	
성연		– 엄마한테 혼나고 싸워서 집도 나가고 싶고 엄마가 싫어도 막상 지나고 나면 엄마가 좋아지고 그리워져서 새끼 개가 아이들에게 간 것이다. – 주인과 어미에게 사랑을 많이 받지 못한 것이 안타깝다.
지원	– 이 형제가 순돌이가 죽은 것을 보았다면 어땠을지 궁금해. – 보숭이가 나중에 어떻게 될지 궁금해.	순돌이의 떠돌이 생활에 대해서 말하고 싶어
나윤		
경은	– 새끼 개가 왜 이렇게 반가워했는지. – 싫은 걸 표현했는데 왜 안 통하나?	애완견을 아끼고 사랑하자는 말 같았다.
지호	나는 아이들 눈에는 슬퍼하는 강아지의 눈이 한 번도 보이지 않았다는 것이 궁금하다.	나는 새끼 강아지에 대해 한번만 더 (주인에게) 되돌아보라고 말하고 싶다.
은정		아이들이 새끼 개와 놀아주고 싶었던 마음을 모르는 새끼 개, 놀아 줄수록 새끼 개가 괴롭히는 것을 모르는 아이들, 두 오해가 서로 켜져 갈등을 만들어 버렸다.
예진	왜 마지막에 새끼 개를 병원으로 옮기지 않았는지.	

은희	왜 사람들이 강아지들을 개를 파는 곳으로 팔았는지.	나는 왜 그 형제가 강아지가 힘들다는 생각을 못했는지에 대해 말하고 싶어요.
세인	(결석)	

한 가지 특이한 것은 심층적 비계는 이 수업에서 한 번도 사용되지 않았다는 점이다. 이것은 심층적 비계 자체에 아직 익숙해지지 않았기 때문일 수도 있고 그러한 언어적 비계가 수행하는 메타적인 기능에 대한 인식이 형성되지 않았기 때문일 수도 있다. 또한 아동이 생성하는 의미들이 서로 확장, 지지, 도전의 관계를 맺으면서 소통되는 맥락이 잘 설정되지 않았기 때문일 수도 있다. 따라서 3단계에서는 심층적 비계를 사용하여 토의에 참여할 수 있도록 수업의 방식이나 활동 등에 변화를 주고 이를 연구 설계에 반영하기로 하였다.

이 수업에서 형성된 문학지식은 5-6학년군의 성취기준인 '(5) 작품 속 인물의 생각과 행동을 나와 견주어 이해하고 평가한다.'와 관련된다. 텍스트에 대한 아동의 반응을 일별해보면 등장인물 가운데 새끼 개의 비극적인 죽음에 대해 안타까움을 느끼는 만큼 아이들과 그의 엄마를 비판적인 관점에서 바라보고 있기 때문이다. 아동이 '왜'라는 의문부사를 사용해서 질문의 형태로 표현하고 있는 반응들을 자세히 살펴보면, 정말로 궁금해서 질문을 하는 것이라기보다 다음과 같이 원망하고 안타까워하는 마음에서 비롯된 수사적인 표현인 경우들이 종종 눈에 띈다.

- 사람들은 왜 신고를 안 했나 (신고했으면 살 수 있었을 텐데)
- 엄마가 왜 새끼 개를 사납게 보았는지
- 순돌이는 차에 치였는데 동생과 형은 왜 그 소리를 못 들었는지
- 왜 순돌이에 대한 생각을 하지 않았나
- 순돌이를 다시 입양해달라고 할 때 왜 순돌이가 아닌 강아지였는데

좋아하고 순돌이를 잊어버렸을까

- 순돌이가 싫어하는 티를 냈는데도 (왜) 계속 괴롭히는지
- 싫은 걸 표현했는데 왜 안 통하나
- 나는 아이들 눈에는 슬퍼하는 강아지의 눈이 한 번도 보이지 않았다
  는 것이 궁금하다

문학토의 과정에서도 다음 밑줄 부분과 같이 아이들에 대한 비판적인 관점을 드러내는 경우가 있었다.

발췌록 No.22

말차례	발화 행위
43	윤주〉 순돌이가 싫어하는 티를 냈는데 애들은 왜 계속 괴롭혔는지.
44	준원〉 아이들이 바보라서.
45	성웅〉 닌겐[33]들이 말을 못 알아들어서.

발췌록 No.23

말차례	발화 행위
71	승민〉 순돌이가 차에 치였을 때 왜 그 소리를 못 들었는지.
72	기원〉 멀리 떨어져서.
73	은정〉 새끼 개를 잊어버렸을 수도 있어서.
74	예진〉 새 강아지랑 신나게 뛰어노느라고.
75	동민〉 거리가 있어서.
76	창영〉 보숭이에게만 정신이 팔려서.

....

33 인간의 일본어 にんげん을 의미하는 것으로 보인다.

발췌록 No.24

말차례	발화 행위
135	교사〉 그러면 새끼 개 머릿속에서도 이 주인들을 그리워할 만한 좋은 기억들이 있긴 있었던 거네요? 더 얘기하고 싶은 것 있나요?
136	세인〉 두 아이가 왜 새끼 개가 아팠는지 생각이 깊지 않을까?

이상에서 논의한 2단계 수업을 통해 필자는 우선 개방적이고 허용적인 자세로 아동이 자유롭고 편안하게 자신의 생각과 느낌을 표현할 수 있는 대화적인 토대를 형성하는 데 주력하였다. 또한 심층적 의미 형성을 위해 아동의 발언을 연결하는 시도를 지속하였고 그 결과 대화의 방향이 교사-아동 간 발화에서 교사를 매개로 한 대화와 아동-아동 간의 대화로 서서히 변화하기 시작했다. 이러한 변화와 더불어 발표자를 지명하지 않아도 아동들이 자연스럽게 대화에 참여하는 경우도 증가하였다. 이번 단계에서 필자는 화제의 설정 권한을 아동에게 이양하였다. 그러나 그 경우 텍스트의 지엽적인 측면에 국한된 화제가 제시되는 경우도 발생하였다. 따라서 3단계에서는 이러한 문제를 해결하기 위하여 모둠토의의 과정을 거쳐 화제를 설정해보기로 계획하였다. 또한 아직까지 비계의 사용이 활발하게 이루어지지 않고 있으므로 3단계에서는 아동이 적극적으로 비계를 사용하여 토의에 참여할 수 있는 장치를 마련하기로 계획하였다. 다만 확산적 비계는 주어가 생략되는 등의 변형된 형태로 사용되거나 독서일지에서 그에 근거해 자신의 문학반응을 표현하는 경우가 종종 있으므로 3단계에서는 심층적 비계의 활성화에 초점을 맞추어야 한다는 과제를 도출하였다.

(3) 3단계: 정교화된 반응의 소통을 통한 심층적 의미 형성

위에서 언급했듯 3단계에서는 문학토의에 앞서 우선 모둠토의를 거쳐 토의 화제를 선정하기로 하였다. 아울러 아동이 더욱 적극적으로 토의에 참여하도록 돕는 읽기 후 활동을 실시하고 아동의 발표 동기를 유발하기 위해 모형 마이크를 매개체로 활용하기로 하였다. 토의의 활성화를 위해서 읽기 중 활동을 강화하고 그 효과를 검토하기로 하였다.

(가) 3단계 첫 번째 수업

〈작품별 문학토의 수업의 개관〉

책 제목 (토의일)	토의 시간	전체 말차례	교사 말차례	학생 말차례	발화 방향	
〈해룡이〉(1) 6/11	71분	271	121 (45%)	150 (55%)	읽기 전, 중: 교사-아동 읽기 후: 아동-아동 중심	

		읽기 전	읽기 중	읽기 후	대화적 담화의 화제	형성된 문학지식
주변텍스트	페리텍스트 (Peritext)					
	에피텍스트 (Epitext)	제목 보고 내용 예측				
내부텍스트 (Innertext)			이야기 지도 *Ⅲ장 2절 참조	모둠토의로 화제 선정/ 등장인물 인터뷰	이야기 끝부분에서 해룡이가 집에 돌아왔는데 왜 다시 나왔나	주인공에 대한 서사의 관습
맥락 (Context)						
상호텍스트 (Intertext)		작가의 다른 작품				
아동이 사용한 언어적 비계				**교사가 사용한 언어적 비계**		
정교화 비계(반박=반대=도전, 보충, 확장 등) "제가 ~ 하겠습니다, 왜냐하면"의 구문을 잘 사용함. 사회자도 여러 구문을 사용함.				해룡이의 말에 "나는 반대한다"는 사람?/책 내용이나 인물의 성격에 근거해서 생각하자.		

이 수업에서는 읽기 전에 작품의 제목만을 놓고 어떤 이야기일지 예측해 보았다. 앞서 다룬 텍스트와 달리 삽화 없이 제목 세 글자만을 놓고도 발췌록

No.25와 같이 이 이야기의 시대적 배경을 예측할 수 있었다.

발췌록 No.25

말차례	발화 행위
16	교사〉 왜 제목이 해룡이일까? 음~ 한주.
17	한주〉 주인공 이름일 것 같아요.
18	교사〉 주인공 이름이 해룡이일 것이다. 어때요? 승호.
19	승호〉 해에서 태어난 용의 이야기.
20	교사〉 해에서 태어난 용의 이야기다! 〈vocal desc='웃음'〉 그다음, 정민이.
21	정민〉 별명일 것 같아요.
22	교사〉 별명일 것 같습니다. 음. 이름이 좀 지금으로 보면 약간-
23	?〉 촌스럽다.
24	교사〉 이상해서 그런 생각한 거죠? 그럼 진짜 본명인지 별명인지 한번 확인해 봅시다. 또 성웅이는?
25	성웅〉 옛날 이야기가 생각납니다.
26	교사〉 어, 왜요?
27	성웅〉 해룡이가 촌스러워서.
28	교사〉 해룡이 이름이 좀 촌스러워서 옛날 얘기 같다. 그다음에? 승민이.
29	승민〉 해룡이는 그냥 이름이다.
30	교사〉 뭐 그렇게 촌스럽거나 어색하게 느껴지지 않을 수도 있겠죠? 그러면 아무래도 사람 이름이 주인공인, 중심이 되는 제목이라는 거를 생각을 해보고.

말차례 17번은 이야기의 제목이 사람 이름인 경우 그 인물은 주변 인물이 아니라 서사의 중심인물일 것이라는 예측을 보여준다. 19번에서는 그 이름의 의미를 예측했는데 이 상황에서는 다소 농담처럼 들렸으나 다른 텍스트의 경우 인물의 이름이 갖는 의미도 서사의 내용과 관련될 수 있으므로 이러한 시도는 무의미한 것이 아니다. 21-23번에서 해룡이라는 이름이 현대적 관점에서 볼 때 다소 촌스럽기 때문에 별명이라고 예측할 수 있다는 의견이 오

가자 25, 27번에서는 이름이 촌스럽기 때문에 옛날을 배경으로 하는 이야기일 것이라는 예측이 이루어졌다. 촌스럽기 때문에 이름이 아니라 별명일 수 있다는 생각을 그대로 받아들이는 것이 아니라 촌스럽기 때문에 시대적 배경이 다를 수 있다는 새로운 가정을 통해 이 이야기의 시대적 배경을 적절하게 예측할 수 있었다.

이 단계에서 교사는 의도적으로 아동이 텍스트의 내용에 근거하여 해석하도록 요구하기로 했다. 2단계에서는 아동이 텍스트와 관계없는 해석을 시도하더라도 일단 그것을 수용하는 개방적인 태도를 통해 아동이 문학토의에 어려움을 느끼지 않고 참여할 수 있는 대화적 풍토를 형성하는 데 목적이 있었다면, 3단계에서는 해석의 정합성을 위해 이야기의 내용이나 분위기, 인물의 성격과 행동 등에 근거한 해석에 초점을 둔 것이다.

발췌록 No.26

말차례	발화 행위
67	교사〉 해룡이는 소근네 아가씨하고 결혼할 수 있을까요?
68	승호〉 못 해요.
69	교사〉 왜요?
	〈중략〉
83	교사〉 응, 시집을 어디로 갈지 아직 모르니까~ 수훈이는?
84	수훈〉 아닐 거 같아요.
85	교사〉 아닐 거 같아요 왜요?
86	수훈〉 소근네가 싫어할 것 같아요.
87	교사〉 왜 싫어할 것 같아요? 혹시 이 분위기에서 그런 게 느껴졌어요?
88	수훈〉 아니오.
89	교사〉 그러면? 수훈이의 어떤 직감?
90	수훈〉 네.

발췌록 No.26의 말차례 87-90번에서 알 수 있듯 아동은 텍스트에 근거하기보다는 자신의 느낌에 근거하여 이야기를 해석하거나 예측하는 경우가 있다. 이에 대해 말차례 89번에서 아동의 발언이 텍스트에 근거를 둔 것이 아니라 직감에 의한 것인지 확인하고 있다. 필자는 이후의 토의 과정에서 발췌록 No.27의 말차례 201번과 같이 아동들에게 텍스트에서 자신의 의견을 뒷받침하는 근거를 찾아 함께 제시할 것을 권하고 있다.

발췌록 No.27

말차례	발화 행위
192	교사〉 해룡씨 당신은 왜 마지막에 집에 갔다가 신발을 만진 다음에 다시 집에서 나왔습니까?
193	승호〉 아직 병이 낫지 않았기 때문에.
194	동민〉 아직 그거 자식들을 볼 면목이 안 됐기 때문에.
195	교사〉 면목이 안 섰기 때문에?
196	윤주〉 병이 낫지 않았기 때문에 자식들이 보고 싶어서.
197	교사〉 자식들이 보고 싶었지만, 아직 [병이 낫지 않았기 때문에]
198	윤주〉 [병이 낫지 않았기 때문에] *[ ]은 말겹침
199	교사〉 그러면 비슷한 의견?
200	창영〉 어 병 걸려서 아이들을 행복하게 하지 못해서 미안해서 다시 나간 것 같습니다.
201	교사〉 어, 그래요. 여러분들 혹시 책에 있는 내용 중에 근거를 댈 만한 게 있다면 그걸 근거로 해서 이야기해도 좋아요.

위의 발췌록에서는 교사와 아동이 인터뷰의 형식을 빌려 대화하는 과정에서 교사가 아동의 문장 가운데 부적절하거나 어색한 부분을 수정해주는 모습도 관찰할 수 있다. '면목이 안 됐다'라는 표현은 비문이므로 교사는 이를 다시 반복하면서 '면목이 안 서다'라는 표현으로 수정하였다(194-195번). 또한 196번의 "병이 낫지 않았기 때문에 자식이 보고 싶어서"라는 표현은 인

과 관계가 뒤바뀌었기 때문에 197번에서 교사가 이를 바로잡기 시작했다. 그러자 자신의 표현의 오류를 인식한 아동이 198번과 같이 교사와 함께 수정을 시도하고 그 과정에서 말겹침 현상이 발생하였다. 이처럼 3단계에서 교사는 개방적이고 허용적인 태도를 유지하면서도 아동이 이전보다 근거 있는 해석과 정확한 표현을 할 수 있도록 돕는 '텍스트 사용자(text user)'와 '교정자(corrector)'의 위치로 이동해가고 있다.

이 수업에서는 앞서 밝힌 바와 같이 읽기 후 활동으로 모둠토의를 통해 화제를 선정하였다. 각 모둠에서 협의를 통해 함께 이야기하고 싶은 내용 세 가지의 순위를 정하고 그 중 1위의 화제를 돌아가면서 발표하게 하였다. 그 과정에서 만일 자신의 모둠이 정한 화제와 다른 모둠이 먼저 발표한 화제가 중복될 경우에는 2위의 화제를 발표하게 했다. 그 결과 여섯 모둠에서 각기 다른 화제를 제안하여 다음과 같이 총 6개의 토의 화제가 선정되었다.

화제1: 이야기 끝부분에서 해룡이가 집에 돌아왔는데 왜 다시 나왔나

화제2: 해룡이가 집을 나갔을 때 해룡이와 가족의 기분은 어땠나

화제3: 왜 아내에게 병에 대해 제대로 솔직히 말 안했나

화제4: 마지막에 어디로 떠났나

화제5: 왜 문둥병에 걸렸나

화제6: 마지막에 병을 다 치료했나

이 수업에서는 위의 여섯 가지 화제 가운데 화제1을 선택하여 등장인물 해룡이에게 직접 인터뷰를 하는 가상적 활동을 진행하였다. 자신이 해룡이의 입장이 되어 답하고 싶은 여러 명의 아동들이 나와서 인터뷰에 응하면, 인터뷰를 듣는 나머지 학생들은 가장 타당한 답을 한 사람이 누구인지 평가하고 진짜 해룡이를 찾아 투표하도록 했다. 이처럼 가상적 활동을 하게 될 경우 아

동은 자신을 등장인물인 해룡이라고 가정하고 이야기하게 되므로 인물에게 공감적인 태도를 취하면서도 자신의 의견을 직접 표현하는 상황보다 심리적 부담을 덜 느낄 수 있다. 아울러 아동이 이 활동을 실제 인터뷰처럼 느끼고 흥미를 가지고 참여하도록 하기 위해 녹음기를 부착한 모형 마이크를 소품으로 제공하였다.

일반적으로 마이크는 말하고 노래하는 등의 행위에 사용되지만, 이렇게 구성된 활동의 맥락에서 모형 마이크는 아동이 등장인물의 관점에서 질문에 답하는 구체적인 반응을 자극한다. 보드로바와 레옹은 이러한 매개체를 정신의 도구라 불렀으며 이 또한 비계의 일종이다. 3단계에서 이 모형 마이크는 한동안 아동 주도의 토의에서 활발하게 사용되었다. 마이크의 도입 초기에 아동은 흥미를 가지고 더욱 적극적으로 자신의 의견을 발표하고자 했고, 이러한 과정을 거쳐 나중에는 마이크 없이도 자신의 견해를 발언하였다. 매개체에 의해 제공된 도움이 내면화됨으로써 더 이상 외적인 물건 없이도 발언을 하게 되는 것이다.

이 활동은 인터뷰의 내용, 즉 인물의 행동에 대한 설명의 타당성을 근거로 진짜 해룡이와 가짜 해룡이를 구별하는 것을 목적으로 한다. 가장 많은 아동이 진짜 해룡이라고 지목한 아동이 선정된 후에는 어떤 아동의 발언이 어떤 점에서 타당하지 못한지를 논하는 과정도 뒤따랐다. 이처럼 가짜 해룡이를 가리는 과정에서 상대방의 의견에 대한 반박이 이루어졌고 그때 심층적 비계가 사용되기 시작했다.

발췌록 No.28

말차례	발화 행위	코딩
222	교사) 그럼 여기 해룡이는 가짜고, 나는 저 의견에 반대한다는 사람 있어요?	
223	창영) 두 번 들어도 돼요?	
224	교사) 네, 두 번까지 들어도 돼요.	
225	기원) **승호의 의견에 반대합니다.**	6(+S)
226	교사) 어떤 의견?	
227	기원) 어~ 그, 그.	
228	교사) 바람이 나서?	
229	기원) 네.	
230	교사) 왜?	
231	기원) 그 뜬금없고 내용이 안 맞아서.	
232	교사) 어떤 내용이 안 맞아? 이-	
233	기원) 해룡이 성격에=	
234	교사) 그치? 해룡이 성격에 안 맞는대요. 성웅이.	
235	성웅) 저도 얘랑 생각이 똑같아요.	

발췌록 No.28의 말차례 222번에서 교사는 "저 의견에 반대한다"라는, 심층적 비계의 변형을 제시했다. 2단계에서 비계를 사용할 법한 상황맥락을 설정하지 않은 채 여러 가지 비계를 제시한 것과 달리, 여기서는 가짜 해룡이를 찾아야 하는 상황맥락을 설정했기 때문에 아동이 가짜 해룡이의 의견에 반대하는 발화행위를 수행할 개연성이 높아졌다. 그러한 상황에서 교사가 "저 의견에 반대한다"라는 언어적 비계를 제시하자 225번에서처럼 그것을 사용하는 아동이 나타났다. 특히 이러한 도전행위는 토의 과정에서 텍스트의 핵심과 동떨어진, 농담 섞인 부적절한 해석을 재검토하는 효과를 가져왔다. 기원이 반대한 승호의 의견은 해룡이가 바람이 나서 집을 나갔다는 농담이었다. 승호가 했던 최초의 대답은 이 같은 농담이 아니라 "병이 아직 낫지 않아

서"였다. 그러나 다른 아동이 "원래 집에 들어가려고 했는데 신발 냄새가 너무 지독해서 안 들어갔다"라는 농담조의 대답을 하자 분위기에 편승하여 그러한 의견을 추가로 제시한 것이다. 필자는 이러한 상황을 부각하지 않기 위해 무심하게 넘어갔으나 토의의 흐름이 장난처럼 변질될 것을 우려하고 있었다. 그러던 중 가짜 해룡이를 찾는 대화를 시작하자 아동이 그와 같은 가벼운 대답에 대해 반대 의견을 제시하였다. 말차례 233번에서 기원은 반대 의견에 대한 근거로 인물의 성격과 맞지 않는다고 말하고 있다. 이것은 앞서 발췌록 No.27의 말차례 201번에서 교사가 책에 있는 내용을 근거로 하라고 지시한 것에 부합하는 행위이다.

발췌록 No.29 또한 농담과 같이 텍스트의 중심 내용에서 벗어난 아동의 반응에 다른 아동들이 반대 의견을 표명하면서 텍스트에 대한 심화된 이해를 구성하는 예시이다.

발췌록 No.29

말차례	발화 행위	코딩
250	교사〉 발 냄새 의견에 반대한대요. 왜 반대하는지 좀 날카롭게 얘기해줘도 좋아요.	
251	한주〉 자기 자식인데 발 냄새 나면 일을 많이 하거나 (그렇다고 생각해서) 걱정을 해야 하는데.	6
252	교사〉 음~ 그러면 그거는(발 냄새가 나서 돌아간다는 것은) 왠지 아버지가 자식한테 느끼는 감정일 것 같지 않다는 거죠? 또? 혹시 다른 의미에서 반대하고 싶은 사람 있어요?	M
253	?(여학생)〉 십 년 만에 만나는 건데 발 냄새랑 상관없이.	6
254	교사〉 십 년 만에 만나는 건데 발 냄새랑은 상관없을 것 같다고 했어요. 얘들아, 십 년 만에 만난다는 건 어떤 의미야?	Q
255	동민〉 십 년 만에 만난다는 건 진짜 엄청 떨어져 있었던 거 〈X X〉	
256	?(여학생)〉 재회…… .	
257	교사〉 발 냄새에 반대해요. 왜요?	
258	은희〉 가족인데 발 냄새가 좀 나면 어때요.	6

이와 같은 논의 과정을 거치면서 아동은 반론을 제기하는 것에 익숙해졌다. 수업이 끝나갈 무렵 참관 중인 담임교사가 토의에 참여하여 의견을 제시했을 때에도 한 아동이 발췌록 No.30과 같이 반론을 제기한 바 있다.

발췌록 No.30

말차례	발화 행위	코딩
262	담임교사〉 선생님은 승민이의 '자존심이 상해서'에 한 표.	
263	학생들과 필자〉, 왜요?	
264	담임교사〉 어, 십 년 만에 돌아왔는데 댓돌에 신발이 가지런히 있고 본인을 그렇게 그리워하지 않으면 자존심이 상할 것 같애요. 자기를 잊어버린 것에 대해서, 어쩌면=	
265	필자〉 '잊어버렸다고 생각을 해서 그럴 수도 있겠다'라는 의미인거죠?	
266	동민〉 **제가 반론하겠습니다!**	6(+S)
267	담임교사〉 면목이 없기도 한데 자존심이 상할 수도 있을 것 같애.	
268	동민〉 아니, 좋아했잖아요. 기다리잖아요. 돌아오기를.	
269	필자〉 음, 가족들이 기다렸었다? 그걸 동민이는 어떻게 알았지?	
270	동민〉 책을 봤으니까.	
271	필자〉 책에 나와 있으니까. 〈@맞아@〉*웃으면서 말하는 부분.	

이 대화에 앞서 승민은 자신의 의견인 '자존심이 상해서 다시 돌아갔을 것이다'에 대한 근거를 잘 대답하지 못하였다. 그 후 수업을 참관하던 담임교사가 말차례 262, 264번과 같이 승민의 의견에 동의하면서 근거를 덧붙였던 것인데 이에 대해 동민이 말차례 266번과 같이 반론을 제기했다.[34] 여기서 주

---

34 담임교사가 말차례 267번에서 '면목이 없기도 한데 자존심이 상할 수 있다'고 답하는 것은 동민이 발표했던 면목이 없다는 내용에 동의하면서 동시에 승민의 의견에도 지지를 표현한 것이었다. 1단계의 수업 분석에서 담임교사의 상호작용 양상이 '다소 독백적 단계'와 '다소 대화적 단계' 사이

목할 것은 아동이 심층적 비계를 정식화하여 사용하고 있다는 점이다. 이 수업에서 가장 두드러지는 양상은 이처럼 아동이 심층적 비계를 정확하고 자발적으로 사용하게 되었다는 점이다. 특히 반론을 제기하는 맥락에서 아동의 그러한 발화행위가 두드러진다. 논쟁적인 맥락이 토의를 활성화시킬 수 있음을 보여주는 지점이다.

　마지막으로 이 수업과 관련된 문학지식으로는 주인공과 관련된 서사의 관습에 대한 아동의 인식을 들 수 있다. 이 수업에서 읽기 중 활동으로 도입한 '이야기 지도'는 교사가 아동에게 이야기의 순서와 이야기 속 중요한 사건들을 따라가는 일련의 질문을 하는 것이었다.[35] 그 과정에서 필자는 아동에게 주인공의 미래를 예측하는 질문을 하게 되었는데 그때 아동들이 자신의 예측에 대한 근거로 "주인공이니까"라고 답하는 경우가 많았다(발췌록 No.31 참조). 한 아동은 주인공은 절대 죽지 않는다는 게임 용어인 '주인공 버프'를 사용하였다(발췌록 No.32 참조). 이것은 서사에서 주인공은 주로 끝까지 살아남는다거나 누군가의 도움을 받아 위기를 모면한다는, 통념 같은 인식이 아동

에 있다고 평가한 바 있듯 담임교사는 수업의 과정 전반을 통제하였다. 그러나 한편으로는 위의 말차례 267번처럼 아동의 타당한 견해에 대해서 인정하고 존중하는 태도 역시 가지고 있었기 때문에 아동이 담임교사의 의견에 대해서도 반론을 제기할 수 있었다고 생각된다.

35 〈해룡이〉를 위한 이야기 지도는 다음과 같은 질문으로 구성되었다. 교사는 책을 읽는 중간에 이와 같은 질문을 하고 아동의 반응을 살피면서 텍스트를 읽어주었다.
　　1. 해룡이는 장가를 가게 될까요?
　　2. 해룡이는 소근네와 결혼을 할 수 있을까요?
　　3. 큰 기와집 할머니는 해룡이의 생각대로 혼인을 시키려고 찾아왔을까요?
　　4. 만덕이는 해룡이의 뜻대로 소근네와 해룡이를 연결해줬을까요?
　　5. 해룡이는 과연 이대로 행복하게 잘 살 수 있을까요?
　　6. 문둥병에 걸린 해룡이는 앞으로 어떻게 할까요?
　　7. 해룡이는 왜 이렇게 미리 준비를 하는 걸까요?
　　8. 십 년의 시간이 흘렀는데 이 이야기는 어떻게 될까요?
　　9. 거지는 왜 그냥 돌아갔을까요?

들에게 형성되어 있음을 의미한다. 그러한 인식은 교육과정에서 상정한 문학 지식에는 속하지 않지만 현실의 학습독자들에게 이미 형성되어 있는 일종의 서사도식이며 텍스트 수용 과정에도 영향을 미치고 있는 것이다.

발췌록 No.31

말차례	발화 행위
44	교사〉 스무살이 넘으면서부터 해룡이가 장가를 가고 싶다고 했는데 장가를 가게 될 것 같애요?
45	학생들〉 네.
46	교사〉 왜요?
47	승호〉 주인공이니까.
	〈중략〉
56	한주〉 못 가요.
57	교사〉 왜요?
58	학〉 여자같이 생겨서 남자라고 생각을 안 하는 사람도 있을 것 같고 주인공이어도 이야기에는 새드엔딩 같은 게 있으니까.
59	교사〉 아, 결말이 불행한 결말도 있으니까 못 갈 수도 있다?

발췌록 No.32

말차례	발화 행위
67	교사〉 해룡이는 소근네 아가씨하고 결혼할 수 있을까요?
68	승호〉 못 해요.
69	교사〉 왜요?
70	승호〉 걔가 싫어할 것 같아요.
71	교사〉 소근네가 싫어할 것 같아요? 그다음에? 저기는, 준원이는?
72	준원〉 저요? 주인공 버프가 끝나서=
73	교사〉 주인공 버프가 끝나서 어떻게 될 것 같다고?

74	준원〉	결혼을 못 해요.
75	교사〉	그럼 여기서 말하는 주인공 버프라는 건 어떤 의미야?
76	동민〉	주인공이 죽지 않는 것. (동민이 거들었다)
77	교사〉	주인공이 어떤 혜택을 얻는 것 그런 거 같은 거구나?
78	준원〉	주인공은 절대 죽지 않는 거 같은 거예요.

이 수업에서 미처 논의되지 못한 화제에 대한 토의는 다음 회차의 수업에서 이어나갔다. 다만 〈해룡이〉에 대한 2회차 수업에서는 등장인물과의 인터뷰와 같은 가상적 활동은 제외하고, 나머지 화제에 대해 토의하면서 아동에게 토의 진행의 권한을 부분적으로 이양하기로 하였다. 이를 위해 토의에 들어가기에 앞서 〈해룡이〉에 대한 1회차 수업에서 도출된 화제의 내용을 점검하고 사회자의 역할을 안내하는 시간을 가졌다. 아동 주도 토의에서 사회자의 역할을 맡을 경우 발표자의 말을 집중해서 듣고 날카로운 질문을 던져 더 자세하게 말하도록 유도해야 하는 점, 토의 참여자의 경우에는 질문, 동의, 반론, 확장 등의 의견이 떠올랐을 때 관련된 비계를 말하면서 발언권을 요구해야 하는 점 등을 일러준 것이다. 이러한 안내를 마치고 실제 토의가 이루어진 시간은 약 52분 정도였다.

〈작품별 문학토의 수업의 개관〉

책 제목 (토의일)	토의 시간	전체 말차례	교사 말차례	학생 말차례	발화 방향	
〈해룡이〉(2) 6/18	52분	367	42 (11%)	325 (89%)	아동-아동 간 대화 중심	
	읽기 전	읽기 중	읽기 후	대화적 담화의 화제	형성된 문학지식	
주변텍스트 페리텍스트 (Peritext)						
에피텍스트 (Epitext)						
내부텍스트 (Innertext)				해룡이가 집을 나갔을 때 해룡이와 가족의 기분/왜 아내에게 병에 대해 말 안했나/마지막에 어디로 떠났나/왜 문둥병에 걸렸는지/다 치료했는지	독자와 등장인물의 정보 차이	
맥락 (Context)				마목과 문둥병		
상호텍스트 (Intertext)						
아동이 사용한 언어적 비계			교사가 사용한 언어적 비계			
정교화 비계(반박=반대=도전, 보충, 확장 등) "제가 ~ 하겠습니다, 왜냐하면"의 구문을 잘 사용함. 사회자도 여러 구문 사용함.			저 해룡이의 말에 "나는 반대한다"는 사람과 그 이유/책 내용이나 인물의 성격에 근거해서 생각하자. 사회자의 역할: 더 구체적인 반응을 유도, 질문하자.			

이 수업에서는 아동이 주도하는 토의가 원활하게 이루어져서 아동의 발언이 압도적으로 많은 비중을 차지하며 교사는 한걸음 뒤로 물러서서 관찰자의 위치에 머물다가 필요한 경우에 개입하였다. 그리고 토의의 과정에서 아동이 다양한 비계를 공식적으로 사용하였다. 토의를 구성하는 전체 367회의 말차례 중에서 아동이 문학토의를 위한 비계(확산적 비계, 심층적 비계)를 사용하는 말차례를 순서대로 나열하면 다음과 같다.

발췌록 No.33

말차례	발화 행위	코딩
53	한주〉 박승호에게 도전이요.	6(+S)
56	정민〉 저는 박승호의 의견에 적극적으로 반대를 합니다.	6(+S)
62	승호〉 저는 안정민의 의견에 적극 반대합니다.	6(+S)
67	정민〉 저는 승민이의 의견에 같은 의견입니다. 〈vocal desc='웃음'〉	3(+S)
71	은희〉 저는 박승호의 의견에 도전합니다.	6(+S)
74	한주〉 박도영 의견에 도전합니다.	6(+S)
98	승호〉 저는 김한주 씨의 의견에 적극 반대합니다.	6(+S)
104	태원〉 저는 한주의 의견에 도전합니다.	6(+S)
110	수훈〉 한주한테 도전을 합니다.	6(+S)
137	한주〉 저는 박도영의 의견에 반대합니다.	6(+S)
140	동민〉 저는 그러면 도영이 의견에 반박합니다. 저도.	6(+S)
145	성연〉 박도영 의견에 반대합니다.	6(+S)
219	기원〉 도전!	6(+S)
221	한주〉 기원이의 의견에 도전합니다.	6(+S)
232	동민〉 한주 의견에 반박하겠습니다.	6(+S)
248	동민〉 그러면 창영이에게 반박합니다.	6(+S)
253	윤주〉 저 김한주 말에 반박합니다.	6(+S)
256	기원〉 강윤주의 의견에 반박합니다.	6(+S)
260	도영〉 저는 창영이의 의견에 적극적으로 반대합니다.	6(+S)
267	정민〉 저는 도영이의 의견에 반대합니다.	6(+S)
270	한주〉 도영이 의견에 보충인데 잠깐만요.	5(+S)
277	은희〉 김한주 의견에 반박합니다.	6(+S)
301	승호〉 저는 도영이의 의견에 반대합니다.	6(+S)
310	은희〉 저 박승호 의견에 보충.	5(+S)
314	동민〉 저는 권준원 의견에 반대합니다.	6(+S)
320	한주〉 저는 이동민 의견에 반박합니다.	6(+S)
329	승민〉 저는 수훈이의 의견에 적극적 반대를 하겠습니다.	6(+S)

330	정민〉 저는 발표를 하겠습니다.	1(+S)
331	태원〉 저는 승호의 의견에 확장합니다.	5(+S)
333	윤주〉 저는 박승민 의견에 반박합니다.	6(+S)
336	수훈〉 한주의……뭐라고 해야 되지? 한주의 발표에 반박을 하겠습니다.	6(+S)
338	승민〉 저는 승호의 의견에 적극적 반대합니다. 〈vocal desc='웃음'〉	6(+S)
347	승호〉 저는 박승민의 의견에 적극적 반론, 반대합니다.	6(+S)
355	승민〉 승호의 의견에 반박합니다.	6(+S)
358	정민〉 십 년 정도면 몸이 안 좋아질 수도 있고 전염병인데 다시 집으로 찾아오지는 않을 것 같습니다. 어, 친구를 시켜서 했을 것 같아요. **그래서 승호의 의견에 반대해요.**	6(+S)
359	도영〉 나, 나, 내 저는 한주의 의견을 보충합니다. 왜냐, 아, 무슨 내용을 보충하냐면, 그 뭐였지?	5(+S)
360	기원〉 저는 한주의 의견에 보충합니다.	5(+S)
361	승호〉 저는 함기원의 의견에 보충합니다.	5(+S)
362	준원〉 저는 박도영 의견에 보충합니다.	5(+S)
363	도영〉 저는 수훈이의 의견에 적극적으로 반대합니다.	6(+S)
364	수훈〉 도영이의 반론에 반대를 하겠습니다.	6(+S)

아동은 이 수업에서 확산적 비계 1회(말차례 330번), 심층적 비계를 40회 사용하였으며 이는 아동의 전체 말차례 중 13%를 차지한다. 이 가운데 32회가 도전이나 반박을 위한 비계이며 단순한 의견 제시 1회, 단순한 동의 표시 1회, 보충이 7회를 차지한다. 비계 사용 양상을 살펴보면 주로 반박과 도전을 위주로 하다가 논의가 이어짐에 따라 보충과 확장을 하는 양상이다. 아동은 이러한 토의에 참여하면서 적극적인 태도를 보였으며 평소 활발히 발언하지 않던 아동들도 비계를 사용하며 발언하는 등 참여의 폭이 확대되었다. 토의가 활발하게 진행되면서 아동이 참여를 자처하는 장면도 늘었고 그때 사용한 구어 표현이 평소보다 한층 자연스러운 것을 확인할 수 있다.

발췌록 No.34	
말차례	발화 행위
327	한주) 내가 하겠소.
359	도영) 나, 나, 나! 저는 한주의 의견을 보충합니다. 왜냐, 아, 무슨 내용을 보충하냐면, 그 뭐였지?

비계로 제시된 도움문장의 사용 또한 다양하게 변형되었다. 가령 반대 의사를 강하게 드러내기 위해 "적극적으로", "적극"이라는 부사를 덧붙이는 경우, "도전!"이라는 명사형으로 간결하게 표현하는 경우(219번), 보통 말머리에 쓰이던 도움문장을 근거 뒤에 붙이면서 "그래서"라는 접속사로 연결하는 경우(358번) 등 유연한 사용 양상을 보인다. 364번의 경우 한 번 반론으로 제기된 의견에 대해 재반론을 한다는 의미로 "반론에 반대를 하겠습니다"라는 도움문장을 사용하고 있는데 이것은 아동이 논의의 흐름을 정확히 인식하고 자신의 발언이 그러한 논의 과정 중 재반론에 해당됨을 숙지하고 있음을 나타낸다. 이처럼 심층적 비계를 사용하기 위해서는 자신의 발화행위가 전체 '대화적 담화' 과정에서 다른 의견들과 어떠한 관계를 맺고 있는지에 대한 메타인지를 수반해야 하는데, 아동은 이 수업에서 그러한 메타인지를 형성하고 있는 것이다.

위에 제시한 도움문장 외에도 이 수업에서 아동은 교사가 맡았던 토의 진행자의 역할을 대신 담당하면서 그 역할을 수행하는 데 필요한 도움문장들을 구사하고 있다. 이것은 그동안 교사가 주도하는 수업에 참여하면서 자연스럽게 노출된 언어뿐 아니라 아동이 그동안 살아오면서 내면화한 언어들이 실제 사용의 맥락에서 공표된 것이라 볼 수 있다. 아동이 토의 진행 과정에서 사용한 발화들은 다음과 같다.

발췌록 No.35

말차례	발화 행위	코딩
15	동민) 알겠습니다. 다음 김한주 발표해주세요.	M
17	동민) 여긴 틈이 없네. 감사합니다. 다음 발표하실 분 없나요?	M
19	동민) 다음 안정민 학우 발표해주세요.	M
25	동민) 저기로 가보겠습니다. (1분단에서 3분단으로 이동한다) 강윤주 발표해주세요.	M
26	동민) 그러면 과연 안 떠나면 어떻게 될 것 같습니까?	6
43	동민) 근데 그게 만약에 전염되지 않는 병이라는 걸 알았으면요?	6
57	동민) 이유를 말씀해주십시오.	M
72	동민) 만약에 그러면 같이 나누기 싫다 그러면요? 그러면 그냥 떠나가라 할 겁니까?	6
89	동민) (상황을 정리하며) 그러면 이제 박승호 발표해주세요.	M
101	동민) 반박해주세요.	M
103	동민) (아이들이 서로 발표하겠다고 하므로 순서를 정한다) 일단 여기 먼저요. 발표해주세요.	M
116	동민) 네, 소중한 의견 감사합니다.	M
122	기원) 가족은 왜 슬퍼해요?	Q
132	기원) 왜 만족감이 듭니까?	Q
141	기원) 크게 말하세요.	M
167	승호) 왜 그렇게 생각하시죠?	Q
170	승호) (누군가 도전이라고 말한 듯함) 도전이에요? 누구한테? 발표 먼저 해야죠.	M
200	승호) 그냥 모자를 썼을 수도 있지 않습니까? 문둥병 걸린 사람만 모자를 씁니까?	6
217	승호) 좀 있다 다시 오겠습니다. 도전하셔도 됩니다. 도전도 없습니까? 없어요? 끝났어요.	M
224	승호) 알겠습니다. (기원을 향해서) 할 얘기 없죠? (아이들에게) 없어요? (누군가를 보고) 어, 그래요?	M
245	승호) 다시 한 번 말해주세요.	M

위에서 M으로 코딩한 발화는 토의를 유지하기 위한 행위인데 아동의 말을 명료화하기 위해 근거를 요구하는 발언도 이에 포함시켰다. 토의 진행을 맡은 아동들은 이처럼 토의를 유지하는 행위뿐 아니라 발표한 아동이 자신의 생각을 좀 더 깊이 탐구하도록 하기 위해 도전을 목적으로 하는 질문이나 실제적 질문을 하기도 했다.

반면 토의 진행자로서 중립적이고 공식적인 발언들을 해야 함에도 개인적인 의견을 표명하는 경우도 있었다. 사회자가 화제의 초점에서 벗어나 자신의 역할을 제대로 수행하지 않자 발췌록 No.36의 말차례 237번처럼 참여자였던 아동이 진행자의 위치로 이동하여 사회자가 초점에서 벗어나고 있음을 환기하는 경우도 나타났다.

발췌록 No.36

말차례	발화 행위	코딩
235	승호) 맞아, 맞아.	3
236	?) 사회자가 너무. (편파적라는 뉘앙스)	1
237	**태원) 그런데 왜 갑자기 아이들 얘기가 나옵니까?**	M
238	승호) 그건 저도 잘 모르겠습니다. 〈@허허허@〉	1
241	승호) 아빠 얼굴 일 년에 몇 번 보겠어.	2
247	승호) 맞습니다. 저도 그 의견에 찬성!	3

또한 이 수업에서 비계의 사용이 활성화되고 아동의 발언이 급증하면서 활발한 의견 교환이 이루어졌다는 것은 심도 있는 의미 형성 가능성이 증가할 수 있는 토대가 된다. 따라서 이 수업에서 이루어진 협동적인 의미 형성 과정의 내용을 살펴볼 필요가 있다. 발췌록 No.37은 "화제2: 해룡이가 집을 나갔을 때 해룡이와 가족의 기분은 어땠나"에 대한 대화적 담화의 일부분이다.

각자의 의견을 발표하던 중 가족을 두고 떠난 해룡이의 심정이라고 하기에는 어색한 '만족감'이라는 단어가 사용된다(말차례 131번). 그러자 사회자를 비롯한 여러 아동이 발표자의 정확한 의도를 묻고 더욱 적절한 용어를 찾을 때까지 그의 설명에 반박하는 과정을 확인할 수 있다.

발췌록 No.37

말차례	발화 행위
118	기원〉 해룡이가 떠났을 때 기분은 어땠나, 김한주.
119	한주〉 속상하고 슬프고 가족을 만나면 마음이 약해지고 만나지 않으면 보고 싶어지니까 괴로웠습니다.
121	지호〉 가족은 영문을 몰라서 슬퍼하기만 하고 해룡이는 가족을 만나지 못해서 슬퍼한다.
122	기원〉 가족은 왜 슬퍼해요?
124	승호〉 죽은지 산지 모르니까.
126	예진〉 가족은 해룡이가 떠나서 슬퍼하고 해룡이는 가족을 떠나서 미안하고 병 때문에 두려워할 것 같다.
128	다인〉 가족은 슬프고 해룡이는 미안하고 슬픕니다.
131	도영〉 일단은 소근네는 슬퍼할 것 같은데 해룡이는 왠지 **만족감**이 들 것 같다고=
132	기원〉 왜 만족감이 듭니까?
133	도영〉 자기 때문에 전염병이 돌지 않으니까 왠지 만족감이 들 것 같다고.
134	기원〉 가족이랑 헤어졌는데도?
135	도영〉 그래도 가족이 병에 걸리지 않았으니까 그걸로도 만족하는 거 아닙니까?
136	정민〉 저도 해룡이가 만족감을 가졌을 것 같습니다. 마지막에 아들의 신발 만지고 작별의 그런 준비를 한 것 같습니다. 돈다발도 주고.
137	한주〉 저는 박도영의 의견에 반대합니다. 만약에 그 전염병이 전염성이 낮아서 가족에게 전염이 안 됐다면 쓸데없이 떠난 건데, 음~ 그러면은–
138	도영〉 그럼 다시 가면 되잖아. 미안하다고 하고.
139	교사〉 책의 내용에 근거해서 반박할 수도 있을 것 같애.
144	승민〉 가족은 걱정되고 슬프고 해룡이는 어, 미안하다는 기분이 들었을 것 같습니다.

말차례 118번에서 화제가 제시되자 여러 아동들이 자신의 의견을 발표하기 시작했다. 말차례 131번에서 도영이 해룡이의 기분을 만족감이라는 용어로 표현하자 이에 대해 사회자인 기원이 의구심 섞인 질문을 제기했다. 이에 도영은 자신이 의도한 만족감의 의미란 가족에게 병을 전염시키지 않았다는 만족감이라고 명료화하였다. 그럼에도 사회자는 가족과 헤어졌는데도 만족할 수 있는지 재차 묻는다. 도영은 이에 대해 가족이 병에 걸리지 않았으니 그래도 만족할 수 있지 않느냐고 반문한다. 이러한 맥락에서 볼 때 도영이 의도한 의미를 정확하게 나타내는 단어는 '만족감'이 아니라 '안도감'일 것이다. 136번의 정민은 도영이가 의도한 의미의 '만족감'에 동의하고 있으나 137번의 한주는 '만족감'이라는 용어가 쓰이는 일반적인 맥락에서 볼 때 동의할 수 없다는 의견을 피력한다. 이때 도영과 같은 조에 속해 있던 성연이 말차례 145번에서처럼 '만족감'보다 더 적절한 단어인 '다행'으로 교정을 시도한다.

또한 이 수업에서는 아동의 발언이 거듭될수록 "저는 ○○의 의견에 □□합니다. 왜냐하면 ~때문입니다"와 같이 구문 속에서 자신의 의견을 공식적인 언어 형태로 나타내는 경향이 나타났다. 아울러 해석상의 혼동이 발생할 경우 텍스트를 다시 조회하여 근거를 찾는 경우도 종종 눈에 띄었다. 따라서 이 수업과 관련된 문학지식은 5-6학년군의 수행 영역 중 '근거 갖춰 말하기'에 해당된다. 다음 발췌록은 "화제3: 왜 아내에게 병에 대해 솔직하게 말하지 않았나"에 대한 대화적 담화의 일부이다. 대부분의 아동들이 자신이라면 어떻게 할 것인지에 근거해서 답하고 있었고 따라서 각자의 입장에 따라서 의견이 분분하였다. 이때 정민은 말차례 58번과 같이 텍스트의 내용에 근거해서 추론을 시도한다.

말차례	발화 행위
발췌록 No.38	
14	승호) 병 앞에서 사랑이 어딨습니까? 자기 먼저 살아야죠.
49	승호) (사회자에게)당신이 만일 병에 걸리면은 좋아할 겁니까?
50	동민) 저는 상관없죠. 좋아하는데.
51	승호) 아니, 그게 아니라 메르스라는 병에 걸리면, 당신이 만일 죽을 병이라면.
52	동민) 제가 죽을 병이라면……. (웃으며) 아, 몰라.
53	한주) 저 그냥 죽고 말래요.
54	동민) 그러면 아내가 슬퍼하지 않을까요?
56	정민) 저는 박승호의 의견에 적극적으로 반대를 합니다.
57	동민) 이유를 말씀해주십시오.
58	정민) 해룡이와 소근, 아내는 어, 서로를 사랑하고 그래서 결혼을 했기 때문에 승호처럼 그렇게 되지는 않을 것 같습니다.

이 텍스트에서 아동의 해석이 분분했던 이유 중 하나는 해룡이의 병이 나을 수 있는 것인지 아닌지, 혹은 전염되는 것인지 아닌지에 대해 정확한 정보를 가지고 있지 않아서였다. 교사가 나눠준 참고 자료에는 해룡이의 병이 현대 의학으로 치료가 가능한 것으로 제시되지만 이 이야기의 시공간적 배경에서도 치료가 가능한지 여부는 확실하지 않다. 이러한 불분명한 상황을 명확하게 파악하기 위해서 아동이 텍스트로 다시 돌아가 근거를 찾고 인용하는 경우가 토의 도중 종종 나타났다.

발췌록 No.39

말차례	발화 행위
161	교사〉 응, 확률이 적어서. 그러면 한번 그 부분을 다시 볼까? 의원이랑 해룡이가 만나는 부분에서 왜 이 사람이 치료를 못했을까? 다시 볼까요? 거기 보면 좀 애매하게 나오죠. 그 부분 보고 정리할 수 있는 사람?
162	기원〉 "나을 수 있다고 장담하지는 못 하지만 운이 좋으면 고칠 수 있다."고 나와요.

발췌록 No.40

말차례	발화 행위
207	성웅〉 상처가 너무 깊어졌을 것 같습니다.
209	교사〉 너무 상처가 심해졌다는 게 책에 나와 있나?
210	승호〉 안 나와 있습니다.
211	성웅〉 네, 엄청 오래 되고서는 집에 왔다 갔잖아요.
212	교사〉 그랬을 수도 있죠. 집에 왔다가 그냥 갔기 때문에=
213	승호〉 고쳤을 수도 있잖아요.
214	교사〉 어떤 근거가 있을까?
215	성웅〉 (책을 찾는다) 음~ (짝에게) 야, 잠깐만 줘 봐.
216	교사〉 성웅이가 그렇게 생각할 만한 것 같은데 그 이유가 뭔지를 좀 더 명확하게 얘기해주면 좋을 것 같애.
217	승호〉 좀 있다 다시 오겠습니다. 도전하셔도 됩니다. 도전도 없습니까? 없어요? 끝났어요.
218	성웅〉 됐습니다. (찾았다는 뜻) 치료를 하면 집에 돌아오겠다고 했는데 돌아오지 않았습니다.

발췌록 No.41

말차례	발화 행위
280	교사) 책을 근거로 해서 지금까지 흘러왔던 이야기를 참고로 해서 내가 작가라면 나는 해룡이를 어디로 떠난다고 쓸 것인가를 생각해 봅시다. 사회는 성웅이가 봅시다.
283	태원) 마지막에 거지로 돌아온 것으로 보아 어디에 머물러 있는 것 같지 않으니 막 돌아다니면서 구걸을 한 걸로 생각됩니다.
308	준원) 거지꼴로 입고. 뭐지? 다리도 쩔룩쩔룩 걸었으니까 가다가 죽었을 것 같습니다.

발췌록 No.42

말차례	발화 행위
347	승호) 저는 박승민의 의견에 적극적 반론, 반대합니다. 그 이유는 이 책에서 문둥병이 전염병이라고 나왔습니까?
348	아이들 〈vocal desc='웅성웅성'〉 나왔어
349	승호) 나왔어요? 어, 그래요?
350	성웅) 나왔답니다.
352	한주) (참고 자료를 보면서 교사에게 질문한다) 근데 여기 보면요 문둥병은 전신 또는 사지에 감각이 없고 몸을 마음대로 못 움직이는데 근데 어떻게 가족들이 사는 곳으로 와 가지고 돈을 줬어요?
353	교사) 어, 그게 여기 지금 선생님이 학습지 밑에 조그맣게 마목에 대해서 써 놨는데 마목은 전신을 움직일 수 없는 병인데 마목이 문둥병이랑 똑같은 것 같지는 않아. 선생님이 조사를 해봤더니 문둥병에 마목이라는 이름은 없어. 그런데 그 당시에 문둥병이랑 마목이 병이 비슷하니까 권정생 선생님이 그냥 쓰셨던 것 같아요.
360	기원) 저는 한주의 의견에 보충합니다. 이걸 지금 제가 봤는데 전염병이 옮는다는 그런 내용을 안 나와 있었습니다.
361	승호) 저는 함기원의 의견에 보충합니다. 음~ 그 이유는 지금 박승민 어린이가 의원이 그거 전염병이라고 그랬는데 전염병이라고는 의견이 나오지 않았습니다.

특히 발췌록 No.42의 말차례 352번에 의하면 아동은 텍스트뿐 아니라 참고 자료에 기반해서 텍스트를 이해하고 정확한 의미를 형성하고자 시도함

을 볼 수 있다. 아동이 보여준 이러한 탐구적 자세는 그들이 정확한 근거를 갖추면서 문학텍스트의 의미를 형성하는 방법적 지식을 형성해가고 있음을 보여준다.

이 수업에서는 참여의 폭이 확장되었다. 다만 그것이 주로 남학생들 사이에서 이루어졌으며 토의 진행의 책임 이양도 남학생들을 중심으로 이루어졌다는 특징이 있다. 이러한 수업 분석의 결과에 따라 다음 수업에서는 여학생들의 참여를 높이고 토의 진행의 책임을 골고루 이양하기 위해 여학생도 토의 진행에 참여하도록 독려하기로 하였다. 아울러 토의가 끝난 후 독서일지에 이 작품을 다른 사람에게 소개한다면 누구에게, 왜 소개하고 싶은지 기록하도록 하여 작품 감상 및 문학토의의 결과가 개인별로 어떻게 내면화되었는지 점검하였다. 문학토의에 대한 열기가 자칫 몇몇 아동에게만 학습효과를 가져오지는 않았는지 살피기 위해서이다.

이름	〈해룡이〉를 다른 사람에게 소개한다면 누구에게/왜/어떻게 소개할까?
준원	담임선생님에게/선생님이 〈해룡이〉를 읽을 때 딴 일을 하셔서 모르실 거 같기 때문입니다./제가 소개할 내용은 ㉠ **중반, 후반**입니다. 해룡이가 소근네랑 결혼을 하고 행복하게 살고 있었습니다. 그런데 문둥병에 걸려서 집을 나가고 다시 돌아와서 돈뭉치를 놓고 도망친다.
한주	뽀로로에게/해룡이는 놀림을 받아도 항상 당당했는데 문둥이가 되는 병에 걸리자 가족에게 부끄러워 숨어 지냈습니다. 뽀로로도 이와 다르게 아플 때도 친구들에게 당당해지면 좋겠다.
성준	(기록하지 않음)
태원	동민이 같이 책을 좋아하는 사람들에게/정말 재미있는 책이라 동민이 같은 사람이 좋아할 것 같다./나는 사람들에게 이 책은 ㉡ **훌륭하고 재미있고 교훈을 주는 책**이라고 소개하고 싶다. 그리고 줄거리도 이야기해주고 싶다. 이 책은 해룡이란 사람이 머슴살이 하다가 소근네라는 사람과 결혼해 살다가 마목에 걸려 떠나는 이야기이다. 마지막에 해룡이가 돈주머니는 두고 가는 장면에서 아버지의 마음이 느껴져서 ㉢ **인상 깊다.**
은수	(기록하지 않음)
성웅	문둥병에 걸린 사람에게/자신과 같이 문둥병에 걸린 사람이 있어서 일행이라고 생각할 것이다./해룡이가 좋아하는 사람이 있었는데 운 좋게 그 사람과 결혼했는데 해룡이가 몹쓸 병(문둥병)에 걸려서 집 나간 이야기다.

수훈	엄마에게/내가 거짓말이어도 안 믿고 거짓말이 아니어도 안 믿고 무조건 혼내기 때문에./해룡이가 거짓말을 해도 믿는 소근네 이야기를 소개하고 싶다.
승호	중환자들/해룡이처럼 병에 걸려도 노력하라고 말해주고 싶다./자신이 큰 병에 걸렸다고 좌절하지 말고 해룡이처럼 노력하면 좋겠다.
도영	내 친한 친구 수훈이/선생님이 소개하래서 또는 내용이 재미있어서./주인공인 해룡이가 문둥병에 걸려서 남은 일상을 지내다가 결국 ⓒ **죽고 마는 것**. (ⓒ **너무나도 슬프다**)
승민	한주에게/한주는 해룡이가 다친 거처럼 사소한 일에 몸을 던지지 말라는 뜻/한주는 해룡이처럼 성실, 부지런하다. 한주는 해룡이처럼 건강하고. 그리고 한주는 제가 봤을 때 해룡이처럼 부지런하고 왜냐하면 한주는 이 책을 읽고 한주는 해룡이를 보면서 몸을 아끼려고 해서 소개했습니다.
정민	친구에게 / 책을 좋아해서./ ⓒ **혜룡**이가 병에 걸려서 아내와 아이를 버리고 아내와 아이들이 병에 걸릴까봐 여행을 떠났다.
동민	수훈이에게/수훈이가 그 책을 잘 이해했을까 안 했을까 그 해룡이의 심정을 알까 궁금하기 때문에./ 소개할 내용은 해룡이가 뭘 했는지 무슨 고생을 하였는지 궁금하기 때문입니다. 소근네 아가씨는 어떤 마음을 가졌나 그걸 소개하고 싶습니다. 그 거지가 자기가 돈을 가지지 않고 왜 두고 갔는지./
민균	김은수에게/책을 많이 읽지 않아 이 책을 계기로 책을 많이 읽었으면 해서, ⓒ **감성을 더 풍부하게 만들기 위해서**./해룡이에게 몹쓸 병이 생겼는데 집을 나가 10년 동안 돌아오지 않은 ⓒ **아주 슬픈 이야기이다**.
창영	(기록하지 않음)
기원	문둥병이나 불치병에 걸린 사람에게 소개하고 싶다. 해룡이처럼 문둥병에 걸려도 힘내고 잘 살라고 말해주고 싶기 때문이다.
윤주	동생에게/동생이 책을 읽지 않는데 이 책은 재미있어서./해룡이가 마지막에 떠나는 장면을 소개하고 싶다. ⓒ **가장 인상 깊고 계속 생각에 남아서이다.** 인상 깊은 이유는 문둥병이 걸렸는데 아이한테 옮게 하지 않으려고 10년 뒤에 왔다가 그냥 간 이유가 궁금해서도 있고 아이한테 옮기지 않으려고 10년을 떨어져 있어서이다.
민경	스무살이 넘은 사람에게/고치기 힘든 병에 걸려 집을 나간 사람에게 소개하고 싶기 때문에./전염병은 고치기가 어려워 집을 떠난 사람이 가족을 두고 간 사람.
다인	부모님께/엄마, 아빠께서 해룡이 같이 병에 걸리면 도망가지 말라고./해룡이가 병에 걸려서 흉한 모습을 보여주기 싫어서 집을 나온 일.
성연	남동생 영준이/힘들어 보여서./해룡이를 보면 아내 소근네와 아이들이 행복하게 살고 있었지만 문둥병에 걸려 집을 나간 걸 보면 인생은 너무 완벽할 필요는 없다고 생각돼. 그니까 너무 힘들게 살지 마. 영준아. (축구부하랴, 태권도하랴. 너무 힘들어 보여. 놀지도 못하고) 파이팅! -누나가-
지원	언니에게/우리 언니는 책을 잘 읽지 않는데 ⓒ **이 책은 슬프면서 재미있고 흥미로워서** 이 책은 읽을 것 같아서./소개할 내용은 집을 나갔다가 거지 차림이 되어서 빨간 주머니만 놓고 다시 간 것.
나윤	엄마에게/엄마는 책 읽는 여유가 거의 없어서 엄마에게 한 번 해룡이를 소개시켜 드리고 싶다./ 해룡이라는 청년이 있었는데 해룡이가 너무 여자같이 생겨 아내가 없었지만 어느 날 소근네라는 여인이 생겨 결혼을 하고 아이 셋을 낳았는데 어느 날 해룡이가 문둥병이 생겨 가족들에게 차마 말 못 한 채 편지 한 편을 쓰고 떠났다. 그리고 10년 뒤 눈이 오는 날 밤 해룡이가 다시 나타나 돈주머니를 놓고선 자식들의 신발을 만지다가 해룡이는 다시 사라졌고 이렇게 이야기가 끝났다.

경은	선생님께/선생님이 이런 책을 좋아할 것 같아서./해룡이의 가족을 사랑하는 마음이 전해져서 이 책을 소개하고 싶어요. 해룡이가 문둥병에 걸려서 아내한테도 숨기고 걱정하지 않게 괜찮은 척을 하고 ⓒ **가족들을 사랑하는 마음이 인상 깊었다.** 그리고 이 책을 읽으면 궁금한 점도 많이 생긴다. 왜 병을 숨겼는지 왜 굳이 거지처럼 살았는지 그런 점이 궁금해진다.
지호	언니에게//(내용에 나오는 아빠가 떠나는 것을 대신해서) 동생의 소중함을 알게 해주고 싶어서./아빠가 병에 걸려 떠났다가 돈을 주고 사라지는 장면. (내용)
은정	아빠/해룡이와 아빠가 비슷해서./해룡이는 이름 모를 열병으로 가족들을 다 잃고 난 후 머슴살이를 하다가, 첫사랑을 만나고 결혼하여 아이를 낳고 행복하게 살고 있는데 무릎에 문둥병이 생겨 가족들을 힘들게 하지 않으려고 밖으로 나가 거지로 살다가 돈만 잘 갖다 주는 거지가 되어 버렸다. 이처럼 아빠도 한 집안의 가장으로 우리가 아빠가 오면 인사만 하고 반가워하지 않는 것 같아 ⓒ **뭔가 슬프다.**
예진	한승희/승희는 해룡이처럼 착한데 너무 해룡처럼 자만하지 않게 알려주려고./해룡이는 처음엔 행복했는데 몹쓸병에 걸려서 눈썹털이 다 빠져서 집을 나가고 나서 몇 년이 흘러도 돌아오지 않는다고 해.
은희	엄마께/엄마는 책을 좋아하시고 엄마가 만약 해룡이라면 어떨지 얘기를 해보고 싶기 때문이다./해룡이는 소근네와 결혼을 한 후 행복하게 살고 있었습니다. 아이도 3명이나 낳았습니다. 그런데 해룡이는 문둥병에 걸렸고 가족에게 이 사실을 숨기기로 하였습니다. 하지만 병이 심해지자 아내가 알게 되었고 결국 집을 떠나게 되었습니다. 집을 떠난 후 10년이 되었을 때 해룡이는 집에 찾아왔습니다. 해룡이는 왜 집에 돌아왔고 무슨 일이 생길까요?
세인	(결석)

앞에 제시된 독서일지를 보면 아동이 이 작품을 하나의 전체로서 어떻게 수용했는지를 짐작할 수 있다. 독서일지를 기록하지 않은 아동은 결석생을 제외하면 남학생 3명이다.[36] 이들을 제외한 나머지 아동들은 작품을 소개하는 글을 통해서 〈해룡이〉의 주제를 도출하기도 하고 전체 서사의 줄거리를 요약하기도 하였다. 또한 ㉠과 같이 아동이 서사구조에 대한 개념(이야기의 초

---

36 이 중 한 명은 심리 상담을 받고 있는데 문학토의 시간에 집중하면서 때로 적절한 의견을 제시하지만 그것이 다른 아동들과 소통하기 위한 발화가 아니라 혼잣말인 경우가 점차 늘어갔다. 담임교사와의 면담 결과 이 아동에 대해서는 지나친 관심을 보이며 참여를 요구하기보다는 변화의 추이를 지켜보는 것이 좋겠다고 결정하였다. 다른 한 명의 경우에는 문학에 대한 관심이나 문학 읽기 경험이 부족하여 문학반응을 형성하고 이를 표현하는 데 어려움이 있으므로 쓰기 과제보다는 주로 대화를 통해 반응을 표현할 수 있도록 돕기로 하였다. 나머지 한 아동은 특별한 문제가 없으므로 과업에 성실하게 참여하도록 독려하기로 하였다.

반-중반-후반, 즉 처음-중간-끝에 대한 지식)을 가지고 있음을 드러내거나 ⓒ과 같이 서사에 대한 오독 여부를 보여주는 경우도 있다. 이 작품에 대해서는 무엇보다 ⓛ과 같은 정서적 반응이 많았으며 이 이야기의 내용을 자신의 삶, 특히 가족과 연결하는 경우가 많았다. 무엇보다 독서일지를 통해 이번 문학토의에서 자발적인 발언을 하지 않고 주로 비공식적 층위에 머물렀던 은수, 민균, 다인, 경은, 지호, 은정, 예진 가운데 은수를 제외한 아동들 모두가 텍스트의 내용을 대체로 잘 이해하고 있으며 자신의 반응을 글로 표현하는 것에도 큰 어려움이 없음을 확인할 수 있었다.

(나) 3단계 두 번째 수업

〈작품별 문학토의 수업의 개관〉

책 제목 (토의일)	토의 시간	전체 말차례	교사 말차례	학생 말차례	발화 방향	
〈어른동생〉 7/9	75분	423	157 (37%)	266 (63%)	교사를 매개로 한 대화	

		읽기 전	읽기 중	읽기 후	대화적 담화의 화제	형성된 문학지식
주변텍스트	페리텍스트 (Peritext)	제목 보고 내용 예측				
	에피텍스트 (Epitext)				작가는 왜 이런 작품을 썼을지 예상하기	
내부텍스트 (Innertext)			삼촌이 운 이유	화제 선정 모둠토의	인상적인 장면	
맥락 (Context)			저런동생이 있다면 엄마에게 말할까?		이런 사람들이 실제로 있을까/ 미루 같은 동생이 있다면 어떻게 할 것인가/이런 사람들은 서로를 어떻게 알아보나	이야기의 세계와 현실의 세계/ 상상력
상호텍스트 (Intertext)				비슷한책, 영화, 경험 연결	지킬박사와 하이드 같은 다중 인격 인물	견주어 이해하기
아동이 사용한 언어적 비계				교사가 사용한 언어적 비계		
다른 의견입니다/반박 · 반론합니다/ 보충합니다/찬성합니다/궁금한 점!				이 책과 비슷한 책이나 영화, 나의 경험을 생각해보자/작가는 왜, 무슨 이야기를 하고 싶어서 이 동화를 썼을까?		

이 수업에서는 확산적 비계를 통해 형성되는 문학반응을 한층 더 구체화하기 위해 Ⅱ장 2절에서 제시했던 〈이야기에 대해 반응하는 네 가지 방법〉의 항목들을 아동에게 제시했다. 확산적 비계는 2단계에서 책을 읽고 난 후 아동이 독서일지에 자신의 반응을 기록할 때 크게 질문과 의견으로 나누어 자유로운 반응을 표현할 수 있도록 돕기 위해 설정된 것이다. 이 가운데 특히 질문의 형태로 제시된 아동의 반응들은 지난 시간까지 문학토의의 화제를 선정할 때 많이 활용되었다. 그 결과 이제는 교사가 따로 지시하거나 언급하지 않아도 책 읽어주기가 끝나면 아동이 이 두 가지 비계에 따라 자신의 생각을 정리하게 되었다. 따라서 비계의 특성에 따라 확산적 비계를 철거하고 그 대신 반응을 형성하는 좀 더 세분화된 방법을 제시하기로 한 것이다. 그리고 나서 모둠토의를 통해 다음과 같은 토의 화제를 선정하였다.

화제1: 인상적인 장면은 무엇인가?
화제2: 이런 사람들(미루나 정우 삼촌)이 현실에 실제로 있을까?
화제3: 나에게 미루 같은 동생이 있다면 어떻게 할 것인가?
화제4: 이런 사람들은 서로를 어떻게 알아볼까?
화제5: 정우 삼촌은 왜 울었을까?

토의 화제를 선정한 후에는 아동 주도의 토의를 위해 사회자를 선정하였는데 이번 수업에서는 남녀 공동 사회자를 선정하고 그들이 번갈아가며 남학생과 여학생에게 발언 기회를 줌으로써 참여의 폭을 넓히고자 하였다. 또한 토의 진행에 대한 참여의 폭을 확대하기 위해 토의 진행 경험이 없는 아동을 새롭게 진행자로 선정하였다. 따라서 교사는 새로운 토의 진행자들의 진행 상황을 모니터하면서 그들의 역할을 보완해야 했는데 그로 인해 교사의 말차례가 증가하고 교사를 매개로 한 대화의 양상이 다시 나타났다. 이러한 상황에서 아동의 도움문장 사용 빈도나 비율은 지난 번 수업에 비해 감소했다.

발췌록 No.43(비계사용 양상)

말차례	발화 행위	코딩
55	기원〉권준원 의견에 반박합니다.	6(+S)
177	동민〉저는 반론하겠습니다.	6(+S)
197	승호〉저는 이동민의 생각에 반론합니다.	6(+S)
209	승호〉저는 아까 이동민의 의견에 반박합니다.	6(+S)
216	승민〉저는 동민이 의견에 반박합니다.	6(+S)
251	승민〉수훈이의 의견에 보충하여 동민이의 의견에 반박합니다.	5,6(+S)
265	민균〉네, 다른 의견.	1
270	승호〉저는 이민균의 의견에 반박합니다.	6(+S)
275	동민〉저는 박승호 말에 반박합니다.	6(+S)
287	승호〉저는 정민이의 의견에 보충하겠습니다.	5(+S)
294	은희〉저는 이민균의 의견에 보충하겠습니다.	5(+S)
304	승호〉어, 저는 이민균의 의견에 반박합니다.	6(+S)
317	기원〉저는 정세인 의견에 반박합니다.	6(+S)
319	정민〉저는 민균이 의견에 찬성합니다.	3(+S)
320	기원〉안정민 의견에 반박합니다.	6(+S)
322	세인〉저는 함기원 의견에 반박합니다.	6(+S)
333	동민〉저는 정세인의 의견에 그거 보충하겠습니다.	5(+S)
341	기원〉성웅이의 주장에 궁금한 점. 무슨 행동으로 알 수 있습니까?	Q
344	태원〉저는 남성웅의 의견에 반박합니다.	6(+S)
357	창영〉준원이 의견에 보충합니다.	5(+S)

발췌록 No.43에서 아동이 사용한 도움문장의 형태를 보면 이전 수업과

대동소이하다. 그러나 눈여겨보아야 할 것은 말차례 251번과 같이 다른 사람의 의견에 보충을 한 후에 그것을 가지고 다시 한 번 다른 사람의 의견에 반박하는 복합적인 행위를 하는 경우이다. 도움문장을 자신의 발화행위의 가장 앞부분에 두고 발화하는 것은 그 이후에 이어질 발화행위가 어떤 기능을 수행할 것인지에 대한 메타적인 인식을 하고 있음을 나타낸다. 따라서 도움문장이 복문의 형태를 갖는다는 것은 아동이 기존의 의견들에 대해 한층 더 복잡한 연결 짓기를 시도한다는 것을 의미한다. 문학토의 수업의 초기에 아동이 서로의 의견을 연결하지 못하고 각자 자신의 생각을 산발적으로 제시하던 것을 떠올려보면 이는 의미 있는 변화의 징후이다. 토의의 내용이 응집성을 갖게 된 것이기 때문이다. 특히 아래에 제시된 말차례 251번의 전체 발화에는 강조된 밑줄 부분처럼 응집성을 나타내는 표지가 명시되어 있다.

> "수훈이의 의견에 보충하여 동민이의 의견에 반박합니다. 아까 전에 동민이가 배 타고 간다면 가격이 저렴하다 그랬는데 **수훈이가 말한 것처럼** 최소 10만 원은 들고 제주도에 가면 숙박비가 최소 20만 원은 듭니다. 근데 그게 같습니까? 장난감이랑."

그리고 교사가 최초로 제시한 도움문장을 아동이 상황에 맞게 다양한 형태로 바꾸어 쓰는 것은 아동이 언어적 비계를 사용하는 동안 그 도움을 내면화해가는 것을 의미한다. 로고프의 용어를 빌면, 비계의 참여적 전유가 발생하고 있는 것이다. 이처럼 비계의 내면화 혹은 참여적 전유가 서서히 이루어지는 동안 교사는 아동 주도의 문학토의를 통해 학습에 대한 책임을 아동에게 이양해나가야 한다. 아동 주도의 문학토의가 잘 이루어지기 위해서는 아동이 문학토의를 원활하게 진행할 수 있도록 준비해야 한다. 학습은 과업에 참여하는 순간부터 시작된다고 볼 때 아동은 사실상 어느 정도 문학토의 진행 방법을 학습했다고 볼 수도 있다.[37] 그러므로 다음의 발췌록 No.44에서처럼 교사가 사회자의 역할을 알려주기도 하지만, 발췌록 No.45에서처럼 교사가 알려주지 않은 기능을 아동이 이미 실천하는 사례도 함께 나타난다. 발췌록 No.46과 같이 때로는 토의 진행을 맡지 않은 다른 아동이 진행자의 역할을 자임하는 순간(말차례 389번)도 있다.

발췌록 No.44

말차례	발화 행위
158	교사〉 잘 안 들릴 때는 애들한테 다 들리도록 다시 얘기해줘.
160	담임교사〉 도중에 태원이가 궁금한 게 있으면 다시 물어봐도 돼요.
164	교사〉 다시 읽어주세요.
168	담임교사〉 사회자가 궁금하면 다시 보충 질문을 할 수도 있어요.
351	교사〉 도영이가 애들한테 얘기해보세요. "새로운 주제를 시작하실 분 손들어주십시오." 라고.

....

37　J. Lave & E. Wenger(1991), *Situated learning: Legitimate peripheral participation*, 손민호 옮김(2010), 『상황학습: 합법적 주변 참여』, 강현출판사, pp. 10-11. 레이브(Lave)와 웽거(Wenger)의 상황학습 이론에서는 "한 쪽이 다른 한 쪽에 비해 더욱 능숙한 기술을 갖고 있을 때 항상 거기에는 다소 제한된 수준의 주변적 참여와 변화의 잠재성이 있기 마련"이며 이것은 "상호 참여자들이 설사 참여 맥락에서 드러난 기술을 습득하거나 가르칠 의도가 없었다 하더라도, 특정 참여 구조 자체가 사람들로 하여금 학습이라는 활동을 생산하도록 하는 일종의 '항성'을 가지고 있다"고 보았다. 언어 학습의 경우, 이러한 구조가 당연히 포함된다. 이러한 관점에서 볼 때 아동이 문학토의에 참여하는 동안 교사가 그들에게 토의 진행의 방법을 가르칠 의도가 없고 그들 또한 그것을 학습할 의도가 없었다 하더라도 토의 참여의 과정에서 학습은 이미 어느 정도 이루어졌다고 볼 수 있다.

발췌록 No.45

말차례	발화 행위	비고
176	태원〉같이 이득이 되는 일을 하면서 살 거 같습니다.	크게 말해줌
192	태원〉제주도 가고 싶다고 하면 제주도 간다고 조릅니까?	다시 말해줌
220	창영〉어떤 점에서 안 된다고요? 제주도 가는 거요?	다시 질문함
254	교사〉그러면요, 여기에 대해서는 자꾸 비슷한 이야기가 반복될 것 같으니까.	(254-255) 교사가 결정하기 전에 스스로 판단함
255	창영〉넘어가는 게 나을 것 같아요.	
323	창영〉크게 말씀해주십시오.	
330	창영〉어~ "가출할 수 있다는 의견을 말한 거지 가출할 가능성은 없어"라고…… 말씀하셨죠? 최은희 말씀해주십시오.	내용을 정리함

발췌록 No.46

말차례	발화 행위
380	교사〉성웅이가 말한 건 그거잖아. 나이보다 유치하거나 나이보다 어른스러운 행동을 하면 알아볼 수 있다고 했잖아. 그런데 태원이는 나이보다 어른스러운 행동을 한다고 다 어른동생은 아니지 않냐. 이런 뜻이지? 그럼 너는 어떻게 알 수 있을 거 같애?
381	태원〉아까 말했는데.
382	교사〉아까 뭐라고 말했지?
383	태원〉그 레벨.
384	교사〉아, 그 게임?
385	?〉아이고.
386	도영〉경험치.
387	교사〉표식이 있다?
388	정민〉고수는 고수를 알아보는 거, 〈@딱 보면 딱 알 거 같은데요@〉.
389	승호〉그래서 그걸 어떻게 알아보냐를 말하는 게 지금 이 의견입니다.

위의 발췌록 No.46에서 교사는 태원에게 미루나 정우 삼촌처럼 생물학

적 나이와 정신적인 나이가 다른 사람들이 서로를 알아보는 방법에 대해 어떻게 생각하는지 묻고 있다. 태원은 그 방법에 대해 자신이 이미 발표한 바 있음을 지적하며 게임 레벨 표시처럼 그런 사람들끼리는 알아보는 표식이 있다고 말하였다. 그리고 정민은 어떤 표식 없이 "딱 보면 알아볼 것이다"라는 의견을 제시하였다. 그러나 지금의 논의는 딱 보면 알아보는 것 외의 다른 방법에 대해 이야기하고 있기 때문에 정민이의 발화는 논의의 초점에 어긋난다. 이 때 진행을 맡은 도영이가 아니라 참여자인 승호가 정민에게 논의의 초점을 상기시키면서 진행자의 역할을 자임하고 있다.

이처럼 교사와 아동이 토의 진행자의 역할을 분담하는 것은 아동 주도 문학토의뿐 아니라 교사 주도의 문학토의에 있어서도 바람직한 현상이라 생각된다. 그간 문학교실에서 관찰된 대화적인 문학토의에 대한 연구 결과들을 검토해보면 성공적인 교사가 수행하는 역할은 무척 다양하고 이질적이기까지 하다. 앞서 Ⅱ장 2절에서 제시한 자이프의 연구와 Ⅱ장 3절에서 제시한 위의 연구만 보더라도 교사는 때로 아동과 같은 수준에서 호기심을 표명하며 텍스트의 의미를 함께 탐구해야 하고 아동의 반응에 대해 개방적인 자세로 그 소통을 격려해야 한다. 그뿐 아니라 아동이 의미를 정교하게 형성하도록 돕기 위해 그들의 의견에 의식적으로 도전하고 의문을 제기하거나 토의의 관리자로서 집중을 요구하며 주의를 주어야 한다. 여러 연구자들이 교사에게 이처럼 이질적이고 다양한 역할을 성공적으로 수행하고 유연하게 위치 이동할 것을 권하고 있지만 이것을 실천하는 것은 쉬운 일이 아니다. 교사뿐 아니라 좀 더 유능한 또래가 제공하는 도움의 교육적 가능성을 논의하는 사회적 학습 이론의 관점에서 볼 때, 성공적인 교사에게 요구되는 다양한 역할들은 이제 교사와 아동이 함께 나누어 맡아야 하는 것으로 재인식되어야 한다.

한편 이 수업에서는 담임교사와의 수업 이후 필자가 진행했던 문학토의 수업에서 단 한 번도 자발적인 발언을 하지 않았던 민균이 처음으로 자발적으로 토의에 참여했다. 민균은 "화제3: 나에게 미루 같은 동생이 있다면 어떻게 할 것인가"에 대한 논의에서 "그런 동생이 보기 흉해서 가출한다."라는 의견을 제시하였는데 이후 토의는 민균의 의견에 대한 찬성과 반대 의견으로 갈라져 논쟁적인 양상을 띠게 되었다. 민균의 최초 발언 이후 다른 아동들이 제출한 의견을 순서대로 살펴보면 다음과 같다.

최초의 의견 "동생이 보기 흉해서 가출할 것이다" (민균)

찬성		반대
	⟸	① 그것은 너무 현실성이 없다. (승호)
② 그동안 나를 속인 배신감 때문에 가출할 수 있다. (은희)	⟹	
③ 실제로 부모님 때문에 화가 나서 가출하는 사례들이 있기 때문에 비현실적이지 않다. (동민)	⟹	
	⟸	④ 어른동생이 몇 년 후에 자기 발로 집을 나간다고 하였기 때문에 가출할 필요가 없다. (승호)
	⟸	⑤ 동생이 조건을 잘 들어주니까 복수는 해도 가출까지는 안 할 것 같다. (정민)
	⟸	⑥ 동생이 비밀을 지키는 대신 하루가 원하는 것을 대신 구해주겠다는 약속을 지킬 것이므로 나라면 가출하지 않을 것이다. (승호)

이와 같이 다양한 의견을 듣고 난 후에 교사는 다시 원래 발표자에게 가출을 결심한 이유를 질문하면서 다음과 같은 대화를 이어 갔다.

발췌록 No.47

말차례	발화 행위
288	교사〉어, 민균아. 그럼에도 불구하고 이렇게 생각한 이유를 한 번만 더 말해줄래? 어떤 이유에서.

289	민균〉 아, 저는 **아까 최은희가 말한 거와 같이** 배신감이 들기도 하고, 또 겉보기와는 다르게 속모습이 쪼끔 많이 달라서 그렇게 생각할 수 있을 것 같습니다.
290	교사〉 그렇게 생각을 한다는 건 가출을 할 정도로 싫다? 아니면 보기 흉하다?
291	민균〉 보기 흉하다.
292	교사〉 어, 겉과 속이 달라서. (나머지 아동들을 향해서) 지금 어떤 느낌인 것 같애? 민균이가 말한 느낌이. 이게, 너무 달라서 느낌이 이상한거야. 동생이지만. 음, 그다음에.
293	창영〉 최은희 말씀해주십시오.
294	은희〉 저는 이민균의 의견에 보충하겠습니다. 배신감이 들고 겉과 속이 달라서 흉하고 자기가 갖고 싶은 물건을 그런 식으로 갖는 것도 기분이 별로 좋지는 않을 것 같아요.
295	교사〉 어, 자기가 갖고 싶은 물건을 그런 식으로, 어떤 식으로 가졌어요?
296	승호〉 막 떼써서.
297	교사〉 막 떼써서 가졌죠? 그때 주인공인 하루가 어땠어? 막 즐거워하면서 쫓아 들어가서 나 주방놀이 사줘 이랬어요?
298	아이들〉 아니오.
299	교사〉 아니죠. 그래서 그것도 별로 기분이 개운하지 않을 것 같다, 라고 했어요. 그럼 이렇게 얘기를 듣고 나서 어때요? 승호는, 계속 그래도 가출할 것까진 아니지 않나 하는 생각이 들어?
300	승호〉 네.

이 대화에서 교사의 질문을 통해 민균이 처음에 제시한 "보기 흉해서"의 의미가 겉모습(귀여운 다섯 살짜리 꼬마아이)과 내면의 모습(정신연령이 어른인 모습) 간의 차이로 인한 것임을 알게 되었다. 이러한 설명을 듣고 민균의 의견에 보충을 시도했던 은희는 한 가지 근거를 더 보태고 있다. 그러나 이처럼 근거를 보충해도 가출에 반대하던 승호의 생각을 바꾸지는 못했다. 이후에도 여전히 찬반 논쟁이 이어지는데 그 내용을 이어서 제시하면 다음과 같다.

최초의 의견 "동생이 보기 흉해서 가출할 것이다" (민균)

찬성	반대
	⇐ ① 그것은 너무 현실성이 없다. (승호)
② 그동안 나를 속인 배신감 때문에 가출할 수 있다. (은희) ⇒	
③ 실제로 부모님 때문에 화가 나서 가출하는 사례들이 있기 때문에 비현실적이지 않다. (동민) ⇒	
	⇐ ④ 어른동생이 몇 년 후에 자기 발로 집을 나간다고 하였기 때문에 가출할 필요가 없다. (승호)
	⇐ ⑤ 동생이 조건을 잘 들어주니까 복수는 해도 가출까지는 안 할 것 같다. (정민)
	⇐ ⑥ 동생이 비밀을 지키는 대신 하루가 원하는 것을 대신 구해주겠다는 약속을 지킬 것이므로 나라면 가출하지 않을 것이다. (승호)
⑦ 배신감이 들고 겉과 속이 달라서 흉하고 자기가 갖고 싶은 물건을 그런 식으로 갖는 것도 기분이 별로 좋지는 않을 것 같다. (은희) ⇒	
	⇐ ⑧ 경험담으로 동생이 저한테 배신을 많이 하는데 그래도 보기 흉하지만 가출까진 안 합니다. (수훈)
	⇐ ⑨ 아무리 흉해도 동생 스스로 가출을 한다고 했으므로 전혀 위험하지 않은데 왜 가출을 하나?(승호)
⑩ 진짜 동생은 마음도 어리고 몸도 어리지만 여기에 나오는 어른동생은 마음은 그래도 자기보단 어른이기 때문에 가출할 수 있다. (세인) ⇒	
	⇐ ⑪ 박수훈 동생이 어른동생일 수도 있는데 그냥 보통 동생이라고 판단할 자료가 있는가? (기원)
⑫ 동생이 커서 힘이 붙으면 그때 약속을 어기고 배신할 수 있다. 그래서 뿌리를 뽑기 위해 가출할 수도 있다. (정민) ⇒	
	⇐ ⑬ 크기 전에 나간다고 했기 때문에 커서 배신한다고 가정할 필요는 없다. (기원)
⑭ (민균의 말은) 가출할 수 있다는 의향을 말한 거지 꼭 가출한다는 것이 아니다. (세인) ⇒	
⑮ 아직 동생의 몸이 어리기 때문에 1,2년을 참는다고 동생이 집을 나갈 수 없다. 그러므로 더 오래 참고 기다리는 것이 힘들 수 있다. (동민) ⇒	

| ⑯ 미루가 크기 전에 나간다고 했는데 그렇게 해버리면 엄마, 아빠 그리고 미루의 빈자리는 어떻게 할 것인가. (은희) | ⇒ | |

| ⑰ 두 의견이 다 맞는 것 같다. (세인) |

최종 의견 "가출하지 않는 것도 나한테 위험을 끼치는 건 아니니까 가출할 정도는 아니라는 생각도 인정할 수 있을 것 같다." (민균)

이 내용을 통해서 한 아동의 의견에 대한 논쟁이 정작 최초로 의견을 제시한 아동에 의해 주도되기보다, 최초 의견에 대한 찬성과 반대 견해를 가진 의견 그룹들에 의해 집단 토론의 형태로 전개됨을 알 수 있다. 이 논의와 관련된 말차례는 265번부터 347번에 이르며 총 82개이다. 논의에 참여한 아동은 민균을 비롯하여 찬성 측의 은희, 동민, 세인과 반대 측의 승호, 수훈, 기원 그리고 찬성과 반대 양쪽에 속해 있던 정민 등 8명이다. 그러나 문학토의 과정에서 이루어진 이러한 논쟁적인 대화는 일반적인 토론처럼 반드시 판정을 내리거나 한쪽으로 입장을 정해야 하는 것은 아니다. 일반적인 토론에서는 민균처럼 논의의 과정을 통해 반대 의견을 가진 사람들의 생각도 인정할 수 있다는 변화를 보일 경우 반대 그룹이 민균을 설득하였으므로 이겼다고 볼 것이다. 그러나 대화적 토의의 과정에서는 어느 한쪽으로 생각이 바뀌어야 하는 것이 아니며 상대방의 의견에 수긍한다고 해서 그것이 패배를 의미하는 것도 아니다. 오히려 그처럼 넓고 유연한 인식을 갖게 되는 것이야말로 의미 있는 변화라 평가될 수 있다.

이러한 대화적 담화가 유의미한 또 다른 지점은 바로 아동이 스스로 의견 그룹을 형성하고 그 그룹 내에서 서로의 발언을 토대로 의견을 축조함으로써 한층 결속성 있는 토의를 만들어간다는 것이다. 처음에는 교사를 향해서 자신의 의견을 말하며 개별적으로 떨어져 있던 아동이 서서히 상호작용을 시작하고, 그 과정에서 동의, 반론, 확장을 의미하는 언어적 비계 뿐 아니라 '~가 말한 것처럼'과 같은 연결고리들을 스스로 사용하면서 상대방의 존재를 자신의 존재 기반으로 삼는 대화적 주체로 형성되고 있다. 그들이 서로의 발언을 '토대로' 하는 것에 초점을 둠으로써, 교사는 그들이 표면적인 연결을 하는 데 그치지 않고 좀 더 실질적인 연결로 나아가도록 추동할 수 있게 된다.[38]

이 수업에서 아동은 미루나 정우 삼촌 같은 인물이 실제 현실에 있을 것인가, 그리고 나에게 만일 그러한 '어른동생'이 있다면 나는 어떻게 할 것인가 등의 질문을 통해 작품과 나의 생각을 견주어 이해하는 수행 관련 지식을 형성할 수 있었다. 아울러 현실 작동의 원리와 허구적 세계의 작동 원리에 대한 아동의 인식을 살펴볼 수 있었다. 흥미로운 것은 그들이 현실주의 계열의 동화를 읽을 때 서사가 지닌 개연성과 핍진성으로 인해 그것이 실화일지도 모른다고 생각했던 것처럼, 이 작품과 같은 판타지 계열의 동화를 읽을 때에도 이러한 기이한 인물들이 현실에도 존재할 수 있거나 이미 존재한다고 믿는다는 점이다. 이러한 현상의 원인을 수업의 결과만으로 명확히 규명할 수는 없다. 다만 앞서 Ⅲ장 2절의 수업 사례처럼 아동이 판타지 서사에 대한 경험이 부족하여 이 작품의 작동 원리와 현실 원칙이 구별되는 지점을 인식하지 못하기 때문이라는 가설을 세워볼 수 있다. 발췌록 No.48의 말차례 415번에서 아동이 교사의 질문에 머뭇거리며 모른다고 답하는 것처럼 대체로 많은 아동들이 이 작품에서 느껴지는 새로움의 근거를 찾기 어려워 한 것은 분명하다. 따라서 이러한 현상의 원인을 다각도로 살펴보고 그에 따른 성취기준을 수립할 필요가 있어 보인다.

....

38 B. Maloch(2002), Scaffolding student talk: One teacher's role in literature discussion groups, *Reading Research Quarterly*, 37(1), p.107.

발췌록 No.48

말차례	발화 행위
392	교사〉 내가 송미경 작간데 지금 여기 교실에 왔어요. 여러분들이 궁금해 하는, "내가 이 이야기를 쓴 이유는요, ~ 예요." 라고 말을 한다면 뭐라고 말을 할까?
406	교사〉 자, 이번에는 선생님이 궁금한 지원이 의견. 만약에 작가라면 왜 이걸 썼다고 말할 것 같애?
409	지원〉 그, 그, 게, 마음과 나이가 실제 다른 거를 생각해보라고=
410	교사〉 어, 사람마다 나이와 그 마음이 실제로 다를 수 있는데 그것에 대해서 한 번 생각을 해 봐라, 라는 의미로 썼을 것 같다. 응, 좋아요. 그다음에, 옆에 짝꿍.
413	다인〉 어, 동생이 자신의 전의 이야기가 이 책과 똑같아서 쓴=
414	교사〉 자신의 전에 이야기가 이 책과 똑같아서 썼을 것 같다? 근데 선생님이 지금 여기 (독서일지) 보니까 더 궁금한 게 있었어. "이 작품은 다른 책들보다 새롭다. 왜냐하면 마음이 그렇게 느꼈다."(라고 썼는데) 어떤 점에서 새로웠던 거 같애?
415	다인〉 몰르겠어요.

⑷ 4단계: 아동 주도 문학토의 수업의 실행

이 단계에서는 텍스트에 대한 의미 형성의 주도권과 토의 진행에 대한 책임을 아동에게 이양하기 위해 아동 주도 문학토의 수업을 실행하였다. 아동에게 주도권을 넘기는 것에 초점이 있는 만큼 수업에서 이루어진 발화는 '교사-아동' 간 상호작용보다 '아동-아동' 간 상호작용이 압도적이었다. 그러나 아직까지는 문학토의 진행에 대한 완전한 책임 이양이 이루어지지 않았기 때문에 교사가 개입하여 아동과 대화해야 하는 상황도 종종 발생했다. 이러한 이유로 이 단계에서도 교사-아동 간 발화와 아동-아동 간 발화를 구분하는 것이 여전히 필요했기 때문에 이전 단계에서 사용한 수업 분석의 틀을 변경하지 않고 그대로 적용하였다.

책 제목 (토의일)	토의 시간	전체 말차례	교사 말차례	아동 말차례	발화 방향	
〈미소의 여왕〉 7/24	75분	283	66 (23%)	217 (77%)	아동-아동 간 대화 중심	
		읽기 전	읽기 중	읽기 후	대화적 담화의 화제	형성된 문학지식
주변텍스트	페리텍스트 (Peritext)					
	에피텍스트 (Epitext)					
내부텍스트 (Innertext)				모둠 토의를 통해 화제 선정	할머니가 응급실에 계시는데 진선이는 왜 계속 칭찬을 받으려고 하였나/미소의 여왕은 우울한 아이부터 뽑는 것인데 왜 밝은 상미를 뽑았나/진선이는 우울한 아이인데 왜 별명이 "써니"인가	분석하기/ 근거갖춰 말하기/인물, 사건, 배경의 관계 파악하기
맥락 (Context)						
상호텍스트 (Intertext)						
아동이 사용한 언어적 비계				교사가 사용한 언어적 비계		
• 확산적 비계("~를 말하고 싶어요", "~이 궁금해요", "제 의견을 말할게요") • 심층적 비계(반대 · 반박, 보충) • 아동이 만든 비계("취소할게요")				• 텍스트에 근거하기("책을 봐야 하지 않을까?") • 토의 진행에 대한 책임 형성하기		

카즈덴(Cazden)과 몇몇 연구자들은 학생들이 대화를 시작하고 또 이끌어갈 때 종종 더 깊이 있는 이해에 도달한다고 주장한다. 또래 주도적인 토의가 이루어질 때 학생들은 교사가 듣고 싶어 하는 것이 무엇인지 알아내려고 노력하기보다는 문제 해결을 위한 진정한 기회를 갖게 되는 것이다.[39] 이 연

---

39 J. Worthy, K. Chamberlain, K. Peterson, C. Sharp & P. Y. Shih(2012), The importance of read-aloud and dialogue in an era of narrowed curriculum: An examination of literature discussions in a second-grade classroom, *Literacy Research and Instruction*, 51(4), p.310.

구에서도 토의의 진행을 아동에게 이양하고자 한 3단계 수업에서 토의가 더욱 활성화되었다. 3단계에서는 아동에게 교사가 제공한 문학토의 관련 비계가 어느 정도 내면화를 거쳐 변형되었으며 아동이 교사 대신 토의를 진행할 수 있는 토대가 마련되었다. 따라서 4단계에서는 교사의 개입을 최소화한 상태에서 아동 주도 문학토의를 실시하고 그들이 도달한 새로운 '실제적 발달 수준'을 점검하기로 했다.

이를 위해 1단계에서 다루었던 〈미소의 여왕〉을 수업 대상 텍스트로 다시 한 번 선정하였다. 비록 해당 텍스트로 이미 한 차례 수업을 한 바 있으나 1단계의 수업은 담임교사가 이끄는 수업이었기 때문에 4단계에서 아동이 토의를 주도하는 새로운 맥락을 설정할 경우 유의미한 변화가 나타날 수 있다고 보았다. 대신 1단계와 달리 텍스트를 묵독하면서 읽는 동안 떠오르는 생각들을 사고구술법으로 기록하게 하고, 읽기 후 반응을 독서일지에 기록한 후 모둠별로 화제를 선정하였다. 각 모둠에서 제출한 화제는 다음과 같았다.

- 연두 모둠: 진선이가 미소의 여왕에 뽑혀서 칭찬을 받고 있을 때 할머니가 돌아가실 위기에 처했는데도 왜 계속 칭찬을 받으려고 하는지 궁금해요.
- 초록 모둠: 미소의 여왕은 우울한 애를 먼저 뽑는 것인데 왜 밝은 상미를 뽑았는가.
- 노랑 모둠: 친구들이 진선이만 빼놓고 미소의 여왕을 뽑은 부분이 싫었다.
- 하늘 모둠: 왜 아이들은 진선이가 미소의 여왕으로 안 뽑혔는데 다시 상미를 뽑나.
- 파랑 모둠: 선생님이 왜 그렇게 친절하게 대해줬는지에 대해서 말하고 싶어요.

- 빨강 모둠: 송지호 선생님은 어떻게 진선이의 마음을 알았는지 궁금하다.

    이 가운데 토의의 우선순위를 다수결로 정하고 아동이 진행하는 문학토의를 시작하였다. 토의를 진행할 아동에게는 수업 전에 미리 토의 진행과 관련된 도움문장들을 나누어주었다. 전체 수업 시간 80분 가운데 실질적인 토의는 모둠별로 화제를 발표하는 것부터 시작되어 약 40분가량 진행되었다. 위에서 제시한 화제 중에서 연두 모둠과 초록 모둠이 제시한 화제에 대해 토의한 후 아동의 질문에 대해 추가적인 논의를 하는 것으로 마무리되었다.

    같은 텍스트를 대상으로 1단계에서는 교사가 미리 지정한 토의 화제 '우리 반도 이 이야기에서와 같이 칭찬 릴레이를 할 것인가'에 대해 다수결로 찬반을 정하고 그 결과에 따라 학급 친구들에 대한 칭찬 릴레이를 실시하였다. 그러한 활동이 끝난 후 아동은 각자 이 작품에 등장하는 인물 중 칭찬하고 싶은 대상을 골라 칭찬하는 글쓰기를 하고 발표하는 것으로 수업이 진행되었다. 수업의 중심이 '칭찬'에 맞춰져 있었던 것이다. 반면 4단계에서 이루어진 아동 주도 문학토의에서 아동이 정한 화제를 살펴보면 진선과 송지호 선생님, 진선네 반 아이들에 대한 궁금증뿐 아니라 그들의 행위에 대한 정서적 표현 등이 다양하게 나타난다. 특히 진선이 칭찬을 받고 있을 때 할머니께서 교통사고로 응급실에 실려 가셨는데도 왜 계속 칭찬을 받고 싶었는지 궁금하다는 화제 속에는 그러한 진선의 행위를 이해하지 못하거나 비판적으로 바라보는 관점이 내재해 있다. 실제 토의에서도 한 아동은 진선에 대해서 다음과 같이 부정적인 태도를 표현한 바 있다.

발췌록 No.49

말차례	발화 행위
80	도영〉 어, 제 의견은요. 진선이가 여왕, 미소의 여왕이 됐을 때, 됐을 때, 칭찬 시간부터 진선이가 좀 싫었어요. 아, 그, 송지호 샘이 진선이를 부를 때부터 진선이가 좀 싫었어요. 짜증나고.
81	기원〉 어떤 점에서 그렇게 생각해?
82	도영〉 어, 분명히 그 송지호 샘, 쌤이 진선이를 불렀는데도 못 들은 체하고 할머니가 응급실에 실려 갔는데도 그거 모른 체하고 하니까, 아유, 쟤가 왜 저러나 이런 생각이 들어서요.

이 아동뿐 아니라 진선이 할머니의 교통사고 소식을 몰랐기 때문에 칭찬을 더 듣고 싶어 했다는 사실을 강조하면서 진선의 입장을 충분히 이해하려고 했던 아동도 발췌록 No.50의 말차례 90번과 같이 진선에 대한 부정적인 견해를 표명하였다.

발췌록 No.50

말차례	발화 행위
90	한주〉 저는 진선이가 눈치가 없다고 생각합니다. 왜냐하면 아까 할머니가 돈이 없는 걸 아는데도 응? 할머니한테 계속 사달라고 쪼르기만 하고 그거를 응? 쫌 참을 줄도 알아야 되는데 그걸 빨리 내일 입어야 된다고 따른 옷을 입고 가면 되는데 계속 쫄라서 할머니를 사고를 내, 할머니가 급하게 가가주고 사고를 나게 하고 또 선생님, 선생님이 불렀는데도 어, 그거를 교무실로 오라하면은 무슨 일이 있는 건데 그거를 눈치 못 채고 그냥 칭찬만 받으려고 했기 때문에=
91	승호〉 그래 맞어.
92	기원〉 권준원.
93	준원〉 저는 김한주의 의견에 반박합니다.
95	준원〉 어~, 못 들은 척 한 게 아, 잠깐만.
96	?〉 못 들은 척 한 거야.

97	준원〉 왜요. 못 들은 척 한 게 아니라 못 들어, 못 들은, 못 들은 겁니다.
100	교사〉 왜 저렇게 해석했을까? 못 들은 척 한 게 아니라 못 들었다고 해석을 했잖아.
102	승호〉 저는 박도영 어린이의 의견에 반박합니다. 아까, 아까 박도영 어린이가 응급실에 가는 것을 알고 모르는 척을 했다고 그랬는데 응급실 가는 것을 몰라서 모르는 척을 한 겁니다.

90번의 아동은 1단계의 수업에서 독서일지에 "진선이가 갖고 싶은 블라우스를 입(지 못하)고, 딴 친구들이 왕따를 시켜도, 왕따를 당해도 그걸 꿋꿋히 참았다"(괄호는 필자가 문맥에 맞게 수정한 내용임)라고 기록하면서 진선을 칭찬한 바 있다. 이 아동은 4단계 수업에서도 진선에 대해 내내 부정적인 관점에 서 있던 것은 아니었다. 발췌록 No.51을 살펴보면 이 아동은 텍스트에 제시된 여러 가지 정보를 종합하고 인물의 입장을 고려하여 작품을 이해하고 해석하는 것으로 보인다.

발췌록 No.51

말차례	발화 행위
47	한주〉 그때는 할머니가, 아이, 할머니가 응급실 가신 걸 아직 몰랐고 다 칭찬을 더 많이, 아직 애들이 다 칭찬을 안 했기 때문에 칭찬을 더 받고 싶어서 그랬던 거 같습니다.
73	한주〉 어, 그냥, 그~ 연락이 온 건 선생님한테 뿐이고, 아이는 아직 모르는 상황에다가 선생님이 아직 그 상황, 그 칭찬 받는 상황을 방해하고 싶지 않을 것, 안, 않다고, 않고 생각해 가지고 그거를 빨리빨리 안 말하고 그냥 교무실로 가자고 하면서 지켜보기만 한 것 같고. 얘는 그걸 모른 채 그냥 칭찬 받는 게 마냥 좋게 있었던 것 같습니다.
106	한주〉 가족을 부모님이 안 계시고 할머니하고 사는 거는 애들이 다 알고 있긴 하지만 그 점을 다시 애들한테 굳이 확인시켜 줄 필요는 없다고 생각해서 그~ 진선이가 민감한 부분이기 때문에 그런 할머니하고 살고 그런 부분이 그래서 말을 안 하고 우물쭈물한 거 같습니다.

　　해당 아동은 이와 같이 균형적인 태도로 인물이 지닌 양가적인 측면(착
하고 인내심이 있다는 점과 블라우스를 갖고 싶어서 할머니를 조르고 그 영향으로 교
통사고가 나도록 작용한 점)을 모두 인식하고 있는 것으로 보인다.

　　이 수업에서도 인물에 대한 평가를 할 때 텍스트의 정보가 중요한 준거
로 작용했다. 앞서 언급된 바와 같이 할머니께서 교통사고로 응급실에 계시
는데도 계속해서 칭찬을 받고 싶어 하던 인물에 대해 일부 아동은 비판적인
견해를 드러냈다. 그러나 한편에서는 발췌록 No.51의 말차례 47번과 73번처
럼 진선이 할머니의 사고 소식을 몰랐으며 칭찬을 받고 싶은 마음이 너무 컸
기 때문이라며 인물의 처지를 이해하려는 견해도 제시되었다. 따라서 진선이
라는 인물에 대해 아동이 어떤 평가적 태도를 취할 것인지를 결정하는 중요
한 근거는 진선이 할머니의 사고 소식을 알았는지 여부였다. 이 부분에 대한
갑론을박이 이어지고 교사의 중재를 거쳐 텍스트의 내용을 확인한 후에 아동
은 진선이 할머니의 사고 소식을 알면서도 계속 모르는 척할 정도로 나쁜 아
이가 아니라는 것에 대부분 동의했다. 이 과정은 말차례 42번부터 175번에
걸쳐 길게 논의되었다. 그 전반적인 흐름은 발췌록 No.52를 통해서 확인할
수 있다.

말차례	발화 행위
42	기원〉 진선이 칭찬 중 할머니가 위기였는데 왜 칭찬 받고 싶어 했는지에 대해 주제를 시작하겠, 주제를 정하겠습니다. 박승호.
43	승호〉 계속 칭찬받고 싶었던 이유는 그렇게 많이 칭찬을 받을 일이 드물기 때문입니다.
47	한주〉 그때는 할머니가, 아이, 할머니가 응급실 가신 걸 아직 몰랐고 다 칭찬을 더 많이, 아직 애들이 다 칭찬을 안 했기 때문에 칭찬을 더 받고 싶어서 그랬던 거 같습니다.
49	은희〉 부모님이 돌아가신 이후로 칭찬을 들어본 적이 없기 때문에.
55	준원〉 어 할머니가 응급실에 있는 줄 몰라서.
56	기원〉 어떤 점에서 그렇게 생각합니까?
57	준원〉 어~ 학교, 진선이는 학교에만 있는데 그때 칭찬을 받았으니까 선생님이 그때 안 말하고 싶어서 안 말했습니다.
60	동민〉 저는 권준원 의견에 반대합니다. 그리고 그 선생님이, 선생님이 그거 막 진선이를 불렀는데 진선이가 무,무,무,무시를 한 거 아닙니까?
62	아이들〉 뭐라고? 잘 말해 봐. 기원아, 다시 말해줘.
63	기원〉 (동민에게) 다시 간추려서.
64	동민〉 그, 송지호 선생님이 진선아, 하고 불렀는데 어, 그게 못 들은 척 했어.
69	수훈〉 저는 이동민의 질문에 반박을 합니다. 못 들은 척을 한 이유가 칭찬을 받는 일이 드물기 때문입니다.
80	도영〉 어, 제 의견은요. 진선이가 여왕, 미소의 여왕이 됐을 때, 됐을 때, 칭찬시간부터 진선이가 좀 싫었어요. 아, 그, 송지호 샘이 진선이를 부를 때부터 진선이가 좀 싫었어요. 짜증나고.
82	도영〉 어, 분명히 그 송지호 샘, 쌤이 진선이를 불렀는데도 못 들은 체하고 할머니가 응급실에 실려 갔는데도 그거 모른 체하고 하니까, 아유, 쟤가 왜 저러냐 이런 생각이 들어서요.
90	한주〉 저는 진선이가 눈치가 없다고 생각합니다. 왜냐하면 아까 할머니가 돈이 없는 걸 아는데도 응? 할머니한테 계속 사달라고 쪼르기만 하고 그거를 응? 쫌 참을 줄도 알아야 되는데 그걸 빨리 내일 입어야 된다고 따른 옷을 입고 가면 되는데 계속 쫄라서 할머니를 사고를 내, 할머니가 급하게 가가주고 사고를 나게 하고 또 선생님, 선생님이 불렀는데도 어, 그거를 교무실로 오라하면은 무슨 일이 있는 건데 그거를 눈치 못 채고 그냥 칭찬만 받으려고 했기 때문에.
102	승호〉 저는 박도영 어린이의 의견에 반박합니다. 아까, 아까 박도영 어린이가 응급실에 가는 것을 알고 모르는 척을 했다고 그랬는데 응급실 가는 것을 몰라서 모르는 척을 한 겁니다.

110	교사〉준원이 의견이 뭐냐면 못 들은 척 한 게 아니라 못 들었대. **내가 생각할 때는 책을 한번 봐야 되지 않을까?** 기원아, 약간 의미가 불분명할 때는 확인을 해줘.
112	윤주〉권준원의 의견에 반박합니다.
114	윤주〉진선이는 선생님의 말을 못 들은 게 아니라 못 들은 척 한 겁니다. **책에 16쪽 끝에 나와 있습니다.**
115	교사〉어, 뭐라고 나와 있어? 읽어줘.
116	윤주〉"선생님이 나지막하게 진선이를 불렀다. 진선이는 못 들은 척 다음 아이를 바라보았다."
117	준원〉어, 저한테 반박한 거예요?
118	윤주〉어, 〈vocal desc='웃음, 허허허'〉너한테 한거야.
121	도영〉전, 제 의견을 취소할게요. 그냥.

　　진선을 이해하는 입장에서는 진선이 칭찬에 목말라 있던 아이라는 것과 할머니의 사고 소식을 몰랐기 때문이라는 근거를 제시하지만 진선에 대해 부정적인 관점에서는 그것이 단순히 모르는 것이 아니라 모르는 척 한 것이라는 해석을 제시한다. 이때 혼란을 정리하는 근거는 텍스트에 있음을 말차례 110번에서 교사가 환기하고 말차례 114번에서 아동이 직접 텍스트를 인용하여 정리한다. 그러자 말차례 80번에서 진선에 대해 부정적 정서를 나타냈던 아동이 말차례 121번에서와 같이 자신의 견해를 철회한다. 그렇지만 그동안 제시되었던 진선에 대한 부정적 견해들이 무효화되는 것은 아니다. 선생님이 자신을 불렀을 때 진선이 이를 외면하려고 했던 정황들이 여전히 남아 있기 때문이다. 이러한 상황에서 아동이 어떠한 해석을 하게 되는지는 발췌록 No.53에 제시된 후속 대화를 통해 확인할 수 있다.

발췌록 No.53

말차례	발화 행위
131	승민) 저는 권준원 의견에 반박을 합니다. 진선이가 분명히 못 들은 거라고 했는데 여기 책에서는 진선이가 분명히 들은 것 같습니다.
133	정민) 저는 박승민 의견에 반대합니다. 여기서 보면은 선생님이 승민이에게.
134	기원) 진선이. (틀린 것 정정하려는 의도)
135	정민) 아, 진선이에게 우물쭈물거리면서 급한 마음으로 말했기 때문에, 선생님이 의도를 분명하게 말하지 않았기 때문에 승민이가 아니, 진선이가 그냥 무시한 것 같습니다.
136	교사) 아, 그러면 정민이 말은 선생님이 내용을 말 안하고 그냥 우물쭈물해서 진선이가 그냥 ⟨XX⟩ 할 수밖에 없었다?
138	은희) 선생님이 무슨 일인지 정확하게 말하지 않았기 때문에 심각성을 몰랐던 것 같아요.

아동은 진선이 나쁜 의도로 사고 소식을 외면한 것은 아니지만 어쨌든 결과적으로 할머니의 사고 소식을 외면한 것이므로 그것에 대한 종합적이고 타당한 근거를 찾고자 하는 것으로 보인다. 텍스트가 제시하는 미묘한 사실들에 대해 '진선이 잘못했다 혹은 잘못하지 않았다'라는 이분법적 틀로 손쉽게 결론 내리지 못하는 것이다. 위의 대화 다음에 이어지는 대화 내용이 "선생님은 왜 우물쭈물할 수밖에 없었나"에 대한 추론으로 이어진다는 것은 문학텍스트에 대한 해석이 본질적으로 완전히 종결될 수 없는 것임을 아동이 실천을 통해 드러내는 것이라 볼 수 있다.

이상에서 기술한 바와 같이 이 수업에서는 한 가지 화제에 대해 폭넓은 가능성을 탐색한 결과, 인물과 상황에 대한 깊이 있는 이해가 도출되었다. 이에 따라 동일한 텍스트로 진행한 1단계 수업에서 발견한 것과는 다른 양상을 파악할 수 있었다. 특히 그러한 양상을 탐구하기에 적절한 화제를 아동 스스로 선정했다는 것은 아동 주도의 문학토의로도 텍스트의 의미에 대한 심층적인 이해에 도달할 수 있음을 보여준다.

그러나 아직 토의를 진행하는 과정에 대한 책임이 아동에게 충분히 이양되지는 않은 것으로 보인다. 발췌록 No.54에 제시된 것처럼 아동이 토의 진행을 위한 다양한 시도를 하고 있으나, 문학토의의 내용을 종합하고 새로운 탐색을 제안하는 등의 중재를 하기에는 여전히 어려움이 있어 교사의 개입이 필요했다.

발췌록 No.54

말차례	발화 행위
113	기원〉 크게 말하세요.
120	기원〉 그건 지금 이 책과 관련이 없습니다.
145	기원〉 김은수 생각이 궁금합니다.
160	기원〉 이유를 함께 말해주시죠.
164	기원〉 다시 또박또박 간추려서 말씀하십시오.
55	기원〉 더 자세히 말해주세요.
63	기원〉 (동민에게) 다시 간추려서.
74	기원〉 (도영이를 향해서) 알겠습니까?

발췌록 No.55

말차례	발화 행위
176	윤주〉 원래 우울한 아이를 뽑는 건데 왜 밝은 아이부터 뽑았는지=
197	윤주〉 저는 지호의 의견을 듣고 싶습니다.
230	정민〉 저는 상미가 일부러 눈에 띄려고 그런 것 같습니다. 여기에서도 마지막에 상미가 뽑혔을 때 선생님이 규칙대로 하라고 해서 상미가 풀이 죽어 일부러 진선이를 못 뽑, **아, 뭐라고 말해야 되지?**
231	윤주〉 **진선이를 안 뽑았다**(작은 목소리로)

가령 발췌록 No.55의 말차례 176번과 같이 새로운 토의 화제를 개시하는 문장에서 말끝을 흐리거나 말차례 231번처럼 앞의 화자에게 도움을 주려고 하지만 목소리가 너무 작아 들리지 않은 경우는 개선이 요구된다. 한편 말차례 197번과 같이 소극적 참여자에게 발언을 요구하는 도움문장을 스스로 만들어 사용하는 경우는 아동이 능동적으로 토의 진행 전략을 구성하는 긍정적 변화라고 볼 수 있다. 현 단계에서는 아동이 토의 진행의 '형식'과 관련된 기능들은 쉽게 내면화하고 변형하여 사용할 수 있는 것으로 평가된다. 그러나 토의의 '내용'면에서 중재하고 개입하는 것은 텍스트의 내용과 특징을 잘 파악하고 현재 이루어지는 논의의 쟁점 및 흐름을 인식해야 가능하기 때문에 토의 진행자 개인의 능력에만 기댈 것이 아니라 토의 참가자 집단 내에서 능동적으로 역할을 분담하는 것이 요구된다. 이 수업에서는 토의 진행자 외의 아동이 다음 발췌록에서와 같이 토의 진행의 역할 분담을 시도하였다. 진정한 의미의 책임 이양이 이루어졌다고 평가할 수 있으려면 이러한 시도가 더 많은 아동들에 의해 골고루 나타나야 할 것이다.

발췌록 No.56

말차례	발화 행위
84	태원〉 도영아, 그거 지금 이 책과 관련이 없어.
166	승호〉 아니, 이유 말고 네 의견을 말하라고.

이 수업의 비계 사용에서 특징적인 것은 토의 화제를 선정할 때 교사가 최초로 제시했던 확산적 비계가 독서일지(문어)의 맥락이 아니라 구어의 맥락에서 나타났다는 것이다(발췌록 No.57의 말차례 17, 19, 25번 참조). 토의 과정에서는 3단계와 비슷하게 반박·도전의 기능을 가진 도움문장이 주로 사용되

었으나 교사가 제시한 도움문장 외에도 말차례 121, 217번과 같이 아동이 스스로 만든 새로운 형태의 도움문장이 사용된 점도 특징적이다.

발췌록 No.57[40]

말차례	발화 행위	코딩
17	은희〉 선생님에 대해서 **얘기해보고 싶어요.**	1(+S)
19	은희〉 선생님이 왜 그렇게 친절하게 대해줬는지에 대해서 **말하고 싶어요.**	1(+S)
25	진선이가 미소의 여왕에 뽑혀서 칭찬을 받고 있을 때 할머니가 돌아가실 위기에 처했는데 왜 계속 칭찬을 받으려고 하는 게 **궁금해요.**	Q(+S)
60	동민〉 저는 권준원 의견에 반대합니다.	6(+S)
69	수훈〉 저는 이동민의 질문에 반박을 합니다.	6(+S)
93	준원〉 저는 김한주의 의견에 반박합니다.	6(+S)
102	승호〉 저는 박도영 어린이의 의견에 반박합니다.	6(+S)
112	윤주〉 권준원의 의견에 반박합니다.	6(+S)
121	도영〉 **전, 제 의견을 취소할게요.**	*(+S)
131	승민〉 저는 권준원 의견에 반박을 합니다.	6(+S)
133	정민〉 저는 박승민 의견에 반대합니다.	6(+S)
144	윤주〉 저는 안정민 의견에 반대합니다.	6(+S)
203	승호〉 저는 조은정의 의견에 어, 반박합니다.	6(+S)
205	기원〉 저는 권준원 의견에 반박합니다.	6(+S)
213	한주〉 저는 박도영 의견에 반박합니다.	6(+S)
217	승민〉 **저는 아무 반박을 하지 않고 제 의견을 말하겠습니다.**	1(+S)
225	한주〉 저는 안정민 의견에 반박합니다	6(+S)
237	수훈〉 최은희의 의견에 보충을 합니다.	5(+S)
243	동민〉 저는 수훈이 의견에 보충합니다.	5(+S)
254	기원〉 저는 김한주의 의견에 보충합니다.	5(+S)

....

40 원래 비계를 공식적으로 사용할 경우 밑줄로 표시하기로 하였으나 이 발췌록에서는 아동이 새롭게 만든 비계를 표시하기 위해서 기존의 비계는 밑줄로 표시하지 않았다. 아울러 말차례 121번은 기존 코드에 속하지 않는 새로운 발화이므로 코딩할 수 없어 *로 표시했다.

이 수업에서 형성된 문학지식으로는 수행 영역의 '분석하기', '근거 갖춰 말하기' 및 5-6학년군 성취기준의 '(4) 작품 속 인물, 사건, 배경의 관계를 파악한다.'와 '(5) 작품 속 인물의 생각과 행동을 (나와 견주어 이해하고) 평가한다.'를 들 수 있다. 앞서 기술한 바와 같이 아동은 인물을 평가하기 위해 텍스트에 제시된 정보와 상황을 연관 지어 분석하고 그것을 근거로 제시해야 했다. 그리고 그 과정에서 인물의 행동이 그가 처한 상황 및 사건과 유기적으로 연결되어 있다는 것을 알 수 있었다. 특히 다양한 해석이 대립할 경우에는 발췌록 No.58과 같이 텍스트에서 판단 근거를 마련함으로써 소모적인 논쟁의 순환을 줄일 수 있었다.

발췌록 No.58

말차례	발화 행위
114	윤주〉 진선이는 선생님의 말을 못 들은 게 아니라 못 들은 척 한 겁니다. 책에 16쪽 끝에 나와 있습니다.
131	승민〉 저는 권준원 의견에 반박을 합니다. 진선이가 분명히 못 들은 거라고 했는데 여기 책에서는 진선이가 분명히 들은 것 같습니다.
254	기원〉 저는 김한주 의견에 보충합니다. 어, 3쪽에 진선이의 별명을 부르면서 상미가 공개적으로 왕따 선고를 해가주고 왕따가 된 거 같습니다.

(5) 각 단계별 결과의 종합적 분석

(가) 대화 구조의 변화

표 4-10에 따르면 대화주의에 기반한 문학토의 수업의 구조화 과정에서 학생들의 말차례는 교사의 말차례에 비해 비중이 증가했다. 그러한 통계치보다 유의미한 변화는 발화 방향의 변화이다. 연구의 출발 단계에서는 교사-아동 간 대화가 지배적이었던 반면 문학토의 경험이 누적될수록 아동 상호 간의 대화가 증가하고 한 가지 화제와 관련된 발화의 수도 증가하였다. 이것은

아동이 문학토의의 주체가 되어 의미 형성 과정에 더욱 적극적으로 참여하고 있음을 뜻한다. 그뿐 아니라 논의를 정교화하는 비계나 "○○가 말한 것처럼"과 같은 표현을 통해서 학생들은 서로의 발언을 토대로 하는 응집성 있는 대화를 구축해나가고 있다. 대화주의적 관점에서 볼 때 인간의 사상이란 개인 안에서는 살아 있을 수 없으며 다른 사람과의 대화 속에서 타인의 의견과 접촉함으로써 비로소 살아 있는 사상이 되는 것처럼, 아동들은 토의에 참여함으로써 서로의 의견을 기반으로 자신의 생각을 형성하는 대화적 주체로 거듭나는 것이다. 이처럼 아동-아동 간 대화가 늘어나고 그것이 한 가지 화제에 대한 깊이 있는 논의를 가능케 하는 '대화적 담화'로 발전하여 응집성과 결속성을 갖춘 대화가 이루어진다는 것은 해석의 폭과 깊이에도 영향을 미친다.

표 4-10. 문학토의 수업 담화의 발화 양상 분석

순서	책 제목 (토의일)	토의 시간	전체 말차례	교사 말차례	학생 말차례	발화 방향
1	〈미소의 여왕〉 (4/2)	55분	142	57 (40%)	85 (60%)	교사-아동 위주
2	〈축구공을 지켜라〉 (4/23, 30)	102분	119	45 (38%)	74 (62%)	교사-아동 위주, 아동-아동 드물게 나타남
3	〈내가 사랑한 수박씨〉 (5/14)	57분	226	93 (41%)	113 (59%)	교사를 매개로 한 아동-아동 대화의 증가
4	《새끼 개》 5/28	54분	137	49 (36%)	88 (64%)	교사를 매개로 하되 2인 이상의 아동이 연속적으로 발화를 이어감
5	〈해룡이〉(1) 6/11	71분	271	121 (45%)	150 (55%)	읽기 전, 중: 교사-아동/ 읽기 후: 아동-아동 중심
6	〈해룡이〉(2) 6/18	52분	367	42 (11%)	325 (89%)	아동-아동 간 대화 중심
7	〈어른동생〉(1), (2) 7/2, 7/9	75분	423	157 (37%)	266 (63%)	교사를 매개로 한 대화
8	〈미소의 여왕〉 7/24	75분	283	66 (23%)	217 (77%)	아동-아동 간 대화 중심

(나) 비계 사용 양상

이 연구에서는 도움문장이라 불리는 언어적 비계가 설정되었다. 첫 번째는 토의 과정에서 아동이 자신의 반응을 자유롭게 표현하도록 돕는 '확산적 비계'이고 두 번째는 서로의 의견을 근거로 의미를 정교화하도록 돕는 '심층적 비계'이다. 두 가지 비계 모두 문학토의의 실행 이전에 아동에게 제시되었으며, 특히 확산적 비계는 독서일지에 반응을 기록하는 문어 소통 상황에서도 활용되었다.

문학토의 수업 실행의 초기 단계에서 확산적 비계는 구어 소통 상황에서는 생략되거나 변형되어 사용되는 경우가 많았다. 심층적 비계는 2단계에서 몇몇 아동이 사용을 시도한 경우를 제외하고는 거의 사용되지 않았다. 다만 비계를 직접 사용하지는 않지만 발화 내용 속에 비계가 구현하고자 하는 지지, 반론, 확장 등의 기능이 실현되는 경우가 있었다. 일부 아동은 비계의 도움 없이 상대방의 의견에 대해 지지, 반론, 확장을 할 수 있는 능력을 실제적 발달 수준으로 보유하고 있는 것으로 보인다. 그러나 아동이 이미 실제적 발달 수준에서 비계의 기능을 구현하면서 다른 사람의 의견에 근거해 자신의 의견을 제시한다고 해서 그들에게 도움문장을 가르칠 필요가 없는 것은 아니다. 비계를 직접 사용하여 그러한 기능을 수행한다는 것은 아동이 자신의 행위를 자각하고 각자의 발언들이 어떤 관계를 맺으며 긴밀하게 의미를 형성하는지 스스로 인식할 수 있음을 의미하기 때문이다. 비고츠키는 인간이 기호를 사용함으로써 동물과는 다른 수준의 고등정신 기능을 발달시키며 비약적으로 성장할 수 있다고 보았다. 따라서 비계의 도움을 자각하여 의식적으로 활용할 경우 아동의 의미 형성 능력과 관련된 근접발달영역이 확장되고 그들의 잠재적 발달 가능성도 확장될 수 있다.

초기 단계와 달리 3단계에서는 아동이 심층적 비계를 사용하는 빈도가 급증하였고 그에 따라 문학토의가 활성화되었다. 이러한 결과는 여러 가지 요인이 함께 작용한 것으로 보인다. 교사가 일시적으로 도입한 가상적 활동—등장인물과 인터뷰하기—과 그것을 돕는 매개체인 모형 마이크, 논쟁을 불러일으킬 만한 아동 발언 등을 꼽을 수 있다. 등장인물과의 가상인터뷰는 아동이 인물의 행동이나 정서에 대해 가지는 호기심이나 작품의 뒷이야기에 대한 기대 등을 자연스럽게 표출시킨다는 장점이 있다. 이러한 활동에 아동이 흥미를 가지고 참여할 수 있었던 이유는 자신의 의견을 직접적으로 드러내는 것이 아니라 등장인물을 내세워 간접적으로 문학반응을 표현한다는 점에서 심리적 부담이 줄어들었기 때문으로 보인다. 아동이 소극적 참여 상태에서 벗어나 한층 더 편안하게 자신의 의견을 표현하도록 도운 것이다. 그뿐 아니라 인터뷰에 참여하지 않더라도 인터뷰에 참여하는 다른 아동들의 반응을 좀 더 흥미롭게 지켜볼 수 있게 한다. 이 활동을 위해 마련된 소품인 모형 마이크는 가상적 활동 체계의 내적 실제성을 높여 아동이 인물의 감정과 상황에 한층 공감하여 대답하도록 도와주고 전체적인 참여 동기를 높여주는 효과가 있다.

이러한 활동 구조에서 상대방의 의견에 도전과 반박 기능을 수행하는 도움문장을 주로 사용하던 아동들은 논의가 깊어짐에 따라 자연스럽게 보충, 확장 기능을 수행하는 도움문장도 사용하기 시작했다. 이처럼 한 가지 화제에 대해 여러 명의 참여자가 다양하고 깊이 있는 의견을 축조하는 '대화적 담화'가 나타나면서 비계의 사용도 더 활발해졌으며, 그 결과 문학토의는 응집성과 결속성이 높은 심층적 의미 형성의 단계로 나아갔다. 그러한 대화 방식이 정착되자 가상적 활동이나 마이크 같은 매개체를 제거하여도 대화적 담화가 이어졌다. 이것은 비계의 특성 가운데 학습자의 능력이 향상됨에 따라 도움의 양을 감소시킨다는 퇴조(fading)의 원리를 입증하는 것이다. 이처럼 비계는 교사가 제공한 도움 가운데에서도 학생의 상황에 맞게 제공된 '일시적인 도움'을 의미한다.

그러나 매개체나 활동 구조와 달리 언어적 비계는 문학토의 과정에서 완전히 사라지지는 않을 것으로 보인다. 언어적 비계의 내면화 혹은 전유 과정에서 개인차가 나타나기 때문이다. 언어적 비계의 작용 양상에 있어 몇몇 아동은 이미 변형의 단계에 접어든 반면 다른 아동은 아직 사용의 단계에 머물러 있을 수 있는 것이다. 이러한 개인차로 인해 언어적 비계의 사용은 좀 더 오래 지속될 것으로 보인다. 이는 아동이 언어적 비계를 제대로 사용하기 위해 그들에게 요구되는 메타적인 사고능력이 몇 차례의 연습만으로 쉽게 길러지는 것이 아니기 때문이기도 하다. 또한 언어적 비계는 그 자체로 토의 진행을 위해 필요한 수단이므로 완전히 사라지기보다는 다양한 변이형으로 분화할 것으로 보인다. 언어적 비계는 아동이 자신의 구어 사용 특성에 맞게 이를 변형하고 새로운 맥락에 필요한 도움문장들로 재창조하는 과정에서 지속적으로 사용되며, 그러한 사용 양상을 통해 문학토의 속 다양한 발화들이 맺는 관계에 대한 아동의 메타인지를 드러낼 것으로 예상된다.

(다) 문학교육의 지식 형성 양상

앞서 각 단계별 결과 분석을 통해 교육과정에서 제시하는 문학지식이 문학토의를 통해 형성될 수 있음을 확인하였다. 이는 문학토의가 교육과정의 성취기준과 동떨어진 별개의 활동이 아니라 그것을 학습하는 새로운 대안이 될 수 있음을 의미한다. 교육과정에 제시된 문학영역의 성취기준 가운데 서사장르와 관련된 항목들을 표 4-11과 같이 간추릴 수 있다. 그 가운데 이 연구에서 문학토의 과정을 통해 검토된 성취기준들을 음영으로 표시하였다.

그 중 3-4학년군의 '(2) 재미있거나 감동적인 부분에 유의하며 작품을 이해한다.'의 경우 토의를 통해 활발하게 논의하지는 못했지만 앞서 〈해룡이〉에 대한 결과 분석 과정에서 제시한 아동의 독서일지에서 아동이 그 작품에 대해 감동을 느끼고 그 결과 해당 텍스트를 다른 사람에게 소개하고 싶어 한다는

표 4-11. 서사장르 관련 초등 문학영역의 내용 성취기준

학년군	내용 성취기준
1-2	(3) 이야기의 시작, 중간, 끝을 파악하며 작품을 이해한다. (4) 작품 속 인물의 마음, 모습, 행동을 상상한다.
3-4	(2) 재미있거나 감동적인 부분에 유의하며 작품을 이해한다. (3) 이야기의 흐름을 파악하여 내용을 간추린다. (4) 작품 속 인물, 사건, 배경에 대해 설명한다. (5) 작품 속의 세계와 현실 세계의 공통점과 차이점을 안다. (6) 작품을 듣거나 읽거나 보고 느낀 점을 다양한 방식으로 표현한다.
5-6	(1) 자신이 좋아하는 문학작품을 듣고 그 이유를 말한다. (2) 작품에서 말하고 있는 사람의 관점을 이해한다. (4) 작품 속 인물, 사건, 배경의 관계를 파악한다. (5) 작품 속 인물의 생각과 행동을 나와 견주어 이해하고 평가한다. (6) 작품의 일부를 바꾸어 쓰거나 다른 갈래로 바꾸어 쓴다. (7) 자신의 성장과 삶에 영향을 미치는 작품을 즐겨 읽는 태도를 지닌다.

것과 관련이 있다. 독서일지뿐 아니라 수업 시간 외에 이루어진 아동 및 담임교사와의 면담을 통해서도 아동이 문학텍스트에 재미와 감동을 느끼고 그런 요소들을 인상적으로 기억한다는 것을 확인할 수 있었다. 가령 〈해룡이〉의 1회차 수업이 끝나고 필자가 기록한 수업 후기에는 다음과 같은 사례가 남겨져 있다.

〈수업 전〉

오늘은 수업하러 올라가는 길에 윤주와 그 짝을 만났다. 윤주가 오늘은 무슨 책을 하냐고 먼저 물었다. 그래서 어떤 책을 했으면 좋겠냐고 물어보니 재밌는 걸 했음 좋겠다고 답했다. 오늘 준비한 〈해룡이〉는 슬픈 이야기라서 마음속으로 '약간 슬픈 이야기인데 괜찮을까' 싶었다. 그렇게 생각하고 있는데 윤주가 "지금까지 한 거는 다 재미있었어요." 라고 말했다.

〈수업 후〉

수업이 끝난 후 수업 전 윤주가 재미있는 것을 했으면 좋겠다고 했던 말이 떠올라서 윤주에게 가서 물어보았다. 오늘 수업한 책이 재미있었냐고 물으니

그렇다고 답해서, "이 책이 활기차고 유쾌하게 재밌는 것은 아니었는데 재미있었냐"고 다시 묻자, 그렇긴 하지만 뭔가 계속 기억에 남는다고 답했다. 아마도 아이들에게 재미라는 것은 웃기고 밝은 내용뿐 아니라 슬프고 기억에 남는, 좋은 이야기가 재미있는 이야기를 의미하는 것 같다고 생각했다. 시간이 부족해서 충분히 이야기하지 못한 것이 아쉬웠다. 특히 다시 말하기, 소개하기 활동을 통해서 이 책 전체가 아이들에게 어떤 의미로 남겨졌는지 알고 싶었는데…….

2015년 6월 11일 기록

필자에게 문학토의 수업에 대한 흥미를 나타낸 위 아동(윤주)은 문학토의 후 〈해룡이〉를 소개하는 글쓰기 과제에서도 다음의 내용과 같이 문학의 재미와 감동이 어떤 식으로 남게 되는지를 보여주는 글을 쓴 바 있다.

〈해룡이〉를 다른 사람에게 소개한다면 누구에게/왜/어떻게 소개할까?

누구에게 – 동생에게

왜 – 동생이 책을 읽지 않는데 이 책은 재미있어서

어떻게 – 해룡이가 마지막에 떠나는 장면을 소개하고 싶다. 가장 인상 깊고 **계속 생각에 남아서이다.** 인상 깊은 이유는 문둥병이 걸렸는데 아이한테 옮게 하지 않게 할려고 10년 뒤에 왔다가 그냥 간 이유가 궁금해서도 있고 아이한테 옮기지 않을려고 10년을 떨어져 있어서이다.

위의 두 자료를 보면 아동이 비록 명료한 언어로 감동의 실체와 이유를 낱낱이 기술하지는 못하더라도 어떤 점에서 이 이야기가 인상 깊다고 느끼는지 짐작해볼 수 있다. 윤주에게는 해룡이가 가족에게 병을 옮기지 않으려

고 했던 그 마음이 10년이라는 긴 시간 동안 그리운 가족과 떨어져 지낼 만큼 간절한 것이었다는 점이 마음에 깊이 와닿았던 것으로 보인다. 그러한 깊은 인상은 "뭔가 계속 기억에 남는다"와 "계속 생각에 남아서이다"라는 말과 글로 표현되었다. 이처럼 문학토의에서 직접 논의하지는 못하였으나 아동이 감동적인 텍스트를 수용하는 경험과 그것에 대해 반추하고 기록하는 시간을 통해서 3-4학년군의 '(2) 재미있거나 감동적인 부분에 유의하며 작품을 이해한다.'와 같은 성취기준에 대한 학습이 이루어진 것을 확인할 수 있다.

　　이렇게 볼 때 문학토의 수업의 경험이 계속 누적된다면 교육과정의 성취기준들에 대한 학습도 빠짐없이 이루어질 수 있을 것으로 보인다. 그뿐 아니라 때로는 교육과정의 성취기준에 제시되지 않은 지식들도 아동에 의해 제시되고 다뤄질 수 있다. 가령 아동은 비슷한 모티프가 반복되는 것을 "데자뷰 현상"이라는 용어를 사용하여 소통하였고 주인공에 대한 서사의 관습을 게임 용어인 "주인공 버프"라는 말로 표현한 바 있다. 이러한 개념적 산물(conceptual artifact)들은 토의라는 공식적인 대화 상황에서 소통되어 다른 아동에 의해서도 사용되면서 그들의 근접발달영역을 확장했다. 따라서 현재의 문학수업을 토의 중심으로 재편하더라도 성취기준에 대한 학습의 결손이나 누락이 발생하지는 않을 것으로 보인다.

　　그보다 본질적인 문제는 교육과정에 제시된 성취기준들이 어떤 순서로, 어떤 순간에 학습되는가의 문제일 것이다. 현재의 문학수업은 교육과정에서 학년군별로 제시한 성취기준에 맞게 구성된 교과서를 통해 이루어진다. 간혹 교사가 대안적인 텍스트를 활용하여 수업을 진행하는 경우도 있으나 대체로 교과서와 교육과정에서 제시한 성취기준과 텍스트에 맞추어, 주어진 학습목표를 의식하면서 수업을 진행하는 것이 일반적이다. 그러나 대화적 문학토의 중심의 수업에서는 텍스트에 대한 화제를 아동이 선정하고, 그날 아동의 반응이 집중된 텍스트의 특정 양상에 초점을 맞춰 토의가 이루어지므로 어떤 성취기준을 학습할 것인지 미리 정할 수 없다. 성취기준의 학년군별 구분도 반드시 준수되는 것은 아니다. 다만 교사가 텍스트를 미리 선정할 경우 텍스트의 특성에 따른 수업의 초점을 어느 정도 예측할 수는 있을 것이다. 가령 텍스트에 따라 서사의 구성 요소인 인물, 사건, 배경 가운데 어떤 요소가 더 부각되는지 혹은 정서적 반응과 인지적 반응 중 어떤 반응을 더 촉발하는지 등의 특징을 파악하여 초점이 더욱 명료한 토의를 유도할 수는 있다. 그러나 현재의 수업과 같이 특정 성취기준에 초점을 고정한 채 토의를 진행하기는 어려울 것이다.

이와 관련하여 랭거가 문학을 교육한다는 것은 앞서 I장에서 언급한 바와 같이 "가르칠 수 있는 순간(teachable moments)"을 발견하고 그러한 순간에 자연스럽게 지식을 형성하는 것이라고 설명한 것을 상기할 필요가 있다. 필자가 제안하는 대화주의에 기반한 문학토의 수업도 학생들이 '학습할 수 있는 순간(learnable moments)'[41]을 발견하고 그러한 학습의 토대를 교사와 학생이 함께 마련해가는 것이다. 이때 교사의 역할은 텍스트의 의미를 함께 탐구하는 것뿐 아니라 정보를 제공하고 개념을 설명하는 것에 이르기까지 다채롭다. 그러므로 교사에게 중요한 덕목은 문학에 대한 지식뿐 아니라 그러한 지식을 탐구하는 태도와 방법, 그리고 학생들이 '학습할 수 있는 순간'을 발견하고 알맞게 중재하는 판단력까지를 포함한다.

'학습할 수 있는 순간'을 발견하고 알맞은 중재의 방법을 찾는다는 것

----

41 랭거가 제시한 "가르칠 수 있는 순간(teachable moments)"의 행위 주체가 교사이기 때문에 학생들은 수동적인 대상처럼 느껴질 수 있다. 이는 문학토의에 참여하면서 능동적인 주체로 형성되고 있는 학습자들의 특성을 적확하게 표현할 수 없다는 점에서 이 연구에서는 "가르칠 수 있는 순간(teachable moments)"을 "학습할 수 있는 순간(learnable moments)"으로 바꾸어 표현하였다.

은 문학지식의 성격을 어떠한 것으로 규정하는가에 따라 달라질 것이다. 가령 3-4학년군의 성취기준인 '(5)작품 속의 세계와 현실 세계의 공통점과 차이점을 안다.'라는 문학지식을 학습하는 경우를 놓고 볼 때, 교사가 이를 '허구와 현실의 공통점과 차이점을 개념적으로 아는 것'이라고 생각한다면 아동이 그러한 내용에 대해 의문을 나타낼 때 적절한 내용을 설명하는 것으로 지식을 형성할 수 있다. 그러나 문학지식이 앞서 랭거가 말한 '가능성의 탐구'를 통해 형성되는 지식이라고 본다면 개념 설명과는 다른 접근이 요구될 것이다.

실제로 이 연구의 수행 과정에서 아동들이 몇 차례에 걸쳐 그날 토의한 텍스트가 실화인지 아닌지 궁금해 했다. 그때마다 필자는 서사의 허구성에 대한 각기 다른 측면의 정보를 제공하였다. 처음에는 '그 이야기가 실화인지 아닌지 확실하지는 않지만 우리가 그것을 실화라고 생각하는 이유는 그만큼 그 이야기가 현실에서 일어날 법한 것이기 때문'이라고 대답했고 얼마 후 비슷한 상황이 벌어졌을 때에는 '어떤 이야기가 실제로 일어난 일이라고 하더라도 그것을 작가가 자신의 생각과 상상력을 가지고 이야기로 만들었기 때문에 실제 이야기와 완전히 똑같다고 볼 수는 없다'고 설명했다. 이후 판타지 장르의 동화 〈어른동생〉에 대한 문학토의 시간에 "이 이야기 속 정우 삼촌이나 미루 같은 사람들이 실제로 있을까?"라는 질문을 했을 때, 한 아동은 독서일지에 "실제로 존재하지 않는다. 왜냐하면 작가가 자기의 생각을 덧붙여서 썼기 때문이다."라고 기록하였다. 이 같은 반응은 현실의 세계와 허구 세계에 대한 구분이 이루어졌다는 점에서 지식이 형성된 결과라 볼 수 있다. 그러나 다른 아동들이 여전히 자신의 배경지식을 동원하여 그러한 질문에 대해 탐구를 이어가고 있을 때 이 아동은 외부에서 주어진 개념 설명에 근거해 탐구의 과정을 중단했다고 볼 수도 있다. 이러한 현상으로 미루어볼 때 문학토의를 통한 문학지식의 형성 과정에서는 교사가 어느 단계에서 어느 정도로 정리된 개념을 설명할 것인가, 혹은 여전히 탐구를 지속시킬 것인가를 결정하는 것이 중요하고도 어려운 문제임을 알 수 있다.

　다시 말해 문학지식이 탐구의 결과로 형성되는 것이라고 보는 관점에서는 정리된 개념을 소유하는 것보다 그러한 개념을 형성하기까지 다양하고 개별적인 문학텍스트를 수용하는 과정을 중시해야 한다. 가령 아동이 새로운 이야기를 접할 때마다 "나는 ~이 궁금해." 라는 도움문장 속에 "이 이야기가 실화인지 아닌지 궁금하다."라는 반응을 표현하는 것은 "나는 이 이야기가 실화인지 아닌지 명확하게 구분하고 분류하고 싶어."라는 의미라기보다 "나는 이 이야기가 ~이기 때문에 진짜 이야기처럼 실감나게 느껴져." 혹은 "이 이야기는 작가가 쓴 것이지만 내가 알고 있는 ~과 비슷해."와 같은 다양한 반응들을 통해 '서사의 허구성'이라는 개념을 형성해가는 징후로 해석해야 할 것이다. 이처럼 다양한 작품을 경험하고 논의하면서 자신의 의문을 천천히 탐구하는 과정과, 이를 통해 다채로운 문학의 세계와 추상적인 개념의 세계를 손쉽게 맞바꿔버리지 않는 태도는 문학지식을 형성하는 데 중요하고 본질적인 부분이다.

　따라서 이 책에서 지향하는 대화주의에 기반한 문학토의 중심의 문학교육을 위해서는 아동이 문학에 대한 흥미와 호기심을 잃지 않고 새로운 서사를 경험하는 과정에서 문학에 대한 지식을 형성해가도록 도와야 할 것이다. 아울러 그러한 과정은 한두 차례로 끝나는 것이 아니라 전 학년에 걸쳐서 지속적으로 이루어져야 한다. 그리고 그 과정에서 개별 아동의 문학능력을 사회적인 수준과 공식적인 차원에서 공유하여 다른 아동들의 근접발달영역을 확장하고 아동과 아동, 아동과 교사가 서로에게 비계로 작용할 수 있도록 해야 할 것이다.

3) 대화주의에 기반한 문학토의 수업의 효과

(1) 비계의 효과

이 책에 제시된 문학토의 관련 비계로는 아동의 문학반응을 자유롭게 표현하도록 돕는 확산적 비계와 그러한 반응들이 서로 관계를 맺으며 응집성과 결속성을 갖도록 돕는, 심층적 비계가 있다. 이러한 언어적 비계의 효과는 다음과 같다.

첫째, 확산적 비계는 다양한 반응을 유도하고 토의를 시작할 수 있도록 돕는다. 확산적 비계는 상대방의 발화에 근거하지 않고도 자신의 의견을 표현할 수 있게 한다. 별다른 제약 없이 쓸 수 있기 때문에 아동이 문학에 대한 자신의 반응을 부담 없이 발화에 담아낼 수 있게 한다. 확산적 비계를 통해 언어화된 아동의 반응은 토의를 개시하고 토의의 화제를 형성하는 토대가 된다. 실제로 아동은 이러한 확산적 비계를 선호하는 것으로 나타났다. 어떠한 도움문장이 마음에 드는지에 대한 문학토의 설문지(부록3 참조) 17번 문항에 대한 응답에서 복수 응답을 포함한 총 31건의 응답 가운데 "나는 ~이 궁금해"가 16건, "나는 ~에 대해서 말하고 싶어"가 9건으로 상위를 차지하였다. 이처럼 확산적 비계를 선호하는 근거로는 "나는 ~이 궁금해"의 경우 "궁금한 것이 많을 때 정리하는 데 도움이 된다"는 의견이 다수였으며 "사용하기 쉽다", "재미있다"는 의견도 제시되었다. "나는 ~에 대해서 말하고 싶어"의 경우에는 "내가 하고 싶은 주제를 말할 수 있다"는 의견이 다수였으며 "여러 의견을 들을 수 있다"는 의견도 제시되었다.

둘째, 심층적 비계는 응집성과 결속성을 갖춘 '대화적 담화'를 형성하며 텍스트에 대한 심도 있는 논의를 촉발시킨다. 아동은 도전과 반박을 위한 비계를 주로 사용하다가 이후에는 확장, 보충, 지지를 위한 비계를 사용하는 양상을 보였다. 이러한 비계 사용 양상에서 그들은 더 깊고 다양한 텍스트의 의미를 탐구하였다. 심층적 비계는 특히 비슷한 의견을 가진 학생들이 집단을 이루어 자신들의 입장을 표명하는, 의견 그룹 단위의 토론이 이루어지도록 이끌었다. 아울러 아동이 심층적 비계를 상황에 맞게 사용한다는 것은 그들이 자신의 발화와 다른 사람의 발화의 관계에 대한 메타적 사고 능력을 갖추었음을 보여준다.

셋째, 아동의 참여 과정에서 비계가 전유되면서 기존의 비계가 변형된다. 특히 토의가 활성화되고 아동이 서로 대화하는 데 익숙해짐에 따라 그들이 기존의 비계 외에 새로운 비계를 만들고 창조하는 경우를 볼 수 있었다. 애초 비계는 문학토의 실행 초기에 아동의 적극적 참여와 심층적 의미 형성을 도우려는 목적으로 설정된 것이었으나 문학토의가 활발해지면서 그들 스스로 비계를 만들고 제시하는 단계로까지 발전된 것이다.

비고츠키는 인간이 도구를 사용하여 대상에 영향력을 행사하는 것처럼 기호를 사용하여 자기 자신의 내면을 통제한다고 보았다. 언어적 비계는 기호에 속하므로 인간이 자신의 행동을 조절하기 위해서 사용하는 것이라고 볼 수 있다. 앞서 언급하였듯 아동이 이 연구에서 제시된 언어적 비계를 정확하게 사용한다는 것은 자신의 발화행위가 이전 화자의 발화행위와 어떤 관계를 맺는지 메타적으로 인식하고 있음을 나타내는 것이다. 아울러 비계의 정확한 사용에 머물지 않고 아동 스스로 언어적 비계를 창조적으로 사용한다는 것은 이후에 자신이 수행할 발화행위의 기능을 의도적으로 통제한다는 점에서 자기조절적인 기능이 향상된 것이며 비계가 내면화되고 전유되었음을 나타내는 것이다.

그리고 이 연구에서는 문학토의가 활발하게 이루어지도록 하기 위해서 언어적 비계 외에도 가시적인 형태의 매개체가 효과적으로 사용되었다. 보드로바와 레옹은 정신의 도구인 매개체의 기능을 두 가지로 본다. 하나는 아동이 스스로 문제를 해결하도록 돕는 것으로, 성인의 직접적인 지시가 필요하던 상황에서 아동이 독자적으로 과제를 수행하는 상황으로 이행할 수 있게 매개하는 것이다. 다른 하나는 하등정신 기능에서 고등정신 기능으로의 전환을 촉진함으로써 장기적으로 아동의 정신을 재구성하는 것을 돕는 기능이다.[42] 이 연구에서 사용된 마이크와 같은 매개체는 아동이 스스로 토의에 필요한 형식과 기능을 갖춘 발화를 할 수 있도록 분위기를 마련하고 동기를 유발하였다. 그리고 무엇보다 이러한 동기유발은 문학토의에 대한 아동의 참여와 대화를 촉발시켰다. 따라서 언어적 비계 외에도 다른 종류의 비계와 매개체 등을 적절히 활용하는 것이 문학토의 수업을 정착시키고 활성화하는 데 효과적일 것으로 예상된다.

(2) 문학토의 수업의 효과

수업 대상 학급의 아동 27명에게 문학토의 관련 설문조사(부록3 참조)를 실시한 결과, 아동은 문학토의에 대해 긍정적인 태도와 참여 의지를 가지고 있음을 확인할 수 있었다. 문학 독서 이후 형성된 개인적 반응의 처리 방법에 대해 묻는 3-4번 문항의 응답을 살펴보면, 문학토의를 실시한 전후로 동화를 읽고 혼자 생각하는 것을 선호하는 아동은 15명(60%)에서 8명(32%)로 감소하였고 다른 친구들과 토의하는 것을 선호하는 아동은 10명(40%)에서 17명(68%)으로 증가했다. 이는 아동이 문학토의를 경험함으로써 자신의 개인적 반응을 공적인 소통의 장에서 교류하는 것을 선호하게 되는 경향성을 보여주는 것이다.

문학토의에 대한 선호가 증가한 구체적 원인은 문학토의 수업에 다시 참가할 기회가 주어질 경우 참여 의지를 묻는 19번 문항에 대한 응답을 통해 확

----

42 김철희(2012), 「비계 설정 관점에서의 쓰기 과제 구성 가능성 모색」, 《국어교육학회 52회 학술발표대회 자료집》, 국어교육학회, p.82.

인할 수 있다. 이 질문에 대한 총 응답자 24명 중 8명이 "무슨 일이 있어도 꼭 참여하고 싶다"고 답했는데 그 이유는 "정말 재밌고 생각이 많아져서", "재미있고 관심이 계속 가서", "재밌다" 등 재미있다는 내용이 다수를 차지했다. 이 외에도 "나만 알고 있던 내 의견을 말할 수 있어서"라는 응답도 제시되었다. "가능한 한 꼭 참여하고 싶다"는 아동 역시 8명으로 나타났으며 그 이유로는 "좀 더 알아보고 싶기 때문이다", "많은 친구들과 이야기해보고 싶기 때문이다", "여러 생각이 들고 재밌어서"라는 의견과 "그냥 책 읽어주시는 게 재밌어서", "재미있다면 하고 싶다", "재미있을 것 같다" 등이 제시되었다. 반면 "약간 참여하고 싶다"고 밝힌 6명의 아동 중에는 "흥미 있으면서도 지루함이 느껴진다"는 유보적인 반응을 보인 경우도 있었다. "별로 참여하고 싶지 않다"는 아동은 2명으로, 특별한 이유를 밝히지 않았으며 "절대 참여하지 않을 것"이라는 아동은 없었다. 이처럼 대다수의 아동이 문학토의에 대한 참여 의사를 밝힌 것으로 보아 문학토의에 참여한 경험을 긍정적으로 평가하고 있다고 볼 수 있다.

　문학토의는 서사장르에 대한 독서행위에 대해서도 긍정적인 태도를 형성한 것으로 보인다. 문학토의 경험이 동화 읽기에 대한 선호에 미치는 영향을 묻는 7-8번 문항의 경우, 총 응답자 26명 중 "매우 좋아한다"는 7명에서 8명으로 1명이, "좋아한다"는 5명에서 12명으로 7명이 증가했다. 또 "조금 좋아한다"는 9명에서 5명으로 바뀌어 4명이 감소했고, "좋아하지 않는다"는 3명에서 0명으로 바뀌어 3명이 감소했으며, "매우 싫어한다"는 2명에서 1명으로 바뀌어 1명이 감소했다. 이처럼 좋아하는 정도가 상승한 아동과 싫어하는 정도가 하락한 아동이 많은 것으로 미루어, 아동들은 전반적으로 문학토의를 실시한 후 동화 읽기를 더 좋아하게 된 것으로 파악된다. 이상의 설문 결과를 통해 문학토의의 경험이 아동에게 문학토의 자체에 대한 긍정적인 태도와 참여 의지를 형성하고 문학에 대한 흥미와 독서 의지를 향상시킬 수 있음을 알 수 있다. 이러한 긍정적인 태도와 의지는 그들이 생애의 독자로 성장하는 발판이 된다는 점에서 중요하다.

문학토의를 통한 공동의 의미 형성은 아동이 텍스트를 폭넓고 깊이 있게 이해하도록 돕고, 그 과정에서 아동은 서로의 존재를 통해 의미를 형성하는 대화적 주체가 된다. 이와 관련하여 문학토의 설문지 16번 문항의 응답을 살펴보면 대부분의 아동들은 문학토의에 적극적으로 참여하는 아동을 통해서 도움을 받았다고 보고하고 있다. 총 24명의 응답자 가운데 21명이 "내 의견이 생각나지 않을 때 도움이 됐다", "내 의견과 전혀 다른 의견을 들을 수 있다", "모르는 것을 알게 된다", "여러 의견을 들으며 보충할 수 있다", "답을 알게 된다", "나의 생각을 키울 수 있다", "아이들이 도움을 많이 준다", "의견을 보충해 준다", "많은 생각을 들게 해 준다" 등의 인지적 자극과 도움을 받는다는 의견을 제시하였고 "(다른 아동이) 적극적으로 하면 나도 같이 하게 된다", "나도 저렇게 열심히 해야지 라는 생각이 난다"와 같이 정서적인 자극과 동기유발 효과도 보고하였다. 특히 "도움을 받아야 토론을 한다"는 응답은 도움을 주고받는 대화적 관계가 문학토의의 기본 전제임을 상기시켜 준다. 반면 "도움을 받지 않았다"는 응답자 3명은 "적극적이어도 논리적이지 않은 것이 많았다"거나 "내 의견이 옳은 것 같다", "이득이 되지 않는다"라는 의견을 제시했다. 이는 문학토의에서 소모적인 논쟁, 쟁점에서 벗어난 논의, 텍스트에 대한 잘못된 해석 등을 적절히 선별해야 함을 시사한다. 아동은 문학토의라는 집단적인 의사소통과 탐구의 과정에 자연스럽게 참여함으로써 대화적 주체로 형성된다. 다만 이러한 대화적 주체 형성이 일부 적극적 참여자에게만 일어나는 지엽적인 현상이 되지 않기 위해서는 참여의 폭이 확장되어야 하며 소모적 논쟁과 생산적 토의가 변별될 수 있어야 할 것이다.

4) 한계 및 의의

이 연구의 한계로는 소극적 참여에 대한 추가적인 대안의 필요성, 언어적 비계와 함께 토의를 활성화하는 다른 요인들에 대한 논의의 필요성, 국어과 내 다른 영역과의 유기적인 관련성에 대한 연구의 필요성 등을 들 수 있다.

이 연구는 교실 수업의 실제 상황에서 발생하는 문제를 해결하기 위하여 대집단 토의를 중심으로 문학토의를 실시하였다. 그러나 대집단 토의에서는 참여의 폭이 제한된다는 문제가 발생할 수 있다. 실제 수업 실행 과정에서도 문학토의에 적극적으로 참여하지 않는 아동이 나타났다. 이 경우 문학토의의 공식적 층위에서 이루어진 대화만으로는 학급 전체의 문학반응을 살펴볼 수 없으므로 독서일지 등 비공식적 층위의 자료를 함께 검토해야 한다. 이처럼 대집단 토의는 토의에서 이루어진 공식적인 발화뿐 아니라 비공식적인 반응을 모두 포함해야만 해당 해석공동체의 전반적인 문학능력을 파악할 수 있다는 한계가 있다.

이 외에도 개별 아동들의 산발적인 발언에 의해서만 토의가 진행될 경우 해석의 내용이 지엽적이고 부수적인 관심사에 고착되거나 단순한 내용 파악에 그칠 우려가 있다. 이를 위해 이 연구에서는 모둠토의를 통한 화제 선정 방식을 도입하여 대집단 토의의 단점을 부분적으로 보완하였다. 그러나 그러한 대안적인 방법을 모색하는 것뿐 아니라 아동이 소극적 참여자로 머물러 있는 원인을 규명할 필요가 있다. 이와 관련하여 아동이 문학토의를 어렵게 느끼는 원인을 파악하기 위해 설계한, 문학토의 설문지 12번 문항의 응답 내용을 참조하고자 한다.[43] 총 26명의 응답자 가운데 "아주 많이 어렵다"와 "많이

....

43 문학토의 참여도에 대한 자기 평가에 해당하는 13번 문항 역시 소극적 참여의 원인을 묻고 있으나 그에 대한 직접적인 응답은 "부끄러워서"라는 의견 1건에 그친다. 응답자 총 26명 가운데 총 22명

어렵다"를 선택한 아동은 없었으며 "약간 어렵다"의 경우 12명, "전혀 어렵지 않다"의 경우 14명이 선택하였다. 전반적으로 문학토의에 대해 큰 어려움을 겪은 아동은 없는 편이다. 다만 "약간 어렵다"라고 응답한 원인을 토대로 소극적 참여의 원인을 유추해볼 수 있다. "약간 어렵다"고 답한 아동의 경우 "약간의 이해가 부족하다", "가끔 생각이 안 날 때가 있다", "내 생각을 표현하기 힘들다", "친구들이 말하는 걸 기억해야 한다"와 같은 인지적인 요인과 "친구들에게 말하기가 조금 부끄럽다", "답을 잘못 말할 것 같다"와 같은 심리적인 요인을 제시하였다.

반면 "전혀 어렵지 않다"고 느낀 아동의 경우에는 "많이 해서 쉬워졌다"는 의견이 3명으로 경험과 참여의 축적 자체가 갖는 의미를 상기시킨 경우도 있었으며 "선생님이 잘 알려주셨다"는 의견이 2명으로 교사의 허용적인 분위기와 안내의 중요성을 시사하는 경우도 있었다. 따라서 문학토의의 경험 기회를 많이 부여하고 그 과정에서 교사가 안내자의 역할을 충실히 한다면 토의 참여에 대한 인지적, 심리적 장벽이 낮아질 수 있을 것으로 보인다. 이 외에도 "그냥 자신의 의견을 발표하면 된다"와 "자유로운 내 생각을 말하면 된다"는 의견, "나의 생각을 표현하는 방법이 많아졌다", "책을 잘 읽고 이해만 하면 된다" 등의 의견이 제시되었다. 후속 연구에서는 이상에서 논의된 각각의 경우에 적합한 교육적 대안이 모색되어야 할 것이다.

....

이 대체로 자신이 적극적으로 참여했다고 평가하고 있으며 자신이 소극적으로 참여했다고 밝힌 아동들은 대체로 그 원인을 기술하지 않았기 때문이다. 참고로 적극적 참여의 원인은 다음과 같다. 총 26명의 응답자 가운데 자신이 문학토의에 "매우 적극적으로" 참여했다고 평가한 아동은 3명이며 그 이유로는 "재미있어서", "의견을 말하는 게 재밌다", "힘들게 시간을 내서 하는 수업이며 내가 좋아하는 국어수업이기 때문이다"라고 밝혔다. "적극적으로" 참여했다고 평가한 아동은 총 10명으로 그 근거로 "내 의견을 이야기하지 않으면 답답하기 때문에", "재밌어서", "참여하고 싶어서", "재미짱!", "선생님이 친절하시고 재미있게 수업해주셔서" 등을 들었다. "약간 적극적으로" 참여했다고 평가한 아동은 총 9명이나 전반적으로 모호한 근거를 제시하여 참고 자료로 활용하기는 어려웠다.

아동의 참여를 확장하고 문학토의에 대한 동기를 강화하기 위해서는 언어적 비계 외에도 적절한 가상적 활동이나 매개체 등 다른 요소를 활용하는 것도 중요해 보인다. 그러나 이 연구에서는 주로 언어적 비계의 작용과 효과를 분석하는 데 초점을 두었기 때문에 그러한 사항에 대해서는 충분히 살피지 못한 한계가 있다. 후속 연구에서는 이처럼 언어적 비계와 유기적으로 결합될 수 있는 활동의 방법을 실증하는 작업이 뒤따라야 할 것이다.

다만 이 연구에서 제시된 문학토의 중의 논쟁 장면들은 위에서 언급한 참여 동기 강화와 참여 폭 확대라는 과제를 극복하는 실마리가 될 수 있을 것이다. 토의가 활발해진 국면들을 살펴보면 언어적 비계 가운데 도전과 반론의 기능을 수행하는 도움문장이 주로 사용된다. 이때 아동은 주로 도전과 반박의 도움문장을 먼저 사용하다가 논의가 어느 정도 지속되면 확장, 보충, 지지를 위한 비계를 사용하는 경향을 보인다. 따라서 도전과 반론의 도움문장은 응집성과 결속성을 갖춘 대화적 담화가 형성되기 위한 촉매 작용을 한다고 볼 수 있다. 문학토의 설문지에서도 아동이 논쟁적인 요소를 선호하는 경우를 발견할 수 있었다. 가령 인상적인 문학토의가 이루어진 텍스트를 묻는 23번 문항에 대해, 텍스트 선정의 근거로 "토의가 너무 치열해서"라는 의견을 제시한 경우가 있었고 문학토의에 대한 자유 의견을 묻는 25번 문항에 대해 "뭔가 어떤 의견에 대해 다수결로 나눠서 토의를 하면 좋을 것 같습니다"와 같은 의견을 제시하는 경우가 있었다. 비록 소수의 의견이긴 하지만 이러한 답변들은 아동이 토의 과정에서 논쟁적인 요소를 필요로 함을 보여준다.

그러나 논쟁적인 요소를 지닌 도전과 반론의 내용을 자세히 살펴보면 때로는 반론을 위한 반론이 거듭되는 경우도 나타난다. 따라서 이러한 언어적 비계를 사용할 때에는 상대방의 발언과 학급 전체에서 이루어지는 토의의 흐름에 대한 인식이 동반되어야 하며 불필요한 논쟁과 생산적인 논의를 구분할 수 있도록 해야 할 것이다. 아울러 나머지 비계의 사용을 촉진하는 방안에 대해서도 좀 더 자세한 연구가 필요하다. 앞서 언급한 바 있듯 선호하는 비계를 묻는 설문의 응답 중 심층적 비계를 선택한 경우는 "나는 ~의 의견에 도전해"와 "나는 ~의 의견을 보충해" 등 모두 각 3건에 그친 것으로 나타났다. 이는 확산적 비계에 비해 채택률이 매우 낮은 것이다. 실제 문학토의 수업의 실행 과정에서 이러한 비계의 활성화는 3단계 이후 가상적 활동의 병행 등에 힘입어 촉진된 바 있다. 따라서 심층적 비계를 활성화할 수 있는 방안에 대한 후속 연구가 요구된다.

마지막으로 이 연구에서 실행된 문학토의 수업은 말하기·듣기, 읽기, 쓰기, 문법과 같은 국어과 교육과정의 다른 영역과 연계된 언어 사용을 가능하게 해 준다는 점에서 통합적인 국어수업의 대안적인 형태로 제안될 수 있다. 그러기 위해서는 문학능력 면에서의 효과뿐 아니라 말하기·듣기, 읽기, 쓰기, 문법 영역의 국어능력과 관련된 효과 또한 면밀히 탐구될 필요가 있다. 특히 이 연구에서는 아동에게 독서일지 쓰기 활동이 지속적으로 요구되었으며 이는 연구 결과의 분석에 있어서도 유용하게 활용되었다. 그러나 그 과정에서 아동의 쓰기 능력과 관련된 분석이나 지도를 효과적으로 수행하지는 못하였다. 따라서 후속되는 문학토의 연구에서는 국어과 각 영역과 문학토의가 맺는 관련성과 효과를 살펴봄으로써 통합적인 국어수업의 가능성을 모색해야 할 것이다.

이러한 한계에도 불구하고 이 연구에서는 몇 가지 의의를 찾을 수 있다. 첫째, 초등 국어교육의 구체적인 맥락에서 실제적인 문학토의를 실시했다는 점이다. 이질적인 구성원들이 모여 있는 공교육의 교실에서 대집단 토의는 앞서 언급한 단점에도 불구하고 불가피한 조건으로 존재한다. 동시에 그 나름의 가치와 효용 또한 가지고 있다. 대집단 토의는 더욱 폭넓고 다양한 반응들이 교류하는 장이 될 수 있으며 소집단 토의를 위한 모델링의 과정으로도 기능할 수 있는 것이다. 따라서 이 연구는 그러한 대집단 토의를 활성화하고 이를 위한 다양한 역할들을 제시하는 데 초점을 맞추었다.

둘째, 이 연구는 문학토의의 활성화를 위한 이론적, 실천적 논의를 모두 포괄한다는 의의가 있다. 이를 위해 구체적인 이론적 기반으로는 대화주의를 제시하였으며 실천적 기반으로는 비계 설정의 방안과 관련 연구들을 제시하였다. 이와 함께 실제 교육현장에서의 수업 과정을 몇 가지 단계로 구분하여 기술함으로써 문학토의 수업의 구조화 방안을 모색하였다. 물론 이 연구에서 제시된 언어적 비계와 그 사용 양상이 곧바로 일반화될 수는 없을 것이다. 그러나 그러한 언어적 비계를 참조하여 다양한 도움문장들이 각 학교와 학급의 맥락에 맞게 활용될 수 있을 것으로 보인다.

셋째, 이 연구는 아동문학의 성과를 교실 현장에 반영하여 당대의 작가들과 학습독자와의 소통을 시도하였다. 그간 아동문학 연구와 초등 문학교육 연구의 소통이 원활하지 못하다는 지적이 제기되어 왔다. 아동문학 비평과 연구의 장에서 주목받은 작가의 작품들이 교과서에 실리는 사례가 점차 늘고 있으나 현재까지 교과서에 실린 많은 문학작품들이 학습독자들의 구체적인 삶을 반영하며 그 문학적 완성도에 있어서도 좋은 평가를 받을 수 있을지는 다소 의문이다. 더욱 근본적인 문제점은 문학텍스트 선정에 대한 합리적인 기준과 다양한 작품들이 실릴 수 있는 제도적 환경이 마련되어 있는지 여부일 것이다. 이 연구 역시 이러한 근본적인 문제에 대해서는 구체적이고 실증적인 논의에 이르지 못하였다. 그러나 아동문학 비평계에서 주목받은 당대 작가들의 작품을 문학토의 대상 텍스트로 선정함으로써 문학수업이 당대의 독자와 작가를 매개하는 소통의 장이 되도록 시도했다는 의의가 있다.

| 더 읽어볼 자료: 2015 국어과 교육과정의 문학영역 성취기준 |

본 장에서 제시한 문학토의 수업의 구조화 과정에 대한 논의는 연구 당시에 적용되었던 2011 개정 교육과정의 성취기준을 토대로 이루어졌다. 그러나 2017년부터는 2015 개정 국어과 교육과정이 학년군별로 순차적으로 적용이 된다. 따라서 이 책에서 강조하는 책 읽어주기와 문학토의를 연계한 수업을 진행할 경우 아래 제시된 2015 국어과 교육과정의 문학영역 성취기준에 근거하여 학습목표를 설정하고 교재를 재구성해야 할 것이다. 특히 5-6학년군에서는 다른 독자들과의 능동적인 소통을 강조한다는 점에서 문학토의를 중심으로 한 Ⅳ장의 수업 내용들을 참조할 수 있을 것이다.

학년군	학년군별 성취기준	성취기준
1-2	문학에 대하여 친밀감과 흥미를 느끼도록 하는 데 중점을 두어 설정하였다. 재미있는 발상과 표현이 담긴 작품을 활용하여 말의 재미를 느끼거나 작품에 묘사된 인물이나 사건을 상상하고 자신의 생각이나 느낌, 경험을 자유롭게 표현하는 활동을 통해 문학에 입문하도록 하는 데 주안점을 둔다.	[2국05-01] 느낌과 분위기를 살려 그림책, 시나 노래, 짧은 이야기를 들려주거나 듣는다. [2국05-02] 인물의 모습, 행동, 마음을 상상하며 그림책, 시나 노래, 이야기를 감상한다. [2국05-03] 여러 가지 말놀이를 통해 말의 재미를 느낀다. [2국05-04] 자신의 생각이나 겪은 일을 시나 노래, 이야기 등으로 표현한다. [2국05-05] 시나 노래, 이야기에 흥미를 가진다.
3-4	작품으로 형상화된 세계를 포괄적으로 이해하며 감상하고 그 결과를 다양한 방법으로 표현하는 능력을 갖추는 데 중점을 두어 설정하였다. 학습자의 흥미와 발달 단계에 맞는 작품을 찾아 읽고 감상의 결과를 능동적으로 표현하면서 문학을 즐기는 태도를 기르는 데 주안점을 둔다.	[4국05-01] 시각이나 청각 등 감각적 표현에 주목하며 작품을 감상한다. [4국05-02] 인물, 사건, 배경에 주목하며 작품을 이해한다. [4국05-03] 이야기의 흐름을 파악하여 이어질 내용을 상상하고 표현한다. [4국05-04] 작품을 듣거나 읽거나 보고 떠오른 느낌과 생각을 다양하게 표현한다. [4국05-05] 재미나 감동을 느끼며 작품을 즐겨 감상하는 태도를 지닌다.
5-6	문학의 수용과 생산 활동을 통해 자아를 성찰함으로써 문학이 개인의 성장을 돕는 자양분이 된다는 점을 경험하는 데 중점을 두어 설정하였다. 문학의 내용과 형식적 특성에 대한 이해를 바탕으로	[6국05-01] 문학은 가치 있는 내용을 언어로 표현하여 아름다움을 느끼게 하는 활동임을 이해하고 문학 활동을 한다. [6국05-02] 작품 속 세계와 현실 세계를 비교하며 작품을 감상한다.

하여 작품을 수용하고 다양한 갈래로 표현하며 다른 독자들과 능동적으로 소통하는 데 주안점을 둔다.

[6국05-03] 비유적 표현의 특성과 효과를 살려 생각과 느낌을 다양하게 표현한다.

[6국05-04] 일상생활의 경험을 이야기나 극의 형식으로 표현한다.

[6국05-05] 작품에 대한 이해와 감상을 바탕으로 하여 다른 사람과 적극적으로 소통한다.

[6국05-06] 작품에서 얻은 깨달음을 바탕으로 하여 바람직한 삶의 가치를 내면화하는 태도를 지닌다.

V

문학교육의 미래로 향하는 길목에서

들어가며

　Ⅲ장과 Ⅳ장에서 살펴본 책 읽어주기와 토의 중심 문학수업의 실천 사례들은 교과서와 교사 중심의 수업이 아니라, 실제 문학텍스트와 아동을 중심에 둔 수업이 어떤 형태로 이루어질 수 있는지에 대한 개략적인 밑그림이라고 할 수 있다. 밑그림은 언제든지 지우고 다시 그릴 수 있는 것이므로 더 좋은 그림을 그리기 위해서는 또 다른 연구와 교육적 실천들을 이어나가야 함은 물론이다. 다만 변화의 방향은 아동이 자신의 삶 속에서 문학을 가까이 두고 즐기며, 그 과정에서 삶의 의미를 반추하고 자신과 타자, 세계에 대한 이해를 확장하도록 돕는 것에 초점을 두어야 한다.

　어떤 교실에서는 그러한 문학수업이 이미 이루어지고 있을지도 모른다. 그런가 하면 또 어떤 교실에서는 그러한 수업에 대한 준비가 이제 막 시작되고 있는지도 모른다. 이처럼 교사마다 미래의 문학교육을 현실로 끌어당기는 시기는 조금씩 다를 것이다. 그러나 제각각 열리는 꽃망울들이 모이고 모여 어느 날 만개한 벚꽃 동산을 이루듯 미래의 문학교육이 어느 순간 하나의 큰 흐름으로, 제법 완성된 그림처럼 우리 앞에 구체적인 모습을 드러내는 시기가 곧 다가오기를 바란다. 그때쯤이면 비로소 우리는 변화와 진전을 이루었다고 말할 수 있을 것이다. 나아가 그러한 문학교육이 한 세대를 길러낼 만큼의 충분한 시간이 흘렀을 때에는 우리가 살아가는 세계의 밑그림 역시 지금과는 많이 달라져 있기를 기대한다. 이 장에서는 문학교육의 미래로 가는 길목에서 만날 법한 이정표 같은 지점들에 대해 이야기함으로써 앞으로 남은 실천의 방향을 가늠해보고자 한다.

1. 어린이책을 읽는 예비교사들

새로운 문학수업을 준비하기 위해서는 예비교사를 길러내는 과정에서부터 그들이 어린이책을 즐겨 읽고 비평적인 시각을 갖추도록 돕는 공식적인 교육과정이 필요하다는 것은 이미 여러 차례 강조한 바 있다. 그렇다면 실제 예비교사들은 어린이책과 아동문학을 어떻게 느끼고 받아들이고 있을까? 필자는 지난 몇 년 간 교육대학에서 주로 학부 3학년 학생들과 문학에 기반한 국어수업 실습을 진행한 바 있다. 초등교육의 전문가를 길러내는 교육대학의 교육과정에서 3학년은 본격적으로 각 교과의 수업 지도안을 작성하고 교재를 재구성하며 수업 시연을 실시하는 학년에 해당한다. 이 시기 학생들은 국어 교과뿐 아니라 여러 교과의 수업을 준비해야 하기 때문에 시간적인 여유가 없고 조별 과제에 대한 부담도 크다. 참관 실습 기간에는 수업을 할 수 없어 실습 전까지 보강을 마쳐야 하기 때문에 학생들의 부담이 가중된다. 필자의 주관적인 판단이긴 하지만 그러한 상황 속에서도 매주 2-3명의 학생들이 돌아가면서 자신이 좋아하는 문학텍스트를 소개하는 시간만큼은 많은 학생들이 작품의 내용에 몰입하고 정서적인 감동을 느끼며 구수한 입말로 이야기를 읽어주는 발표자를 따라 반복되는 구절을 함께 읽는 등 그들에게서 즐거운 독자의 모습을 발견할 수 있었다. 그리고 다른 학생들에게 소개받은 동화, 동시, 그림책을 활용해 국어수업 지도안을 작성하고 수업 시연을 하는 동안, 수업을 듣는 나머지 학생들은 작품과 관련한 자기 경험을 발표하면서 유년 시절이나 군복무 시절 등의 추억을 공유하기도 했다. 이러한 시간 속에서 학생들은 자기의 언어로 말하고 듣고 읽고 쓰는 언어 사용의 주체, 서로를 존재 기반으로 하는 대화적 주체로 형성되고 있었다.

그렇게 어린이책을 즐기는 독자가 된 예비교사들이 국어수업에 대한 기대를 가지고 교생 실습에 참가하였다가 의외로 초등학생들이 국어 교과를 좋아하지 않는다는 사실에 놀라거나 국어수업을 준비하면서 어려움을 느끼는 경우가 종종 있다. 그 과정에서 그들은 현실의 한계를 인식하기도 하지만 다른 한편으로는 문학을 통해 아이들과 한층 더 성공적인 수업을 할 수 있다는 가능성을 경험하기도 한다. 그렇게 교사의 관점을 경험해본 예비교사들은 자신이 좋아하는 작품보다도 아이들이 좋아할 만한 작품을 찾는 단계로 나아간다. 동시 한 편, 이야기 한 편을 고를 때에도 자신이 만났던 현실의 구체적인 아동 독자들을 떠올리며 그들의 삶과 관련이 있는지를 점검하게 되는 것이다.

실제로 필자가 국어수업 관련 강좌를 담당했을 때 만났던 한 학생은 이후 4학년 수업 실습에서도 문학텍스트를 활용하여 쓰기 수업을 진행하였다. 그는 지금 서울시의 한 초등학교 교사가 되어 학년 차원의 문학수업 프로젝트를 위해 적절한 단편 동화를 선정하고 학생과 어떠한 대화를 나눌지 분석하는 등 문학에 기반한 국어수업과 학습자의 반응 및 소통을 중심에 둔 문학수업의 실천을 이어나가고 있다. 학부의 국어수업 강좌에서 문학에 기반한 국어교육을 통해 다양한 아동문학 작품을 서로에게 소개하고 수업에 활용했던 경험이 자연스럽게 교사로서의 실천으로 이어졌던 것이다.

예비교사들이 발령을 받고 실제 교육 현장에 나갔을 때, 학교 차원에서나 학부모들의 실제적인 요구 차원에서 독서교육이 강조되는 경우가 많다고 한다. 이러한 풍토에서 교과 학습시간 및 창의적 체험 활동, 아침활동 시간 등을 활용하여 유기적으로 아동의 독서지도를 하기 위해서는 무엇보다 교사 양성 과정에서 각 단계에 맞는 아동문학과 문학교육에 대한 지도가 이루어져야 할 것이다. 가령 1-2학년의 교양 강좌에서는 아동문학의 각 장르별 특징과 해당 장르를 대표하는 작품들을 접하는 아동문학개론 수준의 안내가 이루어지고 이후 3학년의 교과교육론 강좌에서는 문학에 기반한 국어교육, 책 읽어주기와 토의 중심, 활동 중심의 문학교육 방법론에 대한 안내가 이루어지는 것이 바람직해 보인다. 필자의 경험에 따르면 예비교사들은 처음 접하는 흥미로운 문학작품에 관심을 보일 뿐만 아니라 이전 강좌에서 읽어본 경험이 있는 작품에 대해서도 심화된 반응을 보인다는 점에서 아동문학과 문학교육 관련 강좌들이 학년별로 계열성 있게 배치되어 그들의 이해를 한층 깊이 있게 이끌어줄 필요가 있다.

2. "학습할 수 있는 순간"을 중심으로 한
교과서 제시 형식의 변화

주어진 성취기준을 미리 제시하고 그것을 위해 작품을 수용하는 접근 방식과 달리, 책 읽어주기와 문학토의를 중심으로 한 문학수업에서는 작품에 대한 논의 과정에서 자연스럽게 제기되는 궁금증에 의해 성취기준과 관련된 질문과 탐색이 이루어지기 쉽다. 따라서 이러한 문학수업의 토대에서는 교사가 여러 가지 성취기준에 대한 전반적인 이해를 바탕으로 수업에서 논의되고 있는 내용과 관련된 성취기준에 초점을 맞추는 새로운 접근법이 요구된다. 매 수업에서 이루어지는 대화의 내용이 어떤 초점을 형성하는지에 따라 해당 수업의 학습목표가 구체화되기 때문이다. 그러나 현실적으로 여러 교과를 가르쳐야 하는 초등 교사가 문학영역의 성취기준만을 특별히 기억하여 그것을 매 수업마다 융통성 있게 적용하는 것도 쉽지 않은 일이다. 국어라는 단일한 교과서 체제에서 다른 영역들과는 다른 접근 방식을 취하는 것 역시 여간 번거로운 일이 아닐 수 없다.

그러나 문학수업의 경우 학년군별로 구분된 성취기준을 제시하는 정도를 넘어 차시별 학습목표를 지정하는 것은 문학작품의 구성 요소들이 지닌 유기적 연관 관계를 총체적으로 살리기보다 도리어 부분에 치중함으로써 작품에 대한 다면적인 탐색을 가로막을 수 있다. 성취기준에 제시된 특정 요소에 기초하여 교과서를 집필하게 되는 현실을 감안할 때 한 가지 성취기준을 차시별로 대응시키는 방식은 구성 요소가 긴밀하게 조응하며 하나의 세계를 이루는 문학의 고유한 특성과 동떨어질 우려가 있다.

이러한 현실적인 문제점들을 감안할 때 문학에 특별한 관심을 갖지 않은 교사들이 이 책에서 제시하는 새로운 문학수업을 손쉽게 실천하기 위해서는 교과서 체제, 교육과정 체제에서부터 문학의 특성을 살리는 차별적인 형식과 관점이 제시되어야 할 것이다. 그러나 그러한 근본적인 변화를 하루아침에 기대하기는 쉽지 않아 보인다. 그동안 교육과정과 교과서라는 공식적인 제도의 바깥에서 대안적인 형태의 교과서나 실천 사례들이 제시된 것도 이러한 현실적인 어려움 때문일 것이다.

지금으로서는 교사들이 문학수업을 실천할 때 가장 가까운 곳에 있는 교과서에서의 변화를 먼저 시도해보는 것이 어떨까 싶다. 현행 국어 교과서는 국어와 국어활동으로 나뉘어 있는데 이 중 국어활동에서 책 읽어주기와 문학토의를 연계하기에 적합한 단원을 구성하여 대안을 제시할 수 있을 것이다. 가령 당대의 독자들과 흥미롭게 소통할 수 있는 대안적인 단편 동화를 선정하여 전문을 게재하고, 읽기 전과 읽기 중 단계에 적합한 질문과 활동을 텍스트 중간중간 제시하고, 책 읽어주기 후 문학토의의 화제를 선정하는 단계에 대한 안내까지 담아내는 형식으로 단원을 구성하는 것이다. 실제로 몇몇 문학 단원은 본문의 중간중간에 질문이 제시되어 있어 읽기 중에도 교사와 아동이 텍스트에 대한 대화를 이어가도록 구성된 사례들이 있다. 교과서에서 이러한 구성 방식이 일반화되고 텍스트의 내용과 특성에 보다 명확하게 조응하는 질문과 활동이 제시되는 방향으로 나아가는 것이 바람직하다. 그리고 학습목표와 성취기준은 단원의 가장 앞부분에 연역적으로 제시하는 것이 아니라 수업의 마무리 단계에서 학습자와 교사가 문학영역 전 학년의 성취기준표 혹은 학년군별 성취기준표 가운데에서 해당 수업의 내용을 반영하는 성취기준을 찾아 표시하는 귀납적인 방식으로 선정될 수 있다. 이러한 형식의 수업에서 교사와 학습자는 마치 긴 줄넘기 놀이에서 줄을 넘기 적합한 시점을 찾아 몸을 숙여 줄 안으로 들어가는 것처럼, 학습할 수 있는 순간을 찾아 기초적인 문학의 규범에 대해 논의를 시작할 수 있다. 그처럼 자발적이고 자연스러운 학습 상황에서는 문학의 규범과 관련된 지식 역시 아동의 호기심에서 출발하여 자연스럽게 형성될 것이다. 이러한 교과서 제시 형식과 성취기준 선정 방식은 현재의 교과서 체제 하에서는 엉뚱한 제안으로 들릴지 모르나 국어 교과 내에서 문학영역이 가진 고유한 특성을 반영하고 누구나 책 읽어주기와 문학토의를 연계한 문학수업을 원활하게 진행하기 위해 필요한 상상력이라 생각한다.

이를 위해서는 문학교육 연구 분야에서 문학텍스트의 특성을 사려 깊게 반영한 작품 분석과 그에 따른 읽기 전-중-후 활동의 예시자료들이 꾸준히 제출되어야 한다. 좋은 문학작품은 우리 자신과 우리의 삶에 대해 다른 작품들이 제기하지 않는 고유한 질문들을 정확하게 제기한다.[1] 그렇다면 좋은 문학수업이란 텍스트가 건네는 이러한 대화에 정확하게 대답하는 시간을 의미한다. 따라서 문학수업을 준비하는 교사와 연구자들은 우선 아동문학의 진지한 독자로서 좋은 동화를 선택하고 그것이 탐구하는 삶의 단면이 무엇인지 들여다보아야 한다. 나아가 그 내용을 아동 독자들과 이야기하기 위해 필요한 질문과 활동을 구체적으로 구성해야 한다. 현실적으로 많은 교과를 담당하고 있는 교사들이 이러한 두 가지 역할 모두를 감당하기 어렵다면 후자에 대한 연구는 문학교육 연구자들이 집중적으로 담당해야 한다. 당대의 아동 독자들과 소통할 수 있는 텍스트에 대한 사려 깊은 분석을 토대로 적절한 질문을 구성하고 수업의 초점을 예시하며 실제 독자들의 구체적인 반응까지 포함된 연구들이 축적된다면, 교사들이 수업에 대한 예상을 하거나 자신의 학급 아동들이 나타내는 반응이 가진 보편성과 특수성을 이해하는 데 도움이 될 것이다.

----

1 쿤데라(Kundera)는 유럽 소설의 역사를 이야기하면서 "이제껏 알려지지 않은 존재의 부분을 찾아내려 하지 않는 소설은 부도덕한 소설이다"라고 말한 바 있다. 소설은 인간의 구체적인 삶을 살피고 실존의 새로운 면모를 찾아내는 장르이며 소설의 역사는 이러한 '발견의 계승'이라는 것이다(M. Kundera(1987), *L'Art de la novel*, 권오룡 옮김(2008), 『소설의 기술』, 민음사, pp. 13-27). 소설과 동화가 가진 차이에도 불구하고 이와 같은 '삶에 대한 탐구와 발견'은 좋은 문학이 공유하는 기본 자질이라 볼 수 있다.

3. 아동 주도 문학토의의 정착을 위한
    교사의 다양한 위치 설정

Ⅳ장에서 기술한 문학토의 수업의 구조화 과정을 한 마디로 요약하면 교사 주도의 수업에서 아동 주도의 수업으로 이동해가는 변화 양상이라 할 수 있다. 아동 주도 수업으로의 이행은 자칫 독백적으로 흐르기 쉬운 교사 주도 문학수업의 틀을 벗어나, 아동이 수업에 주체적으로 참여하고 그 과정에서 다양한 역할들을 서로 분담하는 새로운 틀로 이동하는 것을 지향한다. 그러나 주어진 시간 내에서 아동이 토의에 필요한 다양한 역할을 학습하고 그것을 자연스럽게 구사하는 단계에까지 충분히 도달하기는 어려웠다. Ⅲ장에서 제시된 책 읽어주기의 과정까지 되짚어 보면, 텍스트의 특성에 맞는 질문을 준비하고 효과적인 토의를 위해 아동에게 모델링해야 하는 다양한 역할들을 연습하는 등의 준비가 좀 더 필요해 보인다.

텍스트 분석과 그에 따른 질문 구성은 문학교육 연구자들이 주력하더라도 실제 문학토의 수업에서 요구되는 교사의 다양한 역할 수행은 교사들 자신의 몫이다. 앞서 살펴본 바와 같이 문학토의를 통한 심층적인 의미 형성이 이루어지기 위해 교사는 토의 참가자들이 서로의 반응에 대해 개방적인 태도를 취하도록 도와야 할 뿐 아니라, 텍스트의 내용을 참조함으로써 자의적인 해석을 경계하도록 유도하고, 도전적인 질문을 통해 심층적인 의미를 탐구하게 하는 등 다양한 역할을 담당해야 한다. 아동이 주도하는 토의에서 이러한 역할을 조화롭게 분담하기 위해서는 토의 수업의 구조화 단계에서 교사에 의한 다양한 모델링이 이루어져야 한다. 그러한 모델링을 수행하는 능력은 말 그대로 수행능력, 즉 실천적인 지식에 해당하므로 교사들 스스로 각종 연수나 자발적인 연구 모임 등에서 문학토의에 참여하는 경험을 가져야 한다. 최근 각 시도 교육청 및 산하 지역교육청에서 문학수업과 관련된 다양한 연수

프로그램이 개설되고 있다.[2] 연수의 내용뿐 아니라 형식면에서도 '찾아가는 교사연수' 등 적극적인 방식이 도입되고 있는데 이러한 시도들 가운데 모범적인 사례들이 대안적 모델로 공유되어 교사 재교육이 이루어진다면 미래의 문학교육에 한 발 더 가까이 다가가게 될 것이다.

....

2   예를 들어 경기도 고양 교육지원청에서는 2015년에 '학생문학교실'이라는 30시간의 직무연수를 실시하였는데 구체적인 내용으로는 옛이야기, 시, 동화, 그림책, 교육연극 등의 다양한 장르에 대한 이해뿐 아니라 동화 작가 및 시인과의 만남, 교육과정 재구성 등이 포함되어 있다(경기도 고양 교육지원청(2015),《2015 학생문학교실 직무 연수 자료집》참조). 이와 유사하게 경기도 가평 교육지원청에서도〈2017년 삶을 가꾸는 국어수업〉이라는 30시간의 직무연수에서 2015 국어과 교육과정, 국어교육론, 그림책, 교사의 글쓰기, 문학토의, 동화교육, 작가와의 만남, 좌담회 등의 프로그램을 운영하고 있다(가평 교육지원청의 협조로 직무연수 운영 계획서를 참조함).

4. 즐거운 독자, 생애의 독자를 기르기 위해

책 읽어주기와 문학토의가 아무리 좋은 문학수업의 방식이라고 해도 그 과정에서 학습자나 교사가 문학을 즐기지 못한다면 그것은 실패한 수업일 뿐이다. 따라서 어떠한 방식이든 교조적으로 받아들여져서는 안 된다. 독백적인 수업이 반드시 나쁜 것만은 아니듯 대화적인 수업, 토의 중심의 수업도 언제나 긍정적이라고 단언할 수는 없다. 교사와 아동의 특성에 따라 각 교실에서 적합한 방식의 문학수업이 실행되고, 그 과정에서 텍스트와 자신, 타자와 세계에 대한 진지하고 깊이 있는 탐색, 나아가 정서적인 고양이 이루어지는 것이 중요하다. 그러한 수업의 결과로 아동이 문학을 통해 자신의 삶을 성찰하고 삶의 중요한 지점마다 문학을 통해 위로와 격려를 얻으며 문학을 곁에 두고 지낸다면 그것은 문학교육이 궁극적으로 지향하는 목표에 도달하는 것이다.

그러나 교육 현장에서 만나는 아동의 현실은 어떠한가. 필자가 책머리에 밝힌 것처럼 불과 십여 년 전의 교실 풍경과 지금의 풍경은 사뭇 다르다. 교실과 도서관에 좋은 책들이 더욱 많아지고 우리 아동문학의 질적 성취가 나름 돋보이는 요즈음이지만 아이들은 역설적으로 책과 더욱 멀어지고 있다. 필자가 이 책에서 제시한 책 읽어주기와 문학토의는 이러한 현실에서 문학수업이라는 공식적인 시간을 통해 아이들을 문학의 곁으로 끌어당기려는 시도였고, 그 시간 동안 많은 아동들이 진지한 탐구를 수행하였다. 그러나 수업이 끝나면 아이들은 부리나케 운동장이나 복도로 달려나가기 바빴다. 그들에게는 여전히 몸을 움직여 뛰어놀 시간도 부족하다.

아이들이 시간에 쫓기고 할 일에 쫓기는 상황에서는 책 읽기, 특히 문학 읽기는 이루어지기 어렵다. 대부분의 아이들은 숙제로 내주지 않으면 자발적으로 책을 읽지 않는다. 아이들이 자발적으로 책을 읽기 위해서는 아이들의 삶에 여유로운 시간이 필요하다. 수업 시간에 이루어진 긍정적인 문학체험은 그들의 삶에 여유로운 시간이 생겼을 때 그들이 다른 선택을 하지 않고 독서를 가장 먼저 선택하도록 촉진할 수는 있으나 그들에게 없는 시간 그 자체를 만들어줄 수는 없다. 너무나 당연한 이야기이지만 미래의 문학교육은 아이들의 삶을 둘러싼 조건들이 함께 변화하지 않는 이상 언제나 '아직 오지 않은' 미래로서만 존재할 것이다.

아이들뿐 아니라 아이들에게 문학을 건네줄 선생님들에게도 역시 문학을 가까이할 수 있을 만큼의 여유가 주어져야 한다. 교사들에게 '여유'란 시간적 여유만을 의미하는 것이 아니다. 학교에 있는 동안 교사의 머릿속에 문학이나 문학적인 생각이 자리할 틈이 없는 것이 문제의 본질이다. 교사의 삶이 바쁘고 힘들더라도 그것이 아이들의 성장에 기여한다면 보람 있는 일이다. 그러나 교육 현장에서의 분주함은 그러한 본질적이고 중요한 문제들과 관련이 없는 경우가 많고, 점점 많아지고 있다. 이러한 학교의 문화가 바뀌어 아이를 키우지 않더라도 좋은 어린이책을 접하고 그것에 대해 옆 반 선생님, 동 학년 선생님들과 이야기를 주고받을 수 있는 풍토와 문화가 정착된다면 비단 국어교육뿐 아니라 다른 교과 지도와 생활 지도 등 교사의 업무 전반에 긍정적인 영향을 줄 수 있을 것이다. 무엇보다 그것은 교사 자신의 삶을 풍요롭게 하는 심리적 자원이 될 수도 있지 않을까. 그러한 문학의 힘을 아는 선생님들이 지키는 교단에서 6년을 보낸 아이들이 만들어갈 새로운 세계를 상상해본다.

| 더 읽어볼 이론: illiterate에서 aliterate으로 이동하는 독서 실태의 문제 |

비어스(Beers)에 따르면 "읽을 수 있지만 읽지 않기를 선택하는 것"을 의미하는 Aliteracy라는 용어는 읽기 목표의 관점 변화에 대한 미쿨레키(Mikulecky)의 1978년의 연구에서 처음 사용되었다고 한다.[3] 이러한 경향을 가진 이들을 지칭하는 유사한 용어로는 "문식력이 있는 비독자(literate non-readers)"(Nell, 1988), "문맹인 문식자(illiterate literates)"(Huck, 1973), "비독자(nonreaders)"(Smith, 1988), "내키지 않아 하는 독자(reluctant readers)"(Chambers, 1969) 등이 있다. 미쿨레키의 연구 주제인 "읽기 목표의 관점 변화"에서 알 수 있듯 읽기와 독서교육에서의 쟁점은 단지 글을 읽고 쓸 수 있는 기능적 문식성의 문제뿐 아니라 Aliteracy라는 자발적인 활자기피 현상을 포함한다. 이러한 Aliteracy는 생애의 독자를 기르는 문학교육의 궁극적인 목표와 정면으로 배치된다. 문제는 실제로 오늘날 우리의 문학교육 현장에서 이러한 현상이 눈에 띄게 늘고 있다는 점이다. 초등교육에서뿐 아니라 중학교에서도 기능적 문식성의 문제가 없는 것은 아니지만[4] 문학교육을 위협하는 더 큰 요인은 이와 같은 자발적 비독서 경향이 될 것으로 보인다.

데커(Decker)는 문식성의 핵심은 읽고 쓰는 능력을 '사용하는 것'에 있다고 보았다. 따라서 그는 읽기와 쓰기를 사용하지 않는 Aliteracy를 사실상 아무런 지식을 갖고 있지 않는 것만큼이나 파괴적인 것으로 보았다. Aliteracy는 이처럼 능력을 사용하려는 의지, 욕망의 결여와 관련되어 있다. 비

....

3　위에서 언급하는 Aliteracy에 대한 전반적인 논의는 G. K. Beers(1990), *Choosing not to read: An ethnographic study of seventh-grade aliterate students*, (Doctoral dissertation, University of Houston) 참조.
4　중학교에서의 읽기 문제와 관련된 구체적인 사례는 엄훈(2012),『학교 속의 문맹자들 - 한국 공교육의 불편한 진실』, 우리교육 참조.

어스는 1990년에 제출한 그의 박사논문에서 왜 학생들이 책을 읽지 않는 것을 스스로 선택하는가(choosing not to read)에 대한 궁금증을 해결하기 위해 실시한 민족지적 연구를 기술하고 이후에도 관련 연구들을 제출하였다. 그는 "aliterate" 학생들과 그들의 읽기 태도에 영향을 미치는 요인들을 알아보기 위해 7학년 국어수업에 4개월간 참관하며 읽을 수 있지만 읽기 않기를 선택한 학생들을 관찰하고 면접했다.

비어스에 따르면 "aliterate"은 휴면 독자(Dormant readers: 읽기를 좋아하고 그들 자신을 독자로 인식하며 읽기를 즐기는 다른 사람들에 대해서 긍정적인 감정을 표현하지만 다른 활동들 때문에 현재로서는 읽을 시간을 내지 않는 학생들), 부동 독자(Uncommitted readers: 읽기를 좋아하지 않고 그들 자신을 독자로 인식하지 않으나 읽기를 즐기는 다른 사람들에 대해서 긍정적인 감정을 표현하고 미래에는 읽을지도 모른다고 주장하는 학생들), 동기 결여 독자(Unmotivated readers: 읽기를 좋아하지 않으며 그들 자신을 독자로 인식하지 않고 읽기를 즐기는 사람들에 대해서 부정적인 감정을 표현하며 미래에도 읽지 않을 계획인 학생들)로 나뉜다.[5]

특히 두 번째와 세 번째 유형의 독자들은 도서관 방문, 저자와의 만남, 독서일지 쓰기, 교실 토의 참여 등의 전통적인 활동으로는 동기유발이 되지 않았다. 그들은 제한된 분야의 책을 선택하고 일러스트가 있는 책을 읽으며 책과 영화를 비교하고 교사가 책 전체를 읽어주는 것을 듣고 그들의 읽기와 연관된 미술 활동을 하는 것을 선호하였다. 아울러 그들은 주로 원심적 태도로 읽기에 임했다고 한다. 심지어 심미적 태도가 제안되었을 때조차 원심적 태도를 유지하는 것으로 미루어 그들은 읽기 상황과 목적에 따라 원심적 태도와 심미적 태도를 선택하고 조정하는 능력이 결여되어 있던 것으로 보인다.

....

5   D. Fisher, J. Flood, D. Lapp & N. Frey(2004), 앞의 글, p. 9.

이와 같은 융통성 결여는 텍스트와의 교류 능력을 제한하였다.

비어스의 연구는 서로 다른 유형의 "aliterate" 학생들은 읽기를 즐길 법한 제재의 유형과 동기유발을 가능케 하는 활동 유형, 읽기에 대한 태도 등에서 서로 다른 특징을 지녔음을 보여준다. 그러한 연구 내용은 교사들에게 자신의 교실에 존재하는 독자들의 다양한 유형을 인식하고 서로 다른 학생들을 위한, 서로 다른 동기유발 활동을 제공할 것을 권한다. 나아가 허구 서사뿐 아니라 논픽션을 다루고, 텍스트와의 심미적 교류를 격려하는, 문학에 대한 반응 중심 접근법을 권장하는 등의 시도를 해야 한다고도 제안하고 있다. 우리의 문학교육 현장에서도 이러한 자발적인 비독서 현상에 대한 다양하고 실증적인 연구들이 이어져 생애의 독자를 기르는 문학교육의 목표에 한발 더 가까이 다가가야 할 것이다.

부록1. 수업 담화의 전사 원칙과 부호화(coding)의 예시[1]

① 전사 원칙

㉠ 발화자 표시와 억양 단위

발화자에 관한 정보는 발화 내용 옆에 다음과 같이 붙여두도록 한다.

교사: 교사〉

개별학생: 이름〉

학생들 여러 명: 학생들〉

발화자가 불분명한 경우 '?〉'로 표시하고 동시에 말할 경우 '○○,○○'로 표시하기도 한다. 계속 말할 의향이 있는데 다른 사람이 끼어들거나 적극적 호응을 하여 말끝이 잘린 경우 "-" 기호를 사용하여 표시할 것이다.

㉡ 발화의 겹침

발화가 겹치는 경우 겹친 부분을 [ ]로 감싼다. 겹침 현상이 연속적일 때에는 [1 1], [2 2]와 같이 일련번호를 붙인다.

㉢ 잘 들리지 않는 부분

잘 들리지 않는 부분은 〈X X〉로, 전혀 들리지 않는 부분은 '⋯'로 전사한다. 들리지 않아 전사할 수 없으나 그 음절의 개수는 확인된 경우 그 음절 개수만큼 X를 붙인다.

㉣ 불완전하게 발화된 언어

발화된 그대로 전사하고 '='를 붙여 정상적인 단어와 구별할 수 있게 한다. 불완전하게 발화된 어절이 둘 이상 연달아 나타날 경우 어절마다 '='를 붙여야 한다.

----

1 권재일(2004), 『구어 한국어의 의향법 실현방법』, 서울대 출판부에 제시된 전사 원칙을 참조하여 작성하였다.

ⓓ 특별한 축약형과 표현적 장음, 담화표지의 표시

반홀소리된 /ㅟ/, /ㅚ/가 /ㅓ/, /ㅏ/와 축약시 ’(apostrophe)를 사용해 두 음소를 연결해 준다. (사귀’어, 바꿔’어) 화자의 감정 표현 때문에 나타나는 표현적 장음에 대해서만 ‘::’를 붙여 표시한다.

‘이, 그, 저, 아, 어’ 등 동일한 형태로 기존 품사와 다른 의미, 기능(가령 머뭇거림)을 나타낼 때 담화표지로 보고 물결표(~)를 이용하여 표시한다. 억양과 운율에 의해서만 구분이 가능할 경우 반드시 전사 단계에서 표시해주어야 한다.

ⓗ 비표준 발음

철자법에 맞게 적고 ( )를 사용하여 음소 표기를 보충하는 것이 좋으나 여기에서는 전사자가 이해를 돕는 정도로 수정하고 따로 표기하지 않을 것이다.

ⓢ 특별한 범위의 표현

특별한 범위의 표현에는 다음과 같은 것들이 있다.

표 1. 범위의 표현

유형	표기
웃으면서 말하는 부분	〈@ @〉
박수치면서 말하는 부분	〈# #〉
인용된 부분	〈Q Q〉
노래를 부르는 부분	〈M M〉

ⓞ 준음성과 기타 소리들

웃음, 기침, 하품, 재채기 등은 ‘〈vocal desc = ‘   ’〉’을 사용하여 표시하고 의사소통에 영향을 줄 수 있는 기타 소리들은 다음과 같이 표기한다.

표 2. 준음성과 기타 소리들의 목록

유형	표기	유형	표기
웃음	〈vocal desc = ‘웃음, 하하/호호…’〉	혀 차는 소리	〈vocal desc = ‘혀차는소리, 쯔’〉
기침	〈vocal desc = ‘기침, 콜록콜록’〉	헛기침	〈vocal desc = ‘헛기침, 에헴’〉
재채기	〈vocal desc = ‘재채기, 에취’〉	노래	〈vocal desc = ‘노래’〉
웅성거리는 소리	〈vocal desc = ‘웅성거리는소리, 웅성웅성’〉	박수	〈vocal desc = ‘박수’〉

② 전사 예시

말차례	발화 행위	코딩	비고
1	교) 이거 말고 혹시 보충할 거 있어요? 다른 의견?	C	
2	민균) 네, 다른 의견	A	
3	교) 어, 민균이 다른 의견?	C	
4	민균) 어, 그런 동생이 보기 흉해서 집을 가출한다.	1	
5	승호) **저는 이민균의 의견에 반박합니다.** 지금 이 이야기는 너무 현실성이 없습니다.	5(+S)	
6	교) 민균이 이야기가? 현실성이 없다? 승호가 현실성이 없대요. 민균이가 그 동생이 흉해서, 나는 보기 흉해서 가출한다 그랬거든. 우리 지난 시간에 읽을 때 어떤 느낌이 든다 그랬어? 그 이야기 읽을 때? 약간 오싹하다고 그랬었잖아. 민균이처럼 생각하는게 약간 비현실적이라고 승호가 얘기했는데요.	M	
7	창영) 최은희 말씀해주십시오.	M	
8	은희) 여태까지 자기를 속인 거니까 배신감이 들어서 가출할 수도 있을 것 같아요.	3	*민균의 의견에 대한 근거 제시로 봄
9	창영) 이동민 말씀해주십시오.	M	
10	동민) **저는 박승호 말에 반박합니다.** 요즘은 그거 막 부모님 때문에 열 받아서 막 가출하는 사람도 있는데 왜 가출하는 게 왜 비현실적입니까?	5(+S)	
11	승호) 다시 한번 말해줘.	M	
12	동민) 요즘엔 부모님 땜에 가출하는 사람도 있는데 왜 그게 비현실적이냐고 말했습니다.	A	

부록2. 연구 참여 동의 안내문 양식

아동을 대상으로 한 수업 실행 연구를 실시할 경우 연구윤리규정을 준수해야 한다. 이 책에서 진행된 연구를 위한 동의서는 아래와 같이 작성되었다.

연구 참여 동의 안내문

연구주제: 대화주의에 기반한 문학토의 수업에 관한 연구
연구기간: 2015년 4월-2015년 9월 (연구진행 상황에 따라 변경될 수 있습니다)
연구자: 남지현 (고려대학교 대학원 국어교육과 박사과정 수료)
연락처:

안녕하십니까?

저는 인천○○○초등학교 교사(현재 휴직 중)이자 고려대학교 대학원 국어교육과에서 박사과정을 수료한 남지현입니다.

이 연구는 초등학생들이 문학작품에 대해 토의하는 과정의 특징과 그것을 활성화하는 교육적 방법을 탐색하는 것을 목적으로 합니다. 이를 위해 귀 댁의 자녀 및 같은 반 학생들을 대상으로 진행하는 국어과 수업의 내용을 녹음 및 분석하고 설문지와 인터뷰 등의 자료를 연구에 활용하고자 합니다. 이때 학생의 개인정보를 보호하기 위하여 이 연구에 기록되는 모든 내용은 익명으로 처리되오며 연구주제와 관련된 목적 이외에 어떠한 용도로도 사용되지 않을 것을 약속드립니다.

이 연구의 윤리를 위해 연구에서 사용되는 모든 자료들은 다른 사람들에게 전달되지 않도록 철저하게 보관될 것입니다. 이 연구의 참여에 동의하신다면 아래의 서명란에 서명해 주시기 바랍니다. 만약 참여를 원하지 않을 경우에는 언제라도 철회할 수 있습니다.

연구에 관한 궁금한 점에 대해서는 위의 연락처로 문의주시기 바랍니다.

연구 참여 동의
위의 사항을 숙지하였으며 연구 참여에 동의합니다.

학 생:　　서명
학부모:　　서명

2015년　월　일

문학토의 수업에 대한 설문지

6학년 반 번 이름:_____

1. <u>문학토의를 하기 전인 3월에는</u> 책을 어떻게 읽는 것이 가장 좋았는지 ( )안에 순위를 쓰시오.
    □ 혼자 조용히 읽는 것 ( )   □ 친구와 함께 앉아서 서로 조용히 읽는 것 ( )
    □ 선생님이 읽어주는 것 ( )   □ 부모님이 읽어주는 것 ( )
    기타:

2. <u>문학토의를 여러 번 해본 요즘,</u> 책을 어떻게 읽는 것이 가장 좋은지 ( )안에 순위를 쓰시오.
    □ 혼자 조용히 읽는 것 ( )   □ 친구와 함께 앉아서 서로 조용히 읽는 것 ( )
    □ 선생님이 읽어주는 것 ( )   □ 부모님이 읽어주는 것 ( )
    기타:

3. 나는 <u>문학토의를 하기 전인 3월에는</u> 동화를 읽고 ❶혼자 생각하고 느끼는 것과 ❷친구들
    과 토의를 하는 것 중에서 ( )번이 더 좋았다.
    왜냐하면 (   )

4. 나는 <u>문학토의를 여러 번 해본 요즘,</u> 동화를 읽고 ❶혼자 생각하고 느끼는 것과 ❷친구들
    과 토의를 하는 것 중에서 ( )번이 더 좋다.
    왜냐하면 (   )

5. 나는 <u>문학토의를 하기 전인 3월에는</u> 동화를 읽을 때 그 이야기와 관련된 생각이 _____
    □ 아주 많이 떠올랐다. □ 많이 떠올랐다. □ 약간 떠올랐다. □ 거의 안 떠올랐다.
    기타:

6. 나는 문학토의를 여러 번 해본 요즘, 동화를 읽을 때 그 이야기와 관련된 생각이 _____

   □ 아주 많이 떠오른다.　□ 많이 떠오른다.　□ 약간 떠오른다.　□ 거의 안 떠오른다.

   기타:

7. 나는 문학토의를 하기 전인 3월에 동화를 읽는 것을 _____

   □ 매우 좋아했다.　　　□ 좋아했다.　　　□ 조금 좋아했다.

   □ 좋아하지 않았다.　　□ 매우 싫어했다.

   기타:

8. 나는 문학토의를 여러 번 해본 요즘, 동화를 읽는 것이 _____

   □ 매우 좋다.　□ 좋다.　□ 조금 좋다.　□ 좋아하지 않는다.　□ 매우 싫다.

   기타:

9. 나는 문학토의를 하기 전인 3월에는 문학토의가 무엇인지 _____

   □ 아주 잘 알고 있었다.　□ 잘 알고 있었다.　□ 알고 있었다.　□ 거의 몰랐다.

   기타:

10. 나는 문학토의를 하기 전인 3월에는 문학토의를 _____

   □ 아주 많이 해보았다.　□ 많이 해보았다.　□ 몇 번 해보았다.　□ 해본 적이 없다.

   기타:

11. 나는 문학토의를 여러 번 해본 요즘, 문학토의가 _____

   □ 아주 많이 재미있다.　□ 많이 재미있다.　□ 약간 재미있다.　□ 재미없다.

   왜냐하면 (　　　　　　　　　　　　　　　　　　　　　　　　)

12. 나는 문학토의를 여러 번 해본 요즘, 문학토의가 _____

   □ 아주 많이 어렵다.　□ 많이 어렵다.　□ 약간 어렵다.　□ 전혀 어렵지 않다.

   왜냐하면 (　　　　　　　　　　　　　　　　　　　　　　　　)

13. 나는 그동안 문학토의에 _____ 참여하였다.

  □ 매우 적극적으로   □ 적극적으로   □ 약간 적극적으로

  □ 소극적으로   □ 매우 소극적으로

  왜냐하면 (   )

14. 나는 문학토의에서 주로 _____ 역할을 맡고 싶다.

  □ 내 의견을 많이 말하는   □ 남의 의견을 잘 듣는   □ 사회자처럼 진행하는

  □ 다른 사람 의견을 비판적으로 생각하는   □ 다른 사람의 의견을 보충하고 확장하는

  □ 여러 의견을 종합하는   □ 기타 (   )

15. 나는 문학토의에서 여러 아이들이 다양한 의견을 발표할 때 그 내용이 _____

  *아래 보기에서 해당하는 것에 모두 표시하세요.

  □ 혼란스러워서 이해하기 힘들었다.

  □ 내가 새로운 의견을 생각해내는 데 도움이 되었다.

  □ 내가 궁금증을 해결하거나 생각을 정리하는데 도움이 되었다.

  □ 의견들이 하나로 정리가 되지 않아 생각이 더 복잡해졌다.

  □ 비슷하지만 조금씩 다른 의견들을 듣는 것이 신기하고 재미있었다.

  □ 기타(   )

16. 나는 토의에 적극적으로 참여하는 아이들을 보면서 도움을 _____

  □ 받았다.   □ 받지 않았다.

  왜냐하면 (   )

17. 나는 여러 가지 도움문장 가운데 _____ 이 마음에 든다.

  *해당하는 것 모두 표시하고 옆에 그 이유를 간단히 쓰기

  □ "나는 ~이 궁금해":

  □ "나는 ~에 대해서 말하고 싶어":

  □ "나는 ~의 의견에 도전해":

  □ "나는 ~의 의견을 보충해":

□ "나는 ~의 의견을 확장해":

18. 나는 이야기에 대해 반응하는 네 가지 방법 중에서 _____ 이 가장 어렵게 느껴졌다.
   *2가지 이상 고를 때에는 가장 어려운 순서대로 순위를 적어주세요.
   □ 비슷한 이야기나 영화, 자기 경험과 연결시키기
   □ 가장 인상적인, 좋아하는 부분(인물, 사건, 장면) 찾기
   □ 작가가 글을 쓴 방식에 대해서 평가하기
   □ 이야기의 주제에 대해서 생각하기
   왜냐하면 (   )

19. 나는 다음에도 문학토의 수업에 참가할 기회가 있다면 _____
   □ 무슨 일이 있어도 꼭 참여하고 싶다.   □ 가능한 한 꼭 참여하고 싶다.
   □ 약간 참여하고 싶다.   □ 별로 참여하고 싶지 않다.   □ 절대 참여하지 않을 것이다.
   왜냐하면 (   )

20. 문학토의 수업동안 가장 기억에 남는 우리 반 친구와 그 친구의 의견이 있었다면 쓰시오
   누구:
   어떤 의견:
   어떤 토의 시간:
   기억에 남은 이유:

21. 문학토의 수업에 참여하면서 불편한 점이 있었다면 무엇인지 고르고 그 밖에 생각나는
   내용을 자유롭게 쓰시오.
   □ 아이들의 목소리가 작아서 서로의 의견을 잘 들을 수 없었다.
   □ 발표를 하지 않는 아이들의 의견이 궁금하지만 알 수 없었다.
   □ 토의의 내용이 책과 관계없는 내용으로 흘러갔다.
   □ 친구들이 장난스럽게 토의에 임했다.
   □ 다양한 의견들이 나오지만 한 가지로 정리가 되지 않는 것 같다.
   □ 기타 (   )

22. 다음 동화 중 *그 내용이 기억에 남는(마음에 드는) 이야기* 와 이유를 쓰시오.

　*아래 보기에서 해당하는 것에 모두 표시하고 이유를 간단히 쓰세요.

　□ 미소의 여왕: 이유는?

　□ 축구공을 찾아라: 이유는?

　□ 새끼 개: 이유는?

　□ 내가 사랑한 수박씨: 이유는?

　□ 해룡이: 이유는?

　□ 어른동생: 이유는?

23. 다음 동화 중 *토의 내용과 토의 시간* 이 인상 깊고 기억에 남는 것과 이유를 쓰시오.

　*아래 보기에서 해당하는 것에 모두 표시하고 이유를 간단히 쓰세요.

　□ 미소의 여왕:

　□ 축구공을 지켜라:

　□ 새끼 개:

　□ 내가 사랑한 수박씨:

　□ 해룡이:

　□ 어른동생:

24. 문학토의 수업에 참여하고 나서 나와 우리 반 친구들에게 달라진 점이 있다면 긍정적인
　 면과 부정적인 면을 모두 생각한 후 그 내용을 자유롭고 솔직하게 쓰시오.

25. 그 밖에 문학토의 수업에 대해서 하고 싶은 말, 제안할 점, 아쉬운 점, 불편했던 점,
　 개인적으로 의미 있던 점 등을 자유롭게 쓰시오.

참고문헌

1. 자료

- 수업 대상 텍스트 -

권정생(1978), 〈해룡이〉, 《사과나무 밭 달님》, 창비.

김남중(2010), 〈미소의 여왕〉, 《미소의 여왕》, 사계절.

박기범(2003), 《새끼 개》, 낮은산.

송미경(2013), 〈어른동생〉, 《어떤 아이가》, 시공주니어.

_____(2014), 〈나를 데리러 온 고양이 부부〉, 《돌 씹어 먹는 아이》, 문학동네.

유은실(2008), 〈할아버지 숙제〉, 《멀쩡한 이유정》, 푸른숲주니어.

이숙현(2010), 〈내가 사랑한 수박씨〉, 《초코칩 쿠키, 안녕》, 창비.

진형민(2013), 〈축구공을 지켜라〉, 《꼴뚜기》, 창비.

- 교육과정 및 기타 -

교육과학기술부(2011), 《국어과 교육과정》 (교육과학기술부 고시 제 2011-361호).

교육부(2015), 《2015 국어과 교육과정》 (교육부 고시 제2015-74호).

경기도 고양 교육지원청(2015), 《2015 학생문학교실 직무 연수 자료집》.

2. 학위논문

경규진(1993), 「반응 중심 문학교육의 방법 연구」, 서울대학교 박사학위논문.

소미옥(2015), 「유은실 동화의 양가성 연구」, 춘천교육대학교 석사학위논문.

양정실(2006), 「해석 텍스트 쓰기의 서사교육 방법 연구」, 서울대학교 박사학위논문.

이인화(2013), 「소설 교육에서 해석소통의 구조와 실천에 대한 연구」, 서울대학교 박사학위논문.

이재기(2005), 「문식성 교육 담론과 주체 형성에 관한 연구」, 한국교원대학교 박사학위논문.

Beers, G. K. (1990), *Choosing not to read: An ethnographic study of seventh-grade aliterate students*, (Doctoral dissertation, University of Houston).

Loysen, J. R.(2010), *Reading aloud: Constructing literacy in an early childhood classroom*, (Doctoral dissertation, University of Rochester).

Liang, L. A.(2004), *Using Scaffolding to Foster Middle School Students' Comprehension of Response to Short Stories*, (Doctoral dissertation, University of Minnesota).

Nachowitz, M.(2012), *Reading for Deep Understanding: Knowledge Building and Conceptual Artifacts in Secondary English*, (Doctoral dissertation, State University of New York at Albany).

O'Donnell, M. A.(2001), *"It's all in the preparation": An interpretive look at how one teacher prepares her students for participation in literature discussion groups*, (Doctoral dissertation, University of Pennsylvania).

Wee, J.(2010), *Literature Discussion As Positioning: Examining positions in dialogic discussions in a third-grade classroom*, (Doctoral dissertation, The Ohio State University).

3. 학술논문 및 정기간행물

권혁준 외(2010), 「아동문학 장르 용어 어떻게 쓸까」, 《창비어린이》 30, 창비, pp. 27-79.

김민령(2009), 「사소하고도 중요한 이야기들」, 《창비어린이》 24, 창비, pp. 236-238.

_____(2010), 「새로운 이야기 방식과 독자의 자리: 유은실 동화 꼼꼼히 읽기」, 《창비어린이》 30, 창비, pp. 178-194.

_____(2013), 「이상한 나라에서 온 이상한 작가」, 《창비어린이》 43, 창비, pp. 123-134.

김상욱(1994), 「문학교육의 목표 규정을 위한 시론」, 《국어교육연구》 1, 서울대학교 국어교육연구소, pp. 41-63.

_____(2009), 「문학능력 증진을 위한 문학토론의 방법」, 《한국초등국어교육》 41, 한국초등국어교육학회, pp. 5-34.

_____(2016), 「문학 제재의 적합성과 문학교육의 방향」, 《우리말교육현장연구》 18, 우리말현장학회, pp. 9-33.

김종현(2012), 「국어과 교육과정을 위한 담화 개념의 위상」, 《국어교육학연구》 40, 국어교육학회, pp. 167-201.

김주환(2012), 「고등학교 문학수업에서 토의 학습의 효과」, 《청람어문교육》 46, 청람어문교육학회, pp. 7-27.

김철희(2012), 「비계 설정 관점에서의 쓰기 과제 구성 가능성 모색」, 《국어교육학회 52회 학술발표대회 자료집》, 국어교육학회, pp. 82-99.

박치범(2016), 「초등학교 국어 교과서의 서사 작품 수용 방식에 관한 비판적 고찰」, 《한국초등국어교육》 60, 한국초등국어교육학회, pp. 53-92.

우신영(2010), 「가치탐구활동으로서의 소설교육」, 《새국어교육》 86, 한국국어교육학회, pp. 229-256.

이남호(2014), 「국어교육의 성격과 내용에 관한 일 고찰」, 《한말연구》 35, 한말연구학회, pp. 133-153.

이지영(2013), 「학교 현장의 매체 기반 독서 교육 내용 연구-복합 양식성을 중심으로」, 《독서연구》 30, 한국독서학회, pp. 91-119.

정재림·이남호(2014), 「문학수업에서 토론의 가치와 효과-박완서 소설에 대한 토론 사례를 중심으로」, 《한국문예비평연구》 45, 한국현대문예비평학회, pp. 417-442.

조용환(2015), 「현장연구와 실행연구」, 《교육인류학연구》 48, 한국교육인류학회, pp. 1-49.

조은숙(2009), 「동화는 해피엔딩?」, 《창비어린이》 26, 창비, pp. 28-40.

최인자(2007), 「서사적 대화를 활용한 문학토의 연구」, 《국어교육학연구》 29, 국어교육학회, pp. 283-310.

Ariail, M. & Albright, L. K.(2005), A survey of teachers' read-aloud practices in middle schools, *Literacy Research and Instruction*, 45(2), pp. 69-89.

Applebee, A. N., Langer, J. A., Nystrand, M. & Gamoran, A.(2003), Discussion-based approaches to developing understanding: Classroom instruction and student performance in middle and high school English, *American Educational Research Journal*, 40(3), pp. 685-730.

Barab, S. & Squire, K.(2004), Design-based research: Putting a stake in the ground, *The journal of the learning sciences*, 13(1), pp. 1-14.

Beck, I. L. & McKeown, M. G.(2001), Text talk: Capturing the benefits of read-aloud experiences for young children, *The reading teacher*, 55(1), pp. 10-20.

Brumfit, C. J.(1984), Key issues in curriculum and syllabus design for ELT, *General*

English Syllabus Design. ELT Documents, 118, pp. 7-12.

Clark, K. F. & Graves, M. F.(2008), Open and directed text mediation in literature instruction: Effects on comprehension and attitudes, *Australian Journal of Language and Literacy*, 31(1), pp. 9-29.

Fisher, D., Flood, J., Lapp, D. & Frey, N.(2004), Interactive read-alouds: Is there a common set of implementation practices?, *The Reading Teacher*, 58(1), pp. 8-17.

Hoffman, J. V., Roser, N. L. & Battle, J.(1993), Reading Aloud in Classrooms: From the Modal toward a "Model", *The Reading Teacher*, 46(6), pp. 496-503.

Kong, A. & Pearson, P. D.(2003), The road to participation: The construction of a literacy practice in a learning community of linguistically diverse learners, *Research in the Teaching of English*, 38(1), pp. 85-124.

Maloch, B.(2002), Scaffolding student talk: One teacher's role in literature discussion groups, *Reading Research Quarterly*, 37(1), pp. 94-112.

_____ (2004), On the road to literature discussion groups: Teacher scaffolding during preparatory experiences, *Literacy Research and Instruction*, 44(2), pp. 1-20.

Mercer, N.(2004), Sociocultural discourse analysis: Analysing classroom talk as a social mode of thinking, *Journal of applied linguistics*, 1(2), pp. 137-168.

Nystrand, M., Wu, L. L., Gamoran, A., Zeiser, S. & Long, D. A.(2003), Questions in time: Investigating the structure and dynamics of unfolding classroom discourse, *Discourse processes*, 35(2), pp. 135-198.

Probst, R. E.(1990), Five kinds of literary knowing. *Center for the Learning and Teaching of Literature*, Report Series 5.5, pp. 1-19.

Reznitskaya, A.(2012), Dialogic teaching: Rethinking language use during literature discussions, *The reading teacher*, 65(7), pp. 446-456.

Van de Pol, J., Volman, M. & Beishuizen, J.(2010), Scaffolding in teacher−student interaction: A decade of research, *Educational Psychology Review*, 22(3), pp. 271-296.

Wolfe, S. & Alexander, R. J.(2008), Argumentation and dialogic teaching: Alternative pedagogies for a changing world, *Beyond Current Horizons*, pp. 1-18.

Wood, D., Bruner, J. S. & Ross, G.(1976), The role of tutoring in problem solving, *Journal of child psychology and psychiatry*, 17(2), pp. 89-100.

Worthy, J., Chamberlain, K., Peterson, K., Sharp, C. & Shih, P. Y.(2012), The importance of read-aloud and dialogue in an era of narrowed curriculum: An examination of literature discussions in a second-grade classroom, *Literacy Research and Instruction*, 51(4), pp. 308-322, pp. 1-8.

4. 단행본

권재일(2004), 『구어 한국어의 의향법 실현방법』, 서울대 출판부.

김상욱(2003), 『문학교육의 길 찾기』, 나라말.

_____(2006a), 『국어교육의 재개념화와 문학교육』, 역락.

_____(2006b), 『어린이문학의 재발견』, 창비.

김상욱 외 저(2013), 한국아동청소년문학학회 엮음, 『한국 아동청소년문학 장르론』, 청동거울.

김욱동 편(1990), 『바흐친과 대화주의』, 나남.

서울대학교 교육연구소(1995), 『교육학용어사전』, 하우동설.

서울대학교 국어교육연구소 편(1999), 『국어교육학사전』, 대교.

신지영 외(2012), 『쉽게 읽는 한국어학의 이해』, 지식과 교양.

엄훈(2012), 『학교 속의 문맹자들-한국 공교육의 불편한 진실』, 우리교육.

오탁번·이남호(1999), 『서사문학의 이해』, 고려대학교 출판부.

이강은(2011), 『미하일 바흐친과 폴리포니야』, 역락.

이인화(2014), 『해석소통, 문학토론의 내용과 방법』, 사회평론아카데미.

이창덕 외(2000), 『삶과 화법』, 박이정.

최기숙(2010), 『환상』, 연세대학교 출판부.

정진석(2014), 『소설의 윤리와 소설 교육』, 사회평론아카데미.

최미숙 외(2012), 『국어교육의 이해』, 사회평론아카데미.

한용환(1999), 『소설학 사전』, 문예출판사.

Abbott, H. P.(2008), *The Cambridge Introduction to Narrative Inquiry*, 우찬제 외 옮김(2010), 『서사학 강의』, 문학과지성사.

Adler, M. & Rougle, E.(2005), *Building literacy through classroom discussion: Research-based strategies for developing critical readers and thoughtful writers in middle school*, Scholastic Inc.

Allen, G.(2000), *Intertextuality*, Routledge.

Badiou, A.(1993), *L'éthique: Essai sur la conscience du mal*, 이종영 옮김(2001), 『윤리학』, 동문선.

Bakhtin, M.(1984a), Emerson, C.(ed. and trans.), *Problems of Dostoevsky's poetics*, University of Minnesota Press.

_____(1984b), *Problems of Dostoevsky's poetics*, 김근식 옮김(2011), 『도스또예프스끼 시학의 제문제』, 중앙대학교출판부.

_____(2003), *Art and responsibility*, 최건영 옮김(2011), 『예술과 책임』, 뿔.

_____(2006), 박종소·김희숙 편역, 『말의 미학』, 길.

Berk, L. E. & Winsler, A.(1995), *Scaffolding Children's Learning: Vygotsky and Early Childhood Education*, 홍용희 옮김(1995), 『어린이들의 학습에 비계 설정(Scaffolding): 비고스키와 유아교육』, 창지사.

Bodrova, E. & Leong, D. J.(2007), *Tools of the mind*, 박은혜·신은수 옮김(2010), 『정신의 도구』, 이화여자대학교출판부.

Braudel, F.(1985), *La dynamique du capitalisme*, 김홍식 옮김(2012), 『물질문명과 자본주의 읽기』, 갈라파고스.

Freire, P.(1970), *Pedagogy of the oppressed*, 남경태 옮김(2003), 『페다고지』, 그린비.

Freund, E.(1987), *The return of the reader*, 신명아 옮김(2005), 『독자로 돌아가기』, 인간사랑.

Genette, G.(1997), *Paratexts: Thresholds of interpretation*, Cambridge University Press.

Graves, M. & Graves, B.(2003), *Scaffolding reading experiences: Designs for student success*, Christopher-Gordon Publishers, Inc.

Ryan, M. L., Herman, D. & Jahn, M.(eds.)(2005), *Routledge encyclopedia of narrative theory*, Routledge.

Iser, W.(1979), *The act of reading*, 이유선 옮김(1993), 『독서 행위』, 신원문화사.

Kundera, M.(1987), *L'Art de la novel*, 권오룡 옮김(2008), 『소설의 기술』, 민음사.

Langer, J. A. (1995), *Envisioning Literature: Literary Understanding and Literature Instruction*, Teachers College Press.

Lave, J. & Wenger, E. (1991), *Situated learning: Legitimate peripheral participation*, 손민호 옮김(2010), 『상황학습 : 합법적 주변 참여』, 강현출판사.

Linell, P. (2009), *Rethinking language, mind and world dialogically: Interactional and contextual theories of human sense-making*, IAP.

Morson, G. S. & Emerson, C. (1990), *Mikhail Bakhtin: Creation of a prosaics*, 오문석·차승기·이진형 옮김(2006), 『바흐친의 산문학』, 책세상.

Nikolajeva, M. (1996), *Children's literature comes of age: Toward a new aesthetic*, 김서정 옮김(1998), 『용의 아이들』, 문학과지성사.

Nystrand, M., Gamoran, A., Kachur, R. & Prendergast, C. (1997), *Opening dialogue*, Teachers College Press.

Prince, G. (1987), *A Dictionary of Narratology*, 이기우·김용재 옮김(1992), 『서사론 사전』, 민지사.

Rancière, J. (1987), *Le maître ignorant: Cinq leçons sur l'émancipation intellectuelle*, 양창렬 옮김(2008), 『무지한 스승』, 궁리.

Roser, N. L. & Martinez, M. G. (1995), *Book Talk and Beyond: Children and Teachers Respond to Literature*, International Reading Association.

Rimmon-Kenan, S. (1983), *Narrative fiction: Contemporary poetics*, 최상규 옮김(2003), 『소설의 현대 시학』, 예림기획.

Sipe, L. R. (2007), *Storytime: Young Children's Literary Understanding in the Classroom*, 서정숙 옮김(2011), 『유아교사의 그림책 읽어주기: 유아의 문학적 이해 및 문학교육』, 창지사.

Sloan, G. D. (2003), *The child as critic: Developing literacy through literature*, Teachers College Press.

Tharp, R. G. & Gallimore, R. (1988), *Rousing minds to life: Teaching, learning, and schooling in social context*, Cambridge University Press.

Todorov, T. (1970), *Introducción a la literatura fantástica*, 최애영 옮김(2013), 『환상 문학 서설』, 일월서각.

Vygotsky, L. S.(1978), *Mind in society: The development of higher mental process* (M. Cole, V. John-Steiner, S. Scribner, & E. Souberman, Eds.), 정회욱 옮김(2009), 『마인드 인 소사이어티』, 학이시습.

Wertsch, J. V. & Del Rio, P.(1995), *Sociocultural studies of mind*, Cambridge University Press.

찾아보기